지은이 ¦ 지그프리트 크라카우어Siegfried Kracauer
현대 사회와 문화, 일상생활, 영화, 역사를 폭넓게 연구한 독일 출신의 지식인. 테오도어 아도르노의 철학교사이자 발터 벤야민의 편집자, 에른스트 블로흐와 레오 뢰벤탈의 친구였던 크라카우어는 철학자이자 사회학자이고, 문화비평가이자 영화이론가이며, 소설가이고 저널리스트이다. 1889년 독일 프랑크푸르트의 유대인 집안에서 태어난 그는 건축을 공부하여 박사학위를 받았고 1920년까지 건축가로 활동했다. 제1차 세계대전 말, 당시 십대이던 아도르노와 가까워지며 함께 철학 강독을 했다. 1920년대 독일의 유력 일간지 『프랑크푸르터 차이퉁』에서 영화와 문학 등을 소개하는 문예면 편집장으로 일하며 명성을 떨쳤다. 당대 일상생활을 탐구하던 크라카우어는 1920년대 초 『탐정소설*Detektiv-Roman*』을 발표하고, 이어 사진, 영화, 광고, 춤, 여행, 도시 등을 폭넓게 분석한 『대중의 장식*Ornament der Masse*』(1927), 익명으로 발표한 자전적 소설 『긴스터*Ginster*』(1928)를 출간했다. 소설가 요제프 로트는 소설 속 주인공 긴스터를 "문학의 채플린"이라 평했다. 1930년에는 새로 형성된 사무직 노동자 계급의 생활양식과 문화를 비판적으로 바라본 『사무직 노동자*Die Angestellten*』를 펴냈다. 이 책을 접한 벤야민은 크라카우어를 자본주의의 흥을 깨는 '소란꾼'에 끼워넣었다.

크라카우어는 1933년 나치 정권이 들어서자 파리로 이주했고, 1941년 미국으로 망명했다. 미국에서 영화 연구에 매진한 그는 1947년 『칼리가리에서 히틀러까지—독일 영화의 심리사*From Caligari to Hitler: A Psychological History of the German Film*』를 펴냈다. 바이마르 공화국 시기의 영화에서 나치즘의 태동을 읽어내는 이 책은 현대 영화 비평의 기반을 닦은 명저로 평가된다. 1960년 크라카우어는 영화 연구의 기념비적 저서인 『영화 이론—물리적 현실의 구원*Theory of Film: The Redemption of Physical Reality*』을 출간했다.

만년에 자신의 사상을 온축한 역사에 대한 책을 준비하던 크라카우어는 1966년 폐렴으로 세상을 떠났다. 그의 사후, 완성 단계에 있던 그 유고를 묶은 마지막 책 『역사—끝에서 두번째 세계』가 1969년 출간되었다.

편집인 ¦ 폴 오스카 크리스텔러Paul Oskar Kristeller
1905년 독일 태생의 역사가로, 나치즘을 피해 미국으로 망명해 컬럼비아 대학 명예교수를 지냈다. 르네상스 사상에 관한 손꼽히는 권위자인 그는 크라카우어와 가깝게 교분을 나눴으며 크라카우어가 이 책을 구상하는 동안 역사적 주제에 관해 많은 조언을 해주었다. 크라카우어 사후, 유고를 정리하고 미완성 부분을 채워넣어 이 책을 마무리했다. 『르네상스의 사상과 예술*Renaissance Thought and the Arts*』을 비롯해 르네상스 시기 인문주의와 사상가들에 관해 많은 책을 썼으며, 1999년에 세상을 떠났다.

옮긴이 ¦ 김정아
연세대학교에서 영문학을 공부했고, 동대학원에서 소설과 영화의 매체 비교 연구로 비교문학 박사학위를 받았다. 옮긴 책으로는 『아카이브 취향』 『비폭력의 힘』 『발터 벤야민, 사진에 대하여』 『발터 벤야민 평전』 『발터 벤야민과 아케이드 프로젝트』 『발터 벤야민 또는 혁명적 비평을 향하여』 『자살폭탄테러』 『3기니』 『버지니아 울프라는 이름으로』 『미국 고전문학 연구』 『마음의 발걸음』 『걷기의 인문학』 『사람을 위한 경제학』 『감정 자본주의』 『슬럼, 지구를 뒤덮다』 등이 있다.

역사

역사

끝에서 두번째 세계

지그프리트 크라카우어 ¦ 지음
김정아 ¦ 옮김

문학동네

보급판 서문(1995년)

폴 오스카 크리스텔러
Paul Oskar Kristeller

지그프리트 크라카우어Siegfried Kracauer(1889~1966)는 단연 우리 시대의 가장 재능 있고 생산적이고 독창적인 작가이자 사상가 가운데 한 사람이었다. 그의 주요 저작들은 다양한 관점과 논법으로 광범위한 독자층의 관심을 불러일으켰다.

크라카우어는 고향 프랑크푸르트에서 학교를 다니며 건축과 철학과 사회학을 공부했다. 1920년, 그는 당시 독일에서 선도적인 자유주의 신문이었던 『프랑크푸르터 차이퉁*Frankfurter Zeitung*』에 글을 싣기 시작했다. 1924~1933년, 그는 문예면 책임자로서 프랑크푸르트에서도 일했고 이어 베를린에서도 일했다. 영화 리뷰와 사진 기사 등을 혁신한 것은 그의 업적이었다. 신문사를 나온 크라카우어는 처음에는 독일어로, 나중에는 영어로 여러 편의 획기적인 영화 연구서, 소설 한 권, 그리고 사무직 노동자들(그때껏 고유한 이해관계·취향·정치성향을 가진 독자적인 사회계층으로 인정받지 못했던 존재들)에 관한 학술논문을 출간했다. 사무직 노동자에 관한 이 분석은 오로지 육체노동자와 자본가에 주목했던 마르크스주의 사회학에 비해 괄목할 만한 진전이었다. 한편, 크라카우어는 프랑크푸르트 대학 사회연구소의 적극적인 (종종 비판적인) 연구원이었고, 사회학과 기타 사회과학들을 마르크스주의적 관점에서 분석하고 가르치던 사회연구소의 공동 소장 막스 호르크하이머Max Horkheimer와 테오도어 아도르노Theodor W. Adorno의 친한 친구였다.

1933년, 크라카우어는 아내 릴리Lili와 함께 프랑스로 이주했고, 거기서 8년을 지낸 후 1941년 4월에 미국으로 영구 이주했다. 그와 비슷한 배경을 가진 많은 동료 난민들은 학계로 진출했지만, 크라카우어는 언어장애로 강의활동이 여의치 않은 탓에 그럴 수 없었다. 크라카우어가 일한 곳은 처음에는 국무부였고, 나중에는 뉴욕현대미술관과 볼링겐 재단, 그리고 사회연구소였다.

내가 크라카우어를 처음 만난 것은 하이델베르크 대학의 철학사 박사과정 학생이었을 때 그의 『프랑크푸르터 차이퉁』 사무실에서였다. 사회연구소를 방문해서 공동 소장 막스 호르크하이머와 테오도어 아도르노를 잠깐 만난 것도 그때였다. 크라카우어와 친분을 쌓은 것은 내가 1939~1940학년도에 컬럼비아 대학 교수가 되었을 때였다. 사회연구소는 여전히 호르크하이머와 아도르노 체제로 프랑크푸르트에서 뉴욕의 컬럼비아 대학으로 자리를 옮겼고, 1933년에서 1945년까지 컬럼비아 대학 안에 자리잡고 여러 다른 학과와 기관, 그리고 유니언 신학교와 긴밀한 관계를 유지하는 중이었다. 그동안 크라카우어는 계속 사회연구소의 전임연구원이었다. 사회연구소의 회의에서는 다양한 주제의 소논문을 발표하고 토의했고, 많은 컬럼비아 대학 교수들이 참석했다. 나는 주간 회의에 참석할 수 있었고 얼마 되지 않아 소논문 한 편을 발표했다. 크라카우어는 그 회의에서 사회학자들인 폴 라자스펠드Paul Lazarsfeld와 로버트 머턴Robert Merton을 만났다. 나도 바로 그 회의에서 크라카우어와 다시 만났고 그 만남으로부터 친밀한 개인적 우정이 시작되었다.

1960년, 크라카우어는 볼링겐 재단에서 심사위원과 자문위원 일을 시작했다. 이 사설 재단 이사진에 영향력을 행사한 것은 한편으로는 정신분석학자 카를 융Carl G. Jung이었고, 다른 한편으로는 고전시대, 중세시대, 초기 근대의 철학, 역사, 문헌학 및 보조 분과학문들이라는 서양의 문화적 전통이었다. 내가 『이탈리아 여행—이탈리아 국내외 도서관에 소장된, 목록화되지 않았거나 불완전하게 목록화된 르네상스 시대의 인본주의적 필사본 검색 목록*Iter Italicum: A Finding List of Uncatalogued or Incompletely Catalogued Humanistic Manuscripts of the Renaissance in Italian and Other Libraries*』(1963) 제1권을 출판하기 위해 볼링겐 재단에 제출한 1960년도 연구비 신청이 받아들여지기까지 볼링겐 재단의 자문위원이던 크라카우어가 힘을 썼을 것이라고 짐작되는 데는 그럴 만한 이유가 있다는 것이다. 그해 크라카우어는 역사를 다루는 저서를 쓰기 시작했고, 내게 종종 자문을 구했다. 그는 1966년에 세상을 떠나기까지 나와 가까운 관계를 유지했다. 우리는 일주일이 멀다 하고 장시간 학술적 토론을 나눴다. 그의 집이나 나의 집도 좋았고, 근처 찻집이나 식당도 좋았고, 전화도 좋았다. 나는 그를 작가이자 사상가로서 누구보다 존경했으므로 그와의 토론에 즐거이 임했다.

크라카우어는 자기가 이전의 작업에서 다루었던 사회적이거나 사회학적이거나 문학적이거나 예술사적인 문제들을 다루는 대신 역사적 연구를 다루는 이 저서가 자기에게 미지의 땅이라는 것을 대단히 잘 알고 있었다. 그는 이 저서에 나타나는 새로운 국면이 아도르노와의 돈독한 우정에 안 좋은 영향을 미칠지도 모른다고 내게 여러 차례 우려를 표했다. 그는 이미 아도르노가 크게 관심 갖는 사안들을 버린 상태였다.

1966년 11월 26일에 크라카우어가 세상을 떠났을 때, 역사를 다루는 저서는 미완성이었다. 계획했던 여덟 장章 가운데 1장에서 4장까지 네 장, 7장, 그리고 5장 전반부는 사실상 필사본 형태로 완성돼 있었고, 손볼 데는 자잘한 두어 곳뿐이었다. 5장 후반부, 6장, 그리고 8장은 읽을 만하지만 신중한 편집을 요하는 초고 상태 또는 시놉시스 상태였다.

나는 필사본을 출판할 수 있게 편집해달라는 릴리 크라카우어와 옥스퍼드 대학 출판부 편집진의 요청에 응했다. 완성 장은 검토와 미미한 수정으로 충분했다. 미완성 장은 훨씬 광범위한 편집상의 개입을 요했다. 나는 짧은 머리말과 '에필로그'를 붙이고, 미주와 참고문헌을 교정했다. 책은 옥스퍼드 대학 출판부가 1969년에 뉴욕에서 출판했다. 크라카우어가 세상을 떠난 지 3년 만의 일이었다.

크라카우어가 세상을 떠난 뒤, 그의 친구들과 제자들 그리고 그의 숭배자들은 그의 소논문들과 편지들을 마르바흐의 독일문학자료원Deutsches Literaturarchiv에 기증했다. 관심 있는 학자들은 손쉽게 이용할 수 있다.

그후 수십 년간, 작가이자 사상가로서 크라카우어의 평판과 명성은 독일에서도 여기 미국에서도 꾸준하게 높아졌다. 1989년에, 마르바흐의 독일문학자료원에서는 그의 탄생 100주년을 맞아 그의 저작들과 사적인 글들과 사진들로 자료전을 열고 그의 생애와 업적과 사유를 기렸다. 자료전은 많은 관객을 모았고, 독일의 다른 도시들로 순회전이 이어졌다. 1990년 3월에는 컬럼비아 대학에서도 마크 앤더슨Mark M. Anderson과 안드레아스 후이센Andreas Huyssen의 주도로 순회전이 열렸고, 순회전과 공동으로 크라카우어의 생애와 업적을 다루는 심포지엄이 마련되었다. 크라카우어와 개인적 친분이 있었던 레오 뢰벤탈Leo Löwental도 발표자 중 하나였다. 발표문들은 『뉴 저먼 크리티크New German Critique』의 지그프리트 크라카우어 특집호(54호, 1991년 가을)에 실렸고, 토머스 레빈Thomas Y. Levin이 엄선한 참고문헌도 함께 실렸다.

나는 한편으로는 새로운 세대의 학자들이 크라카우어를 재발견한 것에 기쁘지만, 다른 한편으로는 그들이 크라카우어의 생각과 글과 성격을 자기네 이론에 맞추려고 하는 데서 일련의 문제를 발견한다. 이 새로운 세대의 학자들을 특히 당혹스럽게 만드는 것은 크라카우어가 자신의 생각 몇 가지를 프랑크푸르트학파의 바깥에서 차용했다는 점이다. 그의 이 마지막 저서는 프랑크푸르트학파의 사회학적 접근과 특히 선명하게 갈라지는 저서였다.

역사를 다루는 크라카우어의 마지막 저서에 집중하는 두 편의 소논문이 『뉴 저먼 크리티크』의 지그프리트 크라카우어 특집호에 포함되어 있다. 게르트루트 코흐Gertrud Koch의 「크라카우어의 역사 구상에서 망명, 기억, 이미지Exile, Memory, and Image in Kracauer's Conception of History」와 잉카 뮐더바흐Inka Mülder-Bach의 「자서전으로서의 역사, 끝에서 두번째 세계History as Autobiography, The Last Things before the Last」가 그것이다. 이 글들은 이 저서를 개괄하지도 않고, 이 저서의 내용이 크라카우어의 이전 작업들과 근본적으로 다르다는 점을 지적하지도 않는다. 이 글들의 각주에는 크라카우어가 몰랐던 저서들과 논문들만 인용되어 있다. 이 글들이 크라카우어의 이전 저서들을 언급하는 시각을 보자면, 역사를 다루는 이 저서가 이전 저서들과 똑같은 의견이라고 여기는 듯하다. 또 이 글들은 크라카우어가 이 저서의 미주와 참고문헌에서 대부분 역사적·문헌학적·철학적 자료를 인용하고, 자신의 이전 글들을 전혀 언급하지 않으며, 자신의 이전 글들에서 중요하게 등장하는 사회학자들을 거의 참조하지 않는다는 것을 전혀 지적하지 않는다. 무엇보다도 이 글들은 역사가 그의 주된 관심사가 아니라는 뜻을 비치거나 심지어 대놓고 그렇게 말한다. 크라카우어의 마지막 저서에 대한 올바른 학술적 해석은 아직 없다.

수년간 절판 상태였던 크라카우어의 중요한 마지막 저서의 이 신판은 새로운 세대의 독자들이 이 저서를 읽는 계기가 될 것이고, 새롭고 좀더 올바른 해석의 기초가 될 것이다.

컬럼비아 대학
1994년 6월

초판 서문(1969년)

폴 오스카 크리스텔러

지그프리트 크라카우어가 1966년 11월 26일에 세상을 떠났을 때, 그의 친구들은 그 갑작스러운 죽음을 슬퍼했을 뿐 아니라, 역사를 다루는 그의 책의 운명을 걱정했다. 그가 말년에 주력했던 책, 그가 미완성 상태로 남기고 간 책이었다. 크라카우어가 역사에 대해서 중요하게 해야 할 말이 있었다는 것은 그의 이야기를 통해서나, 그가 소수정예의 독자들이나 토론자들에게 보여준 원고 일부, 또는 따로 학술지에 실은 논문 등을 통해 분명하게 드러났다. 그는 만년에 역사를 주제로 삼기 시작했고, 이전의 작업들에서는 역사를 다루는 일이 별로 없었기 때문에, 역사를 다루는 이 책은 크라카우어 사유의 새로운 측면을 보여준다고 할 수 있으며, 역사를 다루는 이 책을 읽지 않고서는 인간 크라카우어와 사상가 크라카우어를 완전히 이해할 수는 없을 것이다. 그랬으니 그의 친구들과 동료들은 크라카우어가 생전에 이 책의 대부분의 장을 써놓았다는 것과 미완성 부분을 위해서는 빈틈을 메우게 해주고 자신의 사유 방향을 이해하게 해줄 만한 상세한 시놉시스를 남겨놓았다는 것을 알고 크게 안도했다. 릴리 크라카우어 부인과 옥스퍼드 대학 출판부가 이 중요한 저작을 보관해주고 우리와 다른 독자들이 이해할 수 있는 형태로 우리에게 넘겨주었다는 데에 깊이 감사한다.

내가 1920년대에 하이델베르크에서 학생으로 있으면서 『프랑크푸르터 차이퉁』에 실린 그의 많은 글을 탐독하던 시절부터 줄곧 지그프리트 크라카우어라는 이름은 내게 익숙했다. 나는 그가 뉴욕에서 만년을 보낼 때 비로소 그와 교우했지만, 우리의 친분은 나이 든 사람들에게서 쉽게 또는 자주 볼 수 없는 종류의 우정으로 발전했다. 우리는 직접 만나든 전화를 하든 수시로 대화를 나눴고, 대화의 가장 큰 화제는 당시 그가 주력하고 있던 그것, 그리고 나의 주요 관심사 중 하나였던 그것, 바로 역사였다.

크라카우어가 강의나 강연을 하는 일은 별로 없었지만, 그는 컬럼비아 대학의 해석 세미나Seminar on Interpretation를 비롯해서 많은 콜로키엄과 토론에 활발하게 참여했다. 크라카우어는 두 학과 이상에 정통한 학자였지만, 특정한 학파 소속이 아니었던 것은 물론이고 어느 한 학과나 전공에 속하지도 않았다. 그는 철학자이자 사회학자이며 역사가이기도 했지만, 비평가이자 작가이기도 했다. 수많은 다양한 자료를 흡수해 자신만의 독창적인 사유 방식으로 삼는 한편으로 서로 다른 여러 분야에 중요하게 기여했다. 그는 경직된 체계들과 논법들을 의심 내지 혐오했고, 유행이나 타협과는 놀라울 정도로 거리가 멀었다. 그는 인간적 현실의 여러 면을 구성하는 진실한 경험이 배어 있는 사람이었기에, 통찰의 풍요로움으로 감동을 주었을 뿐 아니라 언어표현의 확고함과 명료함으로도 감동을 주었다. 그의 문체의 힘은 그의 사유의 힘을 반영한다. 그가 자신의 어휘를 자신의 시대의 유행에 끼워맞추기를 원치 않은 만큼, 그가 미래의 독자들에게 해줄 말은 더 많을 것이다.

고정된 사유체계들에 대한 크라카우어의 불신은 뿌리 깊고 의식적인 것이었다. 그는 신학을 전반적으로 멀리했으며, 전문 철학technical philosophy에 대한 태도는 양가적이었다. 그가 후설Husserl을 존경하는 주요한 이유는 후설이 생활세계Lebenswelt에 호소한다는 데 한정된다. 그가 에라스뮈스Erasmus를 존경하는 이유는 에라스뮈스가 고정된 신학적 입장 내지 철학적 입장을 정식화하거나 지지하지 않으려고 한다는 바로 그 점 때문이다. 구체적인 것과 개인적인 것을 향한 크라카우어의 고집은 그가 전형적인 철학자들보다 프루스트Proust나 카프카Kafka 같은 작가들을 더 가깝게 느끼는 이유이다. 크라카우어가 "끝에서 두번째 세계에 대한 잠정적 통찰provisional insight into the last things before the last"에 그토록 관심을 가지는 이유는 철학적 체계나 신학적 체계를 통해서 "맨 끝의 세계last things"를 장악할 수 있으리라고는 생각하지 않기 때문이다. 크라카우어가 역사에 매력을 느끼는 이유는 역사가 잠정적이기 때문만은 아니다. 학자이자 모럴리스트로서 크라카우어는 "독립적인 영역으로 존재할 자격을 미처 인정받지 못한 영역들의 의의를 끄집어내"고, "미처 이름을 못 가진 탓에 무시되고 오해받는 존재 목적들과 존재 양식들을 복권시키"고자 하는 절실한 소망을 갖고 있다. 크라카우어 자신도 알고 있었듯, 역사를 다루는 그의 만년의 작업이 대단히 다양한 문제를 다룬 듯한 그의 초기 작업들과 연결되고, 특히 그의 사진·영화 연구와 연결되는 것은 바로 이 소망을 통해서이다. 이를 통해 그는 역사가 과학이 아니듯 사진은 예술이 아니라고 주장할 수 있었을 뿐 아니라, 역사와 사진의 비교를 통해서 몇 가지 놀라운 통찰을 끌어낼 수 있었다.

크라카우어의 일반적 의도에 걸맞게, 이 책도 역사철학이나 역사방법론에 대한 체계적 해설을 의도치 않는다. 차라리 우리는 이 책을 역사의 서술과 이해에 따르는 몇 가지 기본적인 문제들에 대한 일련의 성찰로 볼 수 있다. 크라카우어는 헤겔Hegel과 니체Nietzsche, 슈펭글러Spengler와 토인비Toynbee, 크로체Croce와 콜링우드Collingwood의 일반적인 역사이론들을 비판하고 하이데거Heidegger와 분석철학자들의 이론을 경시하는 경향을 보인다. 크라카우어가 귀를 기울이는 쪽은 실무 역사가들, 곧 랑케Ranke와 하위징아Huizinga와 특히 부르크하르트Burckhardt, 드로이젠Droysen과 마루Marrou, 피렌Pirenne과 블로크Bloch, 버터필드Butterfield와 케기Kaegi와 헥스터Hexter

와 쿠블러Kubler이다.(나도 동의하는 부분이다.) 크라카우어는 명민한 비평가이자 훌륭한 인용가였지만, 비판할 때나 지지할 때나 자신의 고유한 통찰에 의지한다. 크로체의 역사이론, 곧 '현재적 관심의 이론present interest theory'에 대한 그의 탁월한 비판은 니체에 대한 그의 비판론이나 "사회사에 대한 요즈음의 열광"에 대한 그의 비판론과 마찬가지로 다시금 시의적절한 비판이 되었다. 또한 그의 놀라운 통찰 중에는 더 많은 사유와 연구로 이어져야 할 것들이 있다. "이념의 역사는 오해의 역사이다." "……마르크스주의자들과 비마르크스주의자들이 공유하는 가정, 곧 물질적 결핍을 벗어난 상태를 조성하는 것이 머지않아 인간의 조건 그 자체에 득이 되리라는 가정은 대체로 소망적 사고wishful thinking에 속한다." "사회적 배치가 문화적 동향에 어떠한 영향을 미치는지는 다소 불투명하다." 크라카우어가 역사가를 관광객에 비유하거나 망명자의 국외성exterritoriality을 언급할 때, 그는 자신의 개인적 경험을 활용하고 있다. 또한 그가 진실은 시간에 속하는 동시에 시간을 넘어서는 것이라고 할 때, 그는 철학사와 지성사를 타당성 있는 작업으로 이해해볼 단서를 제공하고 있다.

여러 주요 사안들과 관련해서, 크라카우어는 분명한 해답을 선뜻 내놓기보다는 오히려 문제 쪽을 정식화함으로써 더 많은 사유를 가능하게 하는 토대를 놓는다. 통사general history와 개별 역사special history의 불일치, 또는 그의 말을 빌리자면 거시사macro history와 미시사micro history의 불일치는 심각한 딜레마이다. 개별 역사들은 대단히 복잡할 뿐 아니라 일반화하기가 대단히 어렵기 때문에 통사가는 대부분의 개별 역사들을 무시하게 마련이라는 것이 그의 생각인 듯하다. 나는 좀더 낙관적이라서, 시간이 어느 정도 경과한 후에는 개별 역사들이 통사로 진입하리라고 생각하고, 다양하게 존재하는 상반된 세부사항들은 상대적·한정적 진술들을 통해 처리되리라고 생각한다.

크라카우어가 강력하게 제시하되 해결하지 않은 채로 남겨두는 또하나의 기본적 딜레마는 연대순 시간과 '덩어리진shaped' 시간 사이의 딜레마, 다시 말해 주어진 시대에 발생하는 모든 사건의 총괄적 배열체로서의 시간과 특정 영역 내지 특정 전통의 개별적 배열체로서의 시간 사이의 딜레마이다. 이번에도 나는 좀더 낙관적이라서, 문화사의 다원성을 강조하는 한편으로, 보편적 문화사라는 개념을 최소한 칸트적 의미의 규제적 이념으로서 보존하고자 한다.

또 크라카우어가 체계를 정식화하기를 거부한다는 점은 이 책이 미완성의 유고라는 사실에서 예상되는 것과 달리 그리 파편적인 책이 아니라는 반가운 결과를 낳는다. 각 장과 각 문단, 심지어 각 문장은 나름의 고유한 내용과 무게를 지니고 있으며, 그것은 각각이 이 책 전체에서 어떠한 위치에 있느냐와 무관하다. 「서론」은 크라카우어가 어떻게 역사에 관심을 갖게 되었는지와 이 책이 그의 이전 작업들과 관련해서 어떠한 위치에 있는지를 말해준다. 1장과 2장은 자연과학과 대비되는 역사의 위상을 다룬다. 3장은 '현재적 관심'의 이론이라는 역사이론에 대한 비판론을 포함하고 있다. 4장 「역사가의 여행」은 역사적 사건의 구체성을 강조하면서, 역사가가 자신의 주관을 어느 정도까지 극복할 수 있는지를 논의한다. 5장 「역사계의 구조」는 통사와 개별 역사 사이의 딜레마를 논의한다. 6장 「아하수에로 또는 시간의 수수께끼」는 연대순 시간과 '덩어리진' 시간 사이의 딜레마를 다루는 데 주력한다. 7장 「통사와 미학적 접근」은 이전에 발표된 글로서 역사와 예술의 관계를 다룬다. 마지막 장 「대기실」은 역사와 철학의 관계를 논하면서 역사의 중간계적intermediary 성격을 강조한다.

뭔가를 덧붙일 필요가 거의 없는 책에 몇 줄 쓰게 해주어 감사한다. 이 책은 내가 인간 크라카우어와 사상가 크라카우어와 작가 크라카우어에게서 가장 존경했던 많은 면모들을 담고 있다. 크라카우어는 내가 아는 가장 교양 있는 사람 중 하나였고, 우리가 살고 있는 이 세계와 그 이면의 전통들 중에서 진실한 것과 거짓된 것을 가려내는 한결같은 감식안을 지니고 있었다. 그는 그런 전통들 가운데 자기가 보기에 바르고 적절한 것들을 선별함으로써 자신의 세계를 세울 수 있었다. 나는 그의 모든 글의 원천인 그의 마음에 깊이 동의한다. 나는 그의 경험과 통찰에 감탄하고 그가 그 경험과 통찰을 전하기 위해서 사용하는 표현에 감탄한다. 나는 크라카우어가 들려주는 모든 말이 진짜 존재하는 세계를 참조한다고 느낀다. 그 세계는 그의 세계이고, 부분적으로는 나의 세계, 나의 세계라고 하고 싶은 세계이다. 그의 모든 말과 글은 그의 생각과 그의 인생에 대한 소중한 증언이요, 그가 겪고 견뎌내고 이겨낸 세계, 결코 완벽하지 못한 그 세계에 대한 소중한 증언이다. 그는 이 시대의 요란한 구호에 파묻히지 않을 메시지를 전해준다. 열심히 읽고 생각하는 사람들, 열심히 사유하고 그 사유에 따라 살고 행동하는 사람들이 우리 문명에서 오래된, 그러나 언제나 새로운 지혜와 자산을 찾아내는 한, 그의 메시지는 앞으로도 계속 전해질 것이다.

뉴욕, 컬럼비아 대학
1968년 8월

유고遺稿 편집에 관하여

이 책의 저자가 1966년에 세상을 떠났을 때 1장, 2장, 3장, 4장, 5장 전반부, 그리고 7장은 사실상 최종적 형태로 완성돼 있었다. 7장은 『시학과 해석학 III*Poetik und Hermeneutik III*』(뮌헨, 1968)에 실렸던 논문이다. 5장 후반부는 시놉시스와 개요 상태였다. 6장의 재료로는 시놉시스와 「시간과 역사Time and History」라는 논문이 존재한다. 『증언. 60세 생일의 테오도어 아도르노*Zeugnisse. Theodor W. Adorno zum sechzigsten Geburtstag*』(프랑크푸르트암마인, 1963)와 『역사와 이론*History and Theory*』(부록 6, 코네티컷 주 미들타운, 1966)에 실렸던 논문이다. 시놉시스와 논문이 합쳐져야 했다. 8장은 몇 군데가 덜 상세한 시놉시스 상태였다.

미완성 장들의 시놉시스는 기본적인 생각들을 담고 있었고 텍스트에 삽입해야 할 인용문도 표시되어 있었다. 인용문의 내용과 정확한 위치는 정해지지 않은 상태였다. 저자가 이미 어느 정도 텍스트에 짜넣은 생각과 논평을 포함해서 중요 자료들이 적혀 있는 다수의 파일 카드가 존재했다. 출판을 위해서 미완성 장들의 시놉시스와 관련 자료를 정리하는 동안, 연결어와 연결구를 삽입하는 일, 다른 출처들의 인용문을 추가하는 일(그리고 종종 그 인용문을 번역하는 일), 그리고 똑같은 대목의 서로 다른 버전 중 하나를 선택하는 일이 필요했다. 이런 편집상의 결정들을 제외하면 텍스트는 저자가 남기고 간 그대로이다.

차례

서론

고대 역사가는 자신이 집필한 역사에 짤막한 자전적 서문을 달곤 했다. 자신이 소속된 시대와 계층—과거로 떠나는 여행이 시작될 아르키메데스의 점Archimedean point—을 독자에게 먼저 알려주기 위해서였던 것 같다. 나도 고대 역사가의 본을 받아 자전적 서문을 달자면, 최근 나는 역사에 대한 나의 관심이 실은 내가 『영화 이론*Theory of Film*』에서 펼쳐본 생각들에서 나왔음을 돌연 깨달았다.(이러한 관심이 표면화된 것은 약 일 년 전부터였는데, 그때까지 나는 우리의 현 상황이 내 정신에 미친 영향으로 인해 이러한 관심이 생긴 것이라고 여기고 있었다.) 역사에 관심을 가지면서, 나는 그 책에서 나타난 방향을 따르고 있었다. 그러면서 내내 나는 그 사실을 깨닫지 못하고 있었다. 오히려 내가 새 분야로 옮겨가는 것이라고, 나를 너무 오랫동안 사로잡았던 주제들에서 벗어나는 것이라고 생각한 것이다. 그러다 갑자기 나는, 내가 역사에 빠지게 된 진짜 이유가, 역사가 나의 오랜 관심사와 다르기 때문이 아니라, 역사가 내가 생각해온 것을 훨씬 넓은 지평에 적용할 수 있게 해주기 때문이라는 것을 깨달았다. 역사와 사진 사이, 역사적 현실과 카메라-현실 사이에 존재하는 많은 유사점을 일순간에 깨달은 것이다. 최근에 우연히 내가 쓴 「사진Photography」을 읽은 나는 1920년대에 쓴 그 글에

* 서론을 쓴 시기는 1961년 1월에서 1962년 2월까지다.

서 내가 이미 역사주의historism를 사진과 비교했었다는 것을 발견하고 대단히 놀랐다. 그전까지 내가 눈이 멀어 있었나? 잠재의식의 이상한 힘이다. 일단 발견되고 나면 그토록 자명하고 선명한 그것을 잠재의식은 우리가 못 보게 감출 수 있으니 말이다. 이 발견은 두 가지 이유로 나를 행복하게 해주었다. 첫째, 의외로 이 발견은 나의 역사 쪽 작업의 타당성과 필연성을 확인해주었다. 둘째, 이 발견은 내가 『영화 이론』에 쏟았던 몇 년의 시간을 나 자신에게 사후적으로 정당화해주었다. 줄곧 나는 이 책이 사진 미학 그 이상도 그 이하도 아니라고 생각하고 있었는데, 자신의 더없이 내밀한 노력을 감추는 베일을 꿰뚫어본 이후에는 이 책의 진정한 의미—독립적인 영역으로 존재할 자격을 미처 인정받지 못한 영역들의 의의를 끄집어내려는 내 또다른 시도—를 알게 된 것이다. 내가 "또다른 시도"라고 말하는 이유는, 독립적인 영역으로 존재할 자격을 미처 인정받지 못한 영역들의 의의를 끄집어내는 것이 내 평생에 걸친 시도였기 때문이다.(『사무직 노동자*Die Angestellten*』가 그런 시도였고, 『긴스터*Ginster*』가 아마도 그런 시도였고, 『오펜바흐*Offenbach*』가 분명 그런 시도였다.) 그러니 나의 모든 주요 작업들은 표면적으로는 일관성이 없어 보이지만 결국에는 한곳으로 수렴된다. 곧 내가 지금껏 추구해왔고 지금도 추구하는 하나의 목표는 미처 이름을 못 가진 탓에 무시되고 오해받는 존재 목적들과 존재 양식들을 복권시키는 것이다. 역사는 사진에 비하면 이러한 목표가 좀 덜 적용되겠지만, 대체로 미지의 땅terra incognita으로 남아 있는 사유를 가지고 대체로 미지의 땅으로 남아 있는 현실을 다룬다는 점은 역사도 마찬가지다. 역사를 행하는 사유와 역사가 다루는 현실은, 그것들을 설명하는 많은 글들에도 불구하고, 대체로 미지의 땅으로 남아 있다.

내가 역사에 점점 전념하게 된 두세 가지 이유를 들어볼 수 있다. 첫번째 이유는 과거에 우리와 비슷한 경험을 한 시대들을 연구함으로써 우리가 직면한 사안들을 더 잘 이해해보려는 소망이다.

과거에 일어난 일에 대한 지식은 우리의 앞날에 대해서는 아무것도 가르쳐주지 않지만, 최소한 우리로 하여금 지금의 장면을 멀리 떨어져서 바라보게 해준다. 역사는 생소화alienation의 수단이라는 점에서도 사진을 닮았다.

우리의 물리적·정신적 환경의 엄청난 팽창을 예로 들어보자. 그야말로 우리가 숨쉬는 공기에 스며들어 있는 사안이다. 글로벌 맥락에서 사유하지 않기가 어려워졌고, 인류의 비전은 더이상 드높은 비전이 아니다. 그러나 세계는 한편으로는 좁아지면서도—우리는 사실상 무소부재無所不在한다—다른 한편으로는 통제불능으로 연장된다. 친숙했던 환경에서 쫓겨난 우리는 더이상 전통적 시각과 인습적 절차가 적용되지 않는 빈터에 내팽개쳐진다. 게다가 우리의 일부 이념체계가 붕괴하면서, 실상이 어떤지, 어떠한 노선을 따라야 하는지 더욱 불확실해진다. 특히 과학의 본질적 진보성에 대한 확신이 붕괴한 것은 진보 이념의 낙관적 옹호자들에게 철퇴가 되었다. 무력감과 상실감은 확산되어갔다. 지역주의적parochial 안정이 세계주의적cosmopolitan 혼란에 항복한 시대인 헬레니즘 시대에 그러했듯, 지도에 나오지 않는 곳, 나를 적대하는 곳을 헤매다가 길을 잃었다는 이 느낌은 두 가지로 작용하는 듯하다. 이 느낌은 한편으로는 이데올로기 일반에 대한 불신을 야기함으로써 이데올로기의 구속력을 약화시키지만, 다른 한편으로는 다수, 아니 대다수로 하여금 통일과 위안을 느끼게 해주는 신앙이라는 피난처로 몰려가게 한다.

헬레니즘 세계의 종교적 구상과 신학적 사변은, 현대인은 거의 접근하지 못할 영적 차원을 열어준다. 우리는 동경조차 하지 못할 차원이 아닌가? 반면에 우리는 고대 후기의 헬레니즘 세계가 상상하지 못했던 과제와 마주한다. 곧 우리의 과학기술적 노하우 덕분에, 우리는 대다수 인류의 여전한 물질적 조건을 개선할 능력도 갖고 있고 개선할 용의도 품고 있다. 덧붙이자면 마르크스주의자들과 비마르크스주의자들이 공유하는 가정, 곧 물질적 결핍을 벗어난 상태를 조성하는 것이 머지않아 인간의 조건 그 자체에 득이 되리라는 가정은 대체로 소망적 사고에 속한다. 문화적 수요 또는 영적 성정은, 한시적으로 괄호에 넣어지거나 대중에게 어울리는 방식으로 처리된다면, 자취를 감추어버릴지 모른다.(현대적 사유의 무미건조함이 드러나는 가정이다. 우리는 인간사의 사회경제적 측면들에 전념하지 않을 수 없으니, 이러한 무미건조함을 대가로 치러야 하는 걸까?)

내가 역사에 전념하게 된 두번째 이유는 첫번째 이유와 거의 상반되는 이유, 곧 오늘날의 사안들과 전혀 연결되지 않는, 과거의 특정 순간들에 대한 공감—말하자면 호고적好古的 antiquarian 관심—에서 찾아져야 하는 이유이다. 그런 순간들이 내게 손짓하고 있다. 프루스트의 소설에 나오는 유령 같은 나무들이 프루스트에게 모종의 메시지를 전하는 것처럼 보였듯 말이다.(우리는 나이가 들수록 죽은 존재들의 무언의 호소에 민감해지는 게 아닐까, 우리는 나이가 들수록 자신의 미래가 과거의 미래, 곧 역사라는 것을 깨달아가는 게 아닐까, 하고 나는 가끔 생각한다.)

거칠게 말해서 나는 위대한 이데올로기 운동들의 태동기nascent state, 이데올로기가 제도화되기에 앞서 여러 이념들이 우위를 다투던 그 시대에 흥미를 느낀다. 또 나는 승리한 이데올로기가 어떠한 행보를 따랐는가보다는, 그 이데올로기가 출현했을 당시 논쟁사안이 무엇이었는가에 더 흥미를 느낀다. 내가 흥미를 느끼는 것은 논쟁 그 자체라고까지 말할 수 있으며, 이때 내가 강조하는 것은 역사가 검토해보지 않았던 그 가능성들이다.

이런 유의 흥미는 언젠가 마르크스Marx가 자기는 마르크스주의자가 아니라고 선언했던 그때 그가 간결하게 요약해준 그 경험과 밀접하게 연결되어 있다. 모든 유력 사상가는 자기 사유를 자기 제자들의 오해—또는 자기 논적들의 오해—로부터 지켜야 한다. 모든 이념은 이 세상을 거치면서 조잡해지고 납작해지고 일그러진다.

이 세상은 이 세상 고유의 관점과 필요에 따라서 이념을 취한다. 한 이념이 제도가 되면, 먼지의 구름이 그 이념을 둘러싸고 그 이념의 윤곽과 내용을 흐린다. 이념의 역사는 오해의 역사이다. 바꾸어 말하면 한 이념이 그 진실함과 온전함을 보존할 수 있는 때는 널리 인정받는 믿음에 수반되는 확고함이 없는 때로 한정된다. 아마도 이념의 태동기는 이념이 온갖 의심 속에 겨냥하는 진실들을 가장 투명하게 볼 수 있는 시대일 것이다.

이 대목에서 누군가는 역사는 그런 휴지기休止期caesura가 없다고, 논란이 시작되는 것은 한 이념 또는 그 이념의 잔재가 우위를 획득한 이후라고 주장할지 모르겠다. 사실 모든 지배 이념의 전통은 그 이념을 당대의 요구 내지 변화무쌍한 상황에 적응시키려는 지속적 시도(위태로운 시도일지라도)에 대한 이야기다. 또한 한 이념에 대한 이런 식의 재해석은 그 이념과 전혀 다를 수 있다. 이단과 변질은 모든 도그마에 침투할 수 있으니 말이다. 그렇지만 일반적으로 인정받는 이념의 경우에 태동의 단계는 다른 이후 단계들과 구분되는 그 단계 고유의 의의를 가지는 듯하다. 많은 경우, 강력한 신앙의 역사가 그 신앙의 탄생기에 대한 관심을 정당화하려는 노력들로 점철되는 것도 그런 이유에서이다. 예외 없이 그런 노력들은 그 시대를 지배하는 교리가 그 교리의 귀중한 핵심을 몹시 모호하게 하는 첨가와 오해와 오용으로 인해 변질돼왔다는 확신에서 비롯된다. 이러한 확신이 전통의 폐해를 없애고 그 교리의 순결성을 복원하고 싶다는 바람을 불러일으키는 것은 당연한 일이다. 교리는 거의 알아볼 수 없이 변질되었으니, 훼손되기 전의 본모습을 보자는 것이다. 좋은 예가 바로 루터Luther이다. 그가 보여주는 것은 바로 근원으로의 귀환이 새로운 출발일 때가 있다는 점이다. 복원가restorer 루터가 혁신가innovator 루터로 밝혀진다.

어쨌든 나는 기독교가 그리스-로마 세계에 최종 정착하기 직전의 시대, 종교개혁 직전의 시대, 공산주의 운동 직전의 시대에 엄청난 매력을 느낀다. 그 시대들이 내게 그런 매력을 발하는 이유는 그 시대들이 프루스트의 마음을 움직였던 나무들의 메시지에 못지 않게 중요하고 미묘한 메시지를 전해주리라는 예감에서 찾아져야 한다. 그러면 그 시대들의 메시지는 어떤 내용을 담고 있을까? 한 가지 확실한 것은, 그 시대들의 메시지는 서로 상충하는 대의들 가운데 하나가 아니라 그 대의들 사이에 숨어 있는 틈새라는 점이다. 그 시대들의 메시지는 예컨대 켈수스Celsus와 오리게네스Origenes의 논쟁의 이면 또는 구교도와 신교도 사이의 종교 분쟁의 이면에 숨어 있다. 메시지의 위치가 메시지의 내용을 암시한다. 내가 볼 때 그 시대들의 메시지는, 상충하는 대의들 가운데 어느 것도 최종적 쟁점의 최종적 결론이 아닐 가능성, 우리로 하여금 대의 없이 사유하고 생활할 수 있게 해줄 사유방식 및 생활방식이 있을 가능성과 관련되어 있다. 그 사유방식 및 생활방식을 가리키는 더 나은 이름이 없으니, 아니 아무 이름이 없으니, 인본의 방식이라고 부르자. 베르너 예거Werner Jaeger가 기원후 2세기에 그리스 문화와 기독교 신앙이 상호침투에의 욕망을 갖고 있었다고 설명할 때 그가 암시하는 것이 바로 그런 방식이다. "양측을 이어줄 궁극의 통일과 공동의 이념이 존재한다는 것을 결국 양측 모두 인식했던 것은 분명하다. ……산타야나Santayana 정도로 민감한 사상가는 이러한 공동의 이념을 아무 주저 없이 '인본주의적humanistic' 이념이라고 불렀다……." 결국 양측 모두 그 궁극의 '인본주의적' 통일을 성취하는 데는 실패했다. 덧붙이자면, 인본의 방식이 존재할 가능성은 역사적 과정을 이루는 논란의 모든 국면에서 나타난다. 모든 벽에는 우리가 보지 않으려고 하는 구멍들이 있고, 터무니없는 것들이 끼어들어 구멍을 메워버린다. 하지만 인본의 메시지가 거의 모든 곳에 존재한다 해도, 그 메시지가 주목을 끄는 정도는 시대에 따라 다를 것이다. 그 시대가 그 메시지를 받아들이느냐 아니냐는 일단 차치하고, 중대한 이념이 산고 속에 탄생하는 시대에는 그 메시지가 특히 절실하고 뚜

렷할 것이다. 그 시대의 논객들에게는 전해내려오는 이런저런 가짜 질문들과 씨름하는 대신 근본적인 질문들을 던질 것이 요구된다.

에라스뮈스라는 인물은, 그와 같은 시대의 논객들 틈에서 논객으로 살지 않은 인물로서, 내가 지금까지 말한 대부분의 것을 대단히 놀라운 방식으로 보여준다. 그런 이유에서 나는 그에 관한 이야기를 조금 하고 싶다. 이 이야기에 깔린 전제는, 그가 자기 상황에서 최대한 이데올로기적 제약들로부터 벗어난 생활방식을 실현한 인물이었다는 것, 그리고 그가 한 일 전부와 그의 존재 전체가 사실상 인본과 관련되어 있었다는 것이다.

에라스뮈스는 인본의 메시지를 전하는 일에 매진했다. 그리스어 신약성서와 교부 저작들을 편집한 일, 그리스어 저자들과 라틴어 저자들을 거듭 참조하는 『격언집*Adagia*』과 『대화집*Colloquia*』을 저술한 일은 기독교 독트린의 본래적 단순성을 되살리고 싶고 자기가 존경하는 고대인들을 성인의 반열에 올리고 싶다는 그의 바람을 확실히 입증해주는 작업들이었다. 수도원 제도와 성직자 부패를 풍자한 일은 기독교적 인본주의 정신에 입각한 '교회' 개혁을 요구한 일 못지않은 공공의 자산이었다. 그는 빈민의 가련한 처지나 군주의 탐욕 등 세속적 사안들에 대한 자신의 생각을 발표할 기회를 좀처럼 놓치지 않았다. 시사적 사안이 다수 등장하는 그의 소책자들이나 편지들의 모더니즘적 시각(종종 선견지명)은 상당 부분 그의 탈교조적 기독교 관점에서 기인하는 것이었다. 그는 폭력을 혐오하는 사람, 평민에 공감하고 소박한 영혼에 공감하는 사람이었다. 당대인들은 이 모든 것을 알고 있었다. 또 그들은 그가 편드는 것을 싫어하고 딱 자른 결정을 회피한다는 것도 알고 있었다. 또 그들은 그가 교황들과 군주들이 주는 자리를 항상 거절한다는 것을 눈치채지 않을 수 없었다.(그의 그런 행동들이 자립심 때문이었다는 상투적 견해는 엉성한 판단의 좋은 예이다.)

에라스뮈스가 모두가 우러러보는 위인이었다는 결론이 나는 것은 불가피한 듯하다. 그런데 한 가지 이상한 점은 그가 더없이 솔직한 인물이었으되 어느 누구보다 종잡을 수 없는 인물이었다는 점이다. 그의 한 친구가 정리해주었듯, "에라스뮈스의 마음속을 들여다본 사람은 아무도 없지만, 에라스뮈스의 마음속은 웅변으로 가득하다."

해석자에게 비밀은 곧 도전이다. 증거에 비추어보건대, 에라스뮈스의 심리는 에라스뮈스의 사고와 상당 부분 관련되어 있다. 그렇다면 에라스뮈스라는 인물의 여러 측면이 하나의 원천에서 비롯되었다고 가정하는 것도 가능할 것이다. 이런 식의 가설은, 그의 마음속을 들여다볼 수 있게 해주지는 못하더라도, 최소한 그의 마음속을 조형하는 힘들에 대해서 뭔가를 알려줄 것이다. 그의 개인적 성정과 지적 활동은 그가 확실하게 고정된 모든 것을 두려워했음을 암시하는 데서 일치한다. 그의 영적 자아spiritual self를 수반하는 표현을 쓰자면, 그를 움직이는 본질적 동력은, 진실이 교리가 됨으로써 진실의 표식인 애매성을 잃어버리는 바로 그 순간, 진실은 더이상 진실이 아니라는 확신이었다. 그의 두려움—두려움이라기보다는 완벽한 무매개성을 향한 노스탤지어라고 해야 할까?—은 이 확신을 반영하는 것이었고, 심리적 두려움이라기보다는 영적 두려움으로서 관련 문헌들이 거듭 강조하는 그의 신비주의적 경향과 대체로 일치하는 것이었다.

이 두려움이 그를 움직이는 원동력이라고 생각하면, 모든 것이 매끄럽게 정리된다. 첫째, 에라스뮈스라는 사람의 서로 무관해보이는 특징들이 자연스럽게 설명될 수 있다. 우선 철학적 사변에 대한 그의 불신, 그리고 잡다한 단정적 주장들로 귀결되게 마련인 신학적 논쟁에 대한 그의 난색이 설명될 수 있다. 이어, 모든 구속력을 갖는 서원들에 대한 그의 뿌리 깊은 거부감, 그리고 특정 종교 문제들의 해결책을 자처하는 주장들에 대한 그의 회의적 태도가 설명될 수 있다. 그는 그런 종교 문제들은 "우리가 하느님 앞에 설 그날"까지 그냥 두는 것이 낫다고 말했다. 끝으로, 루터가 누리는 절대적 확신absolute assuredness에 대한 그의 혐오감이 설명될 수 있다. 단, 에라스뮈스는 자신을 대단히 불편하게 하는 논란에 점점 더 휩쓸릴 위험을 감수하면서도 루터가 성서로 선회하는 것과 '교회'의 권력남용에 맞서 투쟁하는 것에 대해 시종일관 지지했다.

둘째, 고정적인 것에 대한 그의 두려움은, 첫째보다 결정적인 방식으로, 그의 기독교적 인본주의Christian humanism가 그 시대의 상충하는 이데올로기들 사이에서 점하는 위치를 설명해준다. 물론 에라스뮈스는 종교의 쇄신과 사회의 개선을 목표로 삼았다는 의미에서 대의를 옹호하는 인물이었다. 그러나 공식이나 수칙으로 굳어진 것들에 대한 그의 혐오감은 그로 하여금 자기 생각들을 유동적 상태로 유지하게 했으므로, 그의 생각들은 제도화된 프로그램으로 굳어지지도 않았고 굳어질 수도 없었다. 애초에 그의 생각들의 진정한 자리는 전통을 통해서 확립된 가톨릭의 독트린과 신교도들의 딱딱해지는 교리들 사이의 빈틈이었던 것이다. 만약 그의 메시지가 그와 같은 신앙들 중 하나로 변장하고 그의 앞에 나타났더라면, 그는 아마 그것이 자기의 메시지라는 것을 부인했을 것이고 어쩌면 자기의 메시지라는 것을 인지하지조차 못했을 것이다. 그와 같은 신앙들이 대중에게 영향력을 행사하기 위해 치르는 대가를 그는 치를 마음이 없었던 것이다. 그가 옹호하는 대의는 바로 역사적 대의들을 끝장내는 것이었다.

이런 점은 이 세상이 에라스뮈스에 부응한 방식에 대단히 중요한 영향을 갖는다. 그가 급속도로 보편적 명성을 얻었다는 것은 그의 생각과 활동 가운데 최소한 일부가 사회 전반에서 환영받았다는 것을 의미한다. 그가 신령파the Spiritualists, 스페인 신비파the Spain mystics, 그리고 나중에 18세기 계몽주의에 미친 영향력—부분적으로는 오해에 기인한 영향력—은 차치하고라도, 그는 신학자들을 기독교의 원류로 되돌아오게 했고, 인본주의라는 복음을 전했으며, 보다 풍요로운 문학적 표현을 장려했다. 또 보다 나은 사회에 대한 그의 관심, 지식과 교육을 통한 완성가능성에 대한 그의 믿음, 관용은 아니되 종종 관용과 혼동되는 가치에 대한 그의 강조가 그 시대의 바람들을 표현했다는 것도 사실이다. 그의 공적 이미지를 둘러싼 은은한 후광은 그 시대에 그런 바람들이 실제로 존재했었다는 것을 보여준다. 많은 사람들은 에라스뮈스를 편협과 편견에 빠져 있던 자신을 구해준 해방자로 보고 반겼을 것이다. 발터 쾰러Walther Köhler의 표현을 빌자면, 그들은 "에라스뮈스-분위기Erasmus-atmosphere"에서 더욱 자유롭게 숨쉴 수 있었다.

하지만 그들은 에라스뮈스를 중심으로 결집하는 대신 군중 속에 흩어져 있었다. 그의 메시지 자체는 실용적 의미가 거의 없었으며, 그의 메시지가 낳은 것은 운동이 아니라 분위기, 한밤중의 순간적 불빛같이 막연하고 요정의 약속같이 막연한 분위기였다. 루터파는 있었지만 에라스뮈스파는 없었다. 그럴 수밖에 없기도 했다. 물론 에라스뮈스는 제도들을 바꾸기를 원했지만, 자기 마음속의 깊은 열망들이 제도화된다면 이 세상에 의해 타락하리라고 생각했다. 고정적인 것을 두려워한 그는 '참여'하지 않으려고 하면 결국 패배하리라는 것을 알면서도, 자신의 '대의'가 대의로 전락하는 것을 차단할 수밖에 없었다. 그는 자신의 죽음을 7년 앞둔 시점에서 "결국 이 세상이 승리하리라고 생각한다"라고 했다.

그의 말은 정확히 이루어졌다. 이 세상은 양쪽으로 갈라졌고, 그의 의도들과 목표들을 모호하게 만들었다. 많은 사람이 그를 알았지만 사람들이 그에 대해 아는 것은 많지 않았다. 보수 구교도와 신교도 양쪽 모두 자기 진영이 고수하는 독트린을 횡단하고 초월하는 그의 메시지를 이해할 수 있는 언어가 없었다. 그들이 사용한 언어는 자기 진영의 대의에 맞추어진 언어였다. 그랬던 까닭에 에라스뮈스의 비전은 오해들의 베일 뒤로 사라져버렸다. 그가 갖가지 의자들 사이에 앉아 있었다는 것은 당연하다. 루터는 에라스뮈스를 쾌락주의자라고 부르는 실례를 범했고 사실 에라스뮈스는 어느 정도 쾌락주의자였다. 열혈 스콜라학자들은 에라스뮈스가 종교적·사회적 혁명을 촉발시켰다고 비난했는데, 아주 틀린 말은 아니었다. 또 그는 서로 상충하는 독트린들 사이에서 좋은 것과 나쁜 것을 구분할 때 오로지 자신의 판단에 의존했으므로, 서로 투쟁하는 논객들은 그가 자기편이 되지 않으려고 하는 것에 불쾌함을 느꼈으며, 그라는 인물을 로마와 비텐베르크 사이에서 무책임하게 망설이고 헛된 타협에서 위안을 구하는 약골로 그렸다.

세상의 잣대로 볼 때 에라스뮈스는 그야말로 변덕스러운 고객이었다. 그는 독일 농민들의 봉기를 극빈과 절망의 반란이라고 옹호했지만, 그들이 도를 넘은 순간 진압 대책의 필요성을 (슬픔 속에) 인정했다. 그는 한편으로는 성서의 문헌학적 개정에 반대하는 전통의 경직성을 비판했지만, 다른 한편으로는 독실한 신자라면 전통의 권력남용을 견뎌야 한다고 권면하며 하룻밤 사이에 새 세상을 창조하는 것은 불가능하다고 주장했다. 성인숭배와 고해—그가 비판한 것도 아니고 전폭적으로 지지한 것도 아닌 제도들—에 대한 그의 애매한 태도는 그가 본디 애매모호한 성격이라는 인상을 다지는 태도일 수밖에 없었다. 그리고 이런 애매모호한 성격은 어떤 희생에도 불구하고 평화로운 합의에 도달해야 한다는 그의 거듭된 항변들과 관계가 있었다. 에라스뮈스는 1522년에 이렇게 말했다. "분쟁이 일어난다면 나는 평화를 깨기보다는 진실의 일부를 포기하리라고 생각된다. 그 정도로 나는 화합을 사랑한다."

이런 말은 그의 처신 뒤의 동기들을 이해하게 해줄 힌트이다. 에라스뮈스에게 평화란 기독교적 의미들을 가득 담은 개념, 기성 교리들—그저 갈등과 살육을 낳는, 도달 불가능한 진실의 시원찮은 대용물—이 성취할 수 없는 어떤 것을 예표하는 개념이었다. 그러니 열성 구교도들과 열성 신교도들이 그의 우유부단함이라고 비난한 그것은 실은 자기가 그리는 평화를 향해서 곧장 나아가는 확고부동함의 기만적인 겉모습이었다. 다행히도 그는 능수능란한 항해사였다. 정황상 그는 서로 적대하는 진영들 틈에서 신중하고 교묘하게 항해할 수밖에 없었던 것이다. 그렇지만 그가 가는 길이 중도 또는 이 세상이 중도라고 보는 길이었음에도 불구하고, 그는 결코 타협자compromiser가 아니었다. 반대자들은 울타리 안으로 돌려보내고 '교회'에게는 개혁의 필요를 인지시키는 그의 노력들은 기회주의적 고려들, 근본적으로 반反유토피아적 고려들의 결과가 아니라, 오히려 평화의 도래를 가로막는 대의들을 제거하겠다는 철저하게 비타협적인 시도였다. 유토피아 비저너리Utopian visionary는 중도를 고수하는 사람들을 비난한다. 그런 사람들은 불완전 상태를 영구화하려는 시도로 인류를 태연히 배반한다는 이유에서이다. 그러나 에라스뮈스의 경우, 중도는 유토피아로 가는 최단거리, 곧 인본의 길이었다. 그가 토머스 모어Thomas More의 친구였던 것은 우연이 아니다.

그 시대 대다수 사람들이 그가 가는 길, 대의가 되었더라면 모든 의미를 잃어버렸을 길을 외면했다는 것은 자연스러운 일이다. 문제는 그 길이 자기를 어디로 데려가는지를 에라스뮈스 자신이 깨닫고 있었느냐는 점이다. 그의 메시지는 심연을 가리키고 있었는데, 그는 그 심연의 깊이를 가늠하고 있었을까? 그의 『대화집』에 등장하는 유세비우스Eusebius는 키케로Cicero나 플루타르크Plutarch 같은 고대 작가들을 움직이는 하느님의 권세를 찬양하면서, "그리스도의 정신은 우리가 아는 이상으로 널리 퍼져 있을지도 모르겠다"라고 말한다. 여기서 유세비우스는 에라스뮈스를 대신하니, 유세비우스의 말은 바로 에라스뮈스의 생각이다. 널리 추앙되는 오리게네스를 비롯한 변증가들을 본받아, 에라스뮈스는 이교 쪽의 현자들도 하느님의 계시를 받았다고 주장하기도 했고, 기독교는 '로고스'의 빛나는 현현인 예수 그리스도를 통해서 고대를 최대한 완성시켰다고 주장하기도 했다. 이처럼 그는 기독교를 모든 가치 있는 비기독교적 노력들의 실질적인 목적으로 간주함으로써 '성 소크라테스 Saint Socrates'를 향한 자신의 헌신과 화체설化體說 transubstantiation에 대한 자신의 믿음을 화해시킬 수 있었을 뿐 아니라 자신의 인본주의적 관심사들의 기독교적 속성을 강변할 수 있었다. 그는 한편으로는 인본성humaneness을 열망했지만 다른 한편으로는 그 인본성을 기독교적 해방의 결과물이라고 간주했다.

이것이 에라스뮈스의 전모인 것 같다. 하지만 정말 그럴까? 그가 솔직한 사람이었다는 말도 있었지만 그에 못지않게 그가 속을 알 수 없는 사람이었다는 말도 있었다. 그가 말하지 않고 담아둔 것—알면 위험한 것?—도 분명히 있었을 것이다. 영원히 그의 비밀로 남을 그것이 무엇일까 추측해보면, 에라스뮈스는 자기가 가는 길과 그 길의 종착지에 대해 생각하던 끝에 모종의 결론을 얻었는데, 그 결론이 너무 무서웠던 탓에 마음속에 묻어두는 편이 낫겠다고 생각했으리라는 것도 전혀 있을 법하지 않은 추측은 아니다. 그는 자기가 지향하는 바가 최종적으로는 기독교의 울타리 너머에 있을지도 모른다고 추정했을 수도 있고, 자기가 진짜로 원하는 목표가 (자기가 그것을 끝까지 궁구해본다면) 저마다의 도그마와 제도적 관습을 짊어지고 있는 고정적 대의들의 벽을 단번에 무너뜨리는 것일지도 모른다고, 그런 대의들의 지향점이면서 그런 대의들에 의해 방해받는 "궁극의 통일"에 도달하는 것일지도 모른다고 추정했을 수도 있다.(아닐 수도 있겠지만.)

옛 유대 전설에 따르면, 모든 세대마다 이 세상을 지탱하는 서른여섯 명의 의인이 존재한다. 그들이 있는 덕분에 이 세상은 멸망하지 않는 것이다. 그러나 아무도 그들이 누군지 모르며, 그들 자신조차 자기들이 이 세상을 멸망에서 구하고 있음을 모른다. 내가 보기에는 이 숨은 의인들—모든 세대마다 서른여섯 명이라니, 정말로 그렇게 많을까?—을 찾는 불가능한 탐험이야말로 역사의 가장 흥미진진한 모험 중 하나이다.

앞에 나온 이야기가 엄밀한 의미의 역사적 연구로 뒷받침되리라고 기대하는 독자는 뒤에 나올 이야기에 실망할 것이다. 『트리스트럼 샌디*Tristram Shandy*』의 저자처럼 나도, 비유컨대 내 주인공의 탄생에 선행하는 난관들과 고민들에 붙잡혀 있으니 말이다. 사실 내가 역사에 전념하게 된 가장 큰 이유는 아마도 논란이 분분한 이 분과학문의 구조와 의의를 좀더 알아보고 싶은 마음 때문일 것이다. 역사는 형이상학적 사변과 신학적 도그마의 지배를 벗어나 해방, 말하자면 부득이한 해방을 맞은 후, 과학science이 되었나? 역사가 과학이라는 주장에는 이견이 있을 수 있다. 또 역사는 문학의 특징을 가지고 있지만 역사가 예술이라고 할 수는 없다. 더구나 역사가 인상주의적 견해들이라고 말할 수도 없다. 오늘날 우리가 알고 있는 역사란 이와 같은 활동들과 취향들에 의해 정의되는 차원들 사이의 어딘가에 존재한다. 역사는 중간계 영역에 속한다. 그렇지만 이 영역은 하나의 고유한 영역으로 인정받지 못한 영역이다. 전통적 사유 습관들이 우리 눈을 멀게 하니, 우리는 이 영역의 존재를 알아보지 못한다. 특히 과학적 접근, 또는 궁극적인 것에 대한 철학적 집착은 역사적 탐구에 수반되는 문제들을 왜곡시키는 경향이 있다. 이제부터 나는 바로 이런 문제들—예를 들면, "역사적 현실"은 어떠한 특징이 있는가, 현재와 과거는 어떤 관계인가, 다양한 수위의 역사들은 서로 어떤 관계인가, 역사책에 깔려 있는 주관성은 극복될 수 있는가 등등—을 다뤄보되, 문제의 본질에 공정을 기할 수 있는 관점에서 다뤄볼 것이다. 내가 이런 문제들을 다루는 목표는 역사라는 중간계를 하나의 고유한 영역—끝에서 두번째 세계the last things before the last에 대한 잠정적 통찰을 주는 영역—으로 세우는 것이다.

1 자연

총체적 역사 과정에 이러저러한 의미가 있다는 철학적-신학적 사변들로부터 현대 역사학은 적잖은 어려움을 겪고 상당한 대가를 치르면서 어느 정도 해방되어왔다. 그렇다면 현대 역사학은 엄밀한 의미에서의 과학과는 어떤 관계일까? 이렇게 묻는다는 것은 고색창연한 사안을 끄집어내겠다는 소리다. 일단 19세기 독일 역사가들이 이미 양쪽 전선에서 전쟁을 치렀다. 그들은 한편으로는 헤겔의 형이상학 그리고 뿌리 깊은 신학적 선입견에서 벗어나기 위해 부득이, 라고는 해도 모질게 애썼고, 다른 한편으로는 역사를 과학으로 '격상'시키려 했던 콩트Comte와 버클Buckle의 시도에 맞섰다.[1] 알다시피 딜타이Dilthey도 이 반反과학적 태도의 정당성을 입증하기 위해 끈질기게, 영웅적인 노력을 쏟았다. 그는 역사와 관련된 과학들을 정신과학Geisteswissenschaften이라고 했고, 자연과학Naturwissenschaften의 연구 방식과는 다르다고 했다. 전자는 역사적 '삶'을 '이해'하는 것을 목표로 하는 반면, 후자는 자연적 과정을 지배하는 법칙들을 다룬다는 것이었다.[2] 딜타이는 스스로를 역사의 칸트Kant로 생각했고, 어떤 의미에서 그는 역사주의 철학자였다. 그렇지만 그의 개념들이 상당한 영향을 끼쳤다고 해도, 그가 이 쟁점을 성공적으로 매듭지은 것은 아니었다. 리케르트Rickert도 마찬가지였다. 그는 개별화시키고 가치와 관계된 역사적 논법과 일반화시키고 가치와 무관한 과학적 논법을 구분하는데, 이러한 형식적 구분은 딜타이의 보다 포괄적이고 보다 실질적인 통찰을 희미하게 반향하는 정도에 그친다.[3] 역사를 과학으로 간주해야 하는가를 둘러싼 논쟁은 여전히 학술지 지면을 채우고 있으며, 이는 당분간 잦아들 것 같지 않다.[4] 논쟁의 추이를 보면, 역사학을 엄밀한 과학의 울타리에 집어넣으려는 경향이 거리낌 없이 나타난다. 이러한 경향을 권장하는 조언들이 의외의 곳에서 들려온다. 예를 들어 과학적 논법의 투명함과 깨끗함에 반해버린 발레리Valéry는 통사가들이 혼란스러운 전제들을 아무 비판 없이 논의의 출발점으로 삼는다고 비난하면서, 그들에게 자연과학자의 정확성을 가지고 자신의 공리와 규준을 세울 것을 요구한다.[5] 그의 조언이 기존의 경향과 일치한다는 것은 오늘날의 많은 이론과 실천으로부터 추론할 수 있다. 예를 들어 한스 몸젠Hans Mommsen 교수는 역사적 논법에 대한 1961년 논의에서 딜타이와 리케르트가 개별자the individual와 단독자the unique에 대한 역사가의 관심만을 강조하는 오류를 범했다고 단언한다. 딜타이와 리케르트의 테제는 역사적 절차와 과학적 절차 간의 유사성을 제대로 다룰 수 없으며, 따라서 더이상 타당성이 없다는 게 그의 주장이다. 역사가들도 유형을 세우고 일반화에 의존하는 것은 마찬가지이며, 과학자들처럼 이런저런 작업가설의 정당성을 입증하고자 한다는 것이다.[6] 이런 재정의는 역사 연구의 방향이 바뀌었다는 현실을 반영하는 것이기도 하고 인정하는 것이기도 하다. 제2차 세계대전 때 역사가 마르크 블로크Marc Bloch는 자신의 직종의 장래를 걱정하면서 역사라는 "어린 과학une science dans l'enfance"이 "이야기라는 태아적 형태la forme embryonnaire du récit"에서 벗어나 설화와 수사를 벗고, "분석이라는 체계적 작업entreprise raisonnée d'analyse"이 되리라는 희망을 피력했다.[7] 역사는 그의 생각대로 되어가는 것인가? 어쨌든 내러티브라는 유서 깊은 장르는 매력을 잃고 있는 반면, 분석적 기술은 중요한 역할을 맡고 있다. 이러한 관심의 전환은 사회사 연구의 급증에 유리하게 작용하리라고 생각된다. 이렇듯 서사가 논증으로 바뀌고, 묘사가 문제해결로 바뀌는 이유가 무엇이든 간에 지금의 학문적 풍토는 이러한 변화에 유리하게 작용한다. 과학의 위신이 어떠한가를 생각해보면 블로크와 발레리가 내다본 경향은 심화될 수밖에 없다. 사실 많은 역사가들이 자신의 매체의 혼종성 때문에 죄책감에 시달리지 않겠는가. 반면에 과학에 충성을 바치는 일부 사회과학자들과 인류학자들은 그 위신을 누리는 가운데 전통적인 역사학에 이맛살을 찌푸리지 않겠는가. 경멸감과 우월감이 뒤섞인 참으로 우스꽝스러운 태도로 말이다. 사실 이런 태도는 아주 우스꽝스럽다. 그들 중 하나는 "역사서란…… 지금까지 나온 것은 모두…… 준합리적 작업"이라고 규정하면서, 역사서를 쓰는 사람들을 '개발도상국의 민족시인'에 비유한다.[8] 역사가의 동력에 이보다 무지하기도 어려울 것이다. 스노C. P. Snow의 '두 문화'가 여기 있다. 문학자가 핵물리학의 첨단을 이해하지 못할지는 모르지만, 그 반대도 마찬가지라는 것이다.

인간사를 지배하는 법칙이 역사적 현실의 반복적 요소들의 상관관계에 관여한다는 것을 밝힐 수 있다면, 시인이 과학자로 발전할 가능성은 눈에 띄게 높아질 것이다. 단, 여기서 '법칙'이라는 용어는 느슨한 의미로 사용되고 있다. 예측을 가능케 해주는 자연과학의 법칙과, 심리학·경제학·사회과학·인류학 등 인간의 본성과 행태의 다양한 측면을 두루 탐구하는 과학들이 추구하는 '법칙'을 둘 다 아우른다는 것이다. 이러한 이른바 '행동과학'—다소 오해의 소지가 있는 총칭—의 '법칙'은 엄밀한 의미의 자연법칙에 대면 기껏해야 근사치에 불과하다. 법칙이 적용되는 사건의 양상이 영속할 수도 그렇지 않을 수도 있을 뿐 아니라, 이러한 법칙이 미래에 본질적 구속력을 갖는다는 것은 거의 근거 없는 주장에 불과하기 때문이다. 그럼에도 불구하고 역사학의 시각에서 보면, 행동과학 또한 불변하는 유사성(으로 보이는 것)을 탐색하고 구축하며, 따라서 자연과학과 행동과학은 하나로 합쳐질 수 있다.* 그런데 행동과학은 역사와 소재가 겹치기도 하고, 행동과학이 내놓은 수많은 '법칙'은 역사적 의의를 가지는 데이터와 분명하게 관련되어 있다. 이러한 사실은 사회생활에서 나타나는 통계적 규칙성을 언급하는 문헌에서 종종 확인할 수 있다.[9] 그러니 행동과학의 연구 결과가 역사서에 활용되는 것은 그리 놀라운 일이 아니다. 많은 동료 학자들이 전통적인 고전학의 울타리 너머로 눈을 돌리려고 하지 않던 그때 이미 길버트 머리Gilbert Murray는 인류학이 그리스 종교사에 대해 갖는 중요성을 높이 평가했다.[10] 근래에는 심층심리학이 주요 공급원이 되고 있다. 예컨대 네이미어Namier는 인간의 행태가 오로지 정신분석학을 통해서만 올바로 해석될 수 있다고 주장한다.[11] 도즈E. R. Dodds는 헬레니즘 시대의 그리스인들이 폴리스를 잃고 무의식적으로 '자유에 대한 두려움'에 사로잡힌 탓에 천체 결정론을 열렬히 받아들였다고 주장한다.[12] 아울러 막스 베버Max Weber의 시대 이래로 역사와 사회학의 경계가 점점 흐려졌다는 점도 기억해야 한다. 역사가만 사회과학의 성과를 차용하는 것은 아니다. 사회과학자 쪽에서도 가끔 역사가의 영토에 침입한다. 마치 역사가의 영토를 자신의 속국으로 만들고 싶은 듯.

그렇게 보자면, 역사적 현실 속에 다수 존재하는 규칙성은 자연과학계를 구성하는 규칙성과 비슷하다. 따라서 인간사란 주로 자연계에 속하는 것, 또는 자연계가 연장된 것이라고 가정해야 한다. 원칙적으로는 그러한 융합이 반대 방향으로 일어나는 일도 가능하다. 자연이 인간의 역사성을 띤다고 생각해볼 수도 있다는 것이다. 이

*물론 과학법칙은 이중의 기원을 갖는다. 관찰되는 자료와 관찰자의 사고가 그것이다. 과학법칙은 발견되기도 하지만 동시에 구축되기도 한다. 그러나 과학법칙의 형성에 주체의 비중이 얼마나 차지하는지 고려할 필요는 없다. 여기서 관건은 자연 세계와 역사 세계가 자연법칙 또는 유사 자연법칙을 세우는 데 같은 비중으로 우호적인가의 여부이다. 그리고 이것은 주로 주어진 현실이 어떠한 특징을 갖는가의 문제여서 개입적 주체라는 요인은 상수로 유지될 수 있다.

런 가능성의 강력한 지지자가 마르크스이다. 그가 생각하는 인간은 자연의 산물이자 자연의 동력이며, 그가 생각하는 역사는 인간이 노동을 통해 한편으로는 외부의 자연을 길들이고, 다른 한편으로는 외부의 자연을 인간의 목적에 맞추는 와중에 인간의 본성nature, 곧 인간이란 어떤 존재이며 어떻게 존재하는가를 변형시키는 변증법적 과정이다.[13] 이로써 자연은 움직임을 띠게 되고, 동일한 자연이 시간 속에 생성하는 자연에 자리를 내준다. 최근 독일의 이론물리학자이자 철학자인 카를 프리드리히 폰 바이체커Carl Friedrich von Weizsaecker 교수가 이러한 개념을 과학적으로 증명하고자 했다. 그는 이러한 개념이 열역학 '제2법칙'으로부터 결정적으로 도출된다고 주장한다.[14] 내가 볼 때 이러한 주장은 엄밀한 물리법칙들이 적용될 수 있는 범위를 벗어나고 있다. 그렇지만 어쨌거나 자연의 역사성 명제는 사실상 무시해도 좋다. 우선 마르크스 자신이 이 명제를 부분적으로만 승인한다. 한편으로 그는 자연이 인간 속에서 표출되는 이상 역사적으로 변형될 수밖에 없다고 확신하지만, 다른 한편으로 그는 외적 자연, 곧 우리를 둘러싼 자연에 비변증법적이고 독립적인 지위를 부여하는 것 같고, 결과적으로는 (상대적) 불변성을 부여하는 것 같다.[15] 또한 폰 바이체커는 역사화된 우주의 기대수명을 1000억 년 이상으로 추정하므로,[16] 자연적 원인이 예측된 결과를 낳는 일이 무한정한 시간 동안 계속되리라고 생각해도 무방할 것 같다.

결국 자연이란, 설사 변한다고 해도, 엄청나게 느린 속도로 변한다. 그리고 인간이란 자연 속에 깊이 뿌리박힌 존재이다. 지리와 기후, 생리적 얼개와 동물적 충동이 결합하여 인간의 행태를 결정한다.* 우리가 익히 아는 이런 요인들의 영향력을 크게 배가시켜주

* 물론 인간의 행태는 권력자들의 결정과 사회적 과정에 개입하는 개인과 집단, 당파의 발의에 의해 조절되고 인도되는 면도 있다. 결국 인공적 자연이 원초적 자연 위에 끊임없이 포개지는 것이다. 그러나 지금의 문맥에서는 원초적 자연에서 비롯되는 영향만 고려해도 무방하리라 생각된다.

는, 지금껏 눈에 덜 띄었던 한 가지 사실이 있는데, 그것은 사람의 정신생활이란 한 사람의 가용 에너지량과 그 분배방식에 관여하는 이른바 '정신경제의 원칙principle of mental economy'를 따른다는 것이다. 이 원칙을 정식화하자면, 한 사람이 한 분야에 자신의 노력을 집중한다면 나머지 분야에서는 필시 수용하는 데 그친다는 원칙이다. 한쪽에서 생산적이라면 다른 쪽에서는 소홀하게 마련이다. 모든 방면에서 똑같은 활력élan을 발휘할 수 있는 사람은 사실상 존재하지 않는다. 예컨대 정치사상가 아인슈타인Einstein의 성과는 물리학자 아인슈타인의 독보적 성취에 한참 못 미친다. 내면생활은 비판이 무비판적 수용에 굴복하고 맹렬한 모색이 나태한 방임laissez faire에 굴복하는 '비활성 구역'을 포함하고 있다. 이 구역에서 우리는 관습과 편견에 항복하고, 습관의 동물이 되고, 예측 가능한 방식으로 행동한다. 이 구역은 어느 모로 보나 자연현상의 차원이다. 정신은 이 구역에 빠져들 수밖에 없다.[17]

이것은 개인에게도 적용되지만, 하나의 이념을 실현하거나 모종의 목표에 도달하고자 하는 집단에게는 더 잘 적용된다. 자유주의적 관점에 따르면 집단—정당도 좋고 교파도 좋고 민권단체라고 해도 좋다—이란 집단을 구성하는 개인들의 총합이라고 보아야 한다. 그러나 이 관점은 집단을 그 집단 고유의 정신을 가진 초개인적 단위라고 보는 낭만주의적 관점만큼이나 수긍하기가 어렵다. 실제로 집단의 기본 단위는 온전한 인격적 개인이 아니라 개인의 한 부분—집단적 염원에 부응하는 부분—이다. 개인의 '소속' 정도가 클수록 개인의 더 많은 부분이 시야에서 사라진다. 대의에 혼신을 다하는 당원이 많다는 사실이 그에 대한 반론이 되지는 못한다. 열혈 당원은 자신의 역할을 온전하게 이행하기 위해 자신의 가능성 일부를 저버린다. 이처럼 집단을 구성하는 축소된 개인들은 그 집단이 추구하는 이념에 의해서 선택되고 나아가 창조되기까지 하는 인격 조각들의 복합체이다. 자석이 온갖 물질 가운데 흩어진 쇳조각을 끌어당기는 것처럼 말이다. 이런 이유에서 집단행동은 개인행동에 비해 뻣뻣하고 예측 가능하다. 예컨대 집단의 목표가 집단에 노선을 확실히 하라는 압력을 가할 때, 집단은 사회환경의 점진적 변화에도 불구하고 그러한 변화를 무시하듯 아무 반응 없이 일정 기간 직진한다. 그러다 집단이 새로운 상황에 적응하기 위해 자신의 노선을 공식 변경하는 지점이 나온다. 이 지점에 도달하면, 집단의 목표를 가장 잘 성취할 수 있는 방법을 둘러싸고 집단의 성원들 사이에 더이상 억누를 수 없거나 더이상 받아들일 수 없는 견해들—그때껏 표면화되지 않고 쌓여 있던 견해들—이 생겨나고, 이럴 때 집단은 보수파와 진보파로 분리되기도 한다. 개인이 사회현실을 뚫고 나아가는 반발과 적응의 행로는 곡선으로 그려볼 수 있는 반면, 집단의 행로는 그때그때 필요에 따라서 방향을 바꾸는 직선의 연쇄에 해당하며, 직선이 꺾이는 지점은 많은 경우 위기를 뜻한다. 집단의 행동은 개인의 행동에 비해 매머드처럼 둔중하다. 집단의 행동은 예측을 가능케 해주는 규칙성을 보여준다. 집단의 행동은 자연적 과정에 근접한다.[18]

사회는 주로 집단들과 개인들로 이루어진다. 그런데 사회는 한편으로는 집단들과 개인들이 구현하는 여러 가지 경쟁적 이해관계의 전장이지만, 한편으로는 하나의 독자적 존재단위로서 한 사회로서의 속성들을 갖고 있다. 특히 사회를 이루는 소재들이 그 사회 고유의 특징을 갖는데, 그것들은 주로 정신이 방심하는 그 불활성 구역에 속한다. 관습, 의례, 일부 제도, 일과성 활동 등 이런 많은 소재들이 함께 우리의 사회적 존재의 배경을 이룬다. 지난날의 흥분과 영감이 남긴 찌꺼기나 침전물이든, 지금의 활동에 없어서는 안 되었을 기존의 편제든, 이런 소재들은 주목을 받고 쟁점화되기보다는 당연한 것으로 받아들여진다. 아울러 이런 소재들은 거의 주목받지 않는다는 점과 작동과정에서 조절력이 생긴다는 점 때문에 어마어마한 생존능력을 갖게 된다.[19] 이런 소재들이 비교적 고체라면, 여론의 흐름은 비교적 액체이다. 공중에서 이리저리 전해지는 여론이 당시의 지배적 이해관계와 이데올로기를 엄격하게 반영하리라고 기대해서는 안 된다. 여론의 진원지는 소문이다. 여론에는 일관성이 없고, 특히 지금같이 정확한 지식을 얻기가 점점 어려워지는 시대, 선택의 여지를 넓혀주는 풍족함의 시대의 여론에는 일관성이 있을 수가 없다. 여론의 흐름이 전달하는 것은 무의식적 선호와 수시로 바뀌는 분위기에서 비롯되는 인상들이다. '여론 기후climate of opinion'라는 용어가 암시하듯 여론은 불안정한 것, 날씨와 비슷한 것이다. 위기의 시대에 여론은 한데 모일 수도 있고, 힘을 불릴 수도 있고, 중요한 진전과 결단을 가져올 수도 있다. 잡다한 감사와 분한憤恨, 그리고 웅성웅성하는 불분명한 생각들이 역사적 변화를 일으킨다는 말이다. 이런 돌풍을 겁낸 플라톤은 철학자들에게 "흙먼지가 섞인 폭풍우가 몰아치면 안전한 집 안에" 있으라고 충고했다.[20] (그렇지만 대기의 구름과 먼지를 씻어주는 폭풍우도 있지 않나?)

요컨대 사회는 정신적 활력이 영零이 되는 우중충한 구역에서 생기는, 그래서 통제가 안 되는 사건들로 가득하다. 평범한 경험 한 가지가 이를 확인시켜준다. 이 경험에 따르자면, 사회는 독자적인 힘을 가진 존재인 듯 자신의 그물에 걸리는 모든 것을 탈바꿈시킨다. 사회는 들어오는 모든 생각을 빨아들이고, 그것들을 자신의 표명되지 않은 필요에 맞추며, 그 과정에서 종종 그것들 본래의 의미를 전적으로 왜곡한다. 마찬가지로, 주어진 상태의 변혁을 목표하는 모든 행동은 사회에서 작용하는 복잡한 힘들에 의해 방향이 바뀌기 때문에 그런 행동들의 실제적 결과는 그런 행동들이 의도한 효과와 거의 같은 데가 없다. 토크빌Tocqueville은 그러한 행동의 사회계 속 행로를 연날리기에서 "바람과 연줄의 대립 작용 속에 움직이는 연의 행로"에 비유했다.[21] (바람은 사회, 연줄은 행동을 이끄는 비전을 뜻한다.) 바람과 폭풍의 비유는 우리와 물리적 현실과의 접축에서 나온 비유로서, 정신이 사회적 과정에 개입할 능력이 없다는 것, 사회적 과정은 우리가 건드릴 수 없는 법칙을 따른다는 점을 암시한다. 사회계는 거의 영구적인 관습들과 휘발성의 여론들로 가득하고, 크고 작은 무리들로 이루어져 있으며, 자연의 규칙을 따르는 것처럼 보인다. 바꾸어 말하면 사회계를 구성하는 현상을 반복적인 요소들로 분할하고 그런 요소들의 상호관계와 상호작용을 분석해 규칙성을 찾아내는 일은 가능하고 또 타당하다.[22] 사회구조와 사회변동을 연구하는 역사가의 관심사는 사회과학자와 많은 부분에서 일치한다. 사회는 제2의 자연이다. 예컨대 대도시에서 사회는 그야말로 홍수처럼 우리에게 쇄도한다. 덧붙여 말하면 오늘날 사회과학은 다양한 사회적 과정을 아우르는 형식 이론들을 세우기 위해서 컴퓨터를 사용하는 경우가 많아지고 있다. 대중역학mass dynamics 분야에서 특히 그러하다.[23] 말이 나서 말이지만 이러한 산술화mathematization 경향은 컴퓨터로 처리되는 자료들의 특징이다. 영속을 꾀하는 현대 대중사회는 사회적 의미를 가지는 모든 개인 반응과 행동 패턴의 예측 가능성, 곧 조작성에 의존하는 듯하다. 이미 우리는 사람의 태도를 대상으로 하는 사전 조건 형성에서 상당한 효과를 올렸다. 사회가 계속 이런 식으로 나아간다면 이른바 '인격'은 하나의 수치로 축소될 것이다. 다시 말해 인간은 통계학자의 꿈이 될 것이다.(현 상황에서는 누가 조작자인가 하는 질문이 가장 의미 있는 문제들을 제기한다.)

사회 메커니즘들의 영향력에 대해 인식하게 되면 인간 사회가 완성될 수 있다는 믿음은 훼손될 수밖에 없다. 이 믿음과 이 믿음을 훼손하는 증거를 화해시키고자 하는 모든 사변은 하나의 동일한 논거에 의존한다. 이 논거의 전형적인 예는 괴테Goethe가 메피스토펠레스Mephistopheles를 정의하는 말, 곧 "항상 악을 지향하나 항상 선을 창조하는 그 힘의 일부"라는 말이다. 기독교 신학에 기대고 있음이 확실한 이 논거는 서로 연결된 두 개의 명제로 이루어져 있다. 첫번

째 명제: 사회라고 일컬어지는 그 거대한 생명 덩어리를 지배하는 힘들은 인간의 보다 높은 염원들에 무관심하거나 아예 악하다. 두번째 명제: 모종의 신비한 권력이 개입하는 덕에 그 힘들은 그 본래적 악함에도 불구하고, 또는 바로 그 본래적 악함으로 인해 인류를 위하는 방향으로 유인될 수 있다. 이 막후 권력이 이성인지, 정체불명의 내장 장치인지, 그리운 신의 섭리를 대신하는 다른 어떤 것인지는 별로 중요하지 않다. 맨더빌Mandeville은 사적 악덕을 공적 미덕과 동등한 것으로 보았다. 애덤 스미스Adam Smith는 이기심을 악덕으로 보기를 꺼려했으면서도, 시장에서 매매하는 사람들의 이기적 활동이 일반 선general good으로 귀결되게 하기 위해 '보이지 않는 손'을 필요로 했다. 칸트가 말하는 자연의 섭리providential nature의 규제적 이념regulative idea이 여기에 속하고(이것은 인간의 허영과 탐욕과 이기심을 이용해 인류를 진보시킨다), 헤겔의 '세계정신'이나 '이성'도 여기에 속한다.(이것은 맹목적인 정념들이 자기를 위하도록 간계를 발휘한다.) 모종의 권력이 우리의 운명을 원격조종하고 있다는 생각은 영원히 계속될 듯하다. 랑케는 그런 '마력occult force'이 존재할지 모른다고 생각했고,[24] 헤겔주의자 마르크스는 그 생각의 토대를 이루는 추론의 도식을 차용했으며, 심지어 부르크하르트도 때때로 그런 생각에서 자유롭지 못했다.[25]

이러한 생각이 지속적인 호소력을 발휘하는 데는 두 가지 이유가 있다. 첫째, 초개인적superpersonal 권력이라는 상투적인 모티프는 일상 경험에서 약간의 근거를 발견한다. 예를 들어 불행으로 보이는 것이 행복을 감춘 것으로 밝혀지는 경우도 있고, 오로지 개인적 출세를 도모하기 위해 훌륭한 대의를 내세우는 사람들 덕분에 그러한 대의가 승리를 거두는 경우도 있다. 둘째, 이것이 더 중요한데, 이 모티프는 인간 사회의 절대 부패라는 연관명제와 결부됨으로써, 더욱 강력한 모습을 띤다. 칸트는 밖에서 본 역사는 그저 바보짓과 광포한 파괴의 기록이나 마찬가지라고 했다. 일단 원죄설에 공명하는 이 명제를 받아들인다면, 헤겔의 간교한 '이성'이나 칸트가 말하는 도모하는 자연plotting nature 등과 같은 막후 행위체agency가 요청될 수밖에 없다. 그래야 악에서 선을 끌어낼 수 있고, 명제의 전제상 인간의 힘으로 결코 성취할 수 없는 것을 성취할 수 있기 때문이다. 이 논거의 전체적 성패는 인간이 맹목적이고 부패한 존재라는 가정에 달려 있다. 그런데 이러한 가정은 인간사가 자연적 사건의 특징들을 모두 가지고 있으며, 따라서 역사는 과학의 일종이라는 시각과 사실상 일맥상통한다. 앞에서 나는 이러한 시각에 대해서 공정함을 잃지 않으려고 노력했다. 그러나 사회적 현실이나 역사적 현실에 대한 이런 식의 개념화는 단서를 요한다.

인간의 자유라는 경험에 대한 현대의 발언들 가운데 랑케의 발언은 여전히 고전적 사례로 남아 있다. 이 발언이 그가 역사라는 스펙터클에 심취한 데서 나왔다는 것이 분명하다는 점만으로도 그렇다. "완전히 새로운 어떤 것이 매 순간 시작될 수 있다. ……그 무엇도 자기 외의 다른 것을 위해서만 존재하지는 않는다. 그 무엇도 다른 것과 똑같은 현실을 갖지는 않는다." 자유의 분리력에 대한 이 같은 인정은 자유의 한계에 대한 인식과 연결된다. 자유란 절대적인 것이 아니라는 말이다. 이어지는 랑케의 말에 따르면, 우리가 행하는 모든 것은 이미 행해졌던 것에 의해 조건지어지며, 따라서 사건들의 인과적 연속성—역사—은 자유의 씨실과 필연의 날실로 직조된 정연한 옷감으로 나타난다.[26] 정연하다는 말을 제외한다면, 이 발언은 경험상 타당하다고 할 수 있다. 인간이란 비교적 자유로운 행위체라는 것이다.(물론 개인의 실제적 자유는 주어진 사회적 조건에 따라 다르다. 전체주의 체제에는 자유가 없으며, 구성원들을 자기만족적 순응상태로 조작하는 사회에서도 자유를 발견할 수 없다.* 그러나 그 사실이 자유라는 경험의 진릿값에 해를 주지는 않는다.

*그런 사회에서 진정한 선택은 사회를 다스리는 이들에게만 주어진다.

덧붙여 어느 시대에나 반역자들은 봉기했고 순교자들은 고문 속에 죽어갔다.) 흥미롭게도, 19세기의 기계론적 통념을 극복한 오늘날의 이론물리학자들은 자유롭다는 의식을 심리적 착각에 불과한 것으로 보는 톨스토이Tolstoi의 자유론을 따르기를 꺼리는 듯하다. 예를 들어 폰 바이체커 씨는 의지의 자유를 근본적인 경험으로 간주할 뿐 아니라 그 경험의 비중을 결정론과 최소한 동등하게 본다. 결정론은 '이론'일 뿐 경험이 아니며, 기정사실이라기보다는 미래의 경험적 연구에 필요한 프로그램이다. 또한 그는 한편으로는 결정론이라는 원리가 그와 상반되는 모종의 내적 확신에 의해 뒤집히기란 불가능하다는 것을 인정하면서도, 다른 한편으로는 그 원리의 타당성 범위를 심문하고 싶어한다. 그는 결정론자들에게 너희의 이론을 입증해보라고 다그친다. "우리의 행동을 결정하는 요인들을 보여주면 우리도 믿겠다."[27] 그의 다그침은 예이젠시테인Eisenstein의 한 실험을 연상시킨다. 예이젠시테인은 시어도어 드라이저Theodore Dreiser의 소설 『아메리카의 비극*An American Tragedy*』의 영화 각본—이 영화는 결국 제작되지 않았다—을 준비하면서 클라이드가 로버타를 익사시키고 자신의 범죄를 사고로 위장하기로 마음먹는 결정적인 대목에서 클라이드의 내적 독백monologue intérieur을 구체화시켜줄 '몽타주' 시퀀스를 삽입할 계획이었다. 이 시퀀스를 통해 클라이드의 행동을 결정하는 여러 요인을 그리고자 했다는 사실은 예이젠시테인이 작성한 '몽타주 목록'에서 알 수 있다. 여기에는 아마도 적절할 많은 요소들이 포함되어 있다. 예를 들어 스크린에 흩뿌려진 단어들이 소리 없는 이미지나 '다성악적' 사운드와 섞이기도 하고, 실제적 환경의 인상들이 투영된 동기나 토막난 생각과 섞이기도 한다.[28] 예이젠시테인이 이 목록을 작성한 목적은 분명 관객으로 하여금 클라이드의 궁극적 결단에 수반되는 요인들의 무한성을 느끼도록 하는 것이었다. 그러나 무한성을 암시하는 (그리고 이로써 무한성을 미학적으로 제시하는) 이 시퀀스는 매우 중요한 것—너희가 인간의 결단과 행동을 결정하는 요인들을 설명할 수 있겠냐는 폰 바이체커의 수사적 다그침에 부응하기 위해서는 그야말로 무한한 작업이 필요하리라는 것—을 보여준다. 그의 요구에 부응하기란 이론상 불가능하다. 결정론의 타당성은 증명될 수 없다. 그렇다면 해석에서 결정론을 그렇게 중시할 까닭이 뭐가 있겠는가? 결정론이라는 일반론은 우리로 하여금 허황된 꿈을 좇게 만드는 신기루로 밝혀질지도 모른다. 어떤 행동이나 어떤 의외의 상황은 반복적 요소로 쪼개기가 매우 어렵거나 이전 상황 또는 동시적 상황을 가지고 만족스럽게 설명하기가 매우 어렵기 때문에 차라리 환원 불가능한 존재단위들로 보는 편이 낫다.[29] '라플라스의 악마Laplacean Demon'라 하더라도 그것들을 인과의 사슬로 엮어보라고 하면 곤란해하지 않겠는가.

다시 말해 인간사는 자연력自然力의 차원과 인과율의 차원을 넘어선다. 따라서 보다 엄밀한 의미에서 과학적이라고 자처하는 모든 역사 연구는 조만간 극복할 수 없는 장애물에 부딪히기 마련이다. 역사는 과학이라고는 해도 특이한 과학이다. 일부 사회학자들이 역사를 과학화하기 위해 사용하는 우회 방식들을 보면 이 점을 잘 알 수 있다. 무작위로 최근의 사례를 소개하겠는데, 조야한 연구라는 점 때문에 더욱 좋은 예가 된다. 찰스 틸리Charles Tilly가 사회과학자의 시각에서 1793년 방데 반란에 대한 해석을 시도한 연구이다.[30] 틸리가 자신의 작업가설들로부터 수집한 증거를 가지고 추론한 내용을 크게 세 가지로 요약해보자면, 첫째, 방데에서 반란이 극에 달한 곳은 전통적인 농업 경제 쪽과 해외에 개방된 무역 및 시장 경제 쪽이 충돌한 지역들이었다. 둘째, 이해관계가 충돌하면서, 방데에서 이미 자리를 굳힌 혁명적 상인 부르주아 계급과 다양하면서도 갖가지 출신의 여러 견제 집단 사이에서 갈등이 촉발되었다. 셋째, 이데올로기적 표어들이 나타나 중요한 역할을 떠맡기 시작한 시기는 갈등이 고착화되면서 반란 세력들이 대오를 정비해야겠다고 느끼던 비교적 후기였다. 이렇듯 틸리는 행동의 규칙성, 곧 사회생활에서 빈번하게 관찰되는 특징들을 추려내 배열함으로써 자기가 의도한 해석을 행한다. 그런 특징들의 예로, 경제적 이해관계가 대립하는 집단 사이에는 마찰이 일어날 수밖에 없다는 것, 타협 가능성이 없어 보인다면 사안은 양극화로 치달을 공산이 크다는 것, 서로 분열되어 있는 집단들이라도 공동의 적에 맞서려면 집단행동이 필요하다는 것 등이 지적된다. 그렇다면 틸리는 이런 방식으로 어떤 성과를 얻고 있는가? 그의 사회학적 분석이 그 시대를 연구하는 역사가들에게 유용할지 모른다는 것을 인정한다 하더라도, 이 분석이 역사 해석으로서 가치가 있다는 그의 믿음은 거의 근거가 없다. 이 분석의 모든 일반론을 결합한다 해도 이 분석으로 얻어지는 것은 기껏해야 모종의 무인지대에서 발생하는 불특정 반혁명*a* counter-revolution에 대한 어렴풋한 개념일 뿐, 1793년 방데에서 발생한 바로 그 반혁명*the* Counterrevolution에 꼭 맞는 설명은 못 된다. 그가 정말 그 사건을 다룰 생각이라면, 그 사건의 전개양상과 보다 밀접하게 연결된 요인들을 확정함으로써 자신의 일반론을 보완해야 할 것이다. 그런 요인들의 예로, 당시는 혁명이 진행중인 시기였다는 것, 대기는 소요와 함성으로 가득했다는 것, 모든 것이 끊임없는 변화 속에 있었다는 것 등이 지적될 수 있다. 요컨대 그는 방데의 반란을 역사적 현상으로 구상해야 할 것이다.

역사는 우발의 영역, 새로운 시작의 영역이기도 하다. 역사에서 발견되거나 추출되는 모든 규칙성은 적용 범위에 한계가 있다. 과거 역사에는 정신력에 의해 이 습관의 껍질을 깨뜨린 사례와 사회적 편제에 내재하는 불활성을 극복한 사례가 얼마든지 있다. 인간이 어느 정도 자유롭게 의지意志하고 행동하는 존재—자신이 의지한 것만을 행동에 옮기는 존재—라면 조종자가 있어야만 일이 바로잡히는 것은 아니다.(일이 바로잡힐 수 있다면 말이다.) 또 우리는 모두 일상 경험과 상치되는 가정, 곧 실체시된 배후조종자의 공작 덕에 나쁜 영들과 동물적 본능들이 인류로 하여금 인류에게 바람직한 목표들을 성취하게 만든다는 가정을 굳이 받아들이지 않아도 된다. 메피스토펠레스는 악을 지향함으로써 선을 창조하는 존재인가? 종교적 관용이라는 축복은 무슨 기적으로 종교전쟁의 참혹함에서 비롯된다는 것인가? 본질적으로 신학적인 이 명제는 세속적 논리에 비추어보자면 거짓된 역설임이 드러난다. 다시 말해 이 명제는 일원론의 오류, 좀더 정확하게 말해 일원론—나아가 모든 보편 개념—이 모든 구체적인 사안에 자동적으로 적용된다는 뿌리 깊은 믿음의 오류를 보여주는 예이다. 그 같은 고도의 추상화가 그 자체의 차원에서 어떤 타당성을 갖든, 그 차원에서 특수자의 차원으로 내려오는 길은 결코 직선이 아니다. 이렇게 말하면 지독히도 고루하게 들리지만—그리고 얼마나 많은 사회 메커니즘이 끼어들어 상황을 모호하게 하는지는 하느님만 알겠지만—그렇다고 해도 악은 악을 낳을 때가 많고 선은 흔히 선인의 노력에서 나온다는 가정은 섭리 행위체에 의존하는 가정에 비하면 신뢰할 만하다.(그렇지 않다면 우리는 히틀러가 인류의 비자발적 구원자라는 것을 최종 심급에서 인정해야 할 것이다.) 부르크하르트는 이 시각을 실리주의적 함축과 함께 긍정한다. 그는 "뒤의 선이 앞의 악을 정당화해주지 않는다"고 단정했고, (본질적으로 악한) 국가가 시민들에게 가하는 고통을 조금이라도 덜어주는 것은 "정의롭고 선한" 시민들의 의도적 노력이라고 주장했다.[31]

이쯤 오면 역사란 비과학 또는 특이한 과학이라는 소극적 규정에, 역사가란 이야기를 들려주어야 한다는 긍정적 규정을 덧붙이는 것이 가능해진다. 불완전하나마 최초의 긍정적 규정이다. 여기서 '이야기'라는 용어는 묘사를 포함한 모든 종류의 내러티브를 뜻하는 넓은 의미로 사용된다. 그런데 왜 역사가는 이야기를 들려주어야 하는가? 그것은 역사가가 항상 환원 불가능한 존재단위들과 마주치기 때문이다. 이 단위들은 서로 연결되지 않는 일련의 해프

닝의 접점에서 비롯되며, 새로운 뭔가, 자연의 관찰을 넘어선 뭔가의 출현을 알리기도 한다. 분명 이 단위들을 다루는 방법은 그것들을 무수한 원인의 필연적 효과로 왜곡하지 않고 그것들의 사실성factualness을 존중하는 것이다. 이와 같은 사건이나 개념, 상황 등을 다룰 때 결정론은 더이상 믿을 만한 길잡이가 되지 못한다. 이런 것을 다룰 때 가장 적절한 방법이 내러티브이다. 역사가가 이야기를 들려주는 것은 역사적 현실의 특성에 근거한 필요성에 부응하기 위해서이다. 이러한 사실이 요즘에는 대개 인식되지 않고 있다. 역사를 과학이라고 보고 싶어하는 오늘날의 역사가는 '시인'이라는 별명이 싫어서인지는 모르지만 과학적 절차 및 설명만을 강조하고 서사의 필요성은 폄하하는 경향을 보인다. 의미심장하게도, 근래에 탁월한 미국 역사가 헥스터J. H. Hexter 교수는 동료 역사가들에게 그러한 경향에 빠지지 말라고 조언할 필요를 느꼈다. 그는 "우리 중 다수는 분석과 입론에 몰두한 나머지 이야기를 들려주는 법을 망각할 위험, 이야기를 들려주는 것이야말로 역사가의 진정한 과업이라는 사실마저 망각할 위험에 처해 있다"[32]라고 했고, 특히 "세계가 격변기를 맞이할 때에는" 분석적 역사가보다는 내러티브가 요구된다고 현명하게 덧붙였다.[33] 블로크의 『봉건사회*La Société féodale*』는—워낙은 형태학적morphological 묘사 및 분석이 스토리텔링에 비해 단연 우세한 저서인데—도입부만큼은 이러한 요구에 전적으로 부합하면서, 9~10세기에 아랍, 헝가리, 스칸디나비아가 유럽을 침공한 일들을 오롯이 내러티브 형식으로 개관하고 있다. 해명 불가능성이 가장 강력하게 드러나는 시기는 바로 그런 뒤숭숭한 시기다.

그렇지만 역사학이 많든 적든 서사에 의존해야 한다는 사실이 역사학을 여느 과학들로부터 구분해주지는 않는다. 예컨대 지구와 우주의 자연사들도 어떤 의미에서는 내러티브이다. 다만 여느 과학들이 들려주는 이야기는 확실히 잠정적이다. 여느 과학들의 '역사'가 추구하는 본질적 목표는 내러티브 양식으로밖에 기술될 수 없는 모든 것을 보편적 법칙으로 대체하는 것이다. 단, 이러한 목표를 추구하는 데는 자연, 곧 과학이 다루는 환원적 자연이 그러한 법칙에 철저히 순응하리라는 믿음이 전제된다. 그러면 어떤 종류의 법칙이 내러티브를 대신할 만한 법칙일까? 일단 이야기를 구성하는 반복적 성분을 다루면서도 이야기가 진행되는 시간대 전체를 해명할 수 있어야 한다는 점에서 지금까지 거론했던 법칙과는 다른 것이어야 한다. 다윈Darwin의 진화론—생물은 자연선택으로 진화한다—은 이러한 이른바 '종방향적longitudinal' 법칙을 대표한다. 실제로 일어난 일이 왜 일어나야 했는지를 설명함으로써 순수한 스토리텔링을 대신하는 것은 바로 이런 종류의 법칙이다.

이러한 유형의 종방향적 법칙이 인류사 전체에 적용되리라고 가정해볼 수 있을까? 헤겔의 경우처럼 신학적-형이상학적 사변에서 비롯되는 법칙이 아닌, 어느 정도 과학적인 법칙 말이다. 어쨌든 이러한 법칙을 찾으려는 시도들이 근대가 시작된 이래로 계속 이어지고 있다. 모종의 신적 계획이 인류의 운명을 규제한다는 기독교적 구상이 이러한 시도를 장려했고 나아가 촉발시켰다는 사실은 비코Vico의 『새로운 과학*Scienza Nuova*』—세속적 역사 개념과 신학적 역사 개념이 분할되어 있었다는 것과 후자가 이미 우세한 상황이었다는 것을 보여주는 저서—을 통해서 미루어 짐작할 수 있다. 비코는 독실한 기독교 신자였지만 과학이 부상하고 인간이 초자연적 권위에서 해방되는 새로운 시대의 지적 풍토에 젖어 있던 사상가이기도 했다. 그의 위대하면서도 야릇한 (덧붙여 현대적 역사 연구법을 상당한 정도로 선취하는) 이 저서는 무엇보다 초월적 섭리를 총체적 역사 과정의 내재적 필연과 화해시키고자 하는 꾸준한 노력을 대변한다. 그의 목표는 전통적인 기독교적 관점을 제거하는 것이 아니라 그것을 과학적 도식에 끼워맞추는 것이다. 이러한 목표를 성취하기 위해 그는 모든 나라는 '신'의 시대에서 '영웅'의 시대를 거쳐 '인간'의 시대로 간다는 역사적 법칙을 상정하면서, 이와 같이 "나라들을 지배하는 자연법"(나라들은 이를 의식하지 못하면서 이에 복종한다)은 인간의 사회가 야만으로 돌아가지 못하게 하려는 모종의 신적 섭리에 의해서 제정 내지 집행되는 것이라고 보고 있다.(저 높은 곳에서 자비로운 섭리가 작동중이라는 주장에는 상투적인 데가 있다. 일원론을 지향하는 모든 사상가가 '사적 악덕'과 '공적 미덕'이 차이 나는 모습에 당혹스러워하는 것과 마찬가지로 비코 역시 미덕을 찾아서 모종의 상위 행위체로 거슬러올라갈 수밖에 없다.) 신적 권력이 세상사를 다스린다는 생각으로부터 모종의 자연법이 아무 초자연적 개입 없이 "이상을 향한 항구적 발전의 역사ideal eternal history"의 순류corso와 역류ricorso를 다스린다는 생각으로 바뀌는 것이다. 이 자연법은 기독교 신학의 시대와 세속적 이성의 시대를 이어주는 연결고리라고 할 수 있다. 전적으로 내재적인 것 같으면서도, 모종의 신적 권세에 대한 믿음을 통해서 정당화되니까 말이다.

19세기에는 이런 식의 정당화가 불필요하게 보였을 것이다. 콩트와 마르크스 둘 다 기독교 교리와 보편적인 역사적 법칙을 잇는 탯줄을 완전히 잘라버린다. 두 사람이 제안하는 법칙은 순수하게 내재적이며 과학적 타당성을 표방한다. 두 사상가가 역사의 의미가 무엇인가라는 유서 깊은 질문에 무관심해졌을 것이라는 이야기는 아니다. 오히려 그들의 법칙은 이 질문에 대답하려는 시도이기도 하다. 인간을 자립시키기로 결정한 시대이니만큼 이 질문은 더이상 신의 감독이나 개입 운운하는 대답을 허용하지 않는다. 하지만 이 문제는 여전히 대답을 요구하고 있다. 결국 진보와 진화라는 세속적 개념 쪽에서는 신학적 역사 해석을 대신해야 한다는 과제가 점점 더 무거워진다.(도저히 감당할 수 없는 무게라고 해야 할까?) 이처럼 세속적 개념에 다른 함축들이 따라붙다보니 '너머Beyond'를 향하는 상승 운동이 수평 차원으로 투영되고, 종말론적 소망 대신 현세적 목표가 들어선다.[34] 마르크스와 콩트는 방법은 다를지 몰라도 이러한 세속적 개념을 붙잡는다는 점에서는 일치하며, 이 개념을 사용함으로써 역사적 과정의 의미를 가늠하고 나아가 각자 생각하는 역사적 과정의 완성을 앞당기고자 한다는 점에서도 일치한다. 한편 그들이 내세우는 법칙은 정치적 개혁의 지렛대 역할을 하기도 한다. 행동 프로그램이라는 여분의 기능도 있다는 것이다.

이런 법칙들—여기서는 과학적 진술로 기능하는 측면에만 주목한다—이 공유하는 한 가지 특징이 있으니, 그것은 자연법처럼 개념화된다는 것, 다시 말해 인류사가 자연사와 똑같다는 가정에 의존한다는 것이다. 여기서 자연은 진화할 수 있다고 생각되는 자연이다. 콩트의 유명한 '3단계 법칙'은 다양한 과학의 발전, 나아가 역사(유럽사) 전체의 발전을 지배하는 것으로서 이와 같은 일반적 자연법의 모든 특징을 갖고 있다. 마르크스 역시 자연과 역사가 서로 분리될 수 없다고 주장하며, 이로써 역사과학의 논법과 자연과학의 논법 사이에 아무런 차이가 없다고 주장한다.[35] 그가 내세우는 이른바 역사적 유물론은 이것을 잘 보여준다. 마르크스는 역사시대 recorded history를 계급투쟁의 발전적 연쇄와 동일시하는 경향을 드러내면서(여기서 계급투쟁은 각각의 발전 단계에서 진취적인 생산력과 기존의 경제구조 사이에서 발생할 수밖에 없는 모순으로 거슬러 올라갈 수 있다), 역사적 과정을 흔히 자연의 작동방식에 결부되는 필연에 종속시킨다.*

*마르크스가 항상 그런 것은 아니라는 점을 덧붙여야겠다. 그는 인간의 행동이 역사적 변화에 영향을 끼칠 수 있음을 여러 번 인정했다. 이로써 그는 오늘날 인류가 사회주의를 성취할 것인가, 야만으로 되돌아갈 것인가의 선택에 직면해 있다고 보는 듯하다. 최근 들어 마르크스 변증법의 이 비자연주의적 측면을 부각시키는 경향이 있다. 이것이 결정적 측면일까? 이와 같은 불일치가 중대한 문제점이라는 사실을 부인하는 것은 아니지만, 나는 자신이 '선사先史'를 지배하는 법칙을 발견했다고 생각한 마르크스가 거의 실존주의적이라고 할 수 있는 마르크스보다 철학적으로 그리고 역사적으로 더 중요하다고 생각한다. 후자의 마르크스는 오늘날의 몇몇 마르크스 해석자들—예를 들면, 사르트르 Sartre—이 그의 저작에서 뽑아내는 마르크스이다.

다시 한번 이런 법칙들의 타당성 여부를 살펴보자. 타당하지 않다고 주장하는 많은 반론은 이런 법칙들이 주어진 데이터를 다소 고압적인 방식으로 다룬다는 점을 지적한다. 예를 들어 전근대사가 마르크스주의 도식에 들어맞지 않는다는 점이나 마르크스가 '계급'과 '계급투쟁'을 과거사 전체에 적용하는 것은 개념의 과도한 확대라는 점이 올바르게 지적되어왔다.[36] 딜타이가 콩트 학설의 부적절한 추상성에 대해 "역사철학자들의 이런 추상적인 이미지가 하는 일은 역사의 실제적 행로를 여러 가지 단축법fore-shortening을 써서 몇 번이고 다시 재현하는 것뿐이다"[37]라고 말한 것도 더없이 올바른 판결이었다. 딜타이의 이 판결은 일반적인 철학적 발언에 대한 역사가로서의 뿌리 깊은 의혹을 표명하는 것이기도 하지만, 콩트와 마르크스의 사실 관련 오류들이 각자 내세우는 법칙들의 보편성에서 비롯되었다고 봐야 한다는 암시이기도 하다.(그런 의미에서 여기에 헨리 버클을 추가할 수 있다.) 그런 보편 법칙들은 역사적 현실로부터 매우 멀리 떨어져 있으며, 따라서 소재의 상당량을 왜곡/생략하기 쉬운 원근법을 사용하지 않기란 불가능하다.* 하지만 사실들을 다루기에 다소 부적절할 수밖에 없다는 점은 그런 법칙들이 갖는 부수적인 약점이다.

그 약점으로부터 야기되는 정말 핵심적인 약점들이 있다. 의기양양한 자연과학에 홀린 19세기의 입법자인 콩트와 마르크스는 대단히 취약한 두 가지 전제를 깔고 있다. 첫번째 전제—역사가 자연이나 마찬가지라는 전제—는 이미 지적했다. 이 전제로부터 만들어지는 법칙이라면 역사에서 우발의 역할을 부당하게 최소화시키게 마련이고, 인간에게 선택의 자유와 새로운 상황을 창조할 능력이 있음을 부인하게 마련이다.(후자가 더 중요하다.) 대신 이런 법칙들은 진보의 이념을 적절히 감안하면서도 엄격한 결정론과 결별

* 나는 여기서 일반과 특수의 관계라는 중대한 문제를 건드리고 있다. 이 문제의 몇몇 측면은 5장과 8장에서 논의될 것이다.

하지 않아도 되도록, 일종의 자연적 진화를 인정한다. 결정론적 성향의 과학자이자 헤겔의 영향을 보여주는 변증가 마르크스가 노동자들에게 단결하여 속박의 사슬을 끊으라고 외칠 때, 그가 그들에게 허용하는 자유는 실은 가짜 자유이다. 여기서 자유의 유일한 기능은 예정대로 흘러가게 되어 있는 과정을 앞당기는 것뿐이기 때문이다. 그가 볼 때 이 과정은 어느 물리법칙 못지않게 구속력이 있는 필연이다. 이렇듯 그는 이 과정에 기대 자연과학자와 같은 예측을 내놓게 되고, 이 예측은 또 그의 외침을 뒷받침한다. 이런 면에서도 마르크스의 태도는 콩트와 흡사하다. 그런데 콩트와 마르크스가 내던져버린 바로 그 자유가 콩트와 마르크스의 예측이 잘못되었다는 것을 증명하고 있다. 콩트는 예언자로서는 실패작이었다. 마르크스가 산업자본주의 아래서는 빈곤이 증가해 프롤레타리아 계급이 점점 혁명화한다고 예언한 것은 지독한 오류로 판명되어왔다. 그는 자본주의 선진국에서는 경제적·과학기술적 진화가 일어나리라고 예측했고 그 예측은 옳았지만, 바로 그 진화가 정치적 변화를 초래함으로써 그가 예측했던 진화의 행로가 변경된 것이다. 마르크스의 예언이 실현될지 모른다는 광범위한 우려 그 자체가 바로 이런 정치적 변화—강력한 노조가 생긴 것, 정부들이 민주화된 것 등등—를 초래했던 것도 사실이다. 그의 예언은 카E. H. Carr의 용어를 빌리자면 '자기훼방적self-frustrating' 예언이었다.[38]

이런 보편적 법칙들에 깔린 두번째 전제는 역사적 시간을 어떻게 보느냐와 관련되어 있다. 콩트와 마르크스는 모든 인류사를 자연사의 맥락에서 생각하는 만큼, 역사라는 것도 물리적 과정과 마찬가지로 측정 가능한 시간순으로 펼쳐진다는 점을 당연시한다. 두 사람이 볼 때 역사적 과정은 필연적이고도 의미 있는 일련의 시대가 시간 연속체를 따라 현세적 미래로 무한정 연장되는 일종의 직선 운동이다. 바꾸어 말하면 그들은 시간순이라는 마법을 아무 의심 없이 신뢰한다.[39] 하지만 그들의 확신이 사실무근으로 밝혀진다면? 달력의 시간이 그들이 생각하듯 최강의 매체인 것이 아니라 아무 관련 없는 사건들을 잡다하게 데리고 다니는 공허하고 무차별적인 흐름이기도 하다면? 그 일차원적 흐름에 모든 의미심장한 역사적 동력들 및 변동들이 실려 있기도 하고 그렇지 않기도 하다는 역설을 받아들여야 한다면? 그렇다면 시간순으로 진화하는 역사적 과정은 애매모호하다는 특징, 특히 허깨비 같다는 특징을 가지게 되는데, 이런 애매모호함이 바로 역사적 과정을 지배하는 법칙이라고 하는 것들의 특징이다. 이런 문제들은 뒤에서 다루어질 테니,* 일단 여기서는 마르크스와 콩트가 생각하는 역사적 시간 개념이 자명하기는커녕 그들이 알지도 못하는 문제들을 제기한다는 것만 말해두기로 한다. 그리고 이로써 그들이 인류사의 행로와 관련해 발언하는 내용들이 더욱 신빙성을 잃는다는 것도 말해두겠다.

슈펭글러가 19세기 사유보다 진일보한 점은 "단일한 직선적 역사라는 공허한 허구"를 거부하는 데 있다.[40] 사실 그의 가장 큰 장점은 슈펭글러 자신의 용어를 빌리자면 프톨레마이오스적 역사 체계에서 코페르니쿠스적 역사 체계로 돌아선다는 것이다. 그는 자기가 논하는 다양한 문화를 현재—우리의 현재—를 향해서 흐르는 순차적 시간이라는 공통된 매체로부터 끄집어내 각각의 문화에 그 문화 고유의 시간을 배정한다.(다만 그가 자기가 논하는 모든 문화를 불가해한 현세적 림보limbo에서 선회하게 하는 것은 다소 어색하다.) 슈펭글러의 다른 신조들에 대해 내가 굳이 긴 설명을 늘어놓을 필요는 없을 것이다. 그저 그가 그 문화들을 식물과 흡사한 유기체, 각각의 모태에 뿌리박은 상태에서 어김없이 청년기·장년기·노년기를 거쳐가는 유기체로 정의한다는 사실을 기억하는 것만으로 충분할 것이다. 또 한 가지 기억할 점으로, 그는 이 문화들이 서로 간에 영향을 미치는 일 없이 각자의 고정된 행로를 고수한다고 주장한다. 이러한 주장에 따르면, 각각의 문화는 특정 이데아를 안고 태

*6장을 볼 것.

어나고, 그 이데아에 사로잡혀 살아가며, 그 이데아에 맞는 작품들과 활동들을 통해 스스로를 실현한다. 또 이러한 주장에 따르면, 거대 모나드들이라 할 수 있는 그 문화들은 물론이고 그 문화들을 다루는 과학들조차도 공통분모를 갖기를 거부한다. 이와 같은 시각은 역사가 진보한다는 개념과 양립할 수 없다고 생각된다. 그러나 여기서 중요한 점은 그의 약점이다. 슈펭글러가 여러모로 콩트와 마르크스 등의 선배들과 다름에도 불구하고, 그가 역사를 대하는 기본적 태도는 그들과 다르지 않다. 그 역시 역사를 자연과 마찬가지라고 보는데, 그 점에 있어서는 심지어 마르크스와 콩트 이전으로 후퇴한다. 보수주의자인 그는 자연을 진화하지 않는 순수한 것으로 보기 때문이다. 그의 생물학적 비유들은 바로 그 정태적 자연을 가리킨다. 또한 그 역시 과학에 완전히 매료되어 있으므로, 아무거리낌 없이 역사 전체를 법칙에 예속시킨다. 그가 내세우는 법칙은 과거에 나왔던 어떤 법칙보다 엄격한 자연법으로서, 인간의 자유를 애초에 말소시킬 뿐 아니라 인간의 자유에의 꿈마저 무자비하게 질식시킨다. 결국 그의 학설은 19세기의 역사적 법칙과 똑같은 비판 앞에 노출된다. 다시 말해 그의 학설은 19세기의 역사적 법칙과 마찬가지로 필연의 영역을 부당하게 확장한다. 슈펭글러의 체계가 안고 있는 두번째 약점은 방법론적으로 미심쩍은 절차들이 수반될 소지가 다분하다는 점이다. 그는 여러 문화 단위들을 늘어놓으면서 이른바 동일한 발전단계에서 이루어지는 업적들을 비교하게끔 되지만, 모든 해당 정황에 대한 자세한 분석에 의거한 비교라기보다 그저 그의 전반적 개념 도식에서 익히 짐작되는 비교이다. 이런 비교들은 부적절한 유추들로 귀결되게 마련이다. 헨리 프랭크퍼트Henri Frankfort가 “문화들 사이의 유사성이 갖는 은밀한 의미는 문화들 각각의 맥락 속에 간직되어 있으므로 맥락과는 무관하게 유사성만을 강조해서는 안 된다”라고 경고할 때 그가 염두에 두고 있는 것이 바로 이런 잘못된 비교법이다.[41]

슈펭글러가 등장하면 토인비도 멀지 않다. 토인비의 경우 최소한 두 토인비가 있으므로 약간의 어려움이 있다. 과학적 성향의 역사가 토인비와 '참여하는' 종교적 지도자 토인비가 있다는 것이다. 역사가 토인비의 경우에는 슈펭글러로부터 힌트를 얻는다. 토인비와 슈펭글러의 (미미한) 차이는 전자는 후자의 문화를 그 정도로 엄격하게 자족적이지는 않은 스무 개 이상의 문명—서로 교류하는 것과 일반적 규모의 순차적 시간 속에 자리하는 것이 허용되는 비생물학적 존재단위—으로 대체한다는 것뿐이다. 토인비가 자신은 경험적 차원을 벗어나지 않는 반면 슈펭글러는 위에서 내려다본다고 생각하는 것은 순전한 자기기만이다. 사실 토인비는 그리스-로마 문명에 대한 정통한 지식을 가지고 이 문명의 발생과 쇠퇴(특히 쇠퇴)를 설명하는 모델을 구축한 후, 이 '헬레니즘 모델'을 가지고 다른 문명들의 행보를 설명한다.[42] 그 결과 그 모든 문명이 똑같은 패턴에 따라서 붕괴하는 것만 같다. 이처럼 토인비는 문명들을 비교 단위로 삼는데, 이런 단위 간에 유사성이 나타나다보니(이런 유사성은 자연스럽게 발견된다기보다 인위적으로 만들어진다), 토인비 역시 슈펭글러와 마찬가지로 기성의 동형적isomorphic 유비에 빠지게 되는 것이다. 그러니 그가 이런 단위들에 의존하는 정형화된 생존주기life cycle에 주목하게 되는 것, 그리고 이 생존주기에 보편적 자연법의 지위를 부여하게 되는 것은 불가피한 일이다. 다행히 내가 토인비의 파노라마적 비전의 오류를 다루는 수고를 할 필요는 없다. 토인비 자신이 그 수고를 덜어주기 때문이다. 그는 종교적 지도자이기도 하므로 이러한 비전을 통째로 거부한다. 그는 미래가 예측 불가능하다고 단언할 뿐 아니라,[43] 서양 인류가 무한정 계속될 가능성을 인정하면서 기독교 정신으로 서양 인류를 갱생시키자고 호소한다. 토인비는 분열적인 데가 있다. 역사가 토인비는 예측을 가능하게 하는 유비와 규칙성을 강조하지만, 예언자 토인비는 그러한 유비나 규칙성을 전혀 중요하지 않게 본다. 그럼에도 두 토인비는 끊임없는 조정에 의해 어디선가 만나진다. 슈펭글러주의자 토인비는 주기이론cyclic theory을 지지하면서 헬레니즘 모델에 새 모델들을 추가함으로써 자신의 도식을 정교하게 만들고자 하고, 또 다른 토인비는 이른바 '고등 종교들'만큼은 여러 문명의 예정된 행로에서 벗어날 수 있다고 봄으로써 주기 따위와는 상관없이 기독교를 살리고자 한다. 또한 토인비는 마차는 앞으로 나아가되 마차바퀴들—문명들—은 회전한다는 이미지를 동원함으로써 이 두 상반된 관점을 시각화·정당화하고자 한다. 근사한 이미지이기는 하지만 적절한 이미지는 아니다. 요컨대 토인비는 통합을 소망하지만, 마치 달리Dali의 〈기억의 지속Persistence of Memory〉이라는 유명한 그림에서 시계들이 뒤틀리고 구부러지듯 그의 체계는 비틀리고 구부러지며, 결국에는 마치 그의 논의 속의 문명들이 붕괴하듯 그의 체계 전체가 앞뒤가 안 맞는 물렁한 파편들로 해체된다.

물론 눈에 보이는 것이 전부는 아니다. 이런 모든 역사적 '법칙'은 한편으로는 면밀한 검토 앞에 무너지지만, 다른 한편으로는 내실 있는 관찰과 경험의 단단한 핵심을 구성하는 것이 사실이다.(역사적 현실과의 내밀한 접촉으로 생겨나는 것도 없지 않다.) 콩트의 역사철학은 엉성한 데가 있지만, 그렇다고 해서 그 주된 동력이자 성분 중 하나인 그의 사회정학·사회동학 개념의 생명력이 약해지는 것은 아니다. 마찬가지로, 슈펭글러와 토인비가 역사적 시간이 여럿이라는 생각으로부터 환상적 파노라마를 전개시킨다고 해서, 역사를 직선적 시간 속 사건들의 흐름으로 보지 않으려는 그들의 기본적 태도가 신빙성을 잃는 것은 아니다. 마르크스의 경우 토대-상부구조 이론은 그 이론에 의존하는 그의 역사 과정 도식—헤겔의 영향을 보여주는 도식—보다 훨씬 중요하다. 그의 이 이론은 이때껏 몰랐던 역사적 동인들을 백일하에 드러내는 것은 물론이고, 관념론적 주장들과 고상한 입론들을 냉정하게 평가하고 필요한 경우에 논파하는 데 필요한 매우 유용한 기준을 제공하기 때문이다.

역사적 '법칙'에 담겨 있는 이 모든 진실은 체계에 속해 있으면서도 체계로부터 비교적 독립되어 있다. 이론상 이런 진실들은 사변적 장식이 없었어도 진실로 세워질 수 있었을 것이다. 그러나 이러한 진실을 그 정박지에서 데리고 나오려면, 이러한 진실이 싫든 좋든 속해 있는 보편적인 역사적 법칙이 필요하다. 이러한 '법칙'—과학의 허세와 신학적 잔재의 이상한 혼합—은 이렇듯 촉매제로 작용하기도 하지만, 여기서 한발 더 나아가 중요한 의미가 있는 통찰을 제공해주기도 한다. 이러한 법칙은 과거를 통째로 겨냥하니, 과거라는 땅덩이 전체를 조망하려면 까마득한 높이까지 올라가야 한다. 이러한 법칙은 평상시에는 보이지 않는 패턴과 배치에 초점을 맞추게 마련이라는 점에서 항공사진과도 흡사하다. 이러한 법칙이 중요한 통찰을 제공해줄 가능성을 지닌 것은 바로 이런 이유 때문이다. 예를 들어 슈펭글러는 높은 곳에 올라 있음으로 인해 '가정假晶'이라는 현상을 발견한다. 오래된 강력한 문화의 영향권 안에서 탄생한 새로운 문화가 자신의 고유한 분투와 비전을 오래된 문화의 언어로 표현하게 되는 현상, 다시 말해 오래된 문화의 언어가 가지는 의미들이 새로운 문화의 언어가 가지는 의미들에 그림자를 드리우게 되는 현상이다.(그는 자기가 '아랍' 문화라고 칭하는 문화가 헬레니즘 문화 탓에 모호하게 흐려지는 현상을 생각하고 있다.)[44] 덧붙여 기만적인 개념들이 진실한 지식을 낳는 일은 전에도 있었다.[45]

균형을 잡기 위해 덧붙이자면, 인류사는 종방향적인 역사적 법칙—역사적 과정을 자연적 과정으로 오해하는 법칙—에 좌우되지 않는다는 의미에서 결정적으로 자연사와 다르다. 자연사의 내러티브 성분들은 원칙상 그러한 역사적 법칙으로 대체될 수 있을지 몰라도, 인간사의 역사는 서사시적 속성을 잃어버려서는 안 된다. 인간사의 역사에서 자유란 대체 불가능한 요소이므로, 궁극적으로 인간사의 역사를 그 자유를 차단하는 자연과학적 방식으로 다루어서는 안 된다.

그리고 마지막으로 역사를 정의하는 또다른 특징이 눈에 들어온다. 그것은 이야기를 들려주는 매체라는 특징이다. 과학자라면, 가령 지구의 역사를 서술하는 경우, 주어진 사실을 사실 그 자체—다시 말해, 일반 법칙이라고 인정할 수 있는 요소—로 기록하는 반면, 역사가 쪽에서는 (그저 과거 사실들을 기록해야 하는 일도 있겠지만) 그러한 기록에 만족하지 않고 과거 사실들의 특정한 모양과 속성을 탐구할 의무를 느낀다. 역사가가 다루는 것은 결국 사람들이다. 우리가 관심 갖는 것은 사람이니, 사건들을 다루는 역사가는 그 사건들의 구체성, 나아가 단독성을 포착해야 한다. 그 사건들을 연결할 수 있을지, 있다면 어떻게 연결할 수 있을지는 그다음 문제다. 케네디 대통령의 암살 소식이 뉴욕에 전해졌을 때, 사람들은 자발적으로 삼삼오오 거리에 모였고, 충격에 빠진 채 이야기를 나누고 또 나누었다. 많이들 울었다. 슬픔에 잠긴 그들이 범죄를 논하고 범죄 동기를 탐색했던가? 그렇다고 할 수도 있고 아니라고 할 수도 있다. 그들은 범죄와 범죄 동기라는 자연스러운 화제로부터 희생자에게로—그가 얼마나 젊었는지, 그가 어떤 생활을 했는지, 그가 어떤 목표들을 미처 못 이루고 떠났는지—자꾸만 되돌아갔다. 이렇듯 그들은 방금 전까지만 해도 현재였던 과거를 떠올리면서, 그들(우리)이 무심코 손에 넣었다가 갑자기 잃어버린 과거가 얼마나 중요했었나를 머릿속으로 가늠해보고자 애썼다. 그들이 그렇게 한 것은 원초적 본능에서였다. 그렇게 하면서 그들은 모든 역사책에 깔려 있는 욕망을 따르고 있었다. 그들은 '이해'하기를 원했다.

딜타이를 떠올리지 않고서는 이 욕망에 대해 말할 수 없다. 그는 '이해'—독일어로 Verstehen—를 정신과학의 주요 관심사로 삼기 위해 줄기찬 노력을 기울였다. 그에게 '이해'는 핵심 개념이다. 딜타이가 이 개념을 해석하는 데는 그만의 맥락이 존재한다. 다만 그 맥락의 바탕이 되는 것은 심리학으로 빠져버리는 좀 막연한 생철학生哲學이다. 그는 역사를 생명 과정으로 구상하면서(이러한 구상에 따르면, 우리는 그 과정이 지나가는 길이 되고 우리의 전 존재는 그 과정에 관여하게 된다), 우리가 그 과정의 현상을 '이해'하기 위해서는 그 현상을 우리의 전 존재로 경험함으로써 우리라는 생명과 그 현상의 생명이 교감을 이루어야 한다는 주장을 편다.[46] 랑케로부터 하위징아나 이사야 벌린Isaiah Berlin에 이르는 많은 실무 역사가들도 비슷한 방식으로 역사가의 총체적 관여의 필요성을 주장한다.*[47]

덧붙여 역사주의 정신에 흠뻑 젖어 있는 딜타이는 이해Verstehen의 역할을 강조한 나머지 과학적 지식을 희생시키는 경향이 있는데, 이는 이 장의 도입부에서 이미 언급한 사실이다. 그가 볼 때 역사적 이해란 과학적 설명과는 무관한 것으로서, 법칙이나 규칙성 따위에 개의치 않고 개별적 존재단위들을 파고드는 것만으로도 벅차다. 그런 존재단위들의 기원으로 거슬러올라가기란 아마 불가능하리라는 것이다. 옳은 말씀이다. 그렇지만 그러면서 딜타이는 탐험해야 할 영토를 부당하게 제한하고 있다. "역사의 자유는 자연-필연이라는 토대로부터 자라는 것"이므로,[48] 역사가는 역사적 현실이 분명 포함하고 있는 일률성과 인과관계에도 관심을 기울여야 한다. 역사가가 '이해'(딜타이의 용법)만 하려고 든다면, 이해를 요하는 수많은 "성분과 요인과 측면"[49]을 놓치게 될 것이다. 역사는 양날의 칼이다. 물론 역사는 여느 과학들과는 다르다. 그러나 역사는 여느 과학들이 내놓을 가능성이 있는 모든 것을 흡수한다는 점과 전반적으로 여느 과학들을 동지처럼 대한다는 점만으로도 과학이라는 이름값을 한다.

*스토리텔링 개념과 이해 개념에 대한 이 예비적 논의는 4장에서 진행될 것이다. 특히 111~112쪽을 볼 것.

2 역사적 접근

현대 역사학이 진가를 발휘하려면 한편으로는 철학적 사변의 광대한 의미라는 스킬라Scylla를 피해야 하고, 다른 한편으로는 과학의 자연법 및 규칙성이라는 카리브디스Charybdis를 피해야 할 듯하다. 그 과정을 거쳐 역사가의 시야에 들어오는 것이 바로 "인류의 과거human past에 있었던 특수한 사건들·전개들·상황들"[1]의 덩어리—연쇄/공존하는 현상들 전체로 이루어진 역사적 현실—이다. 일상적으로 생각해볼 때, 역사적 현실은 (최소한) 세 가지 특징을 갖는다. 첫째, 이 세계는 계산 가능성, 곧 결정론에 예속될 가능성을 가로막는 본질적인 우발들로 가득하다.(인간사 전체를 일괄 관할하는 글로벌 체제라면 사정이 달라질 수 있겠지만, 그럴 경우에는 우발성을 낳는 생활 세력들이 어느 정도까지 그러한 관할에 반발이나 위축 없이 포섭될 수 있느냐는 질문이 생긴다. 아나키는 질서를 요청하지만, 질서가 아나키를 유발하기도 한다.) 둘째, 역사적 현실은 사실상 무한하다. 곧 역사적 현실은 점점 후퇴하는 어둠에서 나와 열린 미래로 확장된다. 마지막으로 역사적 현실의 의미는 불확정적이다. 역사적 현실의 이와 같은 특징들은 역사적 현실을 구성하는 소재들의 특징들이기도 하다. 역사가의 세계는 우리의 일상세계와 똑같은 소재로 이루어져 있다. 후설은 바로 그 일상세계에 최초로 철학적 존엄성을 부여했다. 어쨌든 역사가의 세계는 후설이 생활세계Lebenswelt라고 부르면서 모든 인간학human science의 원천이자 궁극적 정당화로 보는 그 일상세계와 가장 가까운 세계이다. 후설에 따르면, 과학은 우리가 상호주관적인 세계에서 공유하는 경험들을 관념화시킨다. 다시 말해 과학은 "허공을 떠돌듯 생활세계보다 높은 곳을 떠돈다."[2] 반면에 역사는 자연과학보다 훨씬 낮은 높이에서 "떠돈다"는 의미에서 자연과학과 다르다. 다시 말해, 역사는 일상경험의 영향권에 있는 유의 생활을 직접 다룬다. 이런 유의 생활을 연속적 과정으로 보는 것은 다소 위험할 것이다. 부르크하르트는 위기와 극단적 변화의 시대들을 부각시킬 뿐 아니라, "숨은 심층"[3]으로부터 출현하는 이념들과 운동들이 있다고 믿는다.(그렇다고 해서 부르크하르트가 역사적 연속성을 선망하지 않은 것은 아니다.)* 마르크스는 역사의 총괄적 의미보다는 역사 속의 근본적 단절을 강조한다.[4](그렇다고 해서 마르크스가 역사적 과정이 변증법적이라는 생각을 버리는 것은 아니다.) 그렇다고 해서 역사계에 구조가 없다는 의미는 아니다. 적어도 현대의 경우에는 그 사회경제적 원인을 추적할 수 있는 전개들이 다소 존재한다. 예술 형식들의 경우에는 발전하고 소멸함에 있어 일종의 내재적 논리에 따른다. 주민 전체에게 영향을 미치는 논쟁적인 사안—예를 들면, 르네상스 시대의 종교개혁—의 경우는 일련의 관련 사건들을 촉발시킬 가능성이 높다. 끝으로, 어떤 시대들은 자신의 맨 얼굴을 직접 드러내는 듯한 인상을 풍기기도 한다.[5] 그러나 주어진 이러한 경향들·가닥들·연쇄들이 연결시켜주는 것은 오랜 기간 미성숙하고 불균질하고 애매모호한 상태로 존재했던 소재들이다. 많은 경우 이런 소재들은 사실들의 불투명한 덩어리다.

이렇듯 광활한 땅에서 지도를 그리는 일이 역사가에게 주어져 있다. 역사가가 역사적 현실의 어느 부분 또는 어느 측면에 의문을 갖게 되든, 그는 예외 없이 두 가지 과제에 부딪히게 된다. (1) 가능한 한 공명정대하게 관련 증거들을 수립해야 한다. (2) 이렇게 확보

*6장 166~168쪽 참조.

한 자료를 앞뒤가 맞게 만들어야 한다. 물론 사료조사와 해설은 분리될 수 없는 단일한 과정의 두 가지 측면이다. 한편으로 역사가는 자기가 과거 속에서 무엇을 찾고 싶으며 왜 찾고 싶은지를 막연하게라도 알고 있어야만 자기에게 필요한 증거를 수집할 수 있다. 다른 한편으로 역사가는 자기가 수집한 증거에 따라서 최초의 예감을 수정할 수 있다. 자발성spontaneity과 수용성receptivity은 이런 방식으로 계속 교차한다. 하지만 분석을 위해서는 역사적 탐구를 이루는 이 두 요소를 따로 생각하는 것이 낫다. 바꾸어 말하면, 역사가는 두 가지 성향, 곧 모든 흥미로운 데이터를 손에 넣으려는 리얼리즘 성향과 수중의 자료를 앞뒤가 맞게 만들려는 조형 성향이 있다. 역사가는 수동적인 동시에 능동적이며, 기록자인 동시에 창조자이다.

역사가와 과학자의 논의방식은 분명 비슷하다. 과학자 역시 가설에서 실험과 관찰로 나아가고, 거기서 다시 가설로 되돌아가는 사실상 부단한 운동 속에 있으니 말이다. 그러나 이런 절차상의 유사점 때문에 역사를 엄밀한 의미의 과학과 혼동해서는 안 된다. 사실 인간사와 자연적 사건은 방법론적으로 볼 때 그 차이점이 그 유사점보다 훨씬 중요하다.(논리 실증주의자들은 역사학의 과학성을 강조하다보니 과학적 논법과 역사적 논법의 유사점을 들먹이는 한편으로 과학적 소재와 역사적 소재가 다른 데서 비롯되는 차이점을 최소화하려는 경향을 보인다. 그들의 입론은 보편자가 실질적 포섭력을 갖는다는 가정과 한 부류에 속하는 현상들이 공유하는 속성—여기서는 역사와 과학의 유사점—은 각각의 현상에 국한된 속성보다 중요하다는 가정에 의존한다. 이런 가정들은 추상 수위가 높은 진술에 압도되는 사고 습관들과 일맥상통한다. 하지만 이런 가정들이 난공불락이냐 하면 그것은 아니다. 소재 논리 쪽의 고려사항들을 통해 형식 논리가 무조건 먼저라는 주장을 바로잡을 수도 있기 때문이다.)[6]* 우선, 과학자의 자연계는 반복 요소들의 고정적인 관계들로 쪼개질 수 있는 반면, 역사적 현실, 곧 자연적 사건들과 자

*8장을 볼 것.

유로운 결정들로 이루어진 혼합물은 그런 방식으로 쪼개지지 않으려고 한다. 또한 역사적 현실 전체는 (종방향적) 법칙을 따르지 않는다. 마지막으로, 역사계는 과학자의 환원된 자연과의 공통점보다는 생활세계와의 공통점이 더 많은데, 역사계의 이러한 체질은 역사계 특유의 질문들을 제기한다. 예를 들면, 증거 수립이나 역사가가 도달할 수 있는 객관성의 정도 등에 대한 질문인데, 이러한 질문은 역사적 연구와 과학적 연구의 그 모든 유사점보다 훨씬 중요하다.

현대 역사학의 시작을 알린 것은 리얼리즘 경향에 대한 깊은 관심이었다. 이러한 경향은 당시 유행하던 도덕사들과 철학사들 속에서는 거의 나타날 가망이 없었다. 현대 역사학은 한편으로는 과거를 있는 그대로 보여주려고 노력했고, 다른 한편으로는 과거에 베일을 씌우는 사변적 종합들을 공격했다. 가테러Gatterer와 슐뢰처Schlözer 같은 18세기의 괴팅겐 역사가들은 "철학자philosophe의 피상성"을 비난했다.[7] 마찬가지로 랑케는 역사적 현실을 침해하는 "추상적 역사체계, 역사구성, 역사철학"으로부터 역사적 현실을 보호하는 일을 목표로 삼았다.[8] 버터필드Butterfield의 표현을 빌리면, 랑케는 "기록된 사실에 근거하지 않는 도식화"를 거부했다.[9] 『1494년부터 1514년까지 라틴족과 게르만족의 역사*Geschichte der romanischen und germanischen Voelker von 1494 bis 1514*』의 서문에서 랑케는 자신의 시대의 역사가들이 설교를 늘어놓으면서, "미래를 위해 과거를 심판하고 현재를 가르치는 일"을 역사가의 일로 자처하는 것을 조롱한다.[10] 나는 "있었던 그대로wie es eigentlich gewesen"를 보여주고 싶을 뿐이라는 명언은 이 뒤에 나온다.[11]

그의 첫 책인 이 책이 나온 것은 1824년이었고, 사진이 나온 것은 그로부터 불과 15년 뒤였다. 다게르Daguerre의 이 발명품이 재현예술에 제기한 문제들이 당대의 새로운 역사학이 제기한 문제들과 닮았다는 점은 매우 흥미롭다.

하이네Heine는 이 두 가지를 의식적으로 연결시켰다. 『루테

치아*Lutezia*』의 헌사(퓌클러무스카우Pückler-Muskau 왕자에게 바침, 1854년 8월 파리)에서 하이네는 이 책이 자신의 저널리즘 글 가운데 "정치, 예술, 민생popular life"에 대한 글을 뽑은 것이라고 말하면서, 자기가 생각한 이 책의 목적을 밝혔다. "나는 우울한 이야기를 환하기 만들기 위해 예술과 과학에 속하는 내용들도 함께 엮어넣었다. ……이를 통해…… 이 시대의 진실한 모습 그 자체를 뉘앙스 하나 놓치지 않고 보여주는 것이…… 목적이었다. 정직한 다게레오타이프는 파리 한 마리를 그릴 때도 당당한 준마를 그릴 때와 똑같이 충실해야 하며, 나의 책은 바로 그런 다게레오타이프 역사책이다. 곧, 하루하루가 저마다 한 장의 그림이 되었고, 그런 그림들을 한데 모아주는 화가의 배치정신이 한 편의 작품을 만들어냈다. 그려진 내용 그 자체가 그림이 일상에 충실하다는 것을 증명해준다. 내 책은…… 뒤에 올 역사가가 사료로 사용할 수 있다. 이 사료는, 내가 이미 말했듯이, 사료의 내용 그 자체가 사료의 진실성을 보장해준다."[12]

역사학과 다게레오타이프(은판사진)라는 새 발명품이 이렇듯 조응했던 것은 시대정신Zeitgeist 때문이었을까? 내가 밝히고자 하는 것은 역사학과 다게레오타이프의 조응이 역사와 카메라 매체들—곧 카메라를 통해 우리를 둘러싼 세계를 보여주는 사진매체와 영화매체—의 중대한 유비관계를 일러준다는 점이다. 이러한 유비관계를 탐구하는 것이 역사를 이해하는 데에 유익할 수 있다는 뜻이다. 물론 이러한 유비관계를 탐구하려면 먼저 사진매체의 해당 특징들을 살펴보아야 할 것이다.[13]

모든 예술 매체가 그 매체 특유의 속성을 갖는다고 말할 수는 없다. 예를 들어 회화에는 다뤄지는 소재나 사용되는 기법에 거의 의존하지 않는 양식들이 다수 존재한다. 반면에 사진은 뭔가를 사진작품이라고 판단하게 하는 모종의 속성을 갖는다는 점에서 지식 분야들과 비슷하다. 사진매체가 처음 등장한 시절로 거슬러올라가면, 당시 안목 있는 비평가들은 사진매체를 분석하면서, 카메라가 물리적 현실, 가시적이거나 잠재적으로 가시적인 현실을 기록하고 또 폭로하는 이례적 능력을 지닌 것에 감탄했다. 예를 들어 게이뤼삭Gay-Lussac은 감광판의 모든 디테일의 "수학적 정확성"[14]에 열광하면서, "심지어 지각 불가능한" 디테일이라도 "이 새로운 화가의 눈과 붓"을 피할 수는 없다고 말했다.[15](여기에서 '화가'라는 표현은 자동차를 마차 모양으로 제조하던 시절을 떠올리게 한다.) 또한 세기말에 파리의 한 저널리스트는 최초의 뤼미에르Lumière 영화들을 "움직임 속에서 포착되는 자연"[16]을 보여준다는 이유에서, 또는 자연 그 자체라는 이유에서 높이 평가했다. 요컨대 사람들은 사진이 리얼리즘 경향을 따르는 데 있어서는 전통적인 예술 매체들이 도저히 따라갈 수 없는 독보적인 매체라는 점을 처음부터 인식했다.

그러다보니 순진한 19세기 리얼리스트들은 사진을 복제 기법으로 여기게 되었다. 그들은 사진이 자연을 "자연 그 자체에 필적할 정도로" 정확하게 기록한다는 데 동의하면서,[17] "있는 그대로wie es eigentlich ist"(랑케의 명언의 변형)라고 느껴지는 사진들을 높이 평가했다. 들라크루아Delacroix는 다게레오타이프를 자연의 "사전"에 비유했다.[18] 과학적 성향인 그들은 외부의 현상을 비인격적으로 촬영한 사진만을 사진다운 것으로 보았다. 프루스트도 소설 속에서 바로 이 관점을 채택했다. 아마 그 이유는 비자발적이고 철저하게 주관적인 자신의 기억과 사진 진술 속에 침전되어 있는 외부적이고 객관적인 기억을 효과적으로 대조할 수 있는 관점이었기 때문일 것이다. 그러므로 그가 사진가의 최고 미덕으로 꼽는 것은 감정적 거리두기이다. 그가 볼 때 이상적 사진가는 무차별적 거울 같은 존재, 카메라 렌즈 같은 존재이다.[19]

역사가들이 역사라는 직종에 대해 숙고할 때, 굳이 사진을 끌어들인 후에 역사가를 사진가와 혼동해서는 안 된다고 주장하는 경우들이 있다. 드로이젠은 역사 내러티브의 목적은 과거의 사건을 "촬영"하는 것이 아니라, 우리가 과거의 사건을 이런 시점 또는 저런 시점에서 바라본 내용을 전하는 것이라고 선언했다.[20] 현대 역사가들은 다들 동조한다. 예를 들어 네이미어는 "역사가의 기능은 카메라를 닮은 것이 아니라 화가를 닮았다. 역사가의 기능이란 눈이 닿는 모든 것을 무차별적으로 복제하는 것이 아니라, 사태의 본질이 되는 것을 발견하고 제시하며, 선별하고 강조하는 것"[21]이라고 말한다. 또한 블로크는 인간 현실의 "단순한 촬영simple *photographie*"은 무의미하다고 말한다.[22] 역사가들이 역사와 사진의 관련 가능성을 감지하기 못했다면, 이런 식으로 사진매체를 거론할 필요도 없었을 것이다. 그러나 그들이 이런 가능성을 거론하는 유일한 이유는 부정하기 위해서이다. 왜 그들은 굳이 말을 꺼내놓고 아니라고 하는 걸까? 그들의 바람은 역사가란 여과되지 않은 무수한 데이터를 수동적으로passively(그리고 무감동하게impassively) 기록하는 녹화기일 뿐이라는 실증주의적 역사가 개념의 신빙성을 떨어뜨리는 것이다. 드로이젠은 원시적인 19세기 리얼리스트들과 같은 시대 사람이었으니 그렇다고 쳐도 네이미어와 블로크는 현대 역사가임에도 불구하고 카메라가 자연을 비추는 거울이라는 것을 당연시한다. 결과적으로, 그들은 역사가가 이름값을 하기 위해서는 사진가의 대척점에 있어야 한다고 생각할 수밖에 없다.

순진한 리얼리즘은 오래전에 사라졌다. 지금 카메라를 거울이라고 부를 사람은 아무도 없을 것이다. 사실 거울이란 있지도 않았다. 심지어 프루스트의 이상적인 사진가도 3차원적 현상을 그 환경에서 분리시켜 평면으로 옮겨놓는 일을 해야 한다. 둘째로, 이것이 더 중요한데, 사진가는 유입되는 인상들을 구조화할 수밖에 없다. 다시 말해 자신의 나머지 감각들의 동시적 지각들로 인해, 그리고 자신의 신경계에 내재하는 형태지각의 범주들로 인해, 그리고 무엇보다도 자신의 일반적 성향으로 인해, 사진가는 본다는 행위 속에서 시각적 원료를 조직화할 수밖에 없다. 이런 상황이니만큼 사진가가 객관성을 달성하겠다는 불가능한 목표를 위해 자신의 조형 충동을 억압해야 할 이유는 전혀 없다. 텐Taine은 이 순수 객관성을 달성하기를 소망하면서, "내가 존재하지 않았어도 이렇게 존재할 객체들을 복제"하고 싶다고 말했다.[23] 어쨌든 모든 위대한 사진가는 저마다 자신의 감수성에 따라 모티프, 프레임, 렌즈, 필터, 에멀션, 그레인을 자유롭게 선택했다.(랑케 역시 마찬가지 아니었나? 예를 들어 보편사에 대한 그의 비전이 있었던 그대로를 보여주고 싶다는 그의 희망을 침해한 것 같지는 않다. 오히려 그의 조형 충동과 그의 리얼리즘 충동이 결합했다고 보는 것도 가능하다.) 요컨대 물리적 자연을 중립적으로 촬영한 사진도 사진다운 사진일 수 있고, 매우 주관적인 발언을 행하는 사진도 사진다운 사진일 수 있다. 네이미어가 이것을 깨달았더라면, 역사가를 화가가 아닌 사진가에 비유했을 텐데. 다행히도 오늘날의 저명한 역사가들 중에 다른 동료들의 편견을 폭로할 수 있을 만큼 이 매체에 정통한 사람이 전혀 없지는 않다. 예컨대 마루H.-I. Marrou는 나다르Nadar나 카르티에브레송Cartier-Bresson 같은 사진가들의 작품을 중요하게 다루면서, 믿을 만한 사진가의 경우에는 사람이 사진의 기계적 과정에 개입하는 덕에 사진이 인격성과 깊이감을 가지게 된다는 올바른 주장을 펼친다.[24]

그렇다면 최종 심급에서 사진은 기성 예술들과 차이가 없다고 결론지어야 할까? 사진매체의 역사에는 이러한 결론의 근거가 되는 듯한 시도들과 성취들이 존재한다. 예컨대 19세기 '예술가-사진가artist-photographer'를 예로 들어보자. 그들은 가시적 현실을 복사하는 데 그친다고 생각되는 사진에 만족하지 않았다. 어느 영국 비평가가 표현했듯,[25] 그들이 지향한 사진은 '진실'을 재현하는 것을 넘어 '미'를 묘사하는 사진이었다. 예를 들어 조각가 아당살로몽Adam-Salomon은 인물사진에 심취하기도 했는데, 라마르틴Lamartine은 그의 사진 속 "렘브란트-조명"과 벨벳 주름을 보면서 사진이 "자연의 표절"일 뿐이라는 애초의 견해를 철회하기도 했다.[26] 전통적 의미의 화가가 행하는 기능을 카메라라는 "새로운 화가"가 떠맡은 것이다. 또한 요새 활동하는 실험 사진가들은 사진의 고유한 능력에 관심을 가지지 않는다. 오히려 그들은 리얼리즘 관점을 고의적으로 멀리하면서 추상화의 복제품이라고 해도 무방할 사진들을 제작하기 위해 종종 각종 기법들을 활용한다.[27] 한편 영화에서도 외부 세계로부터 벗어나려는 욕망, 자기표현에의 욕망, 완결된 구성에의 욕망이 표출되곤 한다. 예를 들어 1920년대 아방가르드 영화 예술가들은 리얼리즘 사진 자료라고 해야 할 소재를 음악적 리듬에 따라 편집하기도 했고, 형체를 기록하고 발견하는 대신 자유롭게 만들어내기도 했으며, 실물 숏을 이용하면서도 시각자료들에 실제로 포함된 내용이나 의미와는 전혀 다른 것을 보여주기도 했다.[28] 역사 직종과 카메라 직종 둘 다 주어진 세계를 포착할 것을 요구하는 직종이므로, 역사학에서도 카메라 쪽과 비슷한 의도들이 실현되리라고 볼 수 있다. 그리고 그러한 요구는 반발을 유발할 정도로 강력하다. 역사책 중에는 예술의 차원을 벗어나지 않기 위해 소재의 고유한 형체 대신 저자의 머릿속에 있는 형식 의도들을 결정적 요인으로 삼는 역사책이 많다. 물론 여기서 말하는 역사책은 소설화된 전기류 따위가 아니라 전문 학술서이다. 이런 역사책은 구성과 문체를 예민하게 의식하면서, 실험사진의 치밀한 질감을 연상시키는 완결성을 보여준다. 예를 들어 하위징아의 『중세의 가을*The Waning of the Middle Age*』의 일차적 결정요인은 분위기를 형성하고 싶다는 저자의 소망, 그리고 '미'에 대한 관심이 아닌가 싶다. 그러한 관심이 저서의 동인이자 지침이 됨으로써 저자의 연구 범위를 제한하게 된 듯하다.[29]

피터르 헤일Pieter Geyl은 이 책에 미학화 태도가 깔려 있다고 비판하면서도 이 책이 "걸작"이라는 것은 인정하지 않을 수 없다.[30] 내 '아버지'의 집에는 거할 곳이 많겠지만, 세속적 시각에서 보면 그중 나은 집이 있지 않겠는가? 어떠한 매체가 모종의 고유한 특징들을 지닌다면, 그 매체의 산물은 그런 특징들을 기반으로 할 때 더욱 만족스러우리라고 생각된다. 바꾸어 말해서 어떠한 작품이 자기가 속해 있는 매체의 속성을 조금이라도 거부한다면, 그 작품은 우리 감수성을 거스르기 쉽다. 예컨대 네오고딕 석조 건축술을 차용했던 옛날 철제 구조물은 고풍스럽기도 하지만 그만큼 짜증스럽기도 하다. 이러한 원칙에 따르면—『영화 이론』에서 나는 이 원칙을 "미학의 기본원칙"이라고 칭했다[31]—사진가가 자신의 진가를 발휘하기 위해서는 카메라를 가졌을 때 어느 누구보다 잘할 수 있는 일을 시도해야 한다. 다시 말해 사진가는 물리적 현실을 기록하고 통찰하는 일을 끝까지 밀어붙여야 한다. 두 장의 인물사진이 있다고 해보자. 하나는 무심코 스스로를 드러내는 사진, "살아 있는 것 같은 착각을 불러일으키는" 사진이고,[32] 다른 하나는 조명, 배경 등이 매우 양식화된 탓에 약동하는 생명력이 느껴지지 않는 사진이다. 전자가 후자에 비해 본질적으로 사진적이라는 인상을 주리라는 점은 분명하다. 사진가의 조형 충동이 사진가의 리얼리즘 충동을 배반하기보다 지지할 때 이것을 "사진적" 접근이라고 할 수 있다. 그러므로 사진가는 표현적 예술가보다는 오히려 이해하기 힘든 텍스트를 열심히 연구하고 해독하는 창의적 독자에 가깝다. 사진업에 종사하는 누군가의 표현을 빌리면, 사진가가 포착하는 "이미지의 강렬함"은 "자기 눈에 비친 것에 대한 진실한 존중"에서 비롯된다.[33] 또한 사진가는 탐험가의 특징들도 갖고 있다. 카메라가 육안으로 볼 수 없는 것을 보여주는 덕에 사진가는 호기심을 안고 아직 정복되지 않은 공간들을 탐험한다. 진정한 사진가가 자신의 존재를 길어올리는 이유는 이 존재를 자율적인 창조물에 쏟아넣기 위해서가 아니라 자기 렌즈 앞에 있는 실물 현상들의 실체 속에 이 존재를 디졸브시키기 위해서 그리고 이로써 이 실체를 손상 없이 남겨두면서도 투명하게 만들기 위해서이다. 사진이 예술이라면, 여느 예술과는 다른 예술이다. 전통적인 예술들과 달리 사진은 자신의 원료를 완전히 소비해버리지 않는 것을 자랑스러워한다.

랑케는 "있었던 그대로"를 보여주겠다고 말한 다음 바로 두어 줄 뒤에서 그에 못지않게 중요한 명언을 남긴다. "문학작품에서는 최소한 이론상으로는 주제가 자유롭게 전개되리라고 기대할 수 있지만, 역사책에서는 그것을 기대할 수 없다."[34](랑케의 이론적 발언들은 대개 다소 막연한 데가 있지만, 사변가가 일군의 추상을 가지고 내키는 대로 만들어내는 발언이 아니라 실무 역사가의 희석되지 않은 경험에서 우러나오는 발언이라는 장점이 있다.) 랑케의 말인즉, 역사가란 과거 인간사를 안배하고 해명함에 있어 적절한 방법을 취해야만 한다. 거꾸로 말하면, 역사는 역사가에게 일정한 제약을 가한다. 역사가는 소설가나 극작가와 달리 자신의 소재를 자유롭게 변형 내지 조형할 수 없다. 이렇듯 랑케는 역사학 분야의 경계를 정하는 원칙을 정식화한다. 이 원칙은 일종의 '넘어가지 마시오' 표지판으로서 역사의 경계를 넘을 때 어떠한 위험이 닥칠지를 잠재적 위반자들에게 경고하고 있다. 현대적 의미의 역사에 확실하게 적용되는 이 원칙이 사진 작업의 기준이 되는 "미학의 기본원칙"에 조응한다는 것은 두말할 필요도 없다. "역사적 접근"이란 사진적 접근에 정확하게 유비되는 접근방식, 곧 역사가의 자발적 직관이 증거에 대한 그의 충실성을 방해하는 것이 아니라 오히려 증거에 대한 그의 감정이입적 몰두를 장려하는 접근이다. 왜 역사가들은 철학적 사변을 사실들이라는 몸에 비해 너무 큰 옷인 듯 불신하는지, 왜 역사가들은 역사책에서 문학적 아름다움이 두드러지는 것에 대해 꺼리는 태도를 갖는지(정당한 태도일 수도 있고 아닐 수도 있다), 이제 그 이유를 더 잘 이해할 수 있을 것이다.

사진과 역사 양쪽 모두 중요한 문제는 분명 리얼리즘 경향과 조형 경향 사이에서 '올바른' 균형을 잡는 일이다. 이러한 균형이 실현될 수 있게 하는 조건은 '리얼리즘 경향 ≧ 조형 경향'이라는 간단한 유사 수식으로 요약될 수 있다. 이런 사례들을 연속적으로 배열한다면, 한쪽 끝에는 주어진 현실의 일부를 가능한 한 충실하게 보여주는 데 그치는 발언들이 올 수 있다. 이를테면 사실 지향적인 역사책들이 있는데, 종종 학술논문 형식을 취하는 이런 역사책은 복잡한 사건·전개·상황을 보여주는 일에 집중하며, 주관적 선호나 조형적 의도는 거의 개입시키지 않는다. 카메라 쪽에서 이에 상응하는 작업을 들자면, 기교 없는 사진이나 객관적인 뉴스릴 숏 같은 이미지의 직설적 기록이 있다. 이런 식의 작업은 복제와 대단히 흡사하다. 그러나 이런 작업들은 저마다 자신의 매체의 최소한의 요구를 충족시킨다. 반대편 끝에는 자발성spontaneity과 수용성receptivity이 평형 상태, 곧 해석과 해당 데이터가 완벽하게 일치하는 상태, 해석이 데이터를 압도하는 것도 아니고 데이터의 일부분이 해석되지 못한 채로 남겨지는 것도 아닌 상태에 있는 것 같은 독법들이 올 수 있다. 앨프리드 스티글리츠Alfred Stieglitz가 찍은 빽빽한 나무들 사진은 한편으로는 진짜 존재하는 나무들을 찍은 것이지만, 다른 한편으로는 가을의 슬픔을 표현하는 잊지 못할 이미지—또는 알레고리라고 해야 할까?—다. 역사학 쪽에서 이 사진에 조응하는 작업을 들자면, 파노프스키Panofsky의 '괴리의 원칙principle of disjunction'은 어느 사례에도 뒤지지 않는다. 이러한 원칙에 따르면, 중세 중·후기 예술작품 중에 고전시대 형식을 빌려온 작품은 대개 기독교적 의미를 담고 있는 반면, 이교 문학에서 나온 고전시대 테마를 다루는 작품은 예외 없이 비非고전시대 형식, 곧 동시대 형식을 취한다.[35] 파노프스키가 이 원칙의 앞부분, 곧 고전시대 형식을 빌려온 작품이 기독교적 의미를 갖는다는 것의 예외들에 대해 애써 설명하는 덕에, 이 원칙은 경험적 연구의 조사내용들과 좀더 깔끔하게 일치한다. 평형 상태를 밀어붙이면 평형이 흔들릴 수도 있다. 얼핏 보면 비객관적 구상으로 보이는데, 좀더 자세하게 살펴보면 자연물을 색다른 앵글로 촬영한 것으로 밝혀지는 사진들이 있다.(예를 들면, 모호이너지Moholy-Nagy의 〈베를린 라디오탑에서*From the Berlin Wireless Tower*〉) 여기서 조금 더 밀어붙이면 복제와 해석의 '올바른' 균형은 깨진다. 그러면 우리는 역사가의 조형 충동이 역사가의 리얼리즘 의도를 압도하는 영역으로 들어선다…….

이렇듯 역사학과 카메라 매체 간에 존재하는 근본적 유비는, 역사가와 사진가 모두 선입견에 기대 기록의 의무를 방기하는 것과 조형될 원료를 완전히 소비하는 것을 싫어한다는 데 있다. 하지만 이것이 전부는 아니다. 역사학과 카메라 매체 사이에는 특유의 소재에 있어서도 근본적 유비가 존재한다. 사진과 영화가 "미학의 기본원칙"을 인정한다고 할 때, 카메라가 잡는 피사체는 대개 과학의 대상인 추상적 자연이 아니며, 그런 피사체가 놓여 있는 세계는 질서정연한 코스모스를 암시하는 세계가 아니다. "스크린에 펼쳐지는 것은 '코스모스Cosmos'가 아니라 땅과 나무와 하늘과 거리와 철도……"[36]이니까 말이다. 오히려 '카메라-현실'—사진작가나 영화감독의 렌즈가 열리는 그런 현실—은 생활세계 속에 존재하는 모든 특징을 갖고 있다. 이런 유의 현실의 구성요소는 무생물들, 얼굴들, 군중들, 관계를 맺기도 하고 고통당하기도 하고 소망을 간직하기도 하는 사람들이며, 이러한 현실의 큰 테마는 삶, 우리가 공통적으로 경험하는 바로 그 삶이다.

당연히 카메라-현실과 역사적 현실은 구조 내지 전반적인 성분에서 서로 상응한다. 이 두 현실 모두 정형화된 부분도 있고 무정형인 부분도 있는데, 그것은 우리의 일상세계가 설익은 상태이기 때문이다. 또한 이 두 세계는 같은 특징들을 갖고 있다. 우선 사진작가들은 소재의 우연성을 강조하는 경향을 보인다. 무작위적 사건들은 스냅숏의 좋은 재료이며, 진정한 사진작가들의 피사체는 길에서 주운 것만 같다. 또한 영화감독들은 찰나의 인상과 의외의 만남을 즐겨 촬영한다.(역사가들 역시 섭리보다 우연에 감응하는 이런 감수성을 유리하게 이용할 수 있는데, 이러한 사실은 사진 초창기에 이미 인식된 바 있다. 1840년 『브로크하우스 사전*Brockhaus Lexikon*』은 프리드리히 폰 라우머Friedrich von Raumer 시대의 역사서들을 칭찬하면서, 순식간에 사라지는 "현재의 덧없는 그림자"를 포착한다는 점에서 다게레오타이프와 비슷하다고 평한다.)[37] 배치가 우발적이라는 것은 내용이 파편적이라는 뜻이므로, 사진은 그만큼 무한을 암시하는 경향이 크다. 진정한 사진은 완결성 개념을 배제한다. 사진의 프레임은 잠정적 경계일 뿐이며, 사진의 내용은 그 프레임 너머에 존재하는 다양한 실물 현상들을 가리킨다.(그 전체를 한꺼번에 포괄하기란 불가능하다.) 영화도 마찬가지다. 물리적 현존, 그리고 그 현존의 모든 심리적·정신적 상응물로 이루어진 연속체를 세우고 싶다는 공상적 욕망이 영화에 생명을 불어넣는다고 할 수 있을 정도이다. 우리가 이 연속체를 감지할 수 있게, 영화감독들은 종종 촬영중인 액션을 벗어나 그 액션이 펼쳐지는 가시적 환경을 둘러보는 탈선을 범한다. 예를 들어 로렌스 올리비에Laurence Olivier는 〈햄릿*Hamlet*〉을 촬영하면서, 엘시노어 성(아쉽게도 스튜디오 세트)의 미로 같은 내부를 끊임없이 트래블링하고 '패닝'한다. 또 그들은 단일한 게슈탈트Gestalt라고 여겨지는 것을 사실상 무한한 요소들로 분할한다. 이것의 이상적 사례는 예이젠시테인이 『아메리카의 비극』을 영화로 각색(이 영화는 결국 불발로 끝났다)하면서 클라이드가 로버타를 살해하기로 결심하는 데에 일조하는 요인들과 정황들의 무한성을 환기시키고자 하는 데서 찾아볼 수 있다.* 아울러 카메라는 불확정적인 것에 친화적이다. 물론 사진작가는 의도적 선택을 행하며, 그런 만큼 사진에 형식과 의미를 부여한다. 그러나 사진작가가 아무리 선별적이라고 해도 사진에는 날것의 자연이 기록되게 마련이다. 그러니 사진은 마치 자연물 그 자체가 그렇듯 온갖 불명확한 의미들로 둘러싸여 있다. 당연히 영화도 마찬가지다. 어느 프랑스 비평가는 영화숏에 "정의하지 않으면서 경계를 정하는" 특징과 "여느 예술들과 다른, 설명하기보다 현실 그 자체를 내어주는" 특징이 있다는 옳은 설명을 내놓고 있다.[38]

*44쪽을 볼 것.

하지만 유비관계를 찾아낸다고 무슨 소용이 있는가? 어느 한 주제를 맹목적으로 연구하고 그러다가 그 주제를 팽개치고 또다른 비슷한 주제를 연구하는 짓을 왜 하는가? 원숭이들이 이 가지에서 저 가지로, 이 나무에서 저 나무로 옮겨다니는 것과 다를 바가 없다. 더구나 이런 비교들은 지적 게으름의 소산인 경우가 너무 많다. 이런 유의 비교의 용도는 낯선 화제를 익숙해보이는 화제로 대체하는 것이며, 이런 유의 비교의 의도는 많은 경우 피상적인 유사성에 기대 자기가 출발한 항구로 가능한 한 빨리 되돌아가는 것이다. 그렇지만 지금처럼 역사학과 사진매체의 유비관계를 찾는 일은 두 가지 이유로 정당화된다.(어쩌면 요구된다고도 할 수 있다.) 첫째, 역사학과 사진매체를 비교하는 작업은 단순한 편의적 작업이 아니라 역사학 작업과 사진매체 작업이 동일한 조건—곧 두 직종은 비슷한 구조를 가지는 세계를 다루며, 따라서 두 직종 종사자의 창조력은 비슷한 방식으로 이용된다—에 의존한다는 확고한 사실에서 비롯되는 작업이다. 둘째, 역사 분야에는 물려받은 사유 습관들과 해묵은 테마들이 쌓여 있는 탓에 이 분야를 한눈에 꿰뚫어보기란 거의 불가능하다. 우선 추상적 논리가 과학과 전통 철학의 비호 아래 융성함에 따라, 역사 영역 특유의 경험들과 목표들을 정말 적절한 방식으로 해석하고자 하는 모든 시도가 장애물에 부딪히는 면이 있다. 사실 역사 영역 전체에는 임기응변적인ad hoc 구체적인 통찰들과 몸에 맞지 않는 일반론들의 묘한 혼합물이 그림자를 드리우고 있다. 또한 이전에 있었던 과거와의 소통 양식—예를 들면, 기독교적 역사 개념—들도 남아 있다. 이런 양식들은 끈질기게 살아남아 있을 뿐만 아니라, 위장을 하고 나타나든 본모습대로 나타나든, 계속해서 우리의 관심을 끌면서 나타나, 익숙하지 않은 것을 익숙한 것인 듯 재현함으로써 이 영역을 한층 모호하게 만들어버린다. 반면에 사진가의 세계는 어떤 의미에서 좀더 쉽게 접근할 수 있는 세계이다. 이미지 매체인 사진과 영화는 감각들에 직접 호소하므로, 미학적 가치를 느낄 수 있는 사람은 원칙상으로는 사진과 영화 특유의 미와 잠재성과 한계 등을 그리 어렵지 않게 평가할 수 있는 자리에 있는 셈이다. 이로써 분석을 위한 밝은 전망이 열린다. 우선, 역사와 사진의 유비관계는 역사 영역 내의 습관적 측면들을 생소화시켜준다. 또한 역사가가 고심하는 문제들을 이해하려 할 때 그에 상응하는 사진가의 문제들을 참조하는 것이 크게 도움이 될 수 있다. 역사 차원에서는 보이지 않았던 의미들과 해법들이 사진과 영화 차원에서는 곧바로 가시화될 공산이 크다는 것이다. 특히 영화 내러티브에는 유익한 비교의 기회를 제공하는 단서들이 풍부하리라고 예상된다.

3

현재적 관심

부르크하르트는 『이탈리아 르네상스의 문화*Die Kultur der Renaissance in Italien*』의 첫 문단에서 이런 말을 한다. "우리는 넓은 바다로 나아갈 것이다. 선택 가능한 항로는 많다. 만약 딴 사람이 이 책과 똑같은 연구를 한다면…… 본질적으로 상이한 결론이 도출될 수도 있다."[1] 대단히 중요한 위치에 놓여 있는 이 말은 역사가의 개인적 관점, 그리고 심지어 그 기질이 과거를 안배하고 이해하는 데에 어떠한 역할을 하는지를 그가 절감하고 있음을 보여준다.(역사적 지식이 엄밀한 의미의 과학적 지식보다 주관성을 많이 수반하는 가장 큰 이유는 서로 다른 세계들이 연구자의 조형력을 각기 다른 방식으로 요구한다는 데 있다. 과학계, 다시 말해 자연으로부터 추상화되거나 자연에 부과된 요소들 사이의 관계망을 수립할 때 요구되는 것은 윤리적 독창성보다는 수학적 구상력인 반면, 반복적인 단위들로 쉽게 분할되지 않으려고 하는 역사가의 세계를 통찰할 때 요구되는 것은 자아의 다면적인 노력, 연구의 대상인 인간사에 못지않게 다면적인 노력이다.[2] 엄밀한 의미의 과학적 연구가 바로 이런 노력까지 다룰 수 있느냐는 전혀 다른 문제이다.)

역사가의 자아가 인지 쪽 기능들을 수행하는 만큼, 역사가의 자아가 어떤 존재인가를 정의하는 일은 더욱 필요한 일인 듯하다. 이 정의하기 힘든 존재단위를 이성적 통제가 가능한 조건들에 묶어놓는 것 정도는 가능하지 않겠는가? 이 대목에서 한 이론, (이 이론의 맥락에서 말하자면) 역사주의가 없었더라면 나올 수 없었을 한 이론이 나타난다. 이 이론에 따르면, 역사책 그 자체가 역사의 산물이니, 역사책이 전달하는 견해들은 역사책을 쓴 저자가 어떠한 시간과 어떠한 장소에 있느냐에 달려 있다. 이 명제가 의미하는 것은 두 가지다. 첫째, 역사가의 사고는 현재의 영향에 의해서 형성된다. 둘째, (첫째 의미를 거꾸로 말하면) 역사가가 현재의 문제에 어떠한 관심을 갖느냐가 그가 과거를 왜 그리고 어떻게 연구하느냐를 말해준다. 요컨대 살아 있는 현재가 곧 역사의 원천이자 목표이다. 이러한 '현재적 관심present-interest' 이론의 대표적인 철학적 옹호자들이 크로체와 콜링우드이다. 이들은 역사가의 환경이 미치는 영향을 등한시하지 않으면서, 역사가가 현재의 문제에 어떤 식으로든 (윤리적으로든 아니든) 연루될 수밖에 없다는 사실에 특히 주목한다. 알다시피 크로체는 모든 역사는 현대사라는 명언을 남기면서,[3] "현재의 생활에 대한 관심이 없다면 과거의 사실을 연구할 동기도 생기지 않는다"라는 주장으로 이 명언을 보완한다.[4](인간으로서 그리고 역사가로서 크로체 자신의 동기는 자유라는 대의에 대한 지대한 관심이었다.) 마찬가지로 콜링우드는 역사가를 "현재의 아들",[5] 곧 오늘날의 관심사에 침잠함으로써 과거를 "재연"하는 존재로 보았다.[6] 아울러 두 사상가 모두 자신이 왜 현재를 강조하는가를 정당화해야 할 필요를 느끼고 있으며, 따라서 현재에 형이상학적 의미를 부여하게 된다. 그러면서 둘 다 딜레마에 봉착한다. 둘 다 어느 한 원칙이 인류사 전체를 지배한다는 것을 부정하지만(최소한 부정한다고 주장하지만), 현재의 순간의 유일무이함을 설명하기 위해서는 그러한 원칙을 다시 불러올 수밖에 없으니 말이다. 크로체에 대해서는 그가 이 순간을 변증법적 운동, 전반적으로는 전진운동의 한 계기—시간상 최종적 단계—로 본다는 점을 언급하는 것으로 충분할 것이다. 물론 근본적으로 역사를 (좀더 쉽게 처리할 수 있는) 사상사로 축소시키는 콜링우드는 역사가 총체적으로 진보한다는 크로체의 믿음을 공유하지는 않지만,[7] 콜링우드 역시 과거에 이어진 사상들이 현재까지 이어지는 사슬, 현재를 그 정점으로 하는 사슬을 형성한다고 본다. 이 두 사람이 볼 때 이상적인 역사가란 '역사'의 마지막 유언의 대변자 내지 "정신spirit"의 대변자이다. 크로체의 말을 빌리자면, 여기서 정신은 역사 그 자체로서 "자기 안에 정신사 전체를 간직하고 있다."[8] 철학자들이 "역사의 이념"에 대한 사변을 펼칠 때마다 헤겔의 "세계정신"이 어디선가 튀어나온다. 마지막으로 두 사상가 모두 역사가가 역사의 본질을 발견하기 위해서는 과거를 역사가 자신의 "선험적 구상"에 비추어 재구성해야 한다고 주장한다.(콜링우드에 따르면, 역사가의 선험적 구상이란 역사가가 처한 상황의 요구사항들에 맞춰진 구상이다.) 콜링우드와 크로체 둘 다 당연시하듯 현재의 순간이 자기보다 앞선 모든 순간을 포함한다면, 정말로 현재 속에 살아가고 현재와 더불어 살아가는 사람만이 과거 삶의 핵심에 도달할 수 있다. 이렇게 보자면, 역사의 진실은 현재의 관심에 좌우되는 변수이다. 현재의 아들인 역사가는 한편으로는 현재의 선호들과 편견들에 전염되지만, 다른 한편으로는 현재의 특별한 임무들에 전념하는 덕에 과거의 어둠을 탐험하는 동안 현재라는 안내자를 둘 수 있다.

물론 이 명제를 옹호하는 일도 가능하다. 이 명제를 구성하는 두 가정 중 첫번째—역사가의 '환경milieu'이 그의 (무의식적) 사유에 영향을 준다는 가정—는 실제로 많은 실무 역사가들의 지지를 받고 있다.[9] 사실 이 가정은 당연하게 들리기도 한다. 나라들·사회들·문명들은 시간을 헤치고 나아가는 동안 집단의 지평을 경계짓는 질문들, 곧 모든 개인의 생각을 사로잡는 질문들에 직면하는 경우가 많다. 민주주의 블록과 공산주의 블록 간의 세력 다툼, 서구 테크놀로지의 혁명적 발전, 일국적 준거 틀에서 국제적 준거 틀로 이행하는 현상, 여가의 증가와 그에 따른 '대중문화' 수요의 유례없는 증가 같은 오늘날의 사안들이 바로 그런 예들이며, 우리가 바라고 두려워하는 모든 것은 (그것을 의식하고 있든 그렇지 않든) 바로 이런 사안들과 연결되어 있다. 이런 사안들은 우리의 사고를 그야말로 마취시킨다. 엇갈리는 견해들의 교차 패턴들로부터 발생하는 이런 사안들은 알아듣기 힘든 소음처럼 사방에 울려퍼진다. 이런 사안들로부터 벗어나는 것은 불가능한 듯하므로, "역사가를 연구하기 전에 역사가의 역사적·사회적 배경을 연구하라"[10]라는 카의 충고에 무게가 실린다.

바로 그런 연구를 행하는 역사가들은, 역사책에는 그 책이 발행된 시대의 특정 문제들이 반영되는 경향이 있다는 요지의 말을 많이 한다. 예컨대 버터필드의 기민한 지적에 따르면, 19세기 독일 역사가들 사이에서는 당시 친親오스트리아파와 친親프로이센파 사이에서 격렬하게 진행되던 정치 논쟁에서 어떠한 입장을 취하느냐가 독일 중세 군주제의 유익 내지 폐해에 대해서 어떠한 관점을 택하느냐에 영향을 미쳤다. 그 결과 "독일 중세사의 질문들이 19세기 프로이센과 오스트리아 간 투쟁을 배경으로 펼쳐지면서 어마어마한 시대착오가 끼어들었다."[11] 역사학의 투영성을 증명하기 위한 이 같은 시도들은 끝없이 이루어지고 있다. 그런 유의 연구결과들을 무작위로 골라보자. 칸트의 윤리학은 독일 경건주의의 도덕적 신념에서 나온다.[12] 니부어Niebuhr의 경우 데모스테네스Demosthenes는 슈타인Stein 또는 피히테Fichte의 얄팍한 변장이고 카이로네이아Chaeroneia는 예나Jena에 상응한다.[13] 기번Gibbon은 자신의 저서를 통해서 볼테르Voltaire의 제자이자 "계몽주의 시대의 유럽인"으로 밝혀진다.[14] 더구나 테오도어 몸젠Theodor Mommsen의 『로마사*Römische Geschichte*』가 1848년 독일 자유주의자들의 관점을 반영하고 있다는 것을 눈치채지 못할 사람은 아무도 없다.[15](몸젠은 "환상적인 받침대 위에 모셔진 고대인들을 현실세계로 끌어내리기 위해" 일부러 당대의 정치

용어들을 사용하면서, 자기의 내러티브가 "현대적 어조"를 띠는 것을 분명하게 의식했다.)[16]

우리가 이런 식의 연구결과들을 즉각 그럴듯하다고 느끼는 이유는 환경의 영향 등이 사고를 지배할 수 있다고 여기는 데 익숙해져 있기 때문이다. 그러니 우리가 역사가를 현재의 아들로 보는 것도 당연한 일이다. 내가 하고 싶은 말은 이 당연해보이는 가정이 잘못된 추리의 결과일 수 있다는 것이다. 이 가정을 고수하기 위해서는 크로체의 학설—역사에서 하나의 시대란 그 시대의 '정신spirit'을 바탕으로 존재하는 하나의 단위이고 그런 시대들은 각각 역사적 과정의 한 단계이며, 우리는 역사적 과정을 일련의 단계가 의미 있게 연결되는 변증법적 운동으로 봐야 한다는 학설—을 받아들여야만 한다.("현재의 사유"가 모든 것을 아우른다는 콜링우드의 테제가 크로체의 이 학설과 한통속인 것은 물론이다.) 이 학설을 받아들일 경우, 역사가의 자아가 어떤 존재인가는 그 자아가 시간상 어디에 위치하는가로 정의될 수 있다. 역사가의 자아가 진실하게 발현되려면 그 자아가 속해 있는 시대의 정신에 부응해야 한다는 것이다. 그러나 크로체-콜링우드의 이 학설은 결정적 약점 두 가지를 안고 있다. 첫째, 순차적 시간의 흐름에 역사의 전부가 실려 있다는 취약한 전제에 의존하고 있다. 둘째, 시대의 구조에 대한 많은 경험과 명백하게 모순된다. 시대 개념 내지 역사적 시간 개념 등은 나중에 다루게 되겠고,* 여기서는 이 학설이 그런 경험들과 어떻게 어긋나는지를, 다소간 잠정적으로, 지적하는 것에 그치겠다. 크로체의 생각과는 달리, 하나의 시대란 그 시대 특유의 정신spirit을 소유하고 있는 통일체라기보다는 경향들·목표들·활동들의 덩어리이며, 이런 경향들·목표들·활동들은 많은 경우 서로 무관하게 발현된다. 물론 어느 한 순간을 놓고 보면 특정한 믿음들·목적들·태도들 등등이 널리 퍼져 있기도 하고 심지어 대세가 되어 있기도 하다. 이처럼 시대

*6장을 볼 것.

적 대세가 존재한다는 것은 형이상학적 "당위"라기보다는 경험적 사실일 뿐이며, 내가 1장에서 말한 '정신경제의 원칙'으로 어느 정도 설명되지 않나 싶다. 덧붙이자면 하나의 시대를 구성하는 이질적 요소들 사이에 모종의 상호작용이 없다면 그쪽이 오히려 이상할 것이다. 동시에 일어난다는 것 자체가 결집에 도움이 되니까 말이다. 시대라는 것이 하나의 단위라도 해도, 그것은 분산적이고 유동적인 단위, 본질적으로 포착 불가능한 단위이다. 크로체가 이 문제를 독단적으로 결정해버리는 반면, 블로크는 이 문제에 대해 감탄스러울 정도로 신중한 태도를 취한다. 진정 역사가의 역사가로서, 블로크는 봉건시대의 전성기에 프랑스 문화가 전반적으로 유럽에 상당한 영향을 주었음을 인정하면서, 프랑스 문화가 그렇게 성공할 수 있었던 이유 몇 가지를 조심스럽게 덧붙여본다. 그러나 블로크 자신도 그런 이유들을 중요하게 생각하지 않는다는 것을 우리는 그의 맺는말을 통해 알 수 있다. "이런 말을 하면서도, 쓸데없는 말이 아닌지를 자문하게 되는 것이 당연하다. 우리가 지금 인간에 대해 알고 있는 정도의 지식을 가지고, 우리가 이해할 수 있는 범위를 넘어서지 않나 싶은 것—한 문명을 추동했던 에토스가 무엇인지, 그리고 그것이 인기를 누렸던 비결은 무엇인지—을 설명하겠다고 나서고 있으니 말이다."[17]

내가 확실히 못박고 싶은 것이 여기 있다. 역사가의 "역사적·사회적 환경"이 자족적 전체가 아니라 종종 서로 상충하는 유동적인 활동들로 이루어진 취약한 덩어리라면, 그런 덩어리가 역사가의 사고를 주조한다는 가정은 거의 타당성이 없다. 그 가정이 타당성을 가지려면, 크로체의 철학 같은, 시대정신을 실체시하고 우리가 시대정신에 의존한다고 주장하는 철학의 맥락을 끌어와야 한다. 이러한 철학은 사고가 역사적 과정에서 어떠한 자리에 놓이는지를 위로부터, 바깥으로부터 결정한다. 그러나 사고가 환경과 어떠한 관계가 있는지를 안에서부터 바라본다면, 그 관계는 불확정적이다. 현대의 상황이 정신에 미치는 영향은 새로운 상황들, 새로운 관계체제들을 수립하는 정신의 자유로 인해서 제약을 받는다. 상황의 영향을 지금보다 명료하게 정의할 수 있게 된다 해도 마찬가지일 것이다. 하버드 대학의 고전학자 핀리Finley는 페리클레스 시대의 아테네가 투키디데스Thucydides의 사고가 형성되는 데에 어떠한 영향을 끼쳤나를 훌륭하게 추리하면서도, 자신의 추리에 망설임을 표하면서, "어느 한 사람이 자신의 시대로부터 받게 되는 영향이란 더없이 조잡한 분석만이 허용되는 지극히 복잡한 것"이라고 단언한다.[18] 그의 망설임은 역사학도들이 애용하는 말들—이 역사가 또는 저 역사가가 현대의 강력한 통념을 연구의 대상인 과거 속에 자기도 모르게 투영시킨다는 것을 밝히는 데 그치는 말들—보다 훌륭하다. 물론 투영은 일어나게 마련이지만, 투영을 피하는 것도 불가능하지는 않다. 예를 들어 메이틀랜드Maitland는 투영을 피하는 방법을 알고 있었으며, 그런 이유에서 자기와 같은 시대에 스터브스Stubbs 주교가 부지불식간에 빅토리아 시대의 자유주의를 "앵글로색슨족이 북독일의 숲속에서 잉글랜드로 가져온 뱃짐"[19] 속에 포함시킨 것과 같은 실수를 범하지 않을 수 있었다. 하지만 이 대목에서 한 가지 반론, 시간과 장소의 영향력을 확인시켜주는 듯한 반론이 떠오른다. 평소에 우리는 문서류, 문학류, 예술작품류의 기원을 찾아서 그 시대로 거슬러올라갈 수 있지 않나? 물론이다. 하지만 좀더 자세히 보면 이 반론은 오히려 역효과를 낳는다. 과거에 만들어진 작품의 제작연도를 알아내려면, 그 작품의 본질적인 의도 내지 취지와는 관련되지 않는, 적어도 굳이 관련될 필요는 없는 특징들을 살펴보아야 한다. 양식상 특이한 점이 있다든가, 익숙한 사건이 참조된다든가, 특정한 역사적 순간이 지난 이후에야 알 수 있는 내용이 나온다든가 하는 것이 단서가 된다. 아울러 모든 정황 증거가 그렇듯, 이런 부차적인 특징으로부터 도출되는 결론이란 논박 불가능한 진실과는 거리가 멀다. 요컨대 여기서 살펴본 이 가정은 사람들이 실제로 자신의 시대에 '소속'돼 있다는 믿음이 없으면 지탱될 수 없다. 그렇지만 사람들은 그렇지가 않다. 비코는 연대순에 좌우되지 않는 국외성exterritoriality을 보여주는 탁월한 사례이다. 부르크하르트에게 주어져 있었던 생활과 작업 조건들로부터 그가 역사가로서 만들어내는 복합적·양가적 관상을 도출해내기란 지극히 어려울 것이다. 위대한 예술가들이나 사상가들과 마찬가지로, 위대한 역사가들은 생물학적 괴물이다. 그들은 자기를 낳은 아버지인 현재를 낳은 아버지니까 말이다. 대중운동들도, 혁명들도 마찬가지일 것이다.[20]

이 학설의 두번째 가정에 따르면, 역사가는 현재의 아들일 뿐 아니라 현재에 충성을 바치는 아들이다. 역사가가 현재의 문제들·슬픔들·목표들에 대한 깊은 관심을 지신의 동력으로 삼지 않는다면, 과거를 되살린다는 역사가의 바람은 결코 이루어지지 않을 것이라는 가정이다. 크로체와 콜링우드는 역사적 현실을 의미 있게 재구축하려면 현재 지향적 태도가 전제되어야 한다고 주장함으로써 이러한 가정이 어떠한 논리적 결론에 도달하는지를 보여준다.

이러한 가정이 얼마나 위험할 수 있는가를 그들의 극단적 주장은 잘 보여주고 있다. 다시 말해, 이러한 가정은 리얼리즘 경향 대신 조형 경향을 강조함으로써 양자의 '올바른' 균형을 저해할 위험이 있다.* 현재적 관심을 직접적 동력으로 삼는 역사가들은 증거를 흐리거나 심지어 은폐하는 경향이 있다. 좋은 예로 지금까지 코르테스Cortés의 전기 작가들은 상투적인 우선순위로 인해, 그리고 내가 생각하기에는 현대 독자들의 요구로 인해, 코르테스의 삶을 구성하는 비교적 극적인 사건들—아스텍 정복, 온두라스 탐험 등—만을 다루면서, 멕시코와 스페인의 여러 문서보관소에 잔뜩 쌓여 있는 원자료, '정복자' 코르테스의 삶의 후반기를 밝히는 데 도움이 되었을 원자료는 건드리지도 않았다.[21] 연구자가 공격성을 드러내면

*71~72쪽을 볼 것.

과거는 과거로 도망치게 되고, 연구자는 죽은 존재들과 대화하기보다 거의 혼잣말을 하게 된다. 버터필드는 19세기에 독일에서 중세사는 중세사 저자들의 순진한 친親프로이센 감정 또는 친親오스트리아 감정 탓에 "어마어마한 시대착오"의 희생물이 되었다고 말했는데, 기억해둘 만한 말이다.

콜링우드가 자신의 입장을 어떻게 옹호하는지를 주의 깊게 살펴보는 일은 유익하다. 물론 그는 역사가가 사실들, 또는 우리가 흔히 사실이라고 생각하는 것들을 학문적 엄밀함 속에서 확보해야 한다고 말한다. 이것은 크로체와 완벽하게 일치한다. 심지어 콜링우드는 역사가가 과거의 경험을 '재연'해야 한다고 말하는데, 이것은 분명 역사가가 현재의 경험을 한시적으로 무시하려고 노력해야 한다는 뜻이다. 하지만 콜링우드가 생각하는 역사가를 보면 이러한 요구사항들을 감당할 수 있을 것 같지가 않다. 그가 생각하는 이상적인 역사가는 베이컨Bacon의 자연과학자에 상응하는 존재로서, 자연을 대하듯 역사를 대한다. 사료가 자기에게 무슨 말을 들려주고 싶어할까를 기다리면서 귀를 기울이는 게 아니라, 자신의 예감과 가설을 내세워 사료에게 질문을 던지고, 마치 과학실험을 행하듯 사료에게 그 질문에 대한 답을 강요한다.[22] 과거는 자연에 불과한 존재가 아닌데 이 딱한 친구가 과거와 대화할 기회가 오기를 기다려보지도 않고 무슨 수로 과거에게 믿을 만한 대답을 얻어낼 수 있을지 콜링우드는 가르쳐주지 않는다.

어떻게 보면 그는 역사가를 추리소설 속의 탐정과 비교함으로써 이 문제를 설명해보고자 한다.[23] 그가 볼 때 역사가와 탐정은 적극적 질문을 가지고 숨겨진 진실을 추리해낸다는 공통점을 갖고 있다. 콜링우드가 염두에 두는 탐정은 바로 애거사 크리스티Agatha Christie의 최상급 탐정인 에르퀼 푸아로 씨Monsieur Hercule Poirot이다. 콜링우드적 역사가의 원형적 모델인 그는 언젠가 단서로 밝혀질지 모를 모든 것을 수집하는 경찰을 비웃으면서, 추리의 비밀이 "회색 뇌세포little grey cells"라는 점을 강조한다.(이것은 경찰의 범속한 수사방식과는 상반된다.) 콜링우드의 표현을 빌리면, "그[푸아로]가 말하고자 한 것은, 생각을 시작하기 전까지는 증거를 수집할 수 없다는 것이다. 생각한다는 것은 질문을 던진다는 것이고(논리학자들아, 제발 귀담아들어라), 분명한 질문과 관련되지 않는 것은 증거가 아니니 말이다."[24] 나는 추리소설의 애독자로서 에르퀼 푸아로의 경이로운 "선험적 구상"에 감탄해 마지않으면서도—단서가 될 만한 것이 전혀 없는 상황에서 적중하곤 하니 감탄할 수밖에 없다—푸아로가 훌륭한 성적을 거두는 유일한 탐정은 아니라는 점과 훌륭한 탐정들 중에는 푸아로의 말에 동의하지 않는 이들도 있다는 점은 인정하지 않을 수 없겠다. 필립 맥도널드Philip MacDonald의 흥미진진한 추리물 『미쳐버린 살인*Murder Gone Mad*』의 주인공인 런던 경찰국의 아널드 파이크Arnold Pike 경감도 그중 하나이다. 그는 수사 초기에는 자신의 "회색 뇌세포"에 의지하지 않으려고 한다. "사건과 관련된 듯한 사실이든 사건과 무관한 듯한 사실이든 나는 그저 사실들을 수집하고자 애쓸 뿐이다. 내가 이렇게 이곳저곳 파헤치면서 시간과 노력을 충분히 쏟았다 싶을 때, 갑자기 내 머리를 찰칵 하게 만들면서 생각의 가닥을 붙잡게 해주는 무언가가 발견될 수 있다."[25] 그렇게 붙잡힌 생각이 매우 독창적이라는 점은 덧붙여야겠다. 어쨌든 이런 탐정이 있으면 저런 탐정도 있다. 여기서 우리는 콜링우드가 탐정소설을 좀더 읽었어야 했음을 알 수 있다.

다행히도, 그의 눈을 가리는 이론의 위력이 이따금씩 약해지는 덕에, 그는 자신이 생각하는 이상적인 역사가가 곤경에 봉착해 있음을 깨달을 수 있다. 역사가에게는 과거를 되살릴 의무가 있는데, 현재 속에 빠져 있는 역사가에게는 과거의 본질이 보이지 않는다. 이 곤경에 대한 '해결책'은 한 가지뿐이다. 역사가가 증거에게 다가가지 않는다면—다시 말해 역사가가 현재 지향적 태도를 포기하지 않는다면—증거로 하여금 역사가에게 다가오게 만들어야 한다. 콜링우드는 역사가가 공세적 태도를 취하는 측면과 역사가가 주어진 자료와 친밀하게 접촉하는 측면이 서로 모순되지 않는다는 것을 증명하고자 하면서, 증거로 하여금 역사가에게 다가오게 만드는 일이 충분히 가능하다고 역설한다. 그는 역사가가 자기가 진정 친화력을 보여줄 수 있는 사건들이나 전개들에 집중하는 편이 낫다고 충고한다.[26] 이 충고에는 역사적 현실의 이러저러한 측면이 역사가를 끌어당기는 만큼 역사가도 역사적 현실의 이러저러한 측면을 끌어당기리라는 생각—곧 역사가가 마치 자석처럼 모든 관련 사실을 그 은신처로부터 끌어내리라는 생각—이 깔려 있다. 이 생각이 맞는다면, 역사가가 원하기만 하면 모든 관련 사실이 그에게로 올 것이다. 좀더 자세하게 들여다보거나 할 필요도 없다. 역사가에게 있어 자신이 다루는 주제에 공감한다는 것은 그 주제에 대해 알아야 할 모든 것을 안으로부터 알고 있다는 뜻이니 말이다. 하지만 우리는 콜링우드의 충고가 그가 해결하고자 하는 문제를 해결해주지 못한다는 것을 알 수 있다.(덧붙이자면 이렇게 충고하는 것이 콜링우드 하나는 아니다.[27]) 백번 양보해서 이러한 충고를 따르는 역사가가 자신의 "회색 뇌세포"와 저기 멀리 있는 증거 간의 간극을 메우는 데 성공하는 경우가 있다고 해보자. 첫번째 반론은, 역사가에게 공감을 불러일으키지 못하는 과거 토막들은 어떻게 되느냐는 것이다. 그것들은 망각당할 수밖에 없는가? 더 중요한 두번째 반론은, 콜링우드가 해결책으로 내세우는 이 충고는 사랑이 눈을 뜨게 한다는 믿음에 의존한다는 것이다. 물론 그런 면도 있다. 하지만 사랑은 눈을 감게 하기도 한다. 사랑이 현재적 관심과 긴밀하게 연결되는 곳에서는 더욱 그러하다. 역사가가 자신이 다루는 주제에 친화력을 느낄 경우, 그는 그 주제 특유의 속성들에 민감해지기보다는 둔감해질 가능성이 높다는 것이다. 예를 들어 아서 슐레진저 2세Arthur Schlesinger Jr.의 『잭슨의 시대*Age of Jackon*』—이 시대와의 공감에서 비롯된 산물—는 독창적 역사 연구에 학문적으로 이바지하는 저작이라기보다는 "청년 인도주의자의 정치적 영감의 산물, 곧 잭슨이 프랭클린 D. 루스벨트의 길을 예비하는 선구적 인물이라는 잭슨의 대중적 이미지를 창조하는 데 성공한 책"이다.[28] 이렇듯 콜링우드는 친화력이라는 무익한 해결책을 내세울 뿐 아니라, 진짜로 눈을 뜨게 해주는 바로 그 사랑에 대해서는 거부의 태도를 취한다. 다시 말해 그는 과거를 그 자체로서 사랑하는 것을 거부한다.

그렇지만 친화력이라는 그의 해결책은 그의 학설 전체에서 보면 그리 중요하지 않다. 최종 심급에서 크로체-콜링우드 학설의 토대는 역사가 조리 있는 전체 내지 앞뒤 맞는 구조라는 신념이다. 그들로서는 모든 역사가 현대사라는 주장을 정당화하려면 역사계의 전체성을 반드시 전제해야 하니까 말이다. 모든 역사를 현대사로 보기 위해서는 역사가의 자료가 일관성 있고 측량 가능한 모종의 '코스모스'를 구성한다고 생각해야 한다. 그래야만 역사가는 현재 지향적 태도를 포기하지 않으면서도 과거에 접근할 수 있고, 그래야만 역사가는 현재의 사유를 가지고 과거의 사유를 재구축하면서도 과거의 사유를 곡해하지 않을 수 있다. 그래야만 역사가가 수집하는 증거의 모든 조각은 이른바 닫힌 체계의 구성요소들로서 저마다 자기 자리를 찾아갈 수 있다. 현재적 관심 이론은 역사가 그와 같은 닫힌 체계라는 생각에 의존하고 있다.(이러한 생각은 고삐 풀린 이성의 백일몽 가운데 하나이다.) 크로체와 콜링우드는 현재적 관심이 마법을 발휘한다고 생각하지만 우리가 그들의 백일몽에서 헤어나올 수 있다면 그러한 마법이 존재하지 않는다는 것을 쉽게 알 수 있으며, 역사적 사실을 그저 과학 실험자처럼 다루는 역사가는 역사적 사실의 완강한 비밀을 끌어낼 수 없으리라는 것도 쉽게 알 수 있다.

이 이론에서 비롯되는 최종 결론들—크로체와 콜링우드라면 거의 인정하지 않았을 결론들—이 어떤 것인가를 보여주는 것은 사이비 역사의 한 장르, 엄밀한 의미의 역사와 예언의 경계선에 놓여 있는 장르이다. 내가 염두에 두고 있는 이 장르는 현재와 현재가 배태한 미래에 대한 실존적 관심에서 비롯되는 장르로서, 우리가 과거를 어떻게 보느냐가 우리가 목표를 성취하거나 성취하지 못하는 것에 영향을 준다는 경험에 근거하고 있다. "역사는 역사를 먹고 산다."[29] 물론 모종의 대의를 지지하는 모든 역사가 이 경계선 장르에 속한다는 의미는 아니다. 종교개혁을 다루는 서술들 중에서 가톨릭 쪽 서술들과 프로테스탄트 쪽 서술들은 분명 어느 정도 '참여적'이지만, 그럼에도 그중 많은 서술이 종종 연구의 대상에 대해서 감탄스러우리만큼 학술적 거리를 유지하기 위해 노력하며, 그런 의미에서 그런 서술들은 진짜 역사이다. 이렇게 학술적 거리를 유지하기 위해 노력하는 역사들은 이른바 '실존적' 역사와는 구분된다. 대의에 대한 열정이 거리두기 능력을 초과하는 순간, 역사가는 연구의 한 분야로서의 과거와 훈계하고 독려하고 비판하는 수단으로서의 과거를 구분하는 문지방을 넘게 된다. 예컨대 '유대교의 예언자들'이 볼 때, 역사는 부분적으로 초자연적인 일련의 상호작용이다. 신의 분노나 신의 용서가 세속적 사건들의 행보 속에 끊임없이 개입하기 때문이다. 마찬가지로, 어느 한 민족이 국가로 수립되거나 새로운 형태로 존재하게 되는 경우, 그 민족은 자신의 과거를 발명함으로써 스스로를 중대한 운명의 인도자로 만드는 경향이 있다. 이 맥락에서 떠오르는 것이 청년 니체이다. 「삶을 위한 역사의 공과功過Vom Nutzen und Nachteil der Historie für das Leben」에서 그는 바로 이런 방식으로 과거를 이용 내지 오용하는 것을 옹호한다. 그는 현대의 역사가들—이 "내시들의 세대"[30]—이 아무 목적 없는 학술적 연구에 빠져 있는 것을 비난한다. 그가 볼 때 역사주의는 우리의 지평을 필요 이상으로 넓히고, 사람들의 본능을 파괴하고, 생명력을 마비시키는 등의 해가 있다. 한마디로 역사주의란 인간의 쓸데없는 노력이요, 통제 불능의 과학이다.

그가 역사주의 대신 옹호하는 것은 '삶'에 봉사하는 역사, 현재

삶에 봉사하는 역사이다. "모든 역사는 현대사"라는 크로체의 명언에는 과거를 가지고 살아 있는 존재들의 필요를 충족시켜야 한다는 니체의 주장이 메아리치고 있다. 그러나 크로체는 현재 지향적 태도가 앎에 충실한 해석의 전제조건이라고 보는 반면, 니체는 우리 살아 있는 존재에게 결코 필요 없는 것이 바로 앎이라고 주장한다. "……모든 성숙을 원하는 민족은 (그리고 개인은) 착각을 원한다. ……자기를 감싸줄 보호와 베일의 구름을 원한다……."[31] 기탄없이 말하자면, 니체가 원하는 역사가는 정말 일어났던 일에 대한 관심을 버리고, 과거를 우리가 살아갈 수 있게 하는 착각을 조장하는 방식으로 재현해주는 역사가이다. 그가 볼 때 '삶'의 기만적인 요구들은 내시들이 탐구하는 역사적 진실보다 중요하다. 어쨌든 니체는 상당수의 역사적 진실을 불필요한 것이라고 본다. 니체가 볼 때 이런 요구들이 실현되는 때는 우리가 대중에게 쏟는 관심을 다시금 개인, 곧 "황량한 생성becoming의 폭풍 위에 일종의 다리를 세우는"[32] 존재에게 돌릴 때이다. 이것은 '초인' 개념의 맹아이기도 하다.(한편, "황량한 생성의 폭풍"이라는 표현—1장에 인용된 플라톤의 말을 어렴풋이 연상시키는 표현*—에 내포된 반反진화론적 울림은 기억할 만하다.) 이런 모든 논의에서 거슬리는 점은 니체가 '삶'에 대한 과도하고 다소 유치한 열정 탓에 역사주의의 막대한 성과들을 외면한다는 점, 그리고 그저 역사주의를 청산하고 싶어할 뿐 역사주의의 의미를 일러주지 않는다는 점, 곧 우리가 역사주의를 벗어난 후 어디로 가야 하는지를 일러주지 않는다는 점이다. 그의 글은 사춘기의 시시한 반항 같은 면이 있다……. 끝으로 덧붙이자면 역사 전체가 시야에 들어올수록 실존적 장르가 될 가망이 커진다. 역사가가 큰 단위를 다룰수록 예언자적 색채를 띤 목적의식적 구축에 대한 유혹도 커진다.

* 40쪽을 볼 것.

그렇지만 나는 목욕물을 버리면서 아이까지 버릴 생각은 없다. 우리네 유한한 인간이 모두 그렇듯 역사가도 종종 현재의 관심에 따라서 움직인다. 이것을 부정한다는 것은 어리석은 짓이다. 또한 현재의 관심에 따라서 움직이는 것은 옳은 일이기도 하다. 우리의 인생은 한 번뿐이므로, 우리는 살아 있는 존재들에 도덕적 의무를 지고 있다. 살아 있는 존재들에 대한 역사가의 관심—현재를 더 잘 이해하고 싶다는 역사가의 바람—은 죽은 존재들의 삶에 대한 역사가의 많은 탐구를 독려하는 동인인 것이다. 역사가는 과거를 현재와 연결할 수도 있고, 심지어 과거를 현대의 필요에 비추어 탐색하는 현재 중심적 방법으로 과거의 이런저런 비밀들을 끌어낼 수도 있다.[33] 부르크하르트는 역사가 연속적이라는 것을 일깨우고 싶어 하며, 과거의 사실들 중에서 역사가가 다루어야 하는 것은 우리 시대, 우리 문화에서 여전히 그 중요성이 느껴지는 것이라고 주장한다.[34] 어느 역사가가 아니라고 하겠는가? 우리가 어떻게 지금의 우리가 되었나를 밝혀내는 것은 그때부터 줄곧 역사의 원대한 기획들 중 하나였다.[35]

그렇지만 이런 통상적인 실무 역사 중에 현재적 관심이 과거로 통하는 모든 문을 여는 만능열쇠 내지 중심축이라는 터무니없는 가정에 의존하는 역사는 전혀 없다. 마이네케Meinecke의 표현을 빌리면, 역사가는 현재를 역사의 목표로 인정할 때조차 그것이 "타당하고 불가피한 목표이되 유일한 목표도 아니고 최상의 목표도 아니"[36]라는 신념을 버리지 않는다.(여기서 말하는 역사가는 진짜 역사가이다.) 진짜 역사가는 결코 현재 지향적 태도와 역사에 필요한 논법을 혼동하지 않는다. 마르크 블로크를 예로 들어보자. 그는 역사를 과학으로 변형시키고자 하면서, 역사가가 처음부터 과학자의 공세적 태도를 취해야 한다고 주장한다. 이는 콜링우드의 주장과 다르지 않다. 다시 말해, 그는 역사가가 자신의 "선험적 구상" 또는 그것의 연장인 현재 지향적 태도에서 비롯되는 생각들과 모델들을 이용해 과거를 심문해야 한다고 주장한다. 그렇지만 블로크는 역사가이므로 그런 모델들이 잠정적 발판일 뿐이라는 말을 급히 덧붙인다. "당연히 심문의 논법은 매우 탄력적이어야 한다. ……탐험가는 여정을 마련한 후에도 자기가 그 여정을 정확하게 따르지는 않을 것이라는 점을 알고 있다."[37](다만 블로크가 제안하는 탄력적 논법이 언제나 상황을 적절히 조정할는지는 의문이다. 탄력적이라고 해도 너무 잡아당기면 찢어진다.[38])

여기서 중요한 점은 역사 연구들의 출발점 내지 종착점으로서의 현재적 관심이 따로 있고 크로체 등등이 정의하는 유의 현재적 관심이 따로 있다는 점이다.[39] 첫번째 종류의 현재적 관심은 '호고적 관심'을 거의 배제하지 않으므로, 과거가 내주는 증거를 십분 존중하는 유형의 접근과 완벽하게 일치한다. 반면에 콜링우드의 방식은 증거의 기여 가능성을 소홀히하면서 '현재적 사유'의 구축을 우위에 놓는다. 과거가 내주는 증거를 십분 존중하는 접근은 사실들에 무관심한 에르퀼 푸아로의 고압적 태도를 모델로 삼는다기보다 사실들에 전념하는 아널드 파이크 경감의 신중한 태도를 모델로 삼는다.(하지만 벨기에 탐정 푸아로는 물질적 단서를 경멸하는 만큼 모든 것을 아는 아버지형 인물로서 독자의 사랑을 받는다.) 문헌들을 보면 주어진 데이터에 대한 이러한 방식의 접근을 선호하는 증언들이 많다. 현재 지향적 태도를 매우 중요하게 보는 역사가들조차 역사학도에게 과거를 우리의 행복이나 우리의 불행과 상관없이 연구할 것을 요구한다. 부르크하르트도 마찬가지다.[40] 그가 이런 방식으로 흔들리는 것은 현대 역사가들 사이에서 매우 널리 퍼진 태도를 대표하는 것이기도 하다.[41](부르크하르트는 "죽은 것을 향한 채워지지 않는 노스탤지어"에 항복하면서 현재에서 벗어나고자 했다.[42]) 한편, 순수하게 호고적인 연구 쪽을 옹호하거나 실제로 행하는 역사가들도 있다. 하위징아는 진실한 역사는 과거 그 자체에 의미가 있다는 이유로 과거를 연구하기도 한다고 말한다.[43] 네이미어는 일견 지엽적인 것들을 찾는 일에 결코 싫증을 내지 않았다. "사실 그는 일평생 샛길을 누볐다."[44] 또 어떤 역사가들—예를 들어 하르나크Harnack45—은 과거 그 자체에 대한 연구를 높이 평가하는 데서 한발 더 나아가 현재적 관심 학파 쪽 주장에 비판적 논평을 가한다. 예컨대 러브조이Lovejoy는 "모든 역사는 반드시 현재의 관점을 갖는다"라는 존 듀이John Dewey의 명제를 노골적으로 공격한다.[46](사실 듀이와 콜링우드는 이상한 짝꿍이다. 그러나 '극과 극은 통한다.' 모난 추상화로만 채워진, 진공에 가까운 공간에서는 더욱 그러하다.) 러브조이가 이러한 공격적 주장을 입증하기 위해 내놓는 발언은 그의 개인적 경험이 진하게 느껴진다. 역사가는 현재의 관심사를 최대한 제거해야 할 뿐 아니라, 그런 "자기초월의 노력"을 통해 현재에 대한 자신의 지식을 풍요롭게 만들 수 있다.[47] 역사가는 자기가 찾고자 하지 않았던 것을 발견한다. 역사가가 그것을 발견할 수 있는 이유는 바로 찾으려고 하지 않았기 때문이다.[48] 예컨대 깊이 있고 철저히 공평무사한 학술서 『로마제국 사회경제사*Social and Economic History of the Roman Empire*』의 맨 마지막에서 로스톱체프Rostovtzeff는 마치 오랜 꿈속에서 깨어난 듯 현대인들에게 말을 건다. "고대 세계의 진화가 우리에게 주는 교훈과 경고가 있다. 우리 문명이 살아남을 방법은 한 계급의 문명이 아니라 대중의 문명이 되는 것뿐이다. 그러나 또 모든 문명은 대중에게 파고들기 시작하자마자 붕괴하게 마련이다."[49] 이 성찰은 과거라는 토양에서 돌연 진기한 꽃처럼 피어난다.

과거와 현재의 관계를 논할 때 언제든 한 번은 프루스트를 언급할 수밖에 없다. 그는 이 문제에서 최고의 권위자 가운데 하나이다. 분명 프루스트는 러브조이 등 반反콜링우드적 역사가들 편에 있다. 그가 볼 때 과거는 오로지 과거에 귀를 기울이며 과거로 하여금 말을 하게 만들고자 하는 사람들에게만 스스로를 내어준다. 우리가 이런 식의 "자기초월의 노력"을 경주하지 않는다면 현재의 조건을 이해하기란 불가능하다는 것이다. 그의 소설에는 이러한 생각이 잘 나타난 에피소드가 있다. 마차를 타고 달리던 그는 세 그루 나무가 이상하게 친숙해보이는 패턴으로 서 있는 모습을 보고 돌연 행복감에 휩싸였다. 그는 이 나무들이 자신의 망각된 유아기로부터 나왔다고 생각한 것이다. 이 기시감既視感과 함께 "과거의 유령들"이 자기를 부르고 있다는 깨달음이 왔다. "유령들처럼 그 나무들은 내게 자기들을 데려가달라고, 자기들을 되살려달라고 말하는 듯했다." 나무들은 왜 그토록 열심히 그를 불렀을까? 나무들을 바라보면서, 그는 나무들이 그 자신과 관계된 어떤 메시지를 전하려 한다는 느낌을 받았다. "나는 그 나무들이 점점 멀어지는 모습을 바라보았다…… 그 나무들은 내게 이렇게 말하는 듯했다. '……우리는 너를 향해 이토록 발돋움했는데 네가 그냥 우리를 이 길 위에 내버려둔다면, 우리가 너에게 건네주려 했던 너 자신의 한 부분은 영영 모두 소멸될 것이다.'" 세 그루 나무의 메시지가 자기의 유아기와 관계가 있는지, 그런 방식으로 자기의 현재의 자아와도 관계가 있는지, 아니면 그렇지 않은지에 대해 프루스트는 분명한 대답을 삼간다. 그는 스스로를 향해 이렇게 묻는다. "……그 나무들은 그저 전날 밤의 꿈에서 갓 뽑혀나온 이미지는 아니었을까? ……내가 전혀 본 적이 없는 것들은 아니었을까……? ……알 수 없는 일이었다."[50] 프루스트는 부르크하르트와 마찬가지로 잃어버린 대의들에 대한 향수를 간직하고 있다.

내가 지금까지 이야기한 것을 고려할 때, 역사책 안에서 주관의 자리가 어디라고 확실하게 대답하기란 불가능하다. 역사가가 현재의 아들이기만 한 것은 아니다. 역사가의 관점이 오로지 현재의 영향에 따라서 정해지는 것은 아니니 말이다. 역사가가 떠올리는 과거상이 반드시 현재의 관심, 현재의 생각의 표현인 것도 아니다. 오히려 그럴 경우에는 역사가의 공격성이 과거를 멀찍이 밀어내게 된다. 역사가의 사고는 어느 정도 자유를 누린다. 이 자유를 더 많이 활용할수록 그는 과거의 것들을 더 많이 마주볼 수 있다.

오르페우스Orpheus는 뱀에 물려 죽은 아내를 도로 데려오기 위해 타르타로스Tartaros로 내려갔다. 그의 슬픈 음악을 들은 "하데스Hades는 잔인한 마음을 누그러뜨리고, 오르페우스에게 에우리디케Eurydice를 이승으로 데려가는 것을 허락했다. 하데스는 한 가지 조건을 걸었다. 오르페우스는 에우리디케가 햇빛에 안착할 때까지 뒤를 돌아봐서는 안 된다는 조건이었다. 에우리디케는 오르페우스의 리라 소리를 따라 캄캄한 통로를 올라갔고, 오르페우스는 자기가 햇빛에 안착한 그 순간 비로소 그녀가 아직 따라오고 있는지 확인하고자 고개를 돌렸다. 그리고 그녀를 영원히 잃었다."[51] 오르페우스와 마찬가지로 역사가는 죽은 존재들을 되살리기 위해 저승으로 내려가야 한다. 죽은 존재들은 역사가의 초혼가招魂歌를 얼마나 멀리까지 따라올까? 현재의 햇빛에 안착한 역사가가 죽은 존재들을 잃어버릴세라 고개를 돌릴 때, 그들은 이미 그의 손에서 빠져나간다. 하지만 역사가가 죽은 존재들을 처음 소유하게 되는 때는 그들이 영원히 떠나는 그 순간, 그들이 역사가가 만든 역사에서 영영 사라지는 그 순간 아닐까? 또한 '피리 부는 사나이' 오르페우스 자신에게는 어떤 일이 생기는가? 저승으로 내려갔다 이승으로 올라오는 그의 여행은 단순한 왕복여행에 그치지 않는다.

4 역사가의 여행

매콜리Macaulay는 역사를 외국여행에 비유했다.[1] 역사가의 입장은 보통 관광객과 아주 비슷하다. 역사가들 역시 자기가 찾아간 볼거리를 알아보고 싶어하기 때문이다. 그것은 결코 쉬운 일이 아니다. 사실 외국에 나가서 아무것도 알아보지 못하는 사람들이 많다. 예컨대 그들은 파르테논 신전이 있는 곳이 여행안내서에 나온 대로라는 것을 확인하자마자 동행들을 신전 기둥 앞에 세우고 사진을 찍는다. 이 기둥은 그들이 집으로 돌아갔을 때를 위한 알리바이이다. 덧붙이자면 이 사진 사냥꾼들은 잡은 것을 '먹을' 수 없으니 짐승 사냥꾼들보다 불우하다. 그들은 자기가 알아보지 못한 것을 찍으며, 그렇게 찍힌 것들은 영영 그들의 시야를 떠난다. 이런 일은 역사가에게도 일어날 수 있다. 어쨌든 피터르 헤일은 매콜리를 그런 역사가로 묘사한다. 그가 볼 때 매콜리는 '진보'에 집착하고 현재의 우위에 집착함으로써 "지난 세대들을 독선적이고 우월감에 찬 태도"로 다룬다. 헤일이 볼 때 이러한 사고방식은 근본적으로 비역사적이다. 이러한 사고방식을 지닌 "역사가는 과거를 전혀 생뚱맞을 수도 있는 방식으로 보게 되고, 그가 생각하는 과거의 모습은 친밀한 진실truth of intimacy을 결여하게 된다."[2] 역사가는 어떻게 해야 그 "친밀한 진실"에 도달할 수 있을까? 현재에 살면서 과거에 들르는 식으로는 곤란할 것이다. 그냥 자기 자신으로 머문다면 자기가 찾아간 볼거리를 감싼 안개의 베일을 좀처럼 꿰뚫어볼 수 없을 것이다. 사태의 핵심에 도달하기 위해서는 사고의 자유를 최대한 활용해 사고 틀을 바꾸어야 한다. 관광이라는 일은 기동적 자아를 요한다. 이제부터 나는 지난 세기들을 여행하는 많은 역사가의 사고 작용을 개괄할 것이다.

랑케는 많은 명언을 남겼는데, 나는 내 자아를 지우고 사물 그 자체가 말하게 만들기를 원한다는 말도 그의 명언 중 하나이다. 그는 자기의 개인적 성향과 판단을 유보함으로써 "있었던 그대로"를 보여주기를 원한다. 그가 겨냥하는 객관성은 특별한 종류의 객관성이다. 그의 객관성은 보편사의 전개가 신의 현현이라는 믿음에 일부 근거하기 때문이다. 요컨대 랑케는 종교 감정에서 동력을 구한다. 또한 그가 볼 때 역사학이 자신의 궁극적 사명을 완수하는 때는 세계에 공감하고 세계의 비밀을 공유할 때이다.[3] 그러니 역사가가 자신의 자아를 지워야 하는 이유는 과거 사건들의 행로를 냉철한 태도로 전달하기 위해서일 뿐 아니라, 세계라는 무대에서 펼쳐지는 유일무이하고도 의미심장한 스펙터클에 몰입하는 참여관찰자가 되기 위해서이기도 하다. 랑케가 생각하는 이상적인 역사가는 있는 그대로의 사실들을 보여주고 싶어하는 냉철한 연구자와 자신의 사고를 정화함으로써 신의 지혜에서 빚어지는 경이들을 묵상하는 숭배자(나아가 신비주의자)가 불가분으로 결합된 존재이다.[4] 따라서 그가 얻게 되는 객관성은 다소 복합적인 산물이다. 다시 말해, 그의 객관성은 백지처럼 텅 비워진 사고에서 비롯되는 산물인 동시에 객관성을 위해 비워진 사고보다 내실 있고 규모 있는 사고에서 비롯된 산물이다. 덧붙이자면, 딜타이는 랑케가 말하는 자기삭제는 성취 불가능한 어떤 것이라고 일축한다. 딜타이가 볼 때 역사가가 과거를 이해할 수 있으려면 랑케의 주장과는 달리 자신의 온 존재를 동원해 과거를 붙잡아야 한다. 따라서 역사가는 자아를 없애기 위해서 쓸데없이 노력하는 것보다는 자아를 확장하는 편이 낫다. 보편적 자아라야 보편적 이해를 감당할 수 있다.[5] 틀린 말은 아니다. 그렇지만 역사가는 시인과는 달리 주어진 자료를 토대로 삼아야 하므로, 역사가의 주관성의 바람직한 확장을 위해서는 그것의 축소가 선행돼야 한다. 또한 역사가가 주관적 영향들을 제어한다는 것이 왜 불가능한 일이겠는가? 사실 역사가의 자아는 딜타이가 생각하는 것보다는 훨씬 신축 가능하고 조종 가능한 듯하다. 다시 말해 역사가는 상당한 정도로—자기삭제 없는 역사가라면 놓쳤을 많은 신호에 반응할 수 있는 정도로는—자아를 괄호에 넣거나 아예 삭제할 수 있다. 역사라는 중간지대에서 정도차와 어림셈은 결코 무시할 수 없다. 랑케의 바람은 옳은 방향이라는 것이다.

프루스트는 소설의 한 대목에서 사진의 중립적 객관성을 사진가의 감정적 거리두기에 연결시키는데, 이 대목에서 두 가지 정신상태—자아가 전권을 휘두르는 정신상태와 자아가 눈앞의 장면에서 물러나는 정신상태—를 명료하게 구분한다. 마르셀이 사랑하는 할머니를 오랜만에 방문한다. 그는 할머니의 방에 불쑥 들어가는데, 바로 그 순간 그는 할머니를 바라보는 사람이 자기 자신이 아니라는 느낌을 받는다. "나 자신이 온전하게 존재했던 것이 아니었다…… 그때 존재했던 것은 그저 목격자였고, 여행복 차림의 관찰자였고, 가족의 일원이 아닌 이방인이었고, 두 번 다시 보지 않을 곳을 촬영차 방문한 사진가였다. 내가 할머니를 본 순간 나의 두 눈에서 일어난 기계적 과정은 바로 한 장의 사진이 찍히는 과정과 마찬가지였다." 이 한 장의 사진, 마르셀의 백지 같은 정신의 투영물은 온전하게 자기 자신으로 존재했던 마르셀에게는 보이지 않았던 것들을 가차 없이 드러낸다. 그도 그럴 것이, 우리가 "우리에게 소중한 사람들을 보는 경우에는 살아 움직이는 체계가 항상 작동한다. 우리가 그들을 소중히 여기는 마음이 계속적이듯 그 체계의 움직임도 계속적이다. 그 체계는 그들의 얼굴 이미지가 우리에게 도착하는 것을 허용하기 전에 일단 그 이미지를 낚아채서 뒤흔든 후, 우리가 그들의 얼굴에 대해서 언제나 가지고 있었던 생각 위로 내던진다…….” 난생처음으로 마르셀은 있는 그대로의 할머니를 본다. 소파 위에 앉아 있는 할머니는 그가 자기 영혼 속에 사랑으로 그려놓은 그림과는 전혀 닮은 데가 없는 “기운 없는 늙은 여자”이다.[6] 할머니를 사랑하는 그가 냉정한 이방인으로 축소되는 순간, 그의 마음속 그림은 사진 앞에 항복한다. 그가 보는 것들 중에 그의 시야를 좁힐 만한 기억들을 담고 있는 것은 아무것도 없으므로 그는 이방인으로서 모든 것을 알아볼 수 있다. 마르셀이 할머니의 방에 들어서는 순간, 그의 머릿속은 양피지가 된다. 할머니를 사랑하는 그의 그림 위에 이방인의 관찰들이 이중인화되어superimposed 먼젓번 그림이 일시적으로 지워진 양피지 말이다.

때로는 인생 그 자체가 이런 양피지들을 만들어낸다. 어른이 된 후에 고국을 떠날 수밖에 없었던 혹은 자진해서 고국을 떠나온 망명자가 바로 그런 경우이다. 그가 타국에 정착하면서, 그의 존재의 더없이 큰 부분을 차지하는 신념들·기대들·포부들이 저절로 뿌리를 잃는다. 그의 일대기는 분열되고, 그의 “타고난” 자아는 그의 사고에서 배경으로 밀려난다. 물론 그는 타국의 환경이라는 시험대를 감당하기 위해 노력할 수밖에 없으니 그의 전반적인 시각 내지 정신구조는 영향을 받게 될 것이다. 그러나 그의 옛 자아는 그가 지향하는 인격 밑에 사무쳐 있으니 그의 정체성은 유동적일 수밖에 없으며, 그는 자기가 현재 어떤 의미에서 소속돼 있다고 할 수 있는 새로운 집단에 결코 온전하게 소속되지 못할 가능성이 크다.(그가 소속되어 있는 집단 성원들도 그를 같은 성원으로 생각하지 않을 가능성이 크다.) 사실 그는 “소속”을 잃었다. 그렇다면 그가 살고 있는 곳은 어디인가? 그곳은 국외局外라는 거의 비어 있는 공간이요, 마르셀이 할머니를 처음 본 순간에 들어섰던 바로 그 무인지대이다. 망명자의 참된 존재방식은 이방인의 존재방식이다.[7] 이런 연유에서 그는 자신의 옛 존재를 “가족의 일원이 아닌” 이방인의 눈으로 바라볼 수 있다. 또한 그는 자기가 속해 있던 문화에서 자유롭게 벗어날 수 있는 것과 마찬가지로, 자신을 둘러싼 타국 사람들의 사고 안에 자유롭게 들어갈 수 있다. 훌륭한 역사가 중에는 이민자라는 사실 덕에 훌륭함을 얻게 되는 사람들이 있다. 예를 들어 투키디데스는 자기가 “싸우는 양편—아테네 사람들은 물론이고 펠로폰네소스 사람들까지도—을 어느 정도 이해할 수 있었”던 것은 오랜 망명생활 덕분이라고 명시하고 있다.[8] 현대 쪽을 보면, 네이미어가 영국사에 편견 없이 참신하게 접근할 수 있는 것은 부분적으로는 이방 출신이라는 그의 배경 덕분이다.(그는 폴란드 출신이다.)[9]

역사가는 오직 이런 자기삭제의 상태 내지 타향살이의 상태에 있을 때 비로소 자신의 사료와 소통할 수 있다. 물론 내가 생각하는 역사가는 단순히 자기가 처음에 가졌던 전제들과 예감들을 입증하고자 하는 역사가가 아니라 자기의 사료의 질감을 제대로 느끼기를 원하는 역사가이다. 자기의 사료가 환기하는 세계에서 이방인인 그는 그 세계의 겉모습을 뚫고 들어가서 그 세계를 안에서부터 이해한다는 과제—곧 망명자의 과제—에 맞닥뜨린다.

역사가가 그런 유의 지식을 획득할 수 있는 최선의 방법은 쇼펜하우어Schopenhauer가 예술학도에게 해주는 충고를 따르는 것이다. 쇼펜하우어의 충고에 따르면, 그림을 보는 사람은 마치 군주를 알현하듯 그림이 자기에게 들려주고 싶어하는 말 또는 들려주고 싶어하지 않는 말을 경건하게 기다려야 한다. 먼저 말을 꺼내는 사람은 자기 말을 듣게 될 뿐이기 때문이다.[10] 그런 의미에서 역사가에게 기다림이란 일종의 적극적 수동성이다. 역사가는 증거와 소통하는 과정에서 암시받은 여러 항로들을 시험해야 하고, 정처 없이 표류해야 하며, 우연하게 맞닥뜨린 다양한 메시지를 받아들일 요량으로 자신의 모든 감각을 바짝 곤두세워야 한다. 그런 방황 중에 역사가는 십중팔구 의외의 사실들과 맥락들을 발견할 것이다. 그중에는 역사가 자신이 애초에 가졌던 가정들과 공존할 수 없다고 밝혀질 것들도 있을 것이다.[11] 그런데 역사가의 이런 방황들이 오히려 역사가의 자아—삭제되어야 한다고 했던 바로 그 자아—를 활성화시킨다고 할 수는 없을까? 그럴 수도 있고 아닐 수도 있다. 이렇게 방황하는 자아는 온전한 자아가 아니라 자아의 한 부분—곧 수용 기능에 한정된 부분—일 뿐이기 때문이다.

당연하게도, 과학 지향적 역사가는 그런 유의 수동성은 쓸모도 없고 애초에 있을 수도 없다고 주장하면서 그런 수동성을 폄하하는 경향을 보인다. 예를 들어 마르크 블로크는 "전적으로 수동적인 관찰이 설사 가능하다 하더라도, 그러한 관찰이 과학에 생산적으로 기여했던 바는 전혀 없다"라고 단정한다. 그는 사료를 조사하는 역사가가 자신의 계획을 정확하게 따르기란 불가능하다는 것을 인정하면서도,* 계획하지 않는 역사가는 "영영 정처 없이 방황할 위험이 있다"라는 단서를 붙인다.[12] 다행히도 블로크의 반론들은 너무 심각하게 받아들일 만한 것들이 아니다. 그런 반론들은 (사회적·제도적) 역사학을 과학화하려는 그의 열망에서 비롯되는 논의인데, 블로크 자신의 연구 절차들이 그런 반론들이 틀렸음을 어느 정도 입증하기 때문이다. 다시 말해 실무 역사가인 블로크 자신은 과거 데이터가 자신의 계획을 확인시켜주는가에 상관없이 데이터에 귀를 기울임으로써 데이터 자체를 공정하게 다루고자 한다. 덧붙이자면, 모든 과학자가 "전적으로 수동적인 관찰"과 관련된 블로크의 반론들을 받아들이는 것은 아니다. 예컨대 라이트 밀스Wright Mills의 주장에 따르면, 사회과학자들은 이론을 정립하기 위해서라면 더더욱 자기 머릿속에 두서없이 떠오르는 생각들과 공상들에 주목해야 한다.[13]

이른바 적극적 수동성이라는 것은 역사가의 작업에서 필수 단계이다. 부르크하르트는 이 단계의 역사가를 완벽하게 묘사한 바 있다. "지혜가 가까이 있을 때는/날아오를 때보다는 고개를 숙일 때"라는 워즈워스Wordsworth의 시구와도 일맥상통하는 묘사이다.[14]

* 91~92쪽을 볼 것.

부르크하르트는 자기가 『그리스 문화사*Griechische Kulturgeschichte*』를 쓸 때 어떻게 사료를 숙지했었나를 회상하면서, 그 단계에서 투쟁적 노력은 원하는 결과를 얻는 데 전혀 좋은 방법이 아니라고, 보다 멀리 나아가기 위해서는 조심스럽게 그리고 지속적으로 귀를 기울여 주어야 한다고 말한다.[15] (물론 이 묘사는 콜링우드의 이상적인 역사가에게는 들어맞지 않는다. 그런 역사가는 아무리 열심히 귀를 기울인다 해도 아무것도 듣지 못할 것이다. 과거에서 들려오는 모든 것이 현대의 소음에 파묻힐 테니까 말이다.)

자기삭제에는, 그리고 자기삭제의 산물인 수동적 관찰에는 한계가 있다. 어떤 인류학자들은 연구중인 원시부족의 사고방식을 이해하는 데에 열중한 나머지 결국은 자신이 부족의 성원인 것처럼 생각하고 행동하게 되었다고 한다. 그들은 자기의 정체성을 상실했고, 그와 함께 참여관찰자의 자격을 잃었다. 이런 방향으로 진행되는 인격변화personality transformation는 연구자와 연구자료 간에 유지되어야 할 최소한의 거리를 없애버리므로, 이런 식으로는 애초의 목적을 달성할 수 없다. 반면 마르셀은 자아소멸을 겪으면서도 마르셀을 할머니의 방에 그냥 내버려두지는 않는다. 과거 사건들을 더없이 정확히 기술하는 역사들도 위에서 언급한 인류학자들과 비슷한 한계를 보여준다. 내가 그런 깨달음을 얻게 된 계기는 어느 젊은 독일계 미국인 역사가와의 대화였다. 그는 바이마르 공화국 당시의 독일 지성사를 쓰기 위한 자료조사 차원에서 나와 인터뷰를 하겠다고 했다. 그가 쓰는 역사는 내가 한때 몸담았던 공동체의 역사였다. 대화중에 내가 생생하게 느낀 것은, 그가 그때껏 찾아낸 모든 것이 사실 그대로였지만 그중 어떤 것도 그가 설명하는 방식대로 일어나지 않았다는 것이었다. 그랬으니 그때 내가 예상했던 것은, 1920년대에는 흔들리는 견해이거나 괴로운 회의이거나 즉흥적 결단이었던 모든 것이 그의 서술 속에서는 주요 흐름과 반대 흐름, 주류와 비주류 등으로 이루어진 다소 고정적인 틀로 굳어지리라는 것이었다.

이 틀에 동원된 관념들과 라벨들의 그물망이 내가 당시 실제로 겪었던 경험들을 포착하는 것은 불가능했으니, 나로서는 그가 그리게 될 그림과 그 그림이 담으려고 하는 현실은 통약 불가능한 관계라고 생각했다. 그는 당시 사건들을 내가 아는 방식과는 다른 방식으로 재현했다. 내가 아는 사건들은 변화할 수 있고 실제로 변화하는 사건들이었던 반면, 그가 보는 사건들은 기정사실a fait accompli로 굳어진 한 시대의 구성요소들이었다. 그리고 바로 그 덕분에 그는 그 시대에서 내가 당시 전혀 모르고 있었던 측면들을 드러낼 수 있었다. 그때 내가 금세 깨달았던 것은 그가 쓰게 될 역사의 생명력 결핍이 그 역사가 제공해줄 사후적 통찰의 대가라는 점이었다.(반대로 현대사는 사태의 발생기 양상을 제시할 수 있고 또 제시해야 한다. 현대사가 그 사태를 미래의 세대가 아니고는 알 수 없는 지식에 비추어 제시한다는 것은 정의상 불가능하다.)

이러한 사후적 통찰—곧 새로운 증거에 근거하는 통찰—은 역사적 현실에 이질적 의미를 집어넣어 역사적 현실을 왜곡하는 사후적 사변과는 전혀 다르다.[16] 드로이젠이 알렉산드로스 대왕을 거의 헤겔적으로 해석하는 것은 후자의 극단적 사례이다. 그는 알렉산드로스 자신은 아시아의 헬레니즘화가 자신의 세계정복 계획의 일환이라고 생각했을 것이라고 말하더니, 급기야 '역사'를 하나의 인물로 등장시킨다. '역사'는 알렉산드로스의 자기기만을 비웃으면서, "그에게는 야심찬 목표였던 것이 나에게는 아시아의 헬레니즘화를 이루는 역사적 수단이었다"[17]라고 말한다.(드로이젠이 볼 때 아시아의 헬레니즘화는 결국 기독교 포교 계획의 일환이었다.) 이런 식의 불필요한 사후적 사변을 보면서 우리는 '역사'가 그랬듯 비웃고 싶기도 하지만, 드로이젠이 이런 식의 사변에 힘입어 헬레니즘 시대에 나름의 위엄을 부여했던 것은 분명하다.* 사유는 불가사의한 결과들을 낳곤 한다.

* 57~58쪽 참조.

이제까지는 역사가가 과거를 여행하는 단계였다. 여행은 계속된다. 이제는 역사가가 현세로 돌아와 전리품을 활용하는 단계이다. 이제부터 나는 여행의 성과를 최대한 활용해야 하는 역사가의 사고 작용들을 설명할 것이다. 이런 사고 작용들은 잠재적 증거를 흡수해야 했던 사고 작용들과 반대 방향으로 진행된다.

논리적으로 이 단계는 역사가가 자기가 발견한 것들에 중점을 두면서 그 자료들을 수집하고 정리하는 단계이다. 이런 재고조사 작업은 두 가지 의의를 지닌다. 첫째, 이 단계는 엄밀한 의미의 자료조사와 해석 사이를 잇는 이행 단계이다.(역사가로서는 좀처럼 건너뛸 수 없는 단계이다.) 역사가가 자신의 자료를 어떻게든 평가하고 배치하지 못한다면, 그것이 자신의 애초 가설과 어떻게 관련되는가를 가늠해볼 수도 없을 것이고, 그것을 분석이나 더 넓은 해석을 위해서 자유롭게 활용해볼 수도 없을 것이다. 둘째, 이 단계는 다른 역사 연구들의 사실 관련 오류들을 폭로하는 것을 목표하는 경우에는 독자적인 연구라고 할 수 있다. 특히 대규모의 역사 연구들은 역사적 현실의 일부를 은폐하거나 왜곡하게 마련이니 그러한 오류를 폭로하는 일은 항상 필요하다. 한편, 이 단계의 성과물은 역사가가 준비중에 있는 주요한 연구의 예비 연구로만 활용되는 경우도 있으며, 그럴 경우 이 단계는 독자적인 성과물의 형태로 빛을 보는 일은 없다. 다시 한번 부르크하르트를 인용해보겠다. 그는 내러티브를 쓰려고 하는 젊은 동료에게 "사실 나부랭이들은 그냥 생략하라"라고 충고한다.(그러면서 "생략하는 모든 것을 연구해야 하는 것은 물론이다"라고 덧붙인다.)[18]

그러나 종합이 유행하던 때는 지나갔으니, 지금 이 충고는 다소 고답적으로 들린다. 오히려 요즘의 대세는 부르크하르트가 생략하라고 했던 바로 그 "사실 나부랭이들"에 관심을 표하는 것이다. 현대 역사학은 상세조사에서 곧장 얻어지는 사실 지향적 서술들로 넘쳐난다. 이런 서술들은 과거를 노략질하듯 연구하는 흔해

빠진 서술에서 문헌과 유물에 침잠하는 진짜 자기망각적 서술까지 다양하다. 물론 이 단계에 부응하는 것은 후자의 서술뿐이다. 사실 지향적 서술이라는 장르는 주로 허버트 버터필드가 "전문 역사technical history"라고 명명하는 서술에 해당한다. 버터필드에 따르면, 전문 역사란 역사가의 "자기비우기self-emptying"를 전제하는 역사로서,[19] "제한적·일상적 묘사 및 설명의 영역, 곧 뚜렷한 증거를 절제있게 활용함으로써 지엽적·구체적 내용을 얻어내는 영역"이다.[20]

"지엽적·구체적 내용"이라는 표현에서 알 수 있는 이 장르의 한 가지 특징은 작은 형식 내지 학술논문 형식에 어울린다는 것이다. 여기에는 그럴 만한 이유들이 있다. 감수성 있는 모든 역사가가 증거 수집 시에 취하는 수동성 상태는 세부사항을 받아들이는 데 분명 유리하다. 또한 역사가는 포괄적 내러티브 내지 폭넓은 역사 구축물의 사실성 여부를 점검하기 위해 사료를 조사할 때마다 사료를 바라볼 새로운 시각을 필요로 하는 일반론 내지 거시 단위와 마주치게 된다.

나아가 이 장르는 "구교도나 신교도나 무신론자나 그 이야기를 받아들일 수 있을 때라야" 비로소 그 진가를 발휘한다.[21] 이 장르는 (도달 불가능한) 객관적 진실을 동경한다. 이 장르가 추구하는 객관성은 이른바 '수동적' 객관성이라고 할 수 있다. 그런 객관성이 근거하는 자아는 재활성화되었다고는 해도 아직 그리 활발하지 않은 자아요, 비활성 상태에 있을 때 얻었던 전언이 손상되지 않게, 온전히 활성화되기를 거부하는 자아이기 때문이다.

공짜로 얻어지는 것은 없다. 축소된 자아가 내놓는 사실 지향적 서술은 가치중립적이고 무미건조하게 마련이다. 단, 자아가 축소되었다고 말하려면 어쨌든 어느 정도는 남아 있어야 한다. 이 단계에서 해석의 기능은 수집된 데이터를 얌전히 연결하는 데 그친다. 그렇지만 이 '전문' 역사들은 오늘날의 시각들·생각들·취향들과 관련된 것들을 표명하면서 부지불식간에 증거를 왜곡하는 많은 본격적인 역사들과 비교하면 제대로 된 역사라고 할 수 있다. 후자에서는 역사가의 조형 충동이 사건들이 실제로 어떻게 진행되었나를 알고 싶어하는 역사가의 호기심을 이기는 반면, "지엽적·구체적 내용"을 축적하는 데 그치는 전자에서는 리얼리즘 경향을 견지한다. 전자의 역사는 앙상하고 미온적일지도 모르지만, 적어도 역사적 접근의 '최소 요건'을 채운다.*

영화매체에서 이러한 종류의 역사와 가장 닮은 것은 (물리적) 현실을 직설적인 방식으로 그리고자 하는 다큐멘터리 영화이다. 또다시 영화와 역사의 비교작업의 이점이 밝혀지는 대목이다. 나는 끔찍한 생활조건을 극히 담담하게 그리는 몇 편의 영화를 알고 있다. 내가 나중에 알게 되었듯 이런 담담함은 감독들이 자신의 창조력을 의도적으로 유보하는 데서 나온다. 그들은 고도로 숙련된 장인들로서, 영상미와 암시적 편집이 있는 그대로를 찍겠다는 의도를 방해하리라고 확신한다. 그들은 비개성적 진실성을 산출하기 위해 예술가로서의 자제력을 발휘한다. 여기서 특히 눈에 띄는 점은 이런 태도의 근거가 도덕적 고려라는 것이다. 요리스 이벤스Joris Ivens 감독은 앙리 스토르크Henri Storck 감독과 함께 〈보리나주*Borinage*〉(벨기에의 보리나주라는 탄광 지역 광부들을 다룬 1934년 다큐멘터리)를 촬영했는데, 그의 말을 빌리면, 촬영 당시 두 감독은 소재 그 자체가 "단순한" 촬영을 요한다는 점을 깨달았다. "우리는 그들의 고통을 모든 관객에게 직접 정직하게 전달하는 것을 방해할 수 있는 촬영 스타일을 사용하는 것이 그처럼 극한 고통 속에 있는 그들에게 모욕이 되리라고 느꼈다."[22] 인간의 고통을 잘 전달하는 것은 초연한 르포르타주이고, 예술가의 양심을 잘 드러내는 것은 기교 없는 촬영일 테니까 말이다. 역사는 인간의 고통으로 가득하니, 이런 태도들과 고려들은 많은 사실 지향적 역사서술들의 토대로도 기능할 수 있으며 이로써 그런 역사서술들의 무미건조한 객관성은 보다 유의미해질 수 있다.[23]

* 2장, 특히 71~73쪽을 볼 것.

여행은 계속된다. 역사가는 자기가 수집한 사실들을 확인하고 조직한 후, 그런 사실들에 대한 해석으로 옮겨간다. 여행을 끝낼 때가 머지않았다. 그런데 과거에서 돌아오는 역사가는 현재를 떠났을 당시의 역사가와 같은 사람인가? 레오 스트라우스Leo Strauss는 콜링우드의 역사철학에 대해 비판적으로 논평하면서 바로 이 질문을 한다. 그러고는 올바르게 아니라고 대답한다.(콜링우드 자신은 역사란 현재 지향적이라는 자신의 주장의 정당성을 확신했던 만큼 그 같은 질문을 한다는 것은 상상도 못했을 것이다.) 스트라우스는 과거에서 돌아오는 역사가의 정체성은 보존되지 않는다는 결론에 도달한다. 내가 볼 때 옳은 결론이고, 콜링우드와는 상반되는 결론이다. "역사가는 어떻게 끝날지 모르는 여행을 떠난다. 현대라는 해변으로 돌아오는 역사가가 그 해변을 떠났던 역사가와 완전히 똑같은 사람일 가능성은 거의 없다."[24] 덧붙이자면, 그가 자기가 떠났던 해변과 완전히 똑같은 해변으로 돌아올 가능성도 거의 없다.

역사가의 정체성이 변화한 이유는 그가 과거에 머물렀던 데에 있다. 정확히 말해 그의 정체성이 변화한 것은 그가 자기삭제의 상태—곧 사료들의 암시 앞에 스스로를 개방하는 단계—에서 발견한 것들의 결과이다. 당연하게도, 그가 발견한 것들은 그가 원래 갖고 있던 연구계획을 가로막을 가능성도 있고 이로 인해 그가 자신의 연구 진로를 바꿀 가능성도 있다. 어쨌든 그가 발견한 것들은 그가 전에 알지 못했던 어떤 것, 그가 전에 알 수 없었던 어떤 것을 알게 해줄 가능성이 크다. 역사가의 정체성은 바로 이런 방향으로 변화한다. 그의 적극적 수동성의 산물이 그의 사고를 뒤흔들 것이고, 이로써 그의 사고의 범위를 확장시킬 것이다. 곧, 자기삭제는 자기확장을 낳을 것이다.(역사가만 그럴 수 있는 것은 아니라는 점을 언급하고 싶다. 현재의 생활이나 과거의 생활이나 다 같은 생활이므로, 생활인이라면 자아를 상실할 수 있는 한에서는 그런 식의 자아확장도 이룰 수 있다. 또한 역사가 자신은 생산적 방심에 숙달되어 있을 테니 고정되어버린 사료들을 이용하는 데 그치지 않고 유동하는 사료들까지 이용할 수 있다.) 결국 역사적 이해가 우리 존재의 총체적 동원을 요한다는 딜타이의 생각*은 충분히 구체적이지 못한 생각으로 밝혀진다. 역사가에게 요구되는 것은 단순히 일순간 "온전하게 존재하는whole 내적 인간"[25]이 아니라 거의 소멸되었다가 다시금 확장되는 자아이다.

그렇다면 내가 프루스트의 마르셀과 역사가를 비교했던 것은 약간 어긋나는 데가 있다. 양쪽은 그 모든 공통점에도 불구하고 행동방식은 사뭇 다르다. 마르셀이 할머니의 진짜 모습을 보았을 때 그는 이방인 내지 사진사로 축소되고 그의 사고는 카메라-현실로의 비자발적 여행을 떠나지만, 그때 그의 머릿속에 만들어진 양피지는 후에 다시 지워지고 냉정한 이방인 마르셀 뒤에서 손자 마르셀이 다시 나타난다. 물론 역사가도 자신의 취향들과 의향들로부터 벗어나는 생소화의 단계를 지나가지만, 역사가의 경우에는 그 단계를 지나갈 때 뭔가가 변한다. 역사가가 과거로의 여행에서 돌아온 후 역사가의 자아가 통제력을 되찾게 되는데, 역사가가 자신의 자아를 일시적으로 후퇴시켰을 때 했던 관찰들이 바로 그 자아를 풍요롭게 한다. 제자리를 찾은 인격적인 마르셀은 할머니가 사진으로 변형되기 전에 자기가 할머니에 대해 갖고 있던 생각으로 돌아가는 반면, 역사가는 자기가 현실에 대해 갖고 있던 생각으로 인해 미처 보지 못하고 있었던 바로 그 현실을 자기 것으로 흡수한다.

그렇다면 역사가는 어느 시간대에 위치해 있는가? 역사가의 여행이 그의 사고방식에 미치는 영향은 역사가가 현재의 아들이라는 상투적 가정의 정당성을 더더욱 약화시킨다. 사실 역사가는 최소한 두 시대의 아들, 곧 현대의 아들이자 자신이 다루는 시대의 아들이다. 역사가의 사고가 어디에 위치해 있는가를 정하기란 불가능한 면이 있다. 역사가의 사고는 정처 없이 떠도니 말이다.

*45~46, 59~60, 63~64, 77쪽을 볼 것.

역사가는 복잡한 사료를 다루므로, 상상할 수 있는 모든 설명양식을 이용해야 한다. 역사가가 이용하는 설명양식은 통계조사에서부터 목적과 의미에 대한 창의적 추측에 이르기까지 다양하며, 어떤 점을 강조하느냐 또는 어떠한 특징을 갖는 소재를 사용하느냐에 따라 달라지게 마련이다. 예를 들어 이념사를 다루는 방식은 정치사나 사회사를 다루는 방식과는 응당 달라야 한다. 인간사란 여러 차원으로 연장되게 마련이니, 설명 유형이 하나뿐이라면 곤란할 것이다. 일반적으로, 대상을 연구하려면 (어떤 대상이든) 여러 가지 해석 방식을 결합해야 한다. 전일 의식sense of wholeness으로 무장한 딜타이는 역사가가 그런 여러 가지 해석 방식들이 상호 보완·강화한다고 주장하면서, 그것들을 함께 적용해야 함을 역설한다.[26] 이로써 우리는 '해석망'을 거론할 수 있게 된다. 역사가의 이야기는—적어도 그것이 사건들을 설명할 수 있는 한에서는—그런 망에 해당한다. 반면에, 역사가의 이야기가 사건들을 설명할 수 없을 경우, 역사가의 일은 대개 르포르타주이다.

그렇다면 해석망을 구성하는 요소들은 무엇일까? 가장 눈에 띄는 요소로는 엄밀한 의미의 과학, 특히 행동과학을 따르는 과학 지향적 접근을 들 수 있다. 그러한 접근의 가능성과 한계성에 대해서는 1장에서 이미 다루었으므로, 여기서는 이미 다룬 두 가지 사항을 확인하는 선에 그치겠다. 첫째, 이러한 접근은 인간이 자연에 뿌리박힌 존재라는 것에 토대를 둔다. 둘째, 이러한 접근의 목적은 사회생활 및 인간사 전반에 존재하는, 자연과 흡사한 규칙성과 획일성에 따라 과거를 설명하는 것이다.* 과학적 설명은 역사적 현상을 그 구체성 속에서 다루지 못할 수도 있고 특별히 역사적이라고 할 수

* 권력층이 대중 전반에 걸쳐 처신, 동기부여 등과 관련된 수많은 규칙을 무력이나 설득의 방법으로 강제한다는 점은 여기서도 논하지 않고 넘어가겠다. 이렇듯 인위적으로 유도된 자연에 속하는 사건들이 자연적 필연 못지않게 예측 가능하리라는 점은 두말할 필요가 없다.

있는 질문들에 대답을 내놓지 못할 수도 있지만, 그래도 자연적 인과의 사슬들을 따로 떼어낼 수 있다. 역사를 포괄적으로 고려하고자 하는 역사가는 이러한 인과를 간과해서는 안 된다. 역사가가 컴퓨터에 눈살을 찌푸리는 것은 게으른 낭만주의일 뿐이다.(컴퓨터 지향적 태도를 칭찬하려는 것은 아니다. 컴퓨터를 해석의 만능열쇠로 오해하는 일은 역사를 한갓 과학으로 축소함으로써 역사 특유의 맛을 없애는 일이다.)

역사가의 데이터의 어떤 측면—과학적인 방식으로 분해하는 것이 불가능하거나 거의 불가능한 측면—은 형태학적 설명을 동원하게 만들기도 한다. 다시 말해 역사가는 서로 다른 인간 활동 영역에서 동시 발생하는 사건들을 해명하기 위한 방편으로 모종의 힘이나 믿음이 해당 형태소가 속하는 시대를 지배한다는 설명에 기댈 때가 있다. 이런 식의 설명의 타당성 여부는 전적으로 증거의 무게에 좌우된다. 그중에는 멋진 만큼 허구적인 설명들도 있다.(예컨대 칼뱅주의 윤리학의 조건화 위력에 대한 막스 베버의 이론, 또는 유럽의 중세에 대한 피렌Pirenne의 논의[27]) 이런 설명들이 공통분모를 찾지 못하고 결국 시대 "정신" 같은 것을 불러낸다면, 그야말로 헛수고로 전락한다. 크로체의 시대정신들은 고상한 전망을 추구하는 사고들을 아직 사로잡고 있는 모양이다. 한편 이런 형태학적 설명들은 역사적 이념체계—예컨대 헬레니즘적 절충주의, 중세 기독교 등등—를 탐구하는 도구가 되어주기도 한다. 실제로 이러한 체계는 각각의 체계를 구성하는 여러 개념들의 구조적 상호관계와 역동적 상호작용을 탐구할 것을 요청한다. 배질 윌리Basil Willey의 『17세기의 배경*The Seventeenth Century Background*』이 그랬고, 더 가깝게는 근대 초의 사유체계 변화에 주목하는 한스 블루멘베르크Hans Blumenberg의 탁월한 연구가 그렇다.[28] 또한 이런 식으로 접근할 때 잘 설명되는 역사적 전개라는 것도 존재한다. 예술사가들이 잘 알고 있듯, 모종의 내적 논리에 따라 한데 묶일 수 있는 일련의 (연이어서 발생하지 않을 수도 있는) 예술적 성취의 사슬이라는 것이 존재한다. 그 사슬이 하나의 논리로 묶이는 이유는 그 성취 하나하나가 그 사슬을 개시하는 작품 내지 질문의 잠재적 의의를 입증하기 때문이다.*

역사가는 위에서 언급한 과학 지향적 설명이나 형태학적 설명을 가지고(다른 설명들도 추가될 수 있다) 과거와 씨름할 수 있지만, 이런 설명들만 가지고는 온전한 의미의 과거를 이해할 수 없다. 오히려 진실한 이해라는 것이 이런 설명들을 아우르면서 방향과 의미를 부여해준다. 진실한 이해란 그 자체로 하나의 해석양식이며, 역사적 현상의 기본 속성 덕에 존재한다. 그러한 속성을 무시하는 것은 역사의 죽음일 것이다. 역사적 현상—엄청나게 구체적인 현상이자 철저한 설명이 거의 불가능한 현상—의 세계는 우연과 자유의 산물인 동시에 필연의 산물로서, 생활세계와 여러모로 흡사하다. 그 세계에서 역사적 현상이 스핑크스의 수수께끼인 것은 우리가 살아가는 세계에서 여러 현상들이 수수께끼인 것과 마찬가지다. 역사적 현상이라는 수수께끼를 풀기 위해서는 우리가 일상생활에서 한 사람의 성격을 순간적으로 파악하거나 정치적 결정에 대해 논의하거나 개인적·사회적 위기의 가능한 결과를 고려할 때처럼 해야 한다. 일상이라는 밀림에서 길을 잃지 않으려면 다른 수는 없다. 사태의 덤불로 들어서는 역사가도 똑같은 위태로운 상황에 처해 있다. 그러니 역사가 역시 잡다한 가치판단, 어림짐작, 즉석ad hoc 가설, 스케치—특정한 유형의 설명을 구성하는 각종 논평—에 의존할 수밖에 없다. 그것은 바로 우리가 '이해'라고 부르는 유형의 설명이다. 역사가가 역사적 현상을 '이해'하기 위해서는 이런 각종 논평을 끌어와야 한다. 이러한 유형의 설명은 과학적 해석이나 형태학적 해석의 요약 버전이나 불완전 버전과는 완전히 다르다. 다시 말해 이러한 유형의 설명을 인과에 대한 설명이나 구조에 대한 설명 등등으로 해소시키거나 연장시키기란 불가능하다. 또 이러한 유형의 설

*이러한 업적에 관해서는 6장을 볼 것.

명은 넓게 적용되기 힘들다. 이러한 유형의 설명은 비교적 독립된 설명, 곧 불투명한 존재 단위들과의 유일무이한 마주침에서 비롯되는 설명이자 그러한 마주침에 대응하는 설명이다.

하지만 이러한 설명에 의지하다가 자칫 통제 불능의 주관성에 빠지는 것은 아닐까? 이러한 설명은 분명 주관적이지만, 그럼에도 확고부동한 설득력을 발휘할 수 있다. 관건은 이러한 설명이 두 가지 조건을 만족시키느냐이다.(이 두 조건 모두 자기삭제와 자기확장의 중요성을 더해준다.) 첫째, 역사가가 처음 사실들에 굴복했던 그때가 이해의 토대가 되어야 한다. 둘째, 이해의 타당성을 높이기 위해서는 역사가의 인간적 경험을 늘리고 역사가의 지혜를 키워야 한다. 인간적 경험과 지혜는 성찰의 능력 그리고 수동적 관찰의 능력과 밀접하게 연결되어 있다. "역사는 노인의 놀이"[29]라는 로버트 그레이브스Robert Graves의 명언—그가 덕망 높은 로마 역사가 아시니우스 폴리오Asinius Pollio에게 하게 하는 대사—은 역사의 이해란 바로 이런 능력들에 좌우된다는 것을 미묘하게 암시하고 있다. 이사야 벌린은 이해와 직결된 설명의 필요성을 역설하면서 아울러 역사가들이 어떤 방식으로 그러한 설명에 형식과 내용을 부여하는가를 약술한다. "역사적 설명이란 사료를 배열하되 우리를 만족시켜주는 패턴으로 배열하는 것이라고 할 수 있다. 그러한 패턴이 우리를 만족시켜주는 이유는 우리가 삶이라고 알고 있고 삶이라고 믿고 있는 것에 부합하는 패턴이기 때문이다."[30] 바꾸어 말하면 이해에서 비롯되는 통찰들은 내러티브의 모양새에 영향을 미친다. 역사가의 이야기 패턴은 역사가의 축적된 인생 경험의 패턴을 반영하는데, 그러한 역사가의 경험은 과거가 역사가에게 귀띔해주는 것들을 통해서 풍요로워진다.[31] 어떤 의미에서 그의 이야기가 곧 그의 해석이다.

가끔—자주 있는 일은 아니지만—이해에 능한 역사가가 자기의 경험과 어긋나는 해석을 내놓기도 한다. 부르크하르트가 생각하는 르네상스 시대의 각성하는 개인이 그런 해석이고, 마르크스의 하부 구조-상부구조 이론도 그런 해석이다. 이런 설명들의 가장 큰 특징은 사료에서 비롯되면서도 사료의 차원을 넘어서는 듯하다는 데에 있다. 이런 설명들은 새로운 설명 원칙을 도입하고, 비교적 넓은 의외의 맥락들과 관계들을 (단번에) 드러내며, 언제나 대단히 중요한 문제와 결부되어 있다. 이러한 특별한 종류의 해석은 '이념idea'이라고 명명될 수 있다. 역사가의 여행은 바로 이런 해석들과 함께 종결된다. 역사적 이념은 역사가의 여행의 종착지다.

역사적 이념에 뭔가 아주 특별한 것이 있다는 점은 예리한 역사가들이 이념이 생겨난다는 것을 경이로워하고 이념에 도달하는 과정을 애써 묘사한다는 사실을 통해서 짐작할 수 있다. 이사야 벌린의(역사의 비과학적nonscientific 측면들을 강조하는 맥락에서의) 논의에 따르면, 이러한 유형의 설명이 떠오르자마자, 우리는 "깊이 박혀 있던 어떤 것, 아무 문제 없이 받아들여지던 어떤 것, 주목받지 않던 어떤 것이 갑자기 조명받거나 억지로 끌려나와서 면밀한 탐구의 대상이 되었다"[32]라는 것을 즉시 깨닫는다. 한편 하위징아가 "역사적 감흥historical sensation"이라는 용어를 만든 것은 우리가 이념에 닿는 순간 또는 우리가 이념에 지배되는 순간을 가리키기 위해서이다. 그는 "특별히 명료해지는 순간, 정신이 돌연히 침투하는 순간"에 대해서 말하는데, 우리가 이념과 접촉하는 순간에는 "이것이 진짜다, 진실이다, 라는 더없는 확신이 수반되"며, 이러한 확신은 "공문서나 연대기의 한 줄, 그림 한 장, 옛 노래의 두어 곡조 등을 통해 환기될 수 있다." 그러나 우리는 그러한 확신이 어디에서 오는지는 알 수 없다.[33] 덧붙이자면, 그러한 확신을 환기하는 것들에는 일차적 사료뿐 아니라 "연구의 대상과 동떨어져 있고 연구의 대상과 아무 관계가 없어보이는 것들"[34]도 포함될 수 있다. 역사가가 자신의 평생의 경험으로부터 영감을 끌어내는 것도 가능하다.

각종 관념들의 서열에서 역사적 이념의 자리는 어디일까? 페

스튀지에르A.-J. Festugière는 헬레니즘 시대에 종교적 신비주의가 유행한 이유를 그리스적 이성의 탈진과 자포자기에서 찾는데(그리고 그 탈진과 자포자기의 이유를 그리스인들의 실험 부족에서 찾는데), 이때 그는 자기가 경험적 사료를 일반화하고 있다고 믿는다.[35] 내가 볼 때 그는 이념을 일반화와 혼동하고 있다. 물론 역사적 이념은 사료에서 비롯되고 사료를 준거로 삼으니 일반론이 아니라고 할 수는 없지만, 사료 자체에서 발견될 수 없는 의미들로 가득 차 있다는 점에서는 일반론을 넘어서는 직관의 산물로 간주돼야 한다. 이념은 사실의 흡수에 그 토대를 두기도 하지만, 사실 이외의 다른 토대도 있다. 이념은 진짜 보편자universals이다.[36] 이념으로부터 그 토대인 사료로 내려가는 길은 항상 뚫려 있는 반면, 사료로부터 이념으로 올라가는 길은 절대로 직선이 아니다. 이념은 데이터 첨가와 디테일 축적을 사절한다. 이념을 포착하기 위해서는 비약해야 한다.

역사적 이념이라는 이 특별한 해석을 전통적 철학의 근간인 이념과 혼동해서는 안 된다. 어느 한 철학이 총체적 비전을 내놓거나 인류의 총체적 목표를 상정하는 경우—그리고 이것은 대부분의 세월 동안 서양 철학의 존재이유raison d'être였다—그 정점에는 무조건적 타당성을 자처하는 동시에 현실 전체를 관장한다고 자처하는 가정들과 규준들이 있다. 이런 것들과는 달리 역사적 이념은 분명한 경계를 갖는다. 다시 말해, 역사적 이념의 본질적 의도는 과거의 어느 한 토막을 설명하는 것이다. 예컨대 부르크하르트의 각성하는 개인은 르네상스인의 전형일 뿐, 그 이상도 그 이하도 아니다. 물론 실제로는 그 경계를 넘는 일이 많다. 종합을 원하는 역사가들은 철학의 위안을 갈망하기도 하고, 역사철학자들은 총괄적 모델을 고안하여 낮은 차원에서 사용하기도 한다. 진화라는 철학적 이념이 주요 역사책들 속에 스며들어 있기도 하다. 실증주의적 사고방식의 비교적 다행한 결과 중 하나는 역사가들이 이런 식의 상명하달식 논의를 경계하게 되었다는 점이다. 예를 들어 헥스터는 동료 역사가들에게 지나치게 일반적인 관념들은 특정 시공간의 조건들을 밝혀주기보다 흐려버릴 위험이 있다고 경고한다.[37]

부르크하르트에 대한 하위징아의 언급에 따르면, 그는 "옳고 그름 너머에 존재하는 거장들의 반열에 오른 지 오래이다."[38] 옳은 것이 있고 그른 것이 있는 차원 내에서는 어떠한 역사적 이념도 온전하게 적절하리라고 기대할 수 없다. 우리가 이념이라고 부를 만한 것들은 역사적 현실의 비교적 큰 부분에 관여한다. 말인즉슨, 이념을 개진하는 역사가는 자기가 해석하는 사건들로부터 일정한 거리를 유지해야 한다. 하지만 이러한 원거리 관점을 취하는 역사가는 의미가 있을지 모르는 모든 사실을 알아볼 수도 없고 그런 사실들을 일부 가리게 마련인 원근법을 동원하지 않을 수도 없다. 부르크하르트가 르네상스 시대의 경제와 철학을 고려하지 못한다는 점은 지적되어왔다. 더구나 역사가가 어떤 이념을 확인하기 위해 이념의 토대인 사료를 검토하면서 이념이 만들어진 거리에 머물지 않고 사료에 더 가까이 다가간다면, 역사가는 사료의 점점 작은 단위들과 마주칠 것인데, 그런 단위들 속에는 역사가가 확인하고자 하는 이념을 해체할 위험이 있는 의미들이 포함되어 있을 수도 있다. 부르크하르트에 대한 하위징아의 반론에 따르면, "르네상스 시대의 그 인간을 묘사하겠다는 것은 헛된 야심이다. 그 풍요로운 시대가 제공하는 수많은 유형을 구분하는 특징들은 개인주의 따위로는 묶이기 어려운 보다 기본적인 특징들이다."[39] 이 비판이 엄청난 비판인 것은 맞지만 아주 공정한 비판인지는 모르겠다. 하위징아 자신이 어떻게 작업하는가를 보면, 그는 대상과의 거리를 바꾸고, 미시적 사실과 탄탄한 거시적 가설 간에 싸움을 붙이니 말이다.*

역사적 이념이 일반론인 만큼, '옳음'을 누리려면 '그름'을 감수해야 한다. 역사적 이념이 일반론으로서 어느 정도 타당한가는 가

* 미시사와 거시사 사이의 관계는 5장에서 길게 논의될 것이다.

용 증거에 어느 정도 충실한가에 좌우된다. 역사계에서는 모든 것이 정도의 문제라는 말은 이 책에서 반복되는 라이트모티프 가운데 하나이기도 하다. 기번의 로마제국 쇠락 테제는 쇠락한 반면에(한때 기번을 감동시켜 그 테제를 직관하게 했던 서글픈 폐허 중 하나가 떠오른다), 현대 르네상스 학자들이 볼 때 부르크하르트의 유명한 해석을 심각하게 뒤집을 정도의 중대 사실들은 아직 발굴된 바 없다.[40]

그리고 옳고 그름 너머의 차원이라는 것이 있다. 하위징아가 부르크하르트에게 그 차원의 한 자리를 내어준다는 것은 부르크하르트의 이념이 불멸적이며 그것은 그 이념이 옳으냐 그르냐와는 상관없는 일이라고 말하는 것이나 마찬가지다.[41] 이사야 벌린은 마르크스주의 학설의 정확도 앞에서 똑같은 아량을 보인다. "이 학설의 모든 개별 결론들이 거짓으로 밝혀진다 해도, 사회적·역사적 질문을 대하는 완전히 새로운 태도를 창조함으로써 인간의 지식이 나아갈 새 길을 열었다는 이 학설의 의의는 훼손될 수 없다."[42] 벌린과 하위징아는 어느 한 해석의 타당성을 좌우하는 것이 주어진 사실에 대한 (상대적) 부합성이라는 것을 확실히 알고 있는 역사가들이므로, 그들이 이 중차대한 사안에 무관심한 것은 아마 역사적 이념의 놀라운 생존능력을 부각시키고픈 마음 때문일 것이다. 심지어 '그른' 이념으로 밝혀진 것들—예를 들면, 막스 베버의 프로테스탄트 윤리의 함의들을 담고 있는 이념형들—이라 해도, 예전의 광채를 조금쯤은 간직한 채 기억 속에 남아 있으니 말이다.

역사적 이념은 특수자를 일반자에 또렷하고 진짜 독특하게 접속시키기 때문에 마치 영원할 것처럼 보이기도 한다. 이러한 접속은 항상 불확실한 모험이니, 역사적 이념은 한밤중의 섬광과도 같다. 바로 이런 이유에서 역사가의 머릿속에 출현하는 역사적 이념에 "역사적 감흥"이라는 용어를 붙이기도 하고 그러한 역사적 이념이 "체계 전체에 충격을 전달…… 인식의…… 충격을 전달"한다는 말이 나오기도 하는 것이다.[43] 역사적 이념은 결절점nodal point—곧 구체적인 것과 추상적인 것이 진짜로 만나서 하나가 되는 점—이다. 이런 점이 생겨날 때마다, 미결정적인 역사적 사건들의 흐름이 갑자기 멈추면서, 그 순간 눈앞에 드러난 모든 것이 하나의 심상image 또는 하나의 구상conception에 비추어 감지된다. 다시 말해 그러한 심상 내지 구상은 눈앞에 드러난 것들을 흐름에서 끄집어낸 다음 언제고 우리를 응시하고 있는 이런저런 중차대한 문제들이나 질문들에 연결한다. 마르크스의 하부구조-상부구조 이론과 부르크하르트의 르네상스 이념은 '옳은' 일반론일 뿐 아니라, (내가 철학적 이념이라고 말한 것들까지 포함하는) 일반적 진실—곧 공허하되 절대적으로 타당한 진실, 도깨비불 같은 영원의 빛으로 반짝이는 진실—의 영역으로 침투한다. 단, 역사적 이념은 철학적 이념 등과 뒤섞이는 것이 아니라 추상 수위가 낮은 곳에서 나타난다. 역사적 이념이 역사가의 여행의 종착지인 이유 중 하나는, 역사적 이념이 일반성을 향해 나아가는 역사가에게 경계가 되어준다는 데 있다. 곧 그 경계를 넘는 역사가는 사료와의 접촉이 끊어진다. 가장 일반적인 진실을 가지고 논리상 그 진실에 속해 있는 모든 특수자를 일깨우는 것이 가능한지는 사실 의심스럽다. 이러한 극도의 추상화는 아주 성긴 그물 같은 진술로 결정화되므로, 특수자들—예를 들면, 일련의 역사적 사건들—은 어쩔 수 없이 그물망 사이로 빠져나간다. 역사적 이념은 모든 특수자를 일깨울 수 있는 가장 일반적인 추상이다. 만약 역사가가 이 문지방을 넘는다면 자기가 찾아낸 것들을 이해의 항구로 데려오지 못할 위험이 있다.

역사적 이념이 온전하게 존재하는 자아에서 비롯되는 것이기는 해도, 주관적이라는 것이 잠재적인 진실값을 저해하는 속성인 한, 역사적 이념을 주관적이라고 말할 수는 없다. 오히려 역사적 이념의 주관성은 결코 역사적 이념의 진실값을 저해하는 속성이 아니다. 역사적 이념은, 내가 이미 말했듯, 역사가의 자아의 역동성에 좌우되기 때문이다. 도식적으로 말해서 역사가의 자아는 자아삭제 중에 얻는 메시지와 자아확장 중에 얻는 경험으로 이루어지는데, 이렇듯 온전해짐으로써 객관성을 띠게 된다. 한편, 역사가의 자아는 역동적이 됨으로써—이로써 자기가 위치하고 있는 시간으로부터 어느 정도 자유로워짐으로써—더욱 객관성을 띠게 된다. 역사적 이념은 역동화된 자아의 산물인 듯하다. 그러나 '산물'은 오해를 부르는 용어이다. 실제로는 거꾸로다. 역사가의 자아가 부화되는 동안, 역사가는 자신의 사료를 가장 잘 설명할 수 있는 수천 가지 가능성을 머릿속에 떠올린다. 역사가는 그중 한 가지를 선별해야 한다. 그의 자아가 온전하고 비교적 역동적이라면 그는 이 가능성들 중에 가장 깊이 있고 가장 종합적인 가능성을 선별할 수 있다. 이념은 그의 자아의 산물이라기보다는 선별의 결과물이며(이 과정에서 그의 자아는 점대divining rod의 역할을 한다), 외적 투영이 아니라 발견이다. 역사가의 지식, 역사가의 생각, 역사가의 실존이 그 발견에 유용하게 작용했을수록, 그 발견은 그만큼 더 타당한 발견—곧 그만큼 덜 '주관적인' 발견—일 것이다. "가장 주관적인 역사 해석은 가장 객관적인 것이기도 하다"라는 불트만Bultmann의 말은 바로 그 뜻이다.[44] 정확히 말해서, 그가 실존주의의 가짜 심오함에 홀리지 않았더라면 바로 그런 뜻이었을 것이다. 극에 달한 주관성은 스스로를 초월한다. 역사적 이념은 순전한 주관성을 통해서 빚어지며, 바로 그런 이유에서 객관적이다. 역사적 이념이 획득하는 (근사치의) 객관성은 '적극적' 객관성이며, 자아축소의 단계에서 얻어지는 '소극적' 객관성과는 상반된다. 우리 앞에 진실을 가리는 장막이 있다면, 그 장막에 구멍을 뚫는 가능성이 가장 높은 것이 바로 이 구체적-추상적 이념이다.

역사가의 여행을 따라가면서 나는 역사가가 여행중에 마주치는 두 가지 난관을 일부러 말하지 않았다. 역사가가 움직이는 세계는 비균질적nonhomogeneous 구조이며, 그런 이유에서 역사가는 많은 장애물과의 타협점을 모색해야 한다. 또한 역사가가 여행하는 '시간'은 복잡한 매체이며, 그런 이유에서 역사가가 나아가는 길을 더욱 방해한다. 이런 난관들은 세심한 주의를 요한다. 만약에 역사가 존재하지 않았다면 역사란 불가능한 일이라고 말했을 정도로.

5 역사계의 구조

과학 논리와 역사철학 양자에 가장 큰 발전을 가져오는 것은
꼭대기에서 밑바닥까지 서로 다른 수위들의
결합 유형들에 대한 정밀 분석이다.

—레몽 아롱Raymond Aron[1]

역사의 범위 내지 규모를 좌우하는 것은 역사가 다루는 시공간 단위의 크기다. 역사의 범위가 같으면 일반성의 수위도 같다. 예컨대 로이텐 전투에 관한 학술논문은 7년 전쟁에 관한 서술에 비해 규모는 작고 일반성의 수위는 낮으며, 7년 전쟁에 관한 서술은 그보다 광범위한 내러티브—말하자면 18세기 유럽 정치사—의 일부를 이룬다. 그리고 그렇게 계속된다. 전체적 그림은 중국의 다층구多層球를 떠올리게 한다. 이 다층구는 속이 비어 있는 상아공 안에 그보다 작은 공이 들어 있고, 점점 작아지는 각각의 공들은 바깥 공 안에서 자유롭게 움직인다. 서로 다른 역사들이 배열되어 있는 막대기를 상상해볼 수도 있다. 한쪽 끝에는 가장 일반적인 종합—다시 말해, 통사—이 놓이고, 반대쪽 끝에는 극히 작은 사건들에 대한 연구가 놓이는 막대기 말이다.

범위가 다르다는 것은 거리가 다르다는 뜻이다. 대규모의 역사—예를 들면, 어느 한 민족의 역사—에서 내레이터는 주어진 데

이터로부터 충분히 물러남으로써 그 민족의 운명 전체를 한눈에 조망할 거리를 확보해야 한다.* 물론 과거의 큰 토막을 조망하다보면, 전체적 인상에 영향을 미치는 많은 정황을 간과할 수밖에 없다. 토인비의 "명료한 연구 분야들"—전체로서의 문명들—은 증거와의 엄청난 거리하에서만 가시화되는데, 토인비 자신은 낮은 곳을 기어다니는 "근시안적" 역사가들을 깔보면서 그들은 자기가 누리는 광활한 전망을 보지 못한다고 말한다.[2]

같은 규모의 역사들은 같은 특징을 공유한다. 100년을 포괄하는 역사가가 선택하는 자료와 10년에 집중하는 역사가가 선택하는 자료는 다르다는 것이다. 또 이 두 역사가가 관심을 가지고 묘사하고 설명하는 사건의 종류가 다르므로, 그들이 채택하는 비교 단위들의 유형이나 수위도 다르다. 비교 단위들은 역사가가 어떤 일반성의 수위에서 움직이느냐에 따라 다르다는 것이다.

이런 서로 다른 역사들이 모여 역사계를 구성한다. 단순화를 위해 나는 역사들을 크게 두 가지—미시사와 거시사—로 나누겠다. 양자의 경계가 유동적인 것은 물론이다.

미시사의 모범 사례로는 이미 언급했던 파노프스키의 분석, 즉 중세 중·후기의 작품들이 고전시대 예술작품들과 문학작품들이 제공하는 모델들을 어떻게 이용했는가에 대한 분석을 들 수 있다.† 이런 해석 지향적인 소규모 역사는 "클로즈업"이라고 명명될 수 있다. 이러한 역사는 영화의 클로즈업 숏, 곧 모종의 시각 디테일—얼굴이든 손이든 가구든—을 분리·확대함으로써 그 디테일 특유의 관상을 선명하게 보여주는 숏과 비슷하기 때문이다. 클로즈업 연

*'거리distance'라는 용어에는 다른 뜻도 있지만, 여기서는 무시해도 좋다. 역사의 범위가 어떠하든, 역사는 먼저 일어난 사건과 나중에 일어난 사건 위로 펼쳐진다. 역사가의 거리는 사건에 대한 연대순의 거리에 따라서 늘어난다.

† 72쪽을 볼 것.

구는 미시적 차원에 속하므로 다량의 사실 지향적 서술—곧 역사가가 과거로 여행할 때 가장 먼저 얻게 되는 수확—과 가까울 뿐 아니라 세부사항을 중시하면서 학술논문 형식에 친화력을 보여준다는 점에서 사실 지향적 서술과 흡사하다. 그러나 그런 서술과는 달리 클로즈업 연구는 가치중립적 자료축적에 그치는 것이 아니라 자기가 다루는 자료들을 풍요롭게 탐구한다. 클로즈업 연구는 그런 서술의 직접적 연장이다. 대개 클로즈업 연구의 추동력은 거시사 연구자들이 수세대에 걸쳐 아무 의문 없이 받아들여왔던 통념들과 해설들을 보완하거나 손질하거나 심지어 부정하려는 저자들의 욕망이다. 예컨대 예딘H. Jedin의 콘스탄츠 공의회와 바젤 공의회에 대한 상세한 분석은 두 가지 목적에 봉사한다. 이런 공의회가 교회의 내부적 개혁에 거의 영향을 주지 못했다는 널리 펴져 있는 통념을 수정하는 것이 한 목적이고, 공의회 칙령이 공의회의 지상권至上權을 공표함으로써 이후의 상황에 지속적으로 영향을 준 점을 부각시키는 것이 또 한 목적이다.[3] 또한 헥스터는 상세 증거들을 제시함으로써 봉건 귀족제가 르네상스 시대에 쇠퇴하기 시작했다는 전통적 견해가 상투어일 뿐이라는 자신의 테제를 입증하고자 한다.[4] 클로즈업 연구들과 비교하면, 클로즈업 연구들이 논평하는 광역 관점들은 종종 다소 일반적이고 부정확하게 느껴진다.

그렇다면 신은 디테일에 거하는 것일까? 두 명의 위대한 역사가—『전쟁과 평화*Voina i mir*』의 톨스토이와 루이스 네이미어 경—는 동일한 학설, 곧 아비 바르부르크Aby Warburg의 명언으로 요약되는 학설을 옹호한다. 다시 말해 이 두 역사가는 미시적 차원이 역사적 진실의 거처이자 원천임을 선언한다.

톨스토이는 우리와 같은 세계에 사는 나폴레옹이나 알렉산드로스 같은 사람이 제국을 건설하거나 파괴할 힘을 가졌다고 보는 많은 역사들을 풍자한다. 그가 볼 때 그런 역사들은 개인이 가지는 힘의 범위와 효력을 지나치게 과장하고 있다. 또한 그런 역사들은 신이 자신의 섭리를 구현해줄 개인 통치자를 선발하고 여러 민족의 운명을 그의 의지에 예속시킨다는 것을 우리가 계속 믿는 경우에만 근거를 가질 수 있다.[5] 하지만 그러한 신학적 설명은 더이상 통하지 않는다. 현대 역사학은 그러한 설명을 인정하지 않으므로 우리는 민족들(또는 국민들)을 움직이는 신비로운 힘이 어떤 것인가를 다시 탐구해야 한다. 이 근본적인 질문을 제기하면서 톨스토이는 영웅들·국왕들·장군들·장관들을 폐기할 뿐 아니라 거시 사유에서 비롯되었다고 느껴지는 모든 명제를 거부한다. 그는 이념이 역사적 변화에 영향을 준다는 생각을 부정하며, 이른바 사회학적 법칙들에 대해서는 그 설명력은 물론이고 그 타당성조차 인정하지 않는다. 그가 볼 때 대부분의 역사가는 진짜 사실들을 포용하고 재현한다고 자처하지만, 실은 그런 진짜 사실들을 외면하는 추상적 구축에 탐닉한다.[6] 톨스토이가 자기가 제기한 문제에 어떻게 대답하느냐를 보면, 그가 각각의 현상의 분기들과 발산들에 대해 얼마나 뛰어난 감수성—예를 들어 『안나 카레니나*Anna Karenina*』에 등장하는 나방 잡는 변호사에 대한 정밀 묘사에서 드러나는 디테일 감각—을 갖고 있는지를 알 수 있다. 그의 대답에 따르면, "민족들을 움직이는 힘은 움직임 너머에서 찾을 수도 없고 움직임 바깥에서 찾을 수도 없다. 그런 힘은 역사의 과정에 참여하는 모든 개인의 헤아릴 수 없이 많은 활동들로 이루어져 있다."[7] 이를 증명하기 위해 『전쟁과 평화』에서 그는, 파편적이기는 해도 틀림없는 진짜 경험—예를 들면, 피에르 베주코프Pierre Bezukhov의 보로디노 전투 경험—의 축을 비슷한 시기에 나온 역사 및 공문서 발췌문의 축과 계속 대립시키면서, 직접 체험에서 비롯되는 인상들과 공허한 일반화 사이의 메울 수 없는 간극을 부각시킨다. 구체적인 것을 다루는 예술가로서, 톨스토이는 역사적 현실이 미시적 차원의 사건들·작용들·상호작용들의 무한 연속체라고 생각하는 동시에, 교과서에 실리는 거시적 차원의 격변들·승전들·재난들은 미시적 차원의 것들이 그저 누적됨으로써 산출된다고 생각한다.(그런 극소 연속체를 상상하는 사람이 또 있다. 프랑스의 화가 겸 영화감독 페르낭 레제Fernand Léger는 한 남자와 한 여자의 생활—그들의 노동, 그들의 침묵, 그들의 육체관계—을 24시간에 걸쳐 기록하는 괴물 같은 영화를 상상했다. 아무것도 생략하지 않는 영화, 두 주인공이 카메라의 존재를 전혀 의식하지 않는 영화였다. 그는 자신이 상상한 장면들이 보통 때는 감추어져 있는 날것의 존재의 격랑을 폭로하리라는 것, 따라서 충격적인 장면들이 되리라는 것을 깨달았다. "사람들이 혼비백산해서 영화관을 뛰쳐나가 세계적 재앙이 닥친 듯 구조를 요청할 정도로 끔찍한 영화가 될 것 같다"라고 그는 생각했다.[8])

매우 논리적이게도 톨스토이가 생각하는 진정한 역사가의 (불가능한) 과제는 거시적 차원의 존재단위들을 가장 작은 구성요소들로 쪼개는 것이다. 그런데 그가 이런 작은 단위들의 상호관계들에 대해 어떻게 생각하느냐를 보면 그가 19세기 과학에 의존한다는 사실을 알 수 있다. 그는 순전한 결정론에 빠져 있다. 그가 볼 때 인간의 이성은 우리로 하여금 거시적 차원의 사건들을 변경 불가능한 법칙들이 지배하는 과정으로 보게 한다.[9] 그런 거시적 차원에서 인과의 사슬을 재구축하는 것이 가능하다면, 역사 전체의 법칙을 도출하는 것도 가능하다. 톨스토이에게 역사는 필연의 영역—곧 자연의 영역의 연장—이다.(흥미롭게도 그는 미시적 차원의 단위들을 분리하고 분리된 것들을 다시 통합하는 데 필요한 절차들과 관련하여 미적분을 참조한다.[10] 그가 현대 컴퓨터를 예측한 셈이다.)

톨스토이는 철저한 인과관계를 신봉하다가 수렁에 빠진다. 필연의 법칙과 인간의 자유의 경험을 어떻게 화해시키겠느냐는 것이다. 그가 내놓는 유일한 해결책은 서툰 미봉책이다. 자유를 우리 의식의 한 현상, 곧 아류의 것으로 강등시키는 것이 바로 그것이다. 그의 주요 주장에 따르면, 이성에 의해 수립된 세계—곧 '이상적으로 실재하는 세계'—에서, 인과적 설명이 불가능한 작용들은 설 자리가 없다. 우리가 자유로운 결정으로 오해하는 것은, 이성에 비추어 본다면, 주어진 조건의 필연적 결과이다. 자유는 착각이다. 그 착각이 없어지지 않는 이유는 우리가 역사적 현실의 무수한 구성요소들을 해명하기가 불가능하기 때문이다. 그런 구성요소들의 상호작용을 지배하는 법칙을 밝혀내는 일은 인간의 능력을 벗어난다. 그런 이유에서 우리는 우리가 포착할 수 없는 것을 자유로 대체하게 된다. 자유란 우리가 알 수 없는 필연이다.[11]

물론 톨스토이는 시원찮은 철학자이다. 그는 과학 지향적인 자기 시대 철학의 상투 이념들을 무비판적으로 채택한 후, 두 마리 토끼를 잡게 해줄 패턴—자유의지를 구제하는 동시에 결정론을 지지할 수 있게 해줄 패턴—으로 배열한다. 자기가 역사를 명료한, 그리고 아마도 의미 있는 일련의 사건으로 파악하지 못하는 이유가 바로 이런 '해결책' 때문이라는 것을 톨스토이는 전혀 모르는 듯하다. 자유가 한갓 주관적 현상일 뿐이라면, 필연은 우리를 둘러싼 세계에서 계속 승리를 거둔다. 바꾸어 말하면, 일어나는 일은 일어날 수밖에 없고, 그것으로 그만이다.

그러나 철학자연하는 톨스토이가 이렇게 말하자마자 인간 톨스토이가 등장한다. 이런 근거 없는 사변들을 대수롭지 않게 여기면서, 인간 톨스토이—신비주의자와 경험주의자의 유일무이한 인격적 결합체인 톨스토이—는 무심한 필연에게 영혼을 부여한다. 그가 볼 때, 일어날 수밖에 없는 일은 일어나야 한다. 어쨌든 그가 생각할 때, 러시아 민족의 경우 집권층이 러시아의 미래를 주조하는 생명력에 지장을 주지만 않는다면 모든 일이 잘 풀릴 것이다. 물론 일이 일어나게 만들려면, 사람들 사이에 무슨 일이 일어나고 있는지 알아야 할 것이다. 그러나 톨스토이 자신의 전제에 따르면, 우리는 영영 그것을 알 수 없다. 그는 이론적으로는 처리 불가능한 이 난관을 극복하기 위해 지혜의 예언력divinatory power을 불러낸다. 그가 현자라고 지칭하는 사람들은 이성이 인도하는 사고만으로는 알 수 없는 바로 그 지식을 직관적으로 습득 내지 소유한 사람들이다. 현자들은 땅에서 귀를 떼지 않는다. 현자들은 일상의 어두운 구석들로부터 끊임없이 들려오는 메시지들, 희미하고 종종 서로 상충하는 그 메시지들을 알아듣는 재능을 지녔다. 현자들은 민족들을 움직이는 바로 그 힘의 일부이다.[12]

톨스토이는 이러한 비전에 살을 붙이고 색을 입힌다. 그가 그리는 쿠투조프Kutuzov는 지혜의 화신이다. 쿠투조프는 도모하지도 행동하지도 않는다. 쿠투조프는 기다리고 귀를 기울인다. 쿠투조프가 나폴레옹을 퇴각시킬 수 있는 이유는 밑바닥의 분명하지 않은 소리의 합창을 경청하고 해석할 줄 알기 때문이다. 쿠투조프가 영감 있는 지도자인 이유는 자신의 영감을 따르기를 꺼려하기 때문이다. 쿠투조프의 유일한 야심은 수백만 러시아인의 가슴에 새겨진 무정형의 생각들과 바람들을 달성하는 것이다. 안드레이Andrei 왕자의 표현을 빌리면, "그는 자신의 의지보다 강력하고 중요한 어떤 것—곧 사건들의 필연적 행진—이 있음을 알고 있다."[13](사건들의 필연적 행진? 톨스토이가 자신의 시대의 기계론적 통념들에 고착되어 있다는 사실은 곳곳에서 드러난다. 그렇지만 그가 그리는 쿠투조프가 구현하는 진실, 곧 진짜 창조적 행동이란 강력한 수동적 관찰과 분리될 수 없다는 진실이 타격을 입는 것은 아니다.)

토인비는 언젠가 네이미어에게 이런 말을 들었다고 한다. "나는 개별 나뭇잎을 연구하고 토인비 자네는 나무를 연구하네. 나머지 역사가들은 나뭇가지 뭉치를 연구하네. 우리 둘 다 그들이 틀렸다고 생각하네."[14](네이미어는 토인비에게 나무 전체의 연구에 대한 자신의 생각을 말해주지 않을 만큼 예의가 있었던 것 같다.)

네이미어의 분야가 정치사임을 고려할 때 "나뭇가지 뭉치"라는 비유는 분명 이데올로기 단위—그의 분야 역사들의 장사수

단—를 가리킨다. 18세기 영국에 대한 휘그파 해석은 18세기의 지배적 정치 이념들과 정당 강령들을 액면가 그대로 받아들였을 뿐 아니라, 그런 이념들과 강령들을 역사적 현실의 결절점이라고 간주했다. 네이미어는 이 해석을 대단히 효과적으로 공격했다. 이처럼 독자적 단위들로 다루어지는 그런 이념들과 강령들은 알고 보면 복잡한 작용과 반작용의 투영물에 불과하며, 실생활real-life을 지목하기보다는 오히려 은폐한다. 그런 이념들과 강령들은 가짜 단위이다. 이것들 그 자체는 이데올로기 차원에 속하는 데 비해 이것들이 은폐하는 실생활은 거의 이데올로기 차원에 속하지 않으니, 이것들이 본질적으로 현실의 일부라는 주장은 전혀 옳지 않다. 네이미어는 이데올로기적인 것은 모두 허구적이라고 주장한다. 그가 볼 때, 정치적 이데올로기, 이성적 사유, 언어화된 입론 등을 강조하는 모든 역사들은, 현실을 설명하기 위한 것임에도 불구하고, 현실을 포착할 수 없는 막연한 일반화로 귀결된다. 톨스토이와 마찬가지로, 네이미어는 파노라마적 관심을 가지는 이런 거시사를 거부한다.

거시사에 대한 네이미어의 이런 부정적 태도는 분명히 마르크스의 하부구조-상부구조 이론으로부터 영향을 받았다. 예를 들면, 네이미어 역시 이념의 자율성을 가정하는 주장들의 오류를 밝히는 데 탐닉하고, 이념의 형성에 물질적 필요와 사회적 조건이 행하는 역할을 강조한다.[15] 그렇지만 그는 마르크스주의자는 아니다. 그는 보수적 기질인데다, 정치사가 대신에 파르티잔이나 참여 문인littérateur engagé이 될 마음도 없기 때문이다. 게다가 더 중요하게도 그는 하나의 거시적 구상을 또다른 거시적 구상으로 교체하는 것에 대해 강경한 태도를 보인다. 다시 말해, 그는 (전)사(pre-)history란 변증법적으로 연결된 일련의 계급투쟁이라는 마르크스의 당당한 주장에 아무런 매력도 느끼지 못한다.[16] 오히려 그는 거시적 차원 전체—종국에는 우리가 세계에 대해서 갖고 있는 인습적인 이미지를 구성하게 되는 그 모든 넓고 종합적인 사유의 패턴들—와 결별하기를 원한다. 그런 사유 패턴들은 대체로 밋밋한 사실들로 이루어진 가짜 단위들 간에 가짜 관계들을 설정하는 데 그치며, 따라서 그런 사유 패턴들이 구성하는 이미지는 기만적이다. 그런 사유 패턴들은 우리 의식의 산물로서, 독립적 통찰들이라기보다는 정신생활의 표면적 징후들이다. 그러니 그의 목표는 표면 아래로 내려가 깊은 심리층들에서 진짜 일어나는 비교적 덜 눈에 띄는 일들을 연구하는 것이다. 네이미어의 연구는 일방통행이다. 그리고 그것은 그가 종합synthesis과 엄밀한 의미의 내레이션에 무관심하기 때문이다. 존 브룩John Brooke에 따르면, 그는 "사방을 살피지 않고는 결코 한 걸음도 내딛지 않았다."[17] 그는 나무를 위해 나뭇잎에 소홀할 수 있는 사람이 아니다.

네이미어는 자기가 프로이트에게 영향받았다는 것을 인정한다. 그는 역사가들에게 정치적 이념의 "심리적 원천"을 밝힐 것을 요구하고,[18] 모든 행동에서 "무의식적 충동"의 역할을 지적하며,[19] 역사학이 발전하기 위해서는 현대 심리학—특히 대중 심리학—을 알아야 한다고 단언한다.[20] 그는 정통 프로이트주의자일까? 그의 말을 빌리면, "가장 중요한 것은 저변의 감정들이다. 이것은 음악이다. 이념이란 그 음악의 가사에 불과하다. 그리고 저질의 가사일 때가 많다……."[21] 그는 예술가 기질이 있다.(이는 그의 문장에서 분명하게 드러난다.) 어쩌면 그는 자신의 미학적 감수성 덕에 현대예술의 모든 전선에서 일제히 진행된 활동들—프로이트와 마르크스의 성취들이 없었다면 거의 힘을 얻지 못했을 활동들—에 동조하게 된 것일 수 있다. 어쨌든 그는 전통적 예술형식과 지각양식을 해체하고자 하는 유의 화가들·시인들·음악가들과 협력하는 듯하다. 이런 유의 예술가들은 기존에 있었던 커다란 전체들과 대단히 중요한 작품들로부터 벗어나서 어쩌면 다시는 전체들을 구성할 수 없을 파편적이라고 할 수 있는 표현들로 나아간다. 이로써 낡은 관습들의 그물망이 해체되면서, '잠정적으로' 우리의 감각은 그 잔재들에 적응한다.(적어도 그 잔재들은 반박의 여지가 없으니 말이다.) 따라서 네이미어가 정신분석학에 의존하는 것은 정치적 현실과 관련된 거시적 차원의 획일화된 통념들을 해체하기 위해서이다. 그는 마르크스주의자도 아니지만, 엄밀히 말해서 프로이트 추종자도 아니다.

그가 볼 때 역사적 세계는 불온한 스펙터클이다. 이 세계를 구성하는 정치적 이념들 중에는 지금의 필요에 부응하는 감정이나 충동 등에 들어맞는 이념들이 전혀 없지는 않지만, 대부분은 옛날 찌꺼기다. 그러나 그러한 이념은 우리의 상상을 계속 자극하면서, 실제적 상황에 들어맞지 않게 되어버린 태도, 우려, 기대 등을 계속 살려두거나 심지어 소생시킨다. 이런 때늦은 사유 습관과 행동 습관이 시의적절한 욕망과 소망의 상호작용을 끊임없이 방해하기에, 우리는 현재의 맥락을 잃게 된다. 우리가 아무리 그 습관들을 억압해도 우리 무의식은 그 습관들로 가득하며, 그 습관들은 대개 불필요한 욕구 또는 무책임한 감정분출을 통해서 해소된다. 우리는 외상적 경험에 휘둘리는 신경증 환자인 것이다. 네이미어가 볼 때 정치적 행동을 지배하는 원칙들과 강령들은 믿을 만한 길잡이라기보다는 대개 훼방꾼이다. 사실 그는 자신의 논의를 밀어붙여 그런 원칙들과 강령들이 부재하는 것이 "더 나은 국민적 성숙"의 증표라고 간주하는 데까지 나아간다.[22] 그가 생각하는 역사적-정치적 세계는 초현실적인 데가 있다. 다시 말해 그 세계는 우리의 가정과 직장, 그리고 우리의 뇌 속에 이념과 기억의 형태로 난입하는 유령들로 들끓는 세계이다.

그의 목표는 그 유령들을 퇴치하는 것, 다시 말해 현재의 물질적 압력과 아울러 정치를 가동시키는 힘 중 하나인 심리적 동기와 기제를 추적하는 것이다. 정치 영역에서 활동들과 사건들을 일으키는 이런 힘은 공중을 떠도는 행위체가 아니라 매우 구체적인 중핵, 곧 개인(또는 인격성을 띠는 집단)에서 나오는 힘이다. 네이미어에 따르면, 이념과 대의에 마취된 역사가는 개인들로 이루어진 덩어리를 자기 마음대로 이리저리 조합한 후 그것을 진짜 단위라고 오해한다. 네이미어의 계속된 논의에 따르면, 진짜 단위를 다룰 수 있는 것은 미시적 분석뿐이다. 그러니 정치사의 어느 한 단계를 설명하기 위해서는 그 단계에 얽혀 있는 모든 개인의 삶을 연구해야 한다. 그가 섬기는 신은 디테일에 거하되 전기적 디테일에 거한다.(네이미어라면 콜링우드가 역사 작업에서 전기를 완전히 배제하는 것을 이상하게 생각했으리라. 하지만 "역사의 이념idea of history"이라는 철학적 차원에서 출발한다면 괴상한 결론에 도달할 수밖에 없다.) 네이미어의 이러한 논법을 가장 잘 보여주는 것은 "조지 3세 시대 하원의 일련의 구성비에 대한 기막히게 미시적인 연구"인 그의 선구적 저서이다.[23] 그는 영향력을 행사하고 전문 전기 작가들을 유혹하는 저명한 정치가들에는 거의 관심을 두지 않는다. 그는 흔히 말하는 의미의 전기 작가가 아니다. 그가 관심을 보이는 것은 소소한 사람들의 약력뿐이다. 전형적인 감정들과 야심들에 보다 큰 통찰을 제공하는 것은 스타급 인물의 경력이 아니라 바로 그런 사람들의 약력이기 때문이다. 네이미어가 옹호하는 역사 연구방법은 이러한 논법에 부합되는 연구, 어느 한 학자 혼자서는 할 수 없는 연구이다. 예를 들어 그는 인구사에 대한 공동연구가 이루어져야 한다고 주장한다. 현재 진행중인 영국의 『의회사*History of Parliament*』는 이러한 주장에 고무된 연구이다. 덧붙이자면, 그가 생각하는 미시사는 컴퓨터의 전조가 된다는 점에서 톨스토이가 생각하는 미시사와 비슷하다. 그것은 어쩌면 당연한 일이다. 모든 중요한 혁신은 그러한 혁신을 간직한 꿈들과 암중모색들을 통해 이루어지니까 말이다.

요컨대 네이미어와 톨스토이가 볼 때 우리가 읽는 역사책들이 중심에 놓는 이데올로기와 큰 사건들은 무수한 작은 사건들에서 나오며, 따라서 더 많은 현실을 담고 있는 것은 전자가 아니라 후자이다. 또한 두 역사가가 볼 때 거시 역사학을 미시 공동연구들로 대체해야 더 많은 진실을 얻을 수 있다.

그러나 이 명제는 잘못된 전제를 안고 있다. 다시 말해, 역사적 현실은 디테일(전기적 디테일이든 다른 디테일이든)에 거하기도 하지만, 거시적 차원으로 연장되기도 한다. 대규모의 역사들이 다루는 주제들 중에는 사후 구축물이 아닌 것도 있다. 장기지속적인 사건들 중에는 실질적인 존재단위라고 할 수 있는 사건도 있다는 것이다. 전쟁, 사회운동이나 종교운동, 색이 분명한 집단이 변화하는 환경조건에 서서히 적응하는 사건 등등이 그렇다. 그중 어떤 사건들은 미시사가의 시야를 벗어나는 높은 수위에서 펼쳐진다. 그러한 사건의 사건명이 미시적 차원의 복잡다단한 일들을 어렴풋이 아우르는 부정확한 약칭일 수 있다 해도, 하나의 사건이 발생 당시 하나의 단위로 경험되었다면 그 사건은 한갓 투영에 그치지 않는다. 예를 들어 15세기 유럽에서 교회개혁이란 극히 일반적인 개념이었지만 그럼에도 살아 있는 개념이었다. 역사적 사건들 중에서 이러한 유형의 장기적 사건은, 사람들이 그 사건의 결과를 깊이 생각하고 대안을 논하고 가능한 해법을 제시했던 한에서는, 실재하는 사건이다. 그러니 전통적인 역사학에 대한 톨스토이의 비판은 완전히 적절한 비판은 아니다. 마찬가지로, 과거에 생겼다 사라진 이념들 중에는 정점에 이르렀을 당시 개인적 갈등에 못지않게 생활의 현실에 속했던 이념들이 있다. 덧붙이자면, 그런 이념들은 독창적인 것일 수도 있고 아닐 수도 있다. 그런 이념들은 자신의 고유한 실체, 곧 환원 불가능한 내용을 갖는다. 그런 이념들을 한갓 심리적 과정의 파생물로 보는 역사가는 진짜 일어났고 사람들을 움직였던 역사의 일부를 놓치는 셈이다.

톨스토이-네이미어의 입장이 다양한 반론을 부른 것은 당연하다. 우선 네이미어에게 쏟아진 비판 중 하나는 그가 자신의 분석법을 만병통치약으로 내세웠다는 것이다. 미시적 분석은 조지 3세 시대의 이념적 안개를 젖히고 부패한 정치가들이 저지른 일들을 꿰뚫어보는 데는 적합한 방법이지만, 진실한 정치적 이념들을 바탕으로 하는 시대를 연구하는 데는 적합한 방법이 아니다. 예컨대 '청교도 혁명'은 심리화하는 분석에 적합한 대상이 아니다.[24] 네이미어를 가장 격렬하게 비판하는 사람 중 하나인 버터필드는 네이미어가 그런 이념들의 실재성reality을 무시하는 점을 비판한다. 버터필드에 따르면, 네이미어와 그의 추종자들은 "역사의 사건에 일관성과 아울러 의미를 주는 공언된 정치적 목적"을 좀먹고,[25] "디테일이 전부라는…… 착시에 홀리며",[26] 역사를 쓰려면 "일반성에 대한 안목도 소유"해야 한다는 것을 깨닫지 못한다.[27]('네이미어주의'는 버터필드가 믿고 있는 모든 것—곧 역사의 잠재적 의미 내지 이념의 본질적 가치—을 무너뜨리고자 하는데, 이에 대해 깊이 분개하는 버터필드는 현세적인 '전문' 역사가 버터필드가 아닌 기독교 신앙인 버터필드일 것이다. 기독교 역사가로서 그는 역사가 의미 있는 연속성을 갖는다는 것을 당연시하면서, 심지어 모종의 초자연적 존재가 인간사를 계획하는 유의 "신의 역사" 같은 것이 존재한다고 가정한다.[28]) 또한 네이미어를 비판하는 사람들의 날카로운 비판에 따르면, 그는 자신의 관심이 세부라고 공언하면서도, 때로 현미경을 망원경으로 교체해 과거의 커다란 토막을 자기가 선택한 원근법에 따라 바라본다. 사실 그는 열혈 시온주의자가 아니었던가? 마지막으로 네이미어를 비판하는 사람들은 개인의 심리적 구조를 검토하는 것이 정말 바닥으로 떨어지는 일이냐고 물어볼 수 있다. 네이미어는 개인의 심리적 구조가 역사의 최소단위라고 말하지만, 사실 개인의 심리적 구조는 그 자체로 무궁무진한 대우주macrocosm이다. 그는 자기가 현실을 잡았다고 믿지만, 바로 그때 현실은 다시 한번 뒤로 물러난다.

어느 정도 독자적 생명을 지니는 장기적인 사건들과 이념들이 있다는 사실은 거시사가 미시적 차원의 연구로부터 어느 정도 독립적이라는 것을 암시한다.[29] 이런 대규모의 개념들·사건들·배치들은 한편으로는 혼잡한 일상사로부터 생기지만, 다른 한편으로 이런 대규모의 개념들·사건들·배치들이 전개하고 변화하는 방식들은 혼잡한 일상사라는 구성요소로는 충분하게 정의될 수 없다. "이런 거시적 현상들"과 그런 현상들의 구성요소로 보이는 "소규모 데이터" 사이의 관계를 논하는 마루는 전자가 후자 못지않게 실재적이라고 주장하면서, 양자의 상대적으로 독립적인 지위를 강조한다. "양자는 차원을 달리하는 현실이나, 저마다의 차원에서 똑같이 진정한 현실이다."[30] 덧붙이자면 그러한 거시적 차원의 현실들이 미시적 차원의 현실들을 통해 온전하게 규명되지 않는다는 사실—곧 상호 관련된 사건들이 낮은 차원과 높은 차원에서 이른바 나란히 존재한다는 사실—은 전혀 드문 현상이 아니다. 대부분의 개인은 존재의 차원이 다르면 행동도 다르다. 선한 기독교인이 악한 지주일 수 있다는 것이다. 프루스트에 따르면 "생트뵈브Sainte-Beuve는 시인에 대해서 판단할 때 그의 인격이나 그의 친구들의 의견을 근거로 삼는데, 그것은 터무니없는 짓이다. 시인도 그저 한 사람이며, 그 사람은 자기 속에 존재하는 시인이 생각하는 것들을 철저하게 무시할 수 있다."[31]

말인즉슨, 정치적 거시사는 네이미어와 톨스토이의 생각과는 달리, 어느 정도 자율성을 획득할 수 있다.(물론 다른 영역의 역사도 마찬가지다.) 예컨대 정치사가가 체제 전복 이유나 전쟁 발발 원인을 연구할 때, 그는 굳이 전기적 디테일이라는 이면의 세계를 파헤칠 필요가 없을 수도 있다. 자기가 다루는 차원에 속하는 동기들·입론들·반론들만으로 대략 설명하는 것도 가능할 수 있다는 것이다. 큰 사건이 크게 펼쳐져 있는 한, 그 사건은 하나의 전체로 느껴지고, 따라서 그 사건과 비슷한 수위의 일반적인 고찰들과 척도들을 불러온다. 원칙적으로 역사가가 과거에 대해서 어떠한 거리를 취하고 어떠한 수위의 일반성을 채택하든 간에, 그가 마주치게 되는 인과의 사슬은 바로 그 수위의 것이다.(공들이 다른 공 속에서 독자적으로 굴러다니는 중국 다층구를 기억하자.) 로스톱체프가 로마와 그리스의 짧은 역사들을 쓸 때, 그는 미시적 차원의 사실들을 전혀 불러내지 않은 채로 꼭 필요한 주요 행위들과 행위자들만으로 명료한 직물로 짜냈다.

그렇지만 이 직물은 투박하고 다소 성긴 직물이다. 대규모 역사의 자율성에 의존해서는 곤란하다는 것이다. 지금까지 거시사의 자율성에 대한 톨스토이와 네이미어의 지나친 공격에 맞서서 거시사의 자율성을 옹호했던 나는 이제 거시사의 자율성에 대한 무비판적 인정이 상당한 위험을 수반함을 보여주고 싶다. 물론 정치사가는 주어진 대규모 사건들·이념들·입론들을 그럴싸하게 끼워맞출 수 있지만, 만약 그가 거시적 차원의 맥락을 수립하는 것을 목표로 한다면, 그가 다루는 과거가 만족스럽게 설명되리라고 기대해서는 안 된다. 십중팔구 그의 내러티브는 그가 다루는 과거를 잘못 재현할 것이다. 자족성을 과신하는 거시사는 엇나가기 쉽다.

이유인즉, 역사가가 택하는 일반성의 수위가 높아질수록 역사적 현실은 헐거워진다. 과거를 먼 거리에서 바라보는 역사가는 대규모 상황, 장기적 전개, 이데올로기적 사조 등 사건의 큰 토막을 붙잡는다. 얼마나 큰 토막을 붙잡느냐는 얼마나 먼 거리에서 바라보느냐에 비례한다. 이런 큰 토막은 긴 시간에 걸쳐 있고 메워야 할 빈틈도 많다. 만약에 우리가 거시적 차원의 단위들에 집중한다면, 우리는 과거에 대해 충분히 배울 수 없다. 시인은 시인을 일부로 포함하는 그 사람으로부터 독립적으로 존재한다는 프루스트의 말은 맞는 말이지만, 그 사람도 분명 존재한다는 말도 맞는 말이다. 그러니 완전한 이야기이려면 시인과 그 사람 둘 다에 대한 이야기이어야 한다. 두번째 이유로, 역사가가 과거를 먼 거리에서 바라볼수록, 충분히 구체적이면서 의심할 바 없이 실재적인 역사적 현상을 붙잡기는 그만큼 어려울 것이다. 버터필드는, 이번에는 전문 역사가로서, 보편사universal history는 "넓은 영역에 걸쳐 있으니 지식은 좀처럼 헐거워지지 않을 수 없다"[32]라고 말한다. 옳은 말이다. 보편사가 시야에 들어올 정도의 높이까지 올라가면, 역사가가 알아볼 수 있는 것은 희미한 윤곽의 커다란 단위들, 영 미덥지 않은 방대한 일반화들뿐이니 말이다.

거시적 차원의 사건들의 상호작용을 다루는 역사가가 자신이 붙잡는 사료의 상대적 허술함을 어떻게든 보완하고 싶어하는 것은 당연한 일이다. 그럴 때 어떠한 위험이 초래되는가를 지적한 사람은 바로 베이컨이었다. 베이컨은 "역사가가 많은 빈틈과 공백에 맞닥뜨리면 자기의 지력과 추측을 가지고 메우지 않을 수 없"으니, 역사가는 너무 긴 시대(또는 너무 형체 없는 시대)를 다루지 않는 것이 좋다고 말한다.[33] 그럴듯한 추측은 얼마든지 있다. 거시적 차원의 자율성을 지지하는 역사가는, "빈틈과 공백"을 처리하기 위해, 상황이 어떻게 종결되었나에 대한 자신의 사후적 지식을 끌어들일 수도 있다. 이럴 경우 사후적 지식의 용도는 각성의 계기라기보다 접착의 장치일 뿐이다. 또 역사가는, 자기가 짜고 있는 약한 천을 튼튼하게 하기 위해, "자기의 지력과 추측을 가지고" 난데없는 동기들, 철학적 이념들 등등을 끌어들일 수도 있다. 이런 이유에서 불완전하면서 동시에 정도가 지나친 역사들이 나오는 것이다. 예를 들어 구치Gooch는 기조Guizot의 역사서를 "개별자와 특수자에 관심"을 표하지 않는 책이라고 평가하고,[34] 생트뵈브는 기조의 역사서를 "먼 거리에서 바라본" 역사라고 비판한다. 생트뵈브에 따르면, 그런 유의 역사는 언제나 "이상한 변형metamorphosis을 겪는다. 그런 유의 역사는 착각…… 자기가 이성적인rational 역사라는 착각을 낳는다." 생트뵈브의 결론은 "기조의 역사는 진짜라고 하기에는 지나치게 논리적인 역사"[35]라는 것이다. 굳이 덧붙이자면, 우리는 강경한 거시사가의 혼합과 수정을 믿을 만한 역사적 가설과 혼동해서는 안 된다. 강경한 거시사가가 종종 부지불식간에 이러한 첨삭을 자행하는 탓에, 역사는 애매한 개념으로 가득 차게 된다. 그런 유의 역사에서, 증거에서 비롯되는 일반론으로 보이는 것들은, 많은 경우 증거를 늘리기도 하고 줄이기도 하는 종합의 산물이다.

전통적 거시사에 대한 톨스토이와 네이미어의 혹독한 판결은 한편으로는 도가 지나친 비판이지만, 다른 한편으로는 현대에 어떠한 역사가 필요한가라는 생각에서 나온 비판이다. 나는 그들의 그 생각은 옳다고 본다. 그들의 생각에 따르면, 역사의 본연은 과거를 최대한 충실하고 철저하게 기록하는 역사, 우리로 하여금 과거를 최대한 충실하고 철저하게 이해할 수 있게 하는 역사이다. 존 헤일 John R. Hale은 베이컨에 대해 논하면서, "[역사는] 최대한 온전해야 하고, 최대한 생활 그대로여야 한다. '사업의 위용을 부각시키면서 [사업이] 참으로 안에서 무엇에 의지하고 있는가에 주목하지 않는' 역사로는 곤란하다"[36]라고 말한다. 미시적 연구의 기본적 의의는 바로 그런 온전함에 도달하고자 할 때 미시적 연구가 필요불가결하다는 데 있다. 물론 톨스토이가 생각했던 방식, 곧 미시적 차원의 성과들을 합치는 방식이 우리로 하여금 역사 전체를 붙잡게 해줄 것이라는 의미는 아니다. 역사적 현실이 모두 미시적 차원의 요소들로 쪼개질 수 있는 것은 아니다. 역사 전체에는 미시적 차원 너머에서 발생하는 사건들과 전개들도 포함되어 있다는 것이다. 이런 이유에서, 디테일에 대한 연구들이 필요한 것 못지않게 보다 일반적인 역사들도 필요하다. 그러나 보다 일반적인 역사는 불완전한 역사일 수밖에 없으니, "자기의 지력과 추측을 가지고" 역사의 빈틈을 메워버리기를 원치 않는 역사가는 작은 사건들의 세계도 아울러 탐구해야 한다. 미시사를 수반하지 않는 거시사는 이상적인 의미의 역사가 될 수 없다. 그런데 디테일 지식은 여러 가지 방법으로 이용될 수 있다. 많은 경우 디테일 지식은 일종의 장식으로 이용된다. 다시 말해 거시사가는 자기가 갖게 된 모종의 대규모 관점—곧 자기가 사건에 대해서 갖게 된 거리에 수반되는 관점—을 강화하거나 예시하기 위해, 자기나 다른 연구자의 미시 사료들을 이용한다.(물론 적합한 사료를 검토함으로써 대규모 관점을 끌어내는 것도 가능하다. 의도와 목적이 비교적 확실한 일반화가 있는가 하면 그렇지 않은 일반화도 있으니 말이다. 또 주어진 사실은 신축성이 없지 않으므로, 자신의 예감에 따라서 증거를 구하는 역사가가 주어진 사실로 인해서 좌절하게 하는 일은 거의 없다. 덧붙이자면 역사적 현실은 매우 다각적인 데이터로 가득 차 있으니, 역사가는 역사적 현실에서 자기가 증명하고자 하는 거의 모든 것에 대한 증거를 끌어낼 수 있다.) 예를 들어 매콜리의 역사들에 등장하는 많은 디테일은 예외 없이 그가 시대들과 인물들에 부여한 의미를 뒷받침하기 위해 계산된 듯하다. 다시 말해, 그의 모든 디테일은 그가 예감하는 상황의 총체를 향해서 수렴한다. 이로 인해 그의 거시적 차원의 통찰이나 직관은 미시적 차원의 분석에서 나온 산물이 아니라 그가 구체적 사실을 선별하는 지침이라는 인상을 준다. 훌륭한 내레이터인 그는 증거 디테일을 효과적으로 다루는 방법을 알고 있다. 또 토인비는 "근시안적" 역사가들이 내놓는 세부사항의 가치가 오로지 자신의 대규모 구축을 뒷받침하는 데 있다고 본다. 토인비에 대해서는 이 장에서 다시 다루겠다.

나는 거시사가 보다 완전해지려면 미시사를 수반해야 한다고 말했는데, 그때 그 수반은 그저 외견상의 수반이 아니다. 역사가는 현재에 머무는 데 만족하기보다 진짜로 과거를 여행해야 하고, 애초에 세웠던 거시적 차원의 가정들에 얽매이기보다 과거에서 새로 발견한 것들에 몰입해야 한다. 미시적 차원의 독자적 분석이 거시적 차원의 가정들을 뒷받침해주는 경우도 있지만 그렇지 않은 경우도 있다. 예를 들어 미시적 분석을 행하는 역사가는 자기가 애초에 거시적 증거를 토대로 수립했던 거시적 맥락을 거스르는 단기적 원인을 만날 수 있을 뿐 아니라, 사건의 일반적 흐름과 다소 어긋나는 사소해보이는 예외 속에서 그 흐름에 대한 자신의 판단을 뒤집을 만한 암시를 발견할 수도 있다. 블로크의 『봉건사회』를 생각해보라.*

이런 이유에서, 완전한 역사를 염원하는 안목 있는 역사가는 거시사와 미시사의 상호침투를 선호한다. 예컨대 마루는, 거시적 현실의 신빙성에 대한 그의 믿음에도 불구하고, 긴 과거를 연구하는 역사가의 출발점은 "우선 디테일에 대한 세부적이고 정밀한 연구의 차원"이라고 말한다.[37] 또 버터필드는, 그의 격한 반反네이미어적 태도에도 불구하고, 거시사 혼자서 완전한 역사가 되기는 불가능하다는 것을 인정해야 한다고 생각하면서, 이상적인 역사란 "구조와 내러티브의 결합"—"이야기와 연구"를 동시에 행하는 역사—이리라고 본다.'[38]†

이것은 영화와 매우 흡사하다. 큰 덩어리를 이해하려면 서로 다른 거리에서 바라보아야 하고, 큰 덩어리를 분석하고 해석하기 위해서는 서로 다른 수위의 일반성 사이를 계속 왕래해야 한다. 『영화 이론』에 인용된 푸돕킨Pudovkin의 말은 이런 맥락에서 적절하다.

> 어느 한 시위에 대한 선명하고 정확한 인상을 얻기 위해, 관찰자는 여러 가지 작업을 행해야 한다. 우선 그는 옥상으로 올라가야 한다. 시위대 전체를 내려다보면서 그 규모를 가늠하기 위해서이다. 이어 그는 옥상을 내려와 1층 창문 앞에 서야 한다. 시위자들의 플래카드를 읽기 위해서이다. 마지막으로 그는 군중 속에 섞여 들어가야 한다. 참가자들의 면면을 알기 위해서이다.[39]

*원자 같은 사건의 미세한 연속체가, 거시사가가 다루는 대규모 사건의 순서보다 현실적이라는 톨스토이와 네이미어 테제와 함께, 역사가가 직면하는 두 가지 주된 문제 가운데 두번째 문제인 시간의 속성이 그 모습을 드러낸다. 이 문제에 대해서는 6장에서 살펴볼 것이다.

블로크의 『봉건사회』를 참조하는 것에 대해서는 이 장의 140쪽을 볼 것.

† 이 장에서 저자가 완성한 텍스트는 이 문단으로 끝난다.

다시 말해 큰 덩어리를 적절하게 그리려면 전체에서 디테일로, 거기서 또다시 전체로…… 영원히 오가는 움직임이 필요하다.[40] 역사의 큰 덩어리도 마찬가지다. 거시사가가 자신의 연구대상을 왜곡하지 않으려면 자기가 미시적 차원의 연구들 속에서 획득한 클로즈업들을 삽입해야 하며, 이때 클로즈업들은 그의 총체적 그림을 구성하는 통합적integrant 요소들이어야 한다.

결국 역사가는 거시적 차원과 미시적 차원을 자유롭게 오갈 수 있어야 한다. 여기서 역사계의 구조의 문제—모든 역사가가 부딪히는 두 가지 문제 중 하나—가 나온다. 역사계는 역사가가 서로 다른 차원들 사이를 쉽게 오갈 수 있을 만큼 균질적인 세계인가? 거시사의 실체성과 타당성—곧 거시사의 실재성reality character—은 막힘없는 양방향 교통에 달려 있다.

이러한 교통을 관할하는 것은 물질의 논리를 따르는 두 가지 원칙 내지 법칙이다.* 한 가지는 '원근의 법칙law of perspective'이라고 할 수 있다. 앞 장에서 밝혔듯, 역사적 해석—'이해'—은 결국에는 역사가의 확장된 자아, 그의 인생 경험, 그의 주관성을 수반한다. 바꾸어 말하면 역사가는 자기삭제 내지 소극적 관찰에 뿌리박고 있는 자신의 경험들·믿음들·가치들에 따라 '원근'의 기제를 작동해야 한다.† 원근의 기제가 어떤 역할을 하느냐는 역사가가 자신의 사료에 대해서 어떤 거리를 취하느냐로 결정된다. 마루에 따르면, "역사적 구축이 일반적이 되고 종합이 포괄적이 되면, 난관과 위험, 불확실성은 똑같은 정도로 커진다."[41] 바꾸어 말하면 원근의 기제의 효과는 역사가와 사료와의 거리에 정비례한다.

*2장 62~63쪽을 볼 것.

†'거리'라는 용어와 마찬가지로 '원근' 개념도 두 가지 뜻이 있다. 먼 과거에서 현재에 걸쳐 있는 역사가 흔히 현재를 상세히 설명하기 위해 과거를 단축foreshortening하거나 압축하는 방식을 뜻할 수도 있고, 특정한 역사가가 과거를 대하는 독특한 편향을 일부 설명하는 것일 수도 있다. 여기서는 두번째 의미만 해당된다.

왜일까? 미시적 차원에서, 주어진 데이터라는 다소간 촘촘한 직물은 역사가의 구상 내지 그의 해석적 의도를 정향한다. 데이터와의 거리가 멀어질수록 데이터는 헐거워지고 허술해진다. 이렇게 증거는 구속력을 잃게 되고, 어느 정도 자유로운 주관성이 그 자리를 차지한다.(앞의 다른 맥락에서도 지적했듯 대규모 역사는 종종 실존성existential character을 띤다.) 중세의 기원을 둘러싼 피렌의 테제와 바크Bark의 테제의 충돌에는 분명 이런 원근의 효과가 개입해 있다.[42] 그러나 파노프스키의 '괴리의 원칙'이나 예딘의 콘스탄츠 공의회 분석 같은 클로즈업에는 좀처럼 원근이 끼어들 여지가 없다.[43] 여기서 우리는 역사라는 중간지대intermediary area에서 정도의 차이가 중요하다는 사실을 다시 한번 확인하게 된다.*

역사의 규모가 커질수록 원근의 법칙의 지배력도 커진다는 것, 그리고 이것이 미시적 차원에 대한 상위 차원들의 접근 가능성에 영향을 미친다는 것을 프루스트는 자신의 소설에서 잘 보여주고 있다. 3장에서 다룬 장면보다 앞에 오는 장면에서 마차를 타고 달리는 마르셀에게 멀리 교회탑이 보인다. 그가 교회탑을 바라보는 각도에 따라 교회탑은 두 개로 보이기도 하고 세 개로 보이기도 한다. 교회탑이 위치를 바꾸고 있다는 인상 속에, 그는 "전설 속의 세 처녀"가 한 사람으로 보이기 위해 서로 뒤로 숨는다고 상상한다.[44] 마찬가지로 거시사가들은 애초에 증거의 일부를 무시할 수밖에 없다. 이것은 실수나 태만 때문이라기보다 '원근의 법칙' 때문이다. 이처럼 원근의 기제로 인해서 사료에 접근할 가능성이 낮아지는 것은 거리가 멀수록 더하다. 예를 들어 봉건사회 통사들은 대개 봉건사회의 일반적인 특징들을 부각시키면서 봉건사회의 다양성을 감춘다. 다양성이 바로 봉건사회의 핵심적인 특징들 중 하나인데, 이것을 제대로 다루지 못하는 것이다.[45] 대규모 영역을 다루는 역사가가 사료들이나 미시사들과 교통하지 못하도록 가로막는 이런 불가피한 오

*3장 88~89쪽을 볼 것. 8장을 다시 볼 것.

류를 블로크의 『봉건사회』는 최소화시킨다. 물론 이론적으로 역사가는 미시적 차원을 마음껏 연구할 자유가 있지만, 실제적으로 역사가는 미시적 차원의 많은 내용에 무의식적으로 무감각해진다. 그런 내용들을 논외로 치기도 하고 부적절하다고 생각해버리기도 하면서 말이다. 퍼거슨Ferguson은 종합을 추구하는 새로운 시도가 맞닥뜨려야 하는 문제들에 대해 논하면서 자기의 시대에 그러한 시도가 행해진 예로서 폰 마르틴von Martin의 『르네상스 사회사*Sociology of the Renaissance*』를 든다. 퍼거슨에 따르면, 그러한 시도를 행하는 "폰 마르틴은 다행히도 전혀 의식하지 못했던 수많은 불편하고 곤란한 사실들을 수습하기 위해 애초의 종합을 조정해야 할 것이다. 그러나 얻는 것이 있으면 잃는 것도 있게 마련이다……."[46] 그런 내용들은 폄하당해서이든 그저 주목받지 못해서이든 간에 그림에서 제외될 수밖에 없다. 거시사가가 자기가 못 보는 것을 못 보는 이유(중 하나)는 그가 보는 것이 그가 못 보는 것에 그림자를 드리우기 때문이다.

이러한 원근의 법칙과 관련해 두 가지를 덧붙일 수 있다. 하나는 서로 다른 거시적 원근의 상호 변형 가능성에 관한 아롱의 말이다. 아롱은 한편으로는 주관적 원근이 총체적 해석에 반드시 필요하다는 점과 역사가가 자신의 원근을 최대한 객관화하려면 다른 원근들을 숙지해야 한다는 점을 강조하지만, 다른 한편으로는 서로 다른 원근들을 연결하는 "상수나 등식은 없다"라고 경고한다. 원근들의 다양성은 "생활의 표현"이라는 것이다.[47] 또 하나는 물음, '시대정신'은 덜 일반적인 역사보다 더 일반적인 역사에 더 큰 영향을 미칠까 하는 물음이다.

미시적 차원과 거시적 차원의 교통을 관할하는 두번째 법칙은 '수위의 법칙'이라고 할 수 있다. 이것은 미시적 차원의 사건들 가운데 원근의 기제에 가려지지 않고 상위의 영역에 올라선 사건들, 그래서 대규모 역사의 구성에 참여하는 사건들을 관할하는 법칙이다.

이렇게 위치를 바꾸는 사건들에게는 무슨 일이 벌어질까? 이 질문에 대한 대답으로, 여기서는 주로 '아래'에서 '위'로 올라가는 교통 상황들을 검토해보겠다. 거시사—특히 통사—의 구성 요건들이 거시사에 참여하는 모든 미시적 성과에 파괴적 영향을 미치는 면에 대해서는 다루지 않겠다.* 그러니 위의 질문에 대한 대답은, 미시적 차원의 사건은 위로 올라갈 때 자신의 고유한 속성과 의미의 일부를 잃어버릴 위험이 있다, 라고 할 수 있다. 미시적 차원의 사건은 손상된 상태로 올라온다.

예를 들어 루터의 초상을 포함하는 세 가지 역사 내러티브를 생각해보자. 첫째는 게르만 민족의 역사, 둘째는 '종교개혁Reformation'을 다루는 역사, 셋째는 본격적 전기다. 내가 볼 때 이 세 가지 초상은 필시 서로 다른 의미군을 수반하는 초상, 따라서 어느 정도 통약불가능한 초상일 것이다.

영화 내러티브에서 '클로즈업'과 롱숏(앙상블숏)의 역설적 관계는 '수위의 법칙'을 예시해주는 동시에 설명해주는 유비 현상이다. 『영화 이론』에서는 이 관계를 설명하기 위해 그리피스Griffith의 클로즈업을 예로 들었다. 〈불관용*Intolerance*〉의 재판 에피소드에서 메이 마시Mae Marsh의 맞잡은 두 손은 "내러티브 속에 통합되는integral 요소일 뿐 아니라 물리적 현실의 새로운 측면의 폭로이다." 우리가 크게 클로즈업되는 메이 마시의 두 손을 바라보는 동안, "뭔가 이상한 일이 벌어지게 마련이다. 다시 말해 우리는 그것이 그냥 보통 손이라는 것을 잊어버린다. 몸통에서 분리되어 크게 확대된 손은 우리가 알던 손에서 저 혼자 살아 움직이는 미지의 생명체로 변형된다."[48] 마찬가지로 역사가의 클로즈업 속 사건은 대규모 역사 속 사건이 전달할 수 없는 가능성과 전망을 암시한다.(예술작품의 디테일을 촬영해 따로 감상할 수 있게 하는 최근의 유행은 수위에 따라서 속성과 의미가 달라진다는 것을 보여주는 또하나의

* 이 측면은 7장에서 논의할 것이다.

증거이다. 예컨대 그뤼네발트Grünewald의 〈이젠하임 제단화*Isenheim Altarpiece*〉의 배경 풍경 한 조각을 보면 어렴풋이 일본의 판화 하나가 생각난다.)

수위의 법칙은 이론적으로 정교화해볼 수 있다. 원칙상 미시적 통찰 쪽에서는 거시적 차원의 인정을 원하는 반면에, 거시적 설명 쪽에서는 미시적 사실—다시 말해 모든 특수자들—에 대한 타당성을 주장한다. 그런데 거시적 설명 및 정의가 타당성을 가지려면 최소한 부분적으로는 미시적 분석에 근거해야 하므로, 미시적 연구의 함의들은 거시사가의 성과들과 일치할 가능성이 높다. 그러나 실제로는 그렇게 일치하지 않는 것이 많고, 가장 의미 있는 유의 것은 더욱 일치하지 않을 때가 많다. 그렇다면 일반론적 통찰에는 두 가지 종류가 있다고 볼 수 있다. 원래 거시적 차원에 속하는 일반론이 있고, 미시적 분석을 거쳐서 '아래'에서 곧장 올라오는 일반론이 있다는 것이다. 부르크하르트의 르네상스 이념이 첫번째 유형의 일반론이라면, 하위징아가 부르크하르트를 비판하면서 르네상스 이념에 대립시킨 것은 두번째 유형의 일반론이다.* 미시적 연구에서 나온 일반론—그리고 미시적 연구를 감싸는 일반론—이 전형적인 거시적 차원의 일반론과 대개 어긋나는 것은 분명하다. 그렇다면 전자를 후자와 융합시킬 수 있을까? 여기서는 일반자와 특수자의 관계와 관련된 이 문제를 제기하는 것으로 족하다.†

결론인즉, 미시적 차원과 거시적 차원이 교통하는 데는 극심한 제약이 따른다. '원근의 법칙'에 따라서, 증거의 일부는 자동 누락된다. '수위의 법칙'에 따라서, 누락되지 않은 증거의 일부는 손상된 상태로 목적지에 도달한다. 이것은 역사계가 비균질적nonhomogeneous 구조임을 뜻한다. 역사계는 한편으로는 서로 다른 밀도를 가

*115쪽을 볼 것.

† 이에 대해서는 8장을 볼 것.

지는 여러 영역으로 이루어져 있고, 한편으로는 불가해한 회오리에 싸여 있다. 격하게 말하면, 그로 인한 교통 난제들은 극복될 수 없다. 새의 시야와 파리의 시야를 융합하자는 토인비의 제안[49]은 원칙적으로 실현 불가능하다. 이 두 가지 종류의 탐구는 공존할 수 있을지는 모르지만 완전하게 융합되는 일은 없다. 대개 새 쪽이 파리 쪽을 잡아먹는다.

이러한 상황을 예민하게 감지하는 역사가는 어떤 반응을 보일까? 두 사람의 예가 있다.

크리스텔러의 문제: 독보적인 르네상스 사유의 권위자인 폴 오스카 크리스텔러는 자기의 평생 연구의 종합, 곧 자기가 그토록 잘 아는 르네상스 시대의 종합적 지성사를 계획하고 있다. 그렇지만 그는 이 계획을 위해서는 자기가 알고 있는 것들과 계속되는 연구 과정에서 새롭게 알게 될 것들을 희생해야 하리라는 것을 의식하고 있으므로, 이 계획을 피해간다. 사료에 완전히 몰입하는 경우에만 얻어지는 귀중한 통찰을 잘라내거나 제외시키고 싶지 않기 때문인 듯하고, 원근적 종합에 의해서 강제될 단축foreshortening의 부산물인 은폐와 왜곡을 우려하기 때문인 듯하다. 그의 리얼리즘 충동은 자신의 성과를 하나의 '전체'로 만들고자 하는 그의 조형 충동과 충돌한다.

다이아몬드의 소망: 시그먼드 다이아몬드Sigmund Diamond는 자문한다. 대규모 내러티브를 들려주는 역사가는 모든 사건에 대해 단 하나의 거리를 설정하고 단 하나의 원근을 적용할 수밖에 없을까? 내러티브를 이어가면서, 그 사건들에 대해 여러 가지 원근을 적용하는 것도 괜찮지 않을까? 풍경에 대해서 연구하는 탐험가는 그 풍경에 대해 여러 가지 원근을 적용한다. 다시 말해 그는 파노라마를 전체적으로 파악한 후 멀리 있는 산맥을 향하여 나아가되, 끝없이 변하는 주변의 광경을 놓치지 않는다. 많은 영화가 이런 방식으로 진

행된다. 다음 장에서 다루겠지만 프루스트는 세부사항에의 몰입과 대규모 시야를 결합하는 법을 알고 있다. 다이아몬드는 클로즈업 인서트가 있는 미국사를 쓰고 싶어한다. 자기의 일반적 가정들을 예시하는 클로즈업이 아니라 오히려 자기의 전체적 어조와 어긋날 수 있는 자족적 존재단위로서의 클로즈업. 때로 어떤 시에 대한 심층적 해석이 삽입되는 것도 가능하다.

그렇다면 역사가의 논법은,『영화 이론』에서도 언급했듯, 영화적인 것the cinematic과 연극적인 것the theatrical의 딜레마에 대한 "그리피스의 감탄스러운 비非해결non-solution"과 완벽한 유비를 이룬다.

> 한편으로 그[그리피스]는 분명 드라마적 연속성을 만들고자 한다……. 다른 한편으로 그는 액션의 전개나 무드의 조성에 기여하는 데 그치지 않는 이미지, 그 자체로 흥미를 유발함으로써 물리적 존재를 환기할 수 있는 이미지를 항상 삽입한다. 이것이 바로 그의 첫 클로즈업의 의의이다. 그가 찍는 극단적인 롱숏들, 그가 찍는 들끓는 군중들, 그가 찍는 길 위의 에피소드들, 그가 찍는 많은 파편적인 장면들은 바로 이런 이유에서 우리로 하여금 그 장면들을 강렬하게 흡수하게 한다. 저마다 고유한 분산적 의미를 가지고 드라마에 끼어드는 이런 화면 내지 화면구성을 보다보면 드라마를 잊을 수도 있다.[50]

유비는 유효하다. 그래도 목욕물을 버리면서 아이까지 버릴 수는 없다. 말인즉슨, 미시사와 거시사의 상호침투를 노리는 시도 중에는 상대적으로 성공적인 시도들도 있고, 서로 다른 차원을 오가는 움직임으로부터 '이념' 내지 새로운 설명의 원칙이 만들어지는 경우도 있다.* 이제 우리는 이념 특유의 진실값에 대해, 그리고 이념과 사실성과의 모호한 관계에 대해 더 잘 이해할 수 있을 것이다.

*116쪽 이후를 볼 것.

역사의 명료성intelligibility은 역사의 규모와 함수 관계이다. 역사는 규모가 클수록 과거를 명료하게 보여줄 수 있다. 명료함에는 대가가 있다. 규모를 얻으면 (미시적) 정보를 잃는다. 레비스트로스Lévi-Strauss에 따르면, “역사가는 자기가 위치한 수위에 따라서, 정보를 잃은 만큼 종합성을 얻고 종합성을 잃은 만큼 정보를 얻는다.”[51] 역사가가 이 딜레마를 벗어날 가능성은 오직 하나, 곧 “역사 아래로 내려가든가…… 역사 위로 올라가든가…… 아무튼 역사를 떠나는 것”이다.[52]

명료해질수록 정보가 적어진다는 사실은 우리를 둘러싼 사회계와 지성계를 지배하는 것으로 보이는 ‘정신경제의 원칙’의 특수한 사례이다.* 이 원칙은, 과학적 지식이 발전하는 것은 총체적 지식을 주장하는 형이상학을 포기하는 것과 결부돼 있다는 블루멘베르크의 ‘의향 경제economy of intentions’의 원칙과 동류이다. 블루멘베르크의 갈릴레오Galileo 분석에 따르면, 과학은 자연 전체를 설명하는 것이 아니라 부분적인 과정들을 설명한다. 후설이 이런 전문화의 대립물로 보는 생활세계Lebenswelt는 경계선 개념borderline concept일 뿐이다. 우리가 우리의 의향을 그 세계의 모든 부분에 똑같이 쏟을 수 있을 때라야 비로소 그 세계는 소생한다는 것이다.[53]

명료성의 확대가 중요성significance의 증대를 수반한다는 믿음은 서양적 사유의 기본 원리 중 하나이다. 가장 높은 원칙 내지 가장 일반적인 추상화가 형식상 포괄되는 모든 특수자들을 내용상으로도 한정할 뿐 아니라 아래에 있는 모든 존재의 본질을 포함한다는 생각은 철학사 속에서 면면히 이어지고 있다. 그런 원칙 내지 추상화는 일반성의 면에서나 실체성의 면에서나 ‘가장 높은 것’이라고 생각된다.

이러한 생각은 예컨대 영지주의의 도식gnostic scheme 중에 영혼이 ‘세계’를 떠나 보다 높은 영역으로 넘어가는 것을 다루는 부분

*1장 38쪽, 그리고 3장 82쪽을 볼 것.

에서 나타난다. 이러한 도식에 따르면, 높은 차원으로 넘어간다는 것은 영적 통찰력spiritual insight이 발전한다는 뜻이다. 오리게네스Origenes 체계의 '성자종속설subordinationism'에 대해 한스 요나스Hans Jonas는 "각각의 차원은 상위의 차원을 못 본다는 부정적 법칙은 영혼이 높은 차원으로 올라갈 때 영혼의 지식도 함께 높아진다는 긍정적 법칙을 간접 수반한다"라고 설명한다.[54] 이러한 도식의 메아리는 오늘날까지도 여러 지식 분야에서 들려온다. 예를 들어 거의 플로티노스적이라고 할 수 있는 노비코프Novikoff의 '조직체 통합의 차원들integrative levels of organization'의 원칙에도 이 도식이 깔려 있다. 이 원칙에 따르면, 무생물계·생물계·사회계는 각각 다른 법칙을 따르는 각각 다른 차원에서 진화한다. 또 이 원칙에 따르면, 낮은 차원에서 일어나는 현상들을 이해하지 못한다면 높은 차원에서 일어나는 현상들을 이해할 수 없는 한편, 낮은 차원에서 무슨 일이 일어났는지 안다고 해도 높은 차원에서 무슨 일이 일어날지 예측하기란 불가능하다.[55]

내가 이 대목에서 '가장 높은 것'이 가장 중요하다는 이 뿌리 깊은 믿음을 거론하는 유일한 이유는 이 책의 근본적 가정 중 하나—가장 높은 추상화(예컨대 '선'이나 '정의'의 이념)를 사태의 본질에 대한 가장 포괄적이고 근본적인 진술로 보는 전통적인 생각은 현실에 대한 역사적 접근에 적용되지 않는다는 가정—를 강조하기 위해서이다.* 역사가가 미시적 차원을 벗어나 보다 일반적 차원으로 올라갈 때, 그는 내가 '역사적 이념'이라고 명명한 지점에 도달한다. 그가 그 지점을 지나 '철학적' 이념의 차원 내지 극단적 추상화의 차원으로 올라가면, 그의 통찰의 의의는 계속 늘어나는 것이 아니라 오히려 줄어든다. 대규모 역사는 미시적 차원의 많은 사실들을 제외시킨다는 것에 주목하자. 아주 높은 추상화는 증거와의 연관성을 잃게 되며, 없었던 이념을 끼워넣게 된다. 하르나크에 따

*이에 대해서는 8장, 특히 221쪽 이하를 볼 것.

르면, 역사가는 "한 현상의 요인들과 이념들을 서술할 때 그것들이 그 현상 자체에서 드러나는 정도보다 선명하게 서술할 권리가 없다."[56] 그런데 전통적 철학은, 그 요인들과 이념들을 지나치게 선명하게 서술함으로써, 끝에서 두번째 세계the last things before the last에서 특수자와 일반자가 맺는 관계를 완전히 가려버렸고 심지어 그러한 관계를 비하시켰다.

그렇다면 거시사에 대한 톨스토이-네이미어의 반론들은 상대적 정당성을 갖게 된다. 클로즈업의 성과들은, 그 성과에 함축된 의미가 대규모 역사의 광역적 시각에 포섭될 수 있느냐와 상관없이, 그 자체로 의의가 있다. 헥스터는 "한편으로는 특수자와 개별자가 일반자의 내용을 정의하고 다른 한편으로는 일반자가 특수자의 의미를 밝혀주는" 것을 상상하는데 그것만으로는 충분히 정확하지 않다.[57] 클로즈업이 대규모 역사의 포괄적 시각을 벗어날 경우에 클로즈업이 그러한 시각과 어떻게 관련되는가에 대해서는 8장에서 다루기로 하고 일단 보류한다.*

이 대목에서, 클로즈업이 토인비의 "분량의 문제quantity problem"[58]에 대한 해결책이 될 수는 없는지도 한번 생각해보자. 『재평가*Revaluation*』에서 토인비는 역사가가 엄청난 분량으로 축적된 역사적 지식에 공정을 기해야 한다고 주장함으로써 한 가지 중요한 문제를 제기한다. 축적된 역사적 지식의 엄청난 분량이 무엇을 위한 것이냐는 문제이다. 다시 말해 엄청나게 많이 있는 것은 의미 있게 사용돼야 한다. 그런데 어떤 사용이 의미 있는 사용일까?

다량의 역사적 지식을 다루는 방식은 두 가지다. 하나는 신학자들과 역사철학자들의 접근이다. 그러나 그들이 다루는 역사는 검토의 여지가 있는 분리 가능한 현실detachable reality이 아니다. 우선 유대교-기독교 신학의 원천은 과거와의 실존주의적 관계이며, 유

* 이 문제는 8장 221~224쪽, 특히 232~234쪽에서 다시 다뤄진다.

대교-기독교 신학에서 역사는 역사적 시간을 넘어서는 미래를 향해서 연장된다. 신학에서 역사는 근본적으로 구원사—즉 현대적 의미의 역사를 넘어서는 역사—이다. 신학에서 사건들은 역사 궤도의 안과 밖에 동시에 존재한다. 어느 선까지는 위대한 역사철학들에 대해서도 같은 말을 할 수 있다. 이런 역사철학은 한편으로는 현세의 시간에 머물러 있지만, 다른 한편으로는 (대개 신의 섭리와 관련된 신학적 가정의 영향하에) 과거 전체를 사실들의 한 부분에 부합하는 데 그칠 뿐인 하나의 원칙—흔히 모종의 대의명분의 동의어로 사용되는 원칙, 다시 말해 모종의 대의명분의 궁극적 승리를 지지하는 원칙—에 비추어 설명한다.

또다른 접근은 이러한 신학적 접근에 비하면 과학정신이라는 시대정신에는 좀더 어울린다. 축적된 역사적 지식의 분량에 공정을 기하고자 하는 토인비는 슈펭글러와 마찬가지로 주어진 사료를 큰 단위들—토인비에게는 문명들, 슈펭글러에게는 문화의 영혼들—로 정리하고, 각각의 단위를 분석함으로써 규칙성을 찾아낸다.* 그러나 이렇게 세워진 규칙성은 그야말로 매우 일반적인 규칙성일 뿐 아니라, 역사가 이런 규칙성을 따르는 경우는 역사가 자연의 일부인 경우로 한정된다. 이 사실을 의식하고 있는 토인비는, 우리가 앞에서 보았듯, 이런 규칙성이 결코 불가피한 것이 아니며, 오히려 서양 문명은 전혀 예상 밖의 행로를 선택할 수 있다고 주장한다. 그렇지만 그가 규칙성이 불가피한 것이 아니라고 인정하는 것과 규칙성을 강조하는 것은 서로 앞뒤가 맞지 않는다.

논의를 위해서, 이런 규칙성이 역사 전체에 대해 정말로 타당하다고 가정해보자. 그렇다면 이런 규칙성은 덜 일반적인 역사들에 대해서는 분명 그만큼 더 타당할 것이다. 토인비에 따르면, 거시사와 미시사의 이러한 상호침투는 필요불가결한 일이다. "분량의 문제를 해결하기 위해서는 파노라마적 시각과 근시안적 시각을 결합

*56~57쪽을 볼 것.

해야 한다."[59] 여기서 우리는 더 일반적인 역사와 덜 일반적인 역사의 이러한 상호침투가 과연 가능한가라는 문제와 마주치게 된다. "수위의 법칙"에 따르면, 각 수위의 맥락은 그 수위에서는 타당하지만 다른 수위의 성과에까지 적용되지는 않는다. 다시 말해 토인비의 주장과는 달리, 미시사가 제공하는 사실들과 해석들로부터 거시사의 규칙성을 끌어낼 방법은 없다. 그러니 다량의 역사적 지식을 마스터하려는 토인비 자신의 노력이 그리 믿음직해 보이지 않은 것은 당연한 일이다. 토인비가 찾아내는 규칙성이 다소 엉뚱할 뿐 아니라, 의지의 자유와 역사의 예측 불가능성에 대한 그의 주장은 규칙성을 더욱 믿지 못할 것으로 만든다.

요컨대 축적된 역사적 지식의 엄청난 분량에 공정을 기하고자 하는 노력에는 대가가 따른다. 첫째, 전반적으로 이러한 노력이 찾아내는 규칙성은 다소 재미없고 부적절한 것들이다. 둘째, 이런 규칙성을 "따르는" 역사적 전개는 인류가 자연으로 되돌아가는 유의 전개이다. 마지막으로 이런 규칙성에 입각한 관찰은 새의 시야에서 조망되는 경우에만 타당성이 있다. 학술논문들의 미시 사건들은 조감 거리에서 관찰되는 것을 입증할 수 없을 뿐 아니라 직접적으로 부정할 수도 없다.

이용 가능한 역사적 지식이 엄청나게 많다는 것만으로도 우리는 그것을 어떤 식으로든 다루어야 한다고 느낀다. 하지만 그것이 다루어질 만한 가치가 있을까? 지금껏 글로벌 역사를 쓰려는 모든 시도는 엉뚱하고 지나치게 일반적인 진술들과 자의적인 구축들—소망적 사고와 실존주의적 요구의 산물들—로 귀결되어왔다. 이런 시도들을 통해 포착되는 것은 역사적 과정의 진짜 접합부나 은밀한 심층이 아니라 역사적 과정의 침전물에 불과하다. 보편사의 이념이란 아마도 우리를 놀리는 신기루, 환상…….

내가 볼 때 이러한 방대한 지식을 가지고 우리가 해야 하는 일은 부적절한 종합에 빠지는 것이 아니라, 클로즈업에 집중하면서 전체를 가볍게 아우르는 것, 전체를 일람aperçu의 형태로 파악하는 것이다. 전체의 항복을 받아내는 데는 이와 같은 가벼운 접전이 무거운 전면공격보다 유리할 수 있다.

역사계의 비균질적 구조와 관련해 흥미로운 사항 두 가지를 언급할 수 있다. 그중 한 가지는 버터필드의 '전문 역사technical history'에 준하는 사실 지향적 서술—즉 엄밀한 의미의 사료연구—의 분량이 계속 늘어나고 있다는 것이다.[60] 여기서 질문은, 이런 식의 역사가 그 자체로 유의미한 역사인가, 해석 작업들 내지 보다 높은 가설들과 무관하게 유의미한 역사인가이다. 많은 역사가들이 이런 식의 역사의 자립적 가치를 부인한다. 누군가는 무미건조한 역사라고 경멸하고,[61] 누군가는 "학식의 낭비"로 간주하며(블로크),[62] 하위징아는 "상세 사료조사"[63]에 대한 지나친 강조를 경계한다. 다른 역사가들은 두 차원을 우왕좌왕한다. 후기 마이네케가 그렇다. 한편으로 그는 전문 역사가 사실을 수립할 뿐 아니라 "이제껏 몰랐던 과거의 가치"를 알게 해준다는 이유에서 전문 역사를 지지한다.[64] 다른 한편으로 그는 사료조사를 "기계적" 작업이라 부르기도 하고, 순전한 사실 확인에 가치평가가 스며 있다고 주장하기도 하며, 전문 역사란 목적을 위한 수단에 불과하다고 폄하하기도 하면서 전문 역사를 가치 해명에 예속시킨다.[65]

사료조사 그 자체의 타당성에 대한 가장 신랄한 반론은 아마도 마르크 블로크의 반론일 것이다. 그는 "준비와 실행이 괴리되는 것"에 불만을 토로하면서, 자료조사에는 지침이 필요하다고 역설한다. 그에 따르면, 모든 역사가는 자신의 연구를 밀고 나아가기 위해 "자료와 투쟁"해야 한다. 이는 '중립적 태도neutral gear'의 사료조사에 대한 거부와 일맥상통한다.[66] 하지만 사료조사에 대한 블로크의 반론은 근거가 불확실하다. 그의 이 반론은—내가 앞에서도 언급했듯*—그가 이론가로서 '수동적 관찰'을 근거 없이 의심하고 과

*101쪽을 볼 것.

학적 역사에 집착하는 데서 비롯된다. 덧붙이자면, 역사가가 자신의 모델들과 규제 이념들을 계속 시험하기 위해서는 스스로 미시 연구들을 진행해야 한다. 사실 지향적 서술이 그러한 시험을 불필요하게 만드는 것은 아니니 말이다.

전문 역사에 대한 가장 그럴 듯한 옹호론은 아마도 베리J. B. Bury의 옹호론일 것이다. 베리에 따르면, "극히 작은 사실들의 완전한 조립"이 "결국 유의미해질 것"이라는 믿음 아래 그러한 조립을 시도하는 역사가는 후세를 위해서 노동하고 있는 것이요,[67] "장기전"을 치르고 있는 것이다.[68] 노동과 싸움의 결과는 어떨까? 그는 '수위의 법칙'—미시적 차원과 거시적 차원 간의 교통 장애—으로 인해 패배할 가능성이 높다. 그가 애써 조립하는 많은 미시 데이터는 결코 종합적 역사의 영역으로 올라갈 수 없으니 말이다. 요컨대 베리의 옹호론도 근거가 불확실하기는 마찬가지다.

그렇다면 '전문 역사'가 유의미하냐는 질문에 한마디로 대답하기란 불가능할 듯하다. 내가 볼 때 결정적 옹호론은 단 하나이다. 비록 신학적 옹호론이겠지만. 그런 옹호론에 따르자면, 우리가 "극히 작은 사실들의 완전한 조립"을 필요로 하는 이유는 아무것도 잃어버려서는 안 되기 때문이다. 사실 지향적 서술은 죽은 존재들을 향한 연민을 풍기는 듯하다. 이것은 수집가라는 인물에 대한 옹호론이기도 하다.

역사계의 비균질적 구조와 관련해 첫번째 사항과 연결된 두번째 사항은 역사학이 진보하는가라는 것이다. 사료조사 방법론의 개량, 사료조사 도구의 확대, 새로운 증거의 발견, 그리고 그에 따른 우리의 지평의 확장 등은 역사학의 종합성이 증대될 것이고 그러면서 많은 사람이 생각하는 대로 역사학의 객관성도 증대될 것이라는, 역사가들 사이에 널리 퍼져 있는 믿음과 연결되어 있다. 거시사가 본질적으로 주관적이라는 인식도 이러한 믿음을 뒤집지는 못한다.

(이 믿음은 분명 어느 선까지는 정당하다.) 이러한 믿음에 따르면, 대규모 역사의 '한계들'은 다음을 통해 점차적으로 극복될 수 있다.

(1) 지식의 확장 (마루, 피렌, 크리스텔러, 어떤 의미에서 헥스터)[69]
(2) 비교연구 (블로크, 피렌)[70]
(3) 팀워크 (블로크, 마루, 크리스텔러)[71]

블로크와 피렌은 "보편사의 과학적 개량"(피렌)[72]의 궁극적 실현을 소망한다. 둘 다 그 소망에 배신당하겠지만. 팀워크가 사실에 입각한 보편사를 만든다는 생각과 관련해, 레비스트로스는 그 생각을 비판하면서, "역사가 유의미성을 겨냥하는 한 선택은 불가피하다……. 정말 총체적 역사total history라면 그 의미는 무화될 것이고, 그 결과는 영점零點일 것이다"[73]라고 지적한다. E. H. 카의 진보 옹호론을 살펴보자. 카에 따르면, 우리는 상호관계들의 좁은 맥락을 벗어나 점점 넓은 맥락—예를 들어 우리 시대에는, 사회경제적 전개가 그리는 넓은 곡선—으로 나아가니, 역사학은 진보한다. "새로운 해석은 기존의 해석을 거부하는 것이 아니라 기존의 해석을 포함하는 동시에 대체한다."[74] 허약한 논리인 것은 분명하다. 진보의 목표를 자신의 용어로 정의하는 것은 각 세대의 몫이므로, 역사의 진보라는 것의 본질은 아직 정의된 바 없다. 역사에 대한 우리의 해석에서 종합성이 점점 증대되고 그에 따라 객관성도 점점 증대되리라는 카의 생각은 바로 이런 취약한 진보 개념에 의지하고 있다.

이런 모든 진보 옹호론은 어느 정도 소망적 사고의 산물이다. (사실 블로크가 보편사의 유령을 불러내는 것은 애석한 일이다.) 발레리의 주장대로, 해석적 거시사에 내재하는 주관성은 극복 불가능한 주관성이다. "우리가 모든 것을 간직할 수는 없으니까, 그리고 우리는 판단에 의존해 무한한 사실들로부터 자유로워져야 하니까…….”[75] 그렇다면 대규모 역사는 아무리 훌륭한 것이라고 해도 주관성을 극복하기란 불가능할까? 주관성을 극복하는 것은 불가능한 시도일 뿐 아니라 어떤 상황 아래서는 철저하게 기만적인 시도이다. 객관성을 자처하는 사회사까지도 포함해서 모든 대규모 역사는 '원근의 법칙'을 따르기에, 주어진 사실을 모두 이용하기란 불가능하다. 또 이제껏 주목받지 못했거나 알려지지 않았던 사실들이 이후의 내러티브에서 발굴되고 이용된다 하더라도, 그 내러티브에서는 사료의 다른 부분들이 무시될 수밖에 없을 것이다.(사료는 사실상 무궁무진하다.) 결국 사실들에 대한 정확한 처리—다시 말해 역사학의 진보—는 한계를 갖는다.

그래도 역사가들은 선배들의 실수와 잘못된 어조에서 교훈을 얻지 않겠는가, 그러니 역사는 대대로 꾸준히 나아지지 않겠는가, 라는 질문을 던져볼 수 있다. 물론 새로운 세대의 역사가가 뭔가 나아지는 것은 가능하다. 그러나 과거의 실수를 피했다고 해서 또다른 실수를 저지르지 말란 법도 없고, 통찰의 깊이가 현대의 특권인 것도 아니다. 투키디데스를 능가할 역사가가 나오리라고 생각하기는 어렵다. 역사학이 진보하리라는 믿음은 대개 착각이다.

6 아하수에로 또는 시간의 수수께끼

현대 역사학이 볼 때, 역사란 직선적 시간 내지 연대순 시간에 내재하는 연속적 과정이고, 시간이란 앞으로만 나아가는 흐름, 곧 상상할 수 있는 모든 사건을 무차별적으로 아우르는 균질적인 매체이다.[1] 이러한 생각은 과학의 지위가 우세해지는 상황에 많은 부분 기인하고 있다. 사실 예전에는 직선적 시간이 과거의 이해에 이 정도까지 중요하지는 않았다. 그리스 역사가들은 직선적 시간이 순환적 시간보다 전적으로 우세하다고 보지는 않았다. 아울러 그리스 정신사에서는 인간적인 사건들을 파악함에 있어 신의 시간과 인간의 시간이라는 이원론이 줄기차게 이어진다.[2] 고대 유대인들은 역사가 시간 속에서 이루어지는 세속적 과정이라는 것을 무시하지 않았지만, 대체로 역사와 실존적 관계를 맺었다. 그들은 역사를 자기네 민족과 신의 상호작용의 산물로 간주했다. 곧 그들이 볼 때 과거 사건들은 신이 선민에게 내린 상이거나 벌이었다.* 그들이 소망한 구원—후기 유대교의 묵시록들에서 그려진 구원—은 역사 속의 새로운 시대라기보다는 신이 정한 인류사의 종말이었다. 초기 기독교의 종말론도 연대순 시간을 압도하는 것은 마찬가지였다.[3] 그러나 재림parousia은 이루어지지 않았으므로, '교회'는 한편으로는 최후의 부활에 대한 믿음을 간직하면서 다른 한편으로는 현세에서 자신의

* 89~90쪽을 볼 것.

입지를 굳혔으며, 그 결과 '교회'는 서로 다른 두 가지 시간을 화해시켜야 했다. 성 아우구스티누스Sanctus Aurelius Augustinus는 그중 하나를 자연의 시간, 나머지 하나를 은혜의 시간 내지 구원의 시간이라고 부르면서 두 가지 시간이 인간이 이해할 수 없는 방식으로 완전히 뒤엉켜 있다고 말한다.[4] 중세 연대기들은 구원사와 현세사의 요소들을 두서없이 혼합함으로써 현세의 시간에 머무는 동시에 현세의 시간을 떠나고자 하는 시도를 잘 반영하고 있다. 중세 시문학의 시대착오는 과거와 현재의 차이를 강조하기보다 과거를 현재에 융합시키고자 하는 전통주의적 태도를 표현하고 있다.[5] 덧붙이자면 말리노프스키Malinowski는 트로브리안드 주민들을 연구하면서 그들이 마법에 의존한다고 해서 많은 사안을 합리적 정신, 아니 거의 과학적 정신으로 대하지 못하는 것은 아니라고 말했는데, 기억해둘 만한 말이다.[6] 마찬가지로 시대들 중에는 그 시대의 예술과 문학이 연대순 시간의 흐름을 대체로 무시하는 시대가 있지만, 그런 시대에도 연대순 시간의 감각sense은 존속했을 수도 있다.

우리가 생각하는 연대순 시간이 어떤 모습인지를 고찰하려면 대규모 시공간 단위, 곧 실제적으로든 잠재적으로든 상호 관련되는 연쇄 사건들로 이루어져 있고 그런 이유에서 사건들이 시간적으로 연쇄한다는 것이 중요한 의미를 갖는다고 할 수 있는 그런 단위—이를테면 서양 문명—에 집중하는 것이 바람직하지 않을까 싶다. 그 이유는 자명하다. 만약 상호작용이 일어날 수 없는 두 문화나 두 문명에 속하는 사건들이라면, 순차적이거나 동시적이라는 것은 아무 의미가 없다.

1장에서 토인비와 함께 다루었던 슈펭글러의 파노라마적 세계관에 깔려 있는 시간 개념을 다시 한번 살펴보자.* 여러 문화를 각각 고립시키는 데 있어서는 슈펭글러가 토인비보다 극단적이므로 여기서는 슈펭글러를 논하는 것으로 충분할 것이다. 슈펭글러가 다

*54~55쪽을 볼 것.

루는 문화들은 저마다 고유한 시간 속에 탄생하고 발전하고 쇠망하니, 그 시간들을 아우르는 공동의 시간을 상상하기란 불가능하다. 슈펭글러가 문화들 사이의 이행(예컨대 가정pseudomorphosis 현상)을 인정하는 것은 자기가 다루는 문화들을 아우르는 연대순 시간을 재작동시키는 것이라고 말할 수 있지만, 그가 그 문화들의 철저한 자율성을 주장할 때마다 공동의 연대순 시간은 유사 영원성의 진공상태 내지 '영원성의 상상 불가능한 부정적 대응물unthinkable negative counterpart of eternity'로 바뀌어버린다. 게다가 연대순 시간 그 자체가 공동의 시간으로 다시 출현할 수 있는 때는 역사적 과정과 자연적 과정이 수렴하는 흔치 않은 순간들—모든 문화의 탄생기인 선사시대, 또는 인류와 자연의 관계가 글로벌 규모로 변화하는 시기—로 한정된다. 바이체커는 핵에너지의 발명을 그런 전환점이라고 일컫는다.

이제 나는 역사란 하나의 특정한 문명의 맥락에서 연대순으로 진행되는 과정이라는 우리 역사관의 타당성을 검토해보고자 한다. 이런 역사관은 현대 역사학에 세 가지 중요한 영향을 미친다. 첫째, 우리는 역사를 직선적 시간 위에 펼쳐지는 과정으로 봄으로써, 하나의 사건이 흐르는 시간의 어느 순간 발생하는가를 아는 것이 그 사건을 설명하는 데 도움이 되리라고 은연중에 가정한다. 그러한 가정에 따르면, 사건의 날짜는 가치가 실린 사실이다. 어느 한 민족의 역사, 어느 한 국민의 역사, 어느 한 문명의 역사에서, 각각의 사건이 하필 그 순간에 그 장소에서 발생하는 데는 어떤 식으로든 그 순간과 결부되는 이유들이 있으리라는 것이다. 연대순 시간이 순간에 대해서 가지는 중요성에 대한 이러한 가정을 마루의 표현을 빌려서 되풀이하자면, 역사를 통해서 인간은 "자기가 누구인지, 자기가 어디서 오는지, 자기가 왜 하필 지금 여기에서 이런 상황에 처해 있는지……"를 알게 된다.[7] 이 가정에 따라, 일반적으로 역사가들은 연쇄하는 사건군 사이에 유의미한 관계—인과관계일 수도 있고 다른 유의 관계일 수도 있는—를 설정하면서, 시간상 뒤에 오는 사건을 시간상 앞에 오는 사건에 비추어 살핀다.

둘째, 연대순 시간의 균질성과 불가역성에 홀려 있는 관습적인 역사학은 어느 정도 연속성을 띠는 대규모 사건이라고 여겨지는 것들에 주목하면서, 이런 단위들의 행로를 수세기씩 추적하는 경향이 있다. 예컨대 많은 통사 내러티브는 어느 한 민족의 역사나 어느 한 제도의 역사를 연대순으로 서술하다보니 배열체sequence를 구성하는 여러 가지 사건들의 동시성을 중시할 수밖에 없다. 예를 들어 랑케의 정치사는 정치를 벗어난 문화 쪽 논의들로 가득하다.* 여기에는 이러한 각각의 포괄적 단위가 그 모든 단절과 우발에도 불구하고 자신의 고유한 생명—마이네케의 표현을 빌리면 개성individuality—을 지닌다는 생각이 깔려 있다. 때로 이런 식의 내러티브들이 만들어진 것은 우리는 어디서 오는가(혹은 우리는 어디로 가는가) 하는 질문에 대답하기 위해서인 듯하다. 만약 우리가 연대순 시간이 작동한다는 것을 믿지 않는다면, 그러한 질문은 아예 나오지도 않았을 것이다.

셋째, 연대순 시간이라는 관점을 무비판적으로 수용하다보면, 불가역적 흐름이라는 시간의 형식적 속성을 시간의 내용으로 옮기고 싶다는 욕망—다시 말해 역사적 과정을 하나의 전체로 구상하면서 그 전체에 일정한 속성을 부여하고 싶다는 욕망—이 생긴다. 역사적 과정을 잠재성의 발현으로, 본질의 전개로, 나아가 더 나은 미래를 향한 진보로 간주하고 싶어진다는 것이다. 사실 이 욕망은 거부할 수 없는 욕망이다. 헤겔은 말할 것도 없고(그가 장대하게 구축하는 역사적 과정은 여전히 시간성과 영원성 사이의 무인지대에서 펼쳐진다), 헤겔에 비하면 현실적인 마르크스마저 역사의 행보

*동시성에 대한 이러한 시각의 문제들이 보다 풍부하게 논의되는 7장에는 랑케와 그밖의 역사가들로부터 뽑은 사례들이 실려 있다. 특히 190~191쪽을 볼 것.

를 그 총체성 속에서 설계하고 싶다는 유혹을 이기지 못한다. 철학자들이 위에서부터 강제하는 것을 많은 역사가들은 아래에서부터 시도한다. 허깨비 같은 보편사(흐르는 시간이라는 그 허황된 것의 상응물)에 홀려 있는 랑케는 "통사적 생명general historical life은 어느 한 국민 또는 일군의 국민에서 또다른 국민 또는 일군의 국민으로 이동하며 전진한다"라고 했다.[8] 앙리 피렌[9]과 마르크 블로크[10]는 보편사를 모든 역사 연구의 목표라고 일컫는다. 이로써 연대기는 그 무엇보다 중요해진다.

이 대목에서 나는 역사가 연속적인 과정이며 따라서 연대순 시간이 규정력을 갖는다는 우리의 확신이 오류라는 것을 입증해줄 여러 발언에 주목해보고자 한다. 연대순 시간이 문제적이라는 점을 인식하는 것이 역사가나 역사철학자가 아닌 인류학자와 예술사가라는 점은 주목할 만하다. 예술사가인 앙리 포시용Henri Focillon은 예술 형식들이 내재적 논리에 따라 전개된다는 점을 강조하면서, 동시 발생하는 예술 사건들이 종종 "연령age"이 다를 수 있다고 주장한다. 그에 따르면 예술 형식들은 일반적으로 실험 상태experimental state, 고전적 연령classic age, 세련의 연령age of refinement, 그리고 바로크 연령baroque age을 거치는데, "이러한 연령들 내지 상태들은 모든 시대와 모든 환경에서 동일한 형식적 특징들을 나타낸다."[11] 나아가 하나의 예술 형식이 거치는 이런 단계들은 역사적 필연과 무관하게 저마다 고유한 시간표를 따라간다. "각각의 단계는…… 양식에 따라서 길이와 강도가 다르다."[12] 그러니 날짜는 대체로 "모든 것이 집중되는 초점"이 아니며, 예술사는 "잔여와 선취의 동시적 공존, 지체하는 낡은 양식과 과감하고 이른 양식의 동시적 공존"을 보여준다. 이를 보여주는 것은 예술사뿐이며, 여기서 정치, 경제, 예술 등 서로 다른 분야의 사건들 사이의 관계는 고려되지도 않는다.[13] 또 포시용은 벌어지는 "사건event"이 환경을 결정하는 것이지 그 반대가 아니라는 생각을 갖고 있다. 예를 들어 "더없이 균질한 환경, 더없이 조밀한 정황에 대한 더없이 면밀한 연구라도 하더라도 랑 대성당Laon Cathedral을 설계하게 해주지는 못할 것이다." 대성당에 의해 창조된 환경을 갖게 해주지 못하는 것은 물론이다.[14] 그것은 "극히 효율적인 돌연함"[15]으로서 발생하는 사건이다. 요컨대 포시용의 이런 모든 논의는 동시성의 미심쩍은 힘에 대한 그의 불신, 곧 시대정신이라는 것의 유효성에 대한 그의 불신을 말해준다.

포시용의 제자인 쿠블러Kubler는 포시용의 주장을 매우 흥미로운 이론으로 발전시켰다. 『시간의 모양들—사물의 역사에 대하여 *The Shapes of Time: Remarks on the History of Things*』[16]라는 얇은 책에서 이 명민한 예술사가(게다가 인류학자)는 같은 예술사 분야 학자들의 흔한 태도, 곧 시대와 양식에 집착하는 태도를 공격한다. 그에 따르면 역사가는 연대를 따지기보다는 "다양한 시간 덩어리들의 발견"[17]에 매진하는 편이 낫다. 쿠블러가 말하는 덩어리진 시간들shaped times이란 무엇일까? 그에 따르면, 예술작품들, 또는 예술작품의 구성요소들은 하나의 배열체로 정리될 수 있다. 일련의 예술작품들은 모종의 문제로부터 촉발된 '해법'의 연쇄인 한에서 하나로 엮일 수 있다는 것이다. 서로 연결되어 있는 이 해법들은 하나씩 풀려나오면서 애초의 문제의 여러 가지 측면을 드러내고 애초의 문제에 내재해 있던 가능성들을 보여준다. 그러니 특정 예술품을 해석할 때 더 중요한 것이 생일이 아니라 '연령', 곧 그 예술품이 해당 배열체 안에서 차지하는 위치라는 것은 분명한 듯하다. 이와 같이 연쇄하는 해법들이 많은 경우 시간상 띄엄띄엄 나타난다는 사실은 각 배열체가 자신의 고유한 일정에 따라서 진화해나간다는 것을 보다 분명하게 보여준다. 각 배열체는 특유의 모양이 있으며, 따라서 배열체가 다르면 배열체가 그리는 시간 곡선도 다르다. 결과적으로, 시간순으로는 동시적인 예술작품들이라고 해도 각각의 예술작품이 저마다의 시간 곡선에서 서로 다른 자리에 위치하리라고 봐야 한다. 예컨대 동시대의 예술작품 중에 어떤 것은 자기 시간 곡선에서 앞에 있고 어떤 것은 자기 시간 곡선에서 뒤에 있다. 동시대에 속하지만 연령은 다르다는 것이다.

레비스트로스 역시 연속하는 역사적 과정이 연대순으로 펼쳐진다는 생각을 거부한다. 그러나 포시용-쿠블러와는 달리 그는 논리적으로 연결되는 사건들로 이루어진 배열체가 각각의 고유한 시간을 갖는다고 보는 대신 역사가 크기에 따라서 각기 다른 시간을 갖는다고 본다. 그에 따르면, 역사는 자기의 크기에 따라서 자신의 고유한 데이터를 채택하고 그렇게 채택된 데이터를 자신의 고유한 시간을 가지는 배열체로 조직한다. 그가 볼 때, 일화적 역사, 전기적 역사 등등 역사의 크기가 달라지면 역사를 코드화하는 데이터 유형도 달라진다. "도식적으로 말해서, 데이터 유형을 가르는 단위는 한 시간, 일일, 일 년, 백 년, 천 년 등등이다."[18] 서로 다른 시간 유형 간을 넘나들기란 불가능하지만, 마치 수학에서 통약 불가능한 수mathematical incommensurables가 그렇듯이 "어느 한 유형에 속하는 날짜는 다른 모든 시간 유형 앞에서는 터무니없다."[19] 동일한 유형의 서로 다른 역사들을 연결하는 것은 가능한 반면, 서로 다른 차원의 역사 시간표들 사이에는 간극이 가로놓여 있다.[20]

레비스트로스의 명제는 주로 역사계가 비균질적이라는 생각을 뒷받침해주는 명제이므로, 여기서부터는 당면한 문제와 보다 직접 관련되어 있는 포시용-쿠블러의 이론을 좀더 살펴보겠다. 예술사에서 연대순 시간을 지나치게 강조하면 안 된다는 이 이론의 핵심적 논거는 약간의 수정을 가할 경우 역사 일반에도 유효하다. "역사적 과정"에 다양한 영역이 수반되는 것은 불가피하다. 예술의 영역은 정치적 사건, 사회적 운동, 철학적 독트린 등 많은 영역 중 하나일 뿐이다. 그런데 하나의 동일한 영역에 속하는 일련의 사건은 다양한 영역에 흩어진 사건들에 비해 유의미하게 연결될 가망이 분명 더 크다. 하나의 진정한 이념은 그 이념에 의지하는 수많은 이념을 낳지만, 예를 들어 사회적 배치가 문화적 동향에 어떠한 영향을 미치는지는 다소 불투명하다. 간단히 말하면 각 영역의 사건들은 일종의 내재적immanent 논리에 따라서 서로 이어진다.[21] 각 영역의 사건들은 명료한 배열체를 형성하며, 각 배열체는 저마다 나름의 고유한 시간 속에 펼쳐진다. 더구나 서로 다른 배열체는 흔히 서로 다른 시간 곡선 속에 펼쳐진다. 시그먼드 다이아몬드가 하버드 대학에서 실시한 간단한 실험은 이것을 잘 보여준다. 그는 학생들에게 미국사의 한 영역씩을 조사하고 각자의 조사를 토대로 사건의 행보를 시대별로 정리해보라고 했다. 학생들은 정치사, 문학사 등 다양한 영역을 조사했다. 최종적으로 모든 학생이 모여 각자의 조사내용을 비교했다. 결과는 그들이 저마다 구분한 시대가 서로 일치하지 않는다는 것이었다.[22]

헤르더Herder는 차별화된 역사적 시간에 관한 난해한 일반론을 펼쳤는데, 최근 폰 라이덴W. von Leyden이 그의 논의에 대한 관심을 환기시켰다. 라이덴이 역사적 시간의 상대성에 대한 논문에서 헤르더를 다룬 대목을 통째로 인용해보겠다.

> ……의미심장하게도, 헤르더 역시 모든 것이 시간을 재는 자기의 고유한 척도, 좀더 정확히 말해 자기의 고유한 시간을 재는 척도, 곧 다른 외부적인 척도 없이 홀로 존재하는 척도를 자기 안에 가지고 있다는 관점이었다. 아마 헤르더가 뜻한 것은, 사물이 시계를 가지고 있다는 것이 아니라 사물이 곧 시계라는 것이었으리라. 헤르더가 보았을 때, 역사적 설명으로부터 일반론을 제거하고자 한다면 절대적 시공간이라는 뉴턴의 뼈대 역시 제거해야 한다. 그도 그럴 것이, 그가 보았을 때, 사물이 다르면 시간을 재는 척도도 다르다는 것, 따라서 무수한 시간들이 '같은 시간에' 존재할 수 있다는 것이 밝혀질 것이다. 그가 모든 의혹을 불식시

> 킬 목적으로 설명한 내용에 따르면, 모든 시간들에 공통되는 하나의 척도가 있다는 생각은, 무한한 공간이 '한때' 세상 모든 장소들의 총합이었다는 생각과 마찬가지로, 지성intellect에 의해서 도입되었다. 절대적 공간과 절대적 시간 둘 다, 정확하게 말하자면, 허깨비에 불과하다. ……내가 알기로는, 이제껏 헤르더를 역사학자로 간주한 사람들 가운데 이 특징적인 시간 독트린을 논의하거나 지적한 사람은 아무도 없었다.[23]

그렇다면 주어진 역사적 순간에 우리는 무수한 사건들을 마주한다. 그 사건들은 서로 다른 영역에 속하며, 따라서 그저 형식적인 의미로가 아니라면 그 사건들이 동시적이라고 말할 수는 없다. 각 사건이 자신의 배열체 안에서 어떠한 위치를 점하는지를 고려하지 않는다면, 우리는 그 사건의 본질을 올바르게 정의할 수 없다. 다양한 영역의 덩어리진 시간들이 획일적 시간의 흐름에 그림자를 드리운다.

이 대목에 오면 역사적 시대, 즉 사건들의 행보를 패턴화하고자 하는 일정 규모 이상의 모든 역사들이 의존하는 시공간 단위가 시야에 들어온다. 우리는 시대를 사료에서 발견하고자 하고 여의치 않으면 사후적으로 발명하기도 하는데, 그것은 시대가 그만큼 필요불가결한 단위여서일 것이다. 이런저런 시대의 의의에 대한 흔들리는 견해들, 부분적으로는 유명론적이고 부분적으로는 실재론적인 그 견해들도 시대라는 단위 그 자체를 흔들어놓지는 못한다.

그러니 이제는 시대라는 것을 살펴보자. 모든 시대는, '발견된' 시대냐 사후적으로 구축된 시대냐에 상관없이, 서로 모순되는 사건들이나 사건군들로 이루어져 있다. '시대정신'이 비교적 영향을 미치지 못하는 사건들이 발생한다는 것도 바로 이 잘 알려진 현상 때문이다. 예를 들어 19세기 후반의 과밀한 실내는 거기서 탄생한 사유와 같은 시대에 속했지만 이 두 가지가 동시대적이었던 것은 아니다. 시대란, 역사적 과정의 한 단계로서, 서로 모순되는 요소들의 혼합체이다. 이상한 일은 아니다. 한 사람의 머릿속만 해도 모순되는 요소들로 가득하다.* 발레리에 따르면 "우리 머릿속은…… 온갖 경향과 사유가 서로의 존재를 알아채지 못한 상태에서 공존하고 있다."[24] 리히텐베르크Lichtenberg가 약 150년 전에 말했듯, "나는 종종 누워 있을 때 생각이 다르고 일어나 있을 때 생각이 다르다. 특히 못 먹어서 기운이 없을 때 생각이 다르다."[25] 마르크 블로크에 따르면, 우리 머릿속에는 "놀라운 정신적 칸막이"가 존재하는데, 예를 들어 역사가 귀스타브 르노트르Gustave Lenôtre는 "공포정치가들 중에 훌륭한 가장이 아주 많은 것을 알고 거듭 놀랐다."[26] 통합된 인격이란 필시 현대 심리학이 즐겨 퍼뜨리는 미신들 가운데 하나이다.

예상할 수 있는 일이지만, 역사적 시대의 비균질성을 인정하는 진술도 결코 적지 않다. 마르크스에 따르면, 이데올로기적 상부구조는 "비동시성Ungleichzeitigkeit"을 띤다. 쿠르티우스Curtius에 따르면, 문학은 운동성·성장성·연속성 면에서 다른 예술들과 다르다.[27] 샤피로Schapiro에 따르면, 어느 한 시대의 문화를 통틀어 통일된 양식이 존재하는 경우, 역사가는 그 양식을 당연시해서는 안 되며, 그 양식을 여러 영역들에 강제하고 있는 특정한 요인을 밝혀내야 한다.[28] 레몽 아롱은 예술은 그 사회경제적 환경으로부터 독립적이라고 주장하며, 사회사 옹호자들에 맞서 정치 영역의 상대적 자율성을 옹호한다.[29] 철학사에 특히 주목하는 만델바움Mandelbaum은 독립성과 내적 지속성을 띠는 개별 역사들을 "문화적 다원론"의 이름으로 포섭해야 한다고 주장한다.[30] 딜타이에 따르면, 한편으로는 한 시대의 생활상이라는 통일된 맥락이 존재하지만 다른 한편으로는 '시대정

*5장 133쪽에서 나오는 저자의 주장 참조. 여기서는 시간의 구조화 문제에 적용하기 위해 다시 거론한 것이다.

신'의 일방성에 반대하는 힘들, 많은 경우 과거 이념들을 지속하거나 미래를 예견하는 힘들이 존재한다.[31]

그러나 현상의 존재를 알아보는 것과 현상의 잠재적 의미를 인식하는 것은 다른 문제이다. 한 시대의 구성요소들의 다양성이 연대순 시간의 의의에 대해서 어떠한 의미를 갖고 있는지를 위에서 언급한 어떠한 진술도 인식하고 있지 않다. 예를 들어 마르크스는 "비동시성"을 감지하고 성문화한다는 점에서는 리얼리스트라고 말할 수 있지만, 역사적 과정이 변증법적이라는 헤겔의 생각, 즉 균질적인 직선적 시간을 역사의 시간과 같게 보는 인습적 등식을 수반하는 생각을 고수하는 것도 사실이다.

그러나 포시용-쿠블러의 관점에 비추어본다면 이런 등식은 분명 의문의 여지가 있다. 역사를 이루는 사건들의 연대기는 그 사건들의 관계와 의미에 대해 거의 알려주는 것이 없다. 동시적 사건들은 많은 경우 본질적으로는 비공시적asynchronous이므로, 역사적 과정이 균질적 흐름이라는 생각은 터무니없다. 균질적 흐름이라는 이미지는 역사적 사건이 펼쳐지는 실질적인 배열체의 시간들을 은폐할 뿐이다. 역사는 '시간의 행진'이라기보다는 시간들의 행진이며, 달력의 시간은 행진하는 시간이기는커녕 그저 텅 빈 그릇이다. 달력의 시간은 과학에서는 필요불가결한 관념이지만, 인간사에 적용되는 관념은 아니다. 달력의 시간이 인간사에 적용되지 않는다는 것은 기억의 역학이 확인시켜준다. 우리는 과거의 어느 한 사건을 선명하게 기억하면서 그 사건이 일어났던 시간대를 기억하지 못할 수 있으니, 질에 대한 기억은 시간대에 대한 기억과 반비례하는 것일 수 있다. 다시 말해 자기 삶에 중요했던 만남들의 질을 되살릴 가능성이 클수록, 그 만남들이 현재와 얼마나 떨어져 있는가를 오판하고 그 만남들의 시간순을 엉망으로 만들 가능성이 크다. 우리가 이러한 실수를 하는 이유는 우리의 기억을 주관적 시간 곡선 위의 확고한 자리에서 연대순 시간—우리가 경험해보지 못한 시간—의 객관적 위치로 옮기기가 쉽지 않기 때문이다. 연대순 시간을 경험한다는 것은 더없이 어려운 일이다. 이로써 연대순 시간의 형식성, 연대순 시간의 공허함이 다시 한번 부각된다. 연대순 시간은 내용을 전달할 수 없다. 발터 벤야민Walter Benjamin이 올바르게 지적하듯, 인류가 진보한다는 이념은 연대순 시간이 유의미한 과정의 기반이라는 이념과 분리될 수 없기에 취약하다.[32]

결론적으로 말해서, 시대라는 단위가 우리 눈앞에서 와해된다. 시대라는 단위는 유의미한 시공간 단위에서 우연한 만남의 장소—기차역 대합실 같은 곳—로 바뀐다. 하지만 시대라는 단위에는 다른 면도 있다. 예컨대 래슬릿Laslett은 일반적 관념을 역사적 과거에 투영시킨다는 것의 기만성을 인식하고 있다. 그가 볼 때, 역사의 임무는 "복잡하게 얽힌 디테일을 바탕으로 하는…… 재구축"이다.[33] 그렇다고 해서 역사가 사회 전체에 대한 이해, 사회 전체에 영향을 끼치는 대규모의 역사적 변화에 대한 이해를 포기해야 한다는 뜻은 아니다. 다만 역사의 임무는 사회 전체에 대한 이해를 "이 모든 소소한 움직임과 반작용"의 문제, "말하자면 세부사항들의 문제, 남은 부스러기들의 문제"로 바꾸는 것이다.[34]

내 주장을 좀더 개진하기 위해, 이론적으로 매우 흥미로운 사례—부르크하르트가 시대를 어떻게 보느냐—를 다루어보겠다. 부르크하르트가 시대를 다루는 방식은 연대순 내레이션에 대한 그의 양가적 태도(많은 부분 부정적 태도)에 상당 부분 기인하고 있다.(덧붙이자면, 부르크하르트 역시 역사 선생에서 예술 선생으로 전환했다.) 그는 한편으로는 간간이 일련의 총체적인 역사적 상황을 다루지만, 다른 한편으로는 연대기적 접근이라는 구속복에 간히기를 거부한다.[35] 사실 그의 주저들을 살펴보면, 그가 시간의 균질적 흐름이 가지는 중요한 의의를 인정하기를 꺼려한다는 것은 분명하다. 예를 들어 『세계사 고찰*Weltgeschichtliche Betrachtungen*』에서 그는 시간의 균질적 흐름에서 물러나서 영원의 영역에 들어선다. 저서의 목적은 자유롭게 발전하는 문화 쪽과 국가와 종교라는 제도화된 권력 쪽 사이에 존재하는 다양한 관계를 검토하는 것이었고, 저서의 방식은 세계사의 모든 영역에서 다량의 사례를 뽑아내는 것이었다. 그 사례들의 연대순 시간은 피상적으로 다루어지는 데 그친다. 『콘스탄틴 대제의 시대*Die Zeit Constantins des Grossen*』와 『이탈리아 르네상스의 문화』 역시 역사적 과정의 역학에 대한 무관심을 보여주는 저서들이다. 두 저서에서 부르크하르트는 시간을 정지시킨다. 시간의 흐름을 막은 다음, 자기 앞에 놓인 정지된 현상의 단면을 살피는 것이다. 그의 서술양식은 연대순 내러티브가 아니라 형태학적 묘사이고, 그의 서술대상은 '단일한 역사적 시대a single historical period'이다.

그러나 부르크하르트는 한편으로는 이렇게 연대순 시간을 거부하지만, 다른 한편으로는 연대순 시간에 또다시 경의를 표한다. 그의 독보적인 걸작 『이탈리아 르네상스의 문화』는 이것을 잘 보여주는 저서이다. 이 저서에서 그는 고대의 재발견에서부터 국가들의 자유로운 형성에 이르기까지, 그리고 개인적 가치에 부여된 새로운 의미에서부터 사회적 관습과 세속화 경향에 이르기까지 르네상스 시대의 생활을 보여주는 각종 국면들을 하나씩 하나씩 탐구한다. 이 저서의 목적은 무엇일까? 그런 모든 국면이, 시간적으로는 동시적임에도 불구하고, 저마다 서로 다른 방향을 향하고 있음을 증명하려는 것일까? 함께 나타나는 것이 모두 하나로 엮일 수 있는 것은 아님을 증명하려는 것일까? 그렇다고 말할 수도 있다. 사실 그는 문화적 시대의 모순성을 깨닫고 있으며, "예술에서 최고의 성취가 국가의 외적 정치생활에 직접 의존하는 것은 아니다"[36]라는 그의 말은 그런 깨달음을 분명하게 보여준다. 그럼에도 불구하고 그가 밝히는 이 저서의 목적은 이탈리아 르네상스를 각성하는 개인의 시대the age of the awakening individual로 해석하는 것이다. 덧붙이자면, 이 해석은 여전히 유효한 것으로 여겨지고 있다.[37] 그런데 이러한 해석—단순한 일반론이라기보다는 진정한 이념—이 자연스럽게 암시하는 것은 (세속적) 개인주의 정신이라는 하나의 정신이 그 시대의 거의 모든 활동·염원·존재양식에 나타나 있다는 것이다. 그러니 이러한 해석에 따르면, 우리는 르네상스를 서로 모순되는 국면들의 집적체가 아닌 일관된 총체, 모든 요소에 일관된 의미를 퍼뜨리는 총체로 간주해야 한다. 요컨대 부르크하르트는 연대순 시간으로부터 발을 빼되 결국에는 연대순 시간에 의지한다. 어쨌든 그렇게 보인다. 그도 그럴 것이, 우리가 어느 한 복잡한 시대를 통합된 총체로 인식한 후에는, 서로 다른 영역들의 덩어리진 시간들은 저절로 림보로 후퇴하게 되고, 연대순 시간은 총체적인 역사적 과정과 아울러 다시 중요해진다.

주의 깊은 독자라면 이미 눈치챘겠지만, 연대순 시간에 대한 이러한 옹호는 연대순 시간이 텅 빈 그릇이라는 요지의 내 애초의 명제와 상반된다. 이제부터 나는 부르크하르트가 르네상스 해석에서 주장하는 명제가 정반대의 명제, 곧 연대순 시간을 반박하는 명제 못지않게 충분한 근거가 있음을 밝히고자 한다. 예술사가들이 시대라는 단위를 지나치게 강조하는 것을 비판하는 쿠블러의 경우, 비판 그 자체는 옳지만, 서로 다른 영역의 배열체들의 수렴 가능성을 거의 배제하는 것은 분명 도가 지나치다. 그는 "순간instant의 단면을 보면…… 하나의 단일한 디자인이 그 단면의 모든 조각에 스며들어 있다기보다는…… 서로 다른 발전단계에 속하는 조각들의 모자이크 같다"라고 말하기도 하고,[38] 어느 한 시대를 구성하는 "문화적 뭉치"가 "공존하는 것은 대개 우연이다"라고 말하기도 한다.[39] 예컨대 비더마이어Biedermeier 시대(후기 베토벤과 공존해야 했던 시대)에는 이 주장이 적용될 수 있겠지만, 르네상스 시대 등 많은 시대에는 분명 이 주장이 적용될 수 없다. 시대의 고유한 "관상"(파노프스키의 표현)은 존재할 수 있다. 그러한 관상을 가지는 시대가 하나도 없다면 그것이 오히려 놀라운 일이다. 시대의 관상을 조성하는 것은 그 시대 특유의 현실성을 띠는 사건들·조치들·풍조들일지도 모른다. 왜 아니겠는가? 동시대의 요소들은 여러모로 서로 소통하니, 그런 소통으로 인해 그 순간의 성취들과 상호작용들이 교차결합cross-linkage하리라는 것은 충분히 예상할 수 있다.* 또 앞에서 언급한 '정신경제의 원칙'에 따르면, 어느 한 측면에서 활성화되어 있는 사람은 나머지 측면에서는 타성에 젖거나 일상(혹은 자연)으로 떨어진다.† 한 사람이 모든 측면에서 독창적일 수는 없다는 것이다. 분명 이 원칙은—'이 세상'이라는 뻑센 존재를 만들어내는 원인이기도 하지만—교차결합이 만들어지는 원인이기도 하다. 결론적으로 말해서, 동시적 사건들은 대개 다른 배열체에 속해 있고 저마다 '연령'도 다르지만 그럼에도 불구하고 비슷한 특징을 공유할 가능성이 크다. 동시성은 상호성을 강화할 수 있고, 무작위적 우발들은 통일성을 띠는 패턴으로 굳어질 수 있다. 마찬가지 방식으로, 자아 파편들은 한곳으로 수렴함으로써 통일성 비슷한 어떤 것을 획득할 수 있다. 예를 들어 블로크는 사람에게 놀라운 정신적 칸막이가 있다고 말한 다음, 그에 못지않게 의미심장한 말을 내놓는다. "수학자 파스칼과 기독교인 파스칼이 서로 몰랐을까? ……생각해보면, (그) 대립은 보다 근본적인 연대의 가면일 뿐인지도 모른다."[40] 어쨌든 이러한 지속적 삼투과정은 언제든 하나의 시대나 상황—모든 영역에 영향을 미치는 하나의 정신을 고취함으로써 전체성을 띠는—을 산출할 수 있다. 딜타이가 분석한 바에 따르면, 계몽주의 시대라는 통일된 구조는 바로 이런 통일성의 사례이다. 그가 볼 때 이런 통일성은 "하나의 기본적 사유를 통해서 표현될 수 있는 통일성이 아니라, 삶의 여러 모순되는 경향들의 상호접속, 그런 경향들이 펼쳐지는 중에 점차 형성되는 상호접속이다."[41] 이와 같은 어느

* 81~82쪽을 볼 것.

† 1장 38쪽과 3장 81~82쪽을 볼 것.

한 시대의 불안정한 통일성은 '게슈탈트gestalt'라고 할 수 있는 모든 존재단위의 통일성에 비견될 수 있다. 블로크가 자문하듯, "인간에 대한 우리의 지식이 현재의 상태에 있는데, 우리의 이해를 넘어서는 것—우리가 다루는 문명의 에토스가 무엇인지, 그 에토스의 매력은 무엇인지—을 설명해보려고 해봤자 무슨 소용인가?"[42]

그러나 시대란 역사적 과정의 주성분 아닌가? 다시 말해 시대는 역사적 과정의 주성분이 됨으로써 균질적 시간을 의미 있는 매개체로 만들어주지 않는가? 또 우리가 잊어서는 안 될 것이 있다. 인류의 오래된 백일몽은 연대순 시간을 완전히 벗어나 있는 것은 아닌 모종의 먼 미래의 모습을 그리고 있다는 것, 그리고 문화가 점진적으로 발전한다는 그리스적 개념은 대체로 수직 지향적이었던 시대에도 어떻게든 나타났었다는 것이 그것이다. 예를 들어 테르툴리아누스Tertullianus는 모종의 세속적 진보를 믿었던 듯하다.[43] 또 성 암브로시우스St. Ambrosius는 이교도 심마쿠스Symmachus의 질문에 대답하면서 "여러 예술들이 점차 발명되고 인류사가 발전한다"라고 했다.[44] 또 에델슈타인Edelstein은 이 독트린을 신봉한 초기 기독교의 저자들에 대해 논하면서, "이교가 노년에 옛것의 권위에 호소했고 특히 로마 원로원Roman Senate에서 빅토리아Victoria 여신을 숭배하는 일도 있었던 반면에, 초기 기독교의 새 독트린은 이교가 초년에 일으켰던 그 철학을 이어받았다"라고 했다.[45] 또 중요하게 고려돼야 하는 점은 있다. 우리에게는 생년월일이 있다는 것, 우리는 세대들의 사슬에서 우리의 위치가 어디인지 알고 있다는 것, '죽음'의 그림에는 모래시계가 있다는 것이 그것이다. '극과 극은 통한다Les extrêmes se touchent.' '우리의 본질적 존재our intrinsic being'와 '가장 텅 빈 생성양식the most empty mode of becoming'은 서로 얽혀 있다. 피아제Piaget가 수학의 근원을 생물학에서 찾는 것은 그 때문이다. 덧붙이자면, 선사가 점점 가시화될수록, 달력의 시간이 행하는 명백한 역할에 대한 우리의 신뢰는 그만큼 강해질 것이다.

이렇듯 우리는 상호 배타적인 두 명제(어느 쪽도 묵살될 수 없는)와 마주하고 있다. 한편으로, 측정 가능한 시간이 희박해지면서 덩어리진 시간들이 들어서고, 각각의 시간은 한눈에 보이는 일련의 사건을 포함한다. 다른 한편으로, 덩어리진 시간들이 수렴하는 순간이 있는데, 그 순간은 모든 덩어리진 시간들에 유효하니 날짜를 가늠하는 일은 여전히 의미를 갖는다. 부르크하르트가 연대순 시간을 지지하는 동시에 무시했던 것은 분명히 이런 사정 때문이었을 것이다. 그러나 부르크하르트는 연대순 시간의 본질적 모순을 드러내는 데는 아무 관심이 없다. 한편, 벤야민은 비변증법적 접근에 머문다. 다시 말해 벤야민은 연대순 시간의 비존재성nonentity을 잘 설명해주지만, 그 이면에 대해서는 아무 관심을 두지 않는다. 연대순 시간에 두 측면이 있다는 것은 거의 인식되지 않고 있다.

이 딜레마를 어떻게 해야 할까? 이 딜레마를 해결하기 위해 이제부터 나는 서로 다른 배열체들 그리고 각각의 배열체 특유의 시간표들을 다루는 대신에 그 배열체들이 수렴함으로써 생겨나는 비교적 단일한 시대나 상황에 집중할 것이다. 이러한 시대나 상황은 서로 화해할 수 없는 두 가지 시간 개념을 농축된 형태로 구현하는 이율배반적인 존재단위이다. 시대란, 서로 다른 시간표를 갖는 여러 배열체의 사건들로 이루어진 성좌configuration로서, 시간의 균질적 흐름의 산물이 아니라 오히려 자기의 고유한 시간을 정한다. 그러니 어느 한 시대가 시간성을 경험하는 방식은 그 시대 앞뒤의 다른 시대들이 시간성을 경험하는 방식과 다를 수 있다. 시대 사이에는 비약이 있다는 뜻이요, 이어진 시대들 사이의 이행은 문제적이라는 뜻이요, 역사적 과정에 단절이 있을 수 있다는 뜻이다. 마치 포시용의 "사건"이 "난데없이" 벌어지듯, 시대는 난데없이 생겨날 수 있다. 예를 들어, 딜타이는 부르크하르트가 로마제국 치하에서 피안에 대한 신앙이 확산된 현상을 어떻게 보는지를 인용한다. "이 새로운 동향은 주로 깊은 심층에서 동력을 얻는다. 선행 조건들만 가지고는 이러한 동향을 연역할 수 없다."[46] 또 알프레트 슈미트Alfred Schmidt는 마르크스가 역사를 어떻게 보는지를 정리한다. 마르크스에게 역사란 "세계의 단절을 다루는 철학으로서, 하나의 원칙에 근거한 지속적 연역의 규칙을 의식적으로 폐기한다."[47] 또 요나스에 따르면, 그노시스주의Gnosticism 운동을 선행 이념들과 신앙들의 결과물로 해석하는 것은 그노시스주의 운동을 오해하는 것이다. 그노시스주의 운동은 "절대적 기원, 발본적인 새로운 시작"에서 비롯되는 독자존재sui generis이며,[48] 기존의 이념들과 동기들이라는 질료를 상대로 작용하는 새로운 "제일 원인prima causa"이다.[49] 최근 블루멘베르크는 한 논문에서 대단히 비슷한 관점을 내놓았다. 그가 볼 때, 역사가들은 특징이 뚜렷한 시대들 사이에 존재하는 "문지방 시간들threshold times"에 점점 관심을 보이는데, 이는 그 시간들이 역사가들에게 "역사 그 자체"를 보여주기 때문이다. 특징이 뚜렷한 시대들은 역사 그 자체를 "현상들 이면에 감춘다."[50] 이런 진술들이 취하는 관점에 따르면, '시간의 행진March of Time'이 등장하는 모든 역사들은 신기루—진실을 그리는 척하면서 실제로는 진실을 은폐하는 화폭—에 불과하다. 각각의 시대는 새로운 그림을 그리고, 이렇게 그려진 일련의 그림들은 점점 확장되는 화폭 위에 쌓인 층들이다. 클루조Clouzot의 다큐멘터리 〈피카소의 신비Le mystère Picasso〉는 그 과정을 잘 보여주는 영화이다. 이 영화는 창작중인 화가를 보여준다. 피카소는 머릿속에 떠오른 듯한 뭔가의 윤곽을 그린 후, 곧바로 최초의 스케치 위에 두번째 스케치를 겹쳐서 그린다. 두번째 스케치는 첫번째 스케치에 대해 그저 어슷하게 관련되어 있다. 이런 방식으로 새로운 라인이나 컬러가 계속 겹쳐진다. 각각의 라인 체계 내지 컬러 체계는 이전의 체계를 거의 무시한다.[51]

사건들의 성좌는 한편으로는 역사적 과정을 거부하는 동시적 발생이지만, 다른 한편으로는 연대순 시간 안의 한 순간이며, 따라서 연대순 시간 안에 자신의 자리를 갖는다. 그러니 우리는 역사적 과정을 따라가야 하고, 직선적 이행, 시간적 영향, 장기적 발전 등의 측면을 고려해야 한다. 내가 이 장에서 역사적 연속성에 대한 선험적 확신을 저해하는 유의 진술들을 소개한 이유는 연대순 시간을 권역으로 삼는 영향들이 있을 가능성을 아예 부정하기 위해서가 아니었다. 다만 그런 영향들이 어느 정도 확실하게 논의되기 위해서는 그런 영향들이 존재한다는 사실이 개별 사례에서 확인되어야 한다. 내가 볼 때 이러한 확인이야말로 역사가의 가장 어려운 과제 중 하나이다. 그런 영향들은 불충분한 증거 탓에 포착이 대단히 어려울 뿐 아니라, 그런 영향들 중 어떤 것은 아무런 흔적을 남기지 않는다. 그런 영향들은 비밀리에 작용한다. 내가 했던 말이, 이미 오래전에 잊어버린 말이더라도, 상대의 생각을 바꾸어놓았을 수 있다. 나는 20~30년 전에 한 친구가 나에게 무심코 던진 말에 큰 영향을 받았다. 그 친구의 말은 내가 사람들을 대하는 방식을 바꾸어놓았고 어떤 의미에서 내 인생관 전체를 바꾸어놓았다. 최근 나는 그 친구를 정말 오랜만에 다시 만나 추억을 나눴고, 그 친구가 내게 해주었던 말에 대한 이야기를 꺼내지 않을 수 없었다. 그 친구는 크게 놀랐으며, 내게 그런 말을 했던 것을 기억해내지 못했다. 실질적인 영향들은 어둠 속에 가라앉을 운명인 듯하다.

내가 볼 때, 확실하게 말하기가 대단히 어려운 이러한 문제들에 대해 말해주는 유일하게 믿을 만한 제보자는 전설 속 인물, 곧 '방랑하는 유대인' 아하수에로Ahasuerus이다. 그는 발전들과 이행들을 직접 체험함으로써 알고 있다. 그는 역사를 통틀어 유일하게 생성becoming과 부패의 과정 그 자체를 경험할 기회를 원치 않게 얻은 인물이다.(필시 그는 이루 형언할 수 없이 끔찍한 모습일 것이다. 물론 그의 얼굴이 늙은 얼굴일 리는 없다. 그렇지만 내 생각에 그는 여러 개의 얼굴을 가졌고, 각각의 얼굴은 그가 거친 시대들을 반영하며, 그의 모든 얼굴은 때마다 새로운 패턴으로 결합된다. 그는 자신의 얼굴에 반영되어 있는 모든 시간들로부터 자기의 얼굴이 끝

내 구현해야만 할 하나의 시간을 재구축하기 위해 그 헛된 방랑을 멈추지 않는다.)

1장에 인용된 대목에서도 나타나듯, 어떤 의미에서 랑케는 역사적 과정의 연속과 단절의 역설적 관계를 인식하고 있었던 것 같다. 인용된 대목은 이런 맥락이다.

> 완전히 새로운 어떤 것이 매 순간 시작될 수 있다. 다른 부차적인 근원에서 비롯되지 않는, 인간이 행하거나 되어가게 놓아두는 모든 일이 비롯되는 그 일차적이고 보편적인 근원으로부터만 비롯되는 어떤 것이 매 순간 시작될 수 있다는 것이다. 그 무엇도 자기 외의 다른 것을 위해서만 존재하지는 않는다. 그 무엇도 다른 것과 똑같은 현실을 갖지는 않는다. 한편, 모든 것들 사이에는 깊은 내적 연관성이 있어, 그 무엇도 그로부터 완전히 자유로울 수는 없다. 자유 옆에 있는 것이 필연이다. 필연이란 이미 벌어져서 돌이키지 못하게 된 일이지만, 그런 일이 바로 모든 새로 시작되는 일의 근원이다. 이미 벌어진 일이 새로 시작되는 일과 연관된다. 그러나 아무렇게나 연관되는 것은 아니며, 특정 방식으로 이러저러하게 연관될 뿐 다른 방식으로는 연관되지 않는다. ……보다 긴 시간에 걸쳐 있는 사건들은 이런 방식으로 한 줄로 혹은 나란히 연관됨으로써 하나의 세기, 하나의 시대를 이룬다…….[52]

지금까지 나는 의도적으로 시대라는 단위의 양면성을 강조했다. 연대순 시간의 비어 있음과 유의미함 양쪽 다에 공정을 기하고자 하는 현대의 두 가지 시도—일단 두 가지만 다루겠다—는 시대라는 개념을 중요하게 다룬다. 이 두 가지 시도를 살펴본다면, 시간의 흐름 쪽과 시간의 흐름을 부정하는 시간 배열체 쪽 사이의 엉킨 변증법을 분명히 하는 데 도움이 될 것이다.

크로체의 시도로부터 시작해보자면, 그의 입론은 전적으로 오류이다.[53] 그는 고질적인 관념론자, 관념론자이고 싶지 않은 관념론자로서, 자신이 헤겔의 초월적 형이상학에 치명타를 가했다고 자처한다. 그가 볼 때, 헤겔이 상정하는 절대정신 내지 세계정신은 내재적인 동시에 초월적인 것으로서, 한편으로는 세계사라는 변증법적 과정을 통해서 스스로를 실현하지만 다른 한편으로는 그 과정의 종착지를 역사 너머의 곳에 마련한다. 그가 볼 때, 이런 존재론적 초월론은 더이상 통용될 수 없다. 그는 절대정신을 내면세계의 내재성immanency 속으로 통째로 끌고 들어옴으로써 이런 존재론적 초월론에 종지부를 찍는다. 그가 볼 때, 정신이란 우리의 가변적 세계가 아닌 곳—그 세계 너머나 그 세계 바깥—에 존재하는 모종의 '절대자'가 아니라 역사에 의해서만 실현되는 어떤 것이다. 좀더 엄밀하게 말하자면, 정신은 모든 주어진 상황에서 제기되는 구체적인 질문들—당연히 그 순간의 요구에 따라서 달라지는 질문들—에 구체적인 대답들을 제공한다. 이렇듯 크로체는 상대적으로 자율적인 상황들이나 시대들이 존재하며, 그런 상황 내지 시대는 저마다 고유한 정신을 가지고 있다고 가정한다. 그러나 정신의 구현물들이 저마다 자신의 시대의 요구와 분리될 수 없다고 한다면, 그것들을 연대순 시간에 따라서 유의미하게 연결한다는 것은 엄청난 문제를 야기하는 일이 된다. 그럼에도 크로체는 역사적 과정에 지대한 관심을 가지고 있기에 연대순 시간에 공정을 기하고자 한다. 이 과제에 따라오는 문제들을 그는 어떻게 해결하는가? 아쉽게도 그는 그런 문제들이 있다는 것도 모르고 있다. 그의 심장은 여기가 아니라 저 높은 곳the Highlands에 있다. 거칠게 말해서 그는 우상을 타파했다고 생각하지만 그의 심장은 여전히 그 우상을 향한 노스탤지어로 뛰고 있다. 「역사학의 역사에 관하여Concerning the History of Historiography」[54]라는 짤막한 글에서 크로체는 고대로부터 중세, 르네상스 등을 거쳐 현재에 이르는 정신의 구현 단계들을 명료한 변증법적 과정의 단계들로 간주하면서 이 과정에 진보의 속성을 부여하는데, 이때 그는 자기가 전제한 정신이 광범위한 역사 위에 펼쳐지는 정신이 아니라 오로지 구체적 상황들 속에서 구현되는 정신이라는 점을 잊고 있다.(이것만 아니면 훌륭한 글이다.) 물론 그는 절대선의 이념을 제거하고 각 시대의 조건의 개선을 꾀하는 정신의 노력을 드높임으로써 역사가 전체적으로 진보한다는 생각을 정신이 철저히 내재적immanent이라는 자신의 전제에 끼워맞추고자 노력한다. 하지만 총체적인 역사적 과정을 진보하는 운동 내지 '자유'로 나아가는 운동과 동일시하기를 원하는 크로체의 관념론적 욕망에 비추어보자면, 이러한 노력은 한갓 말장난에 지나지 않는다. 요컨대 헤겔을 냉정히 쫓아냈던 크로체는 헤겔에게는 가능한 것이 자기에게는 불가능하다는 점을 깨닫지 못한 채 헤겔을 또다시 뒷문으로 들어오게 한다. 헤겔의 초월적 정신은 역사의 전체적 방향을 결정할 충분한 자격이 있지만, 구체적 질문—구체적 상황, 그 상황 너머에 대해서는 질문할 수 없는 그런 상황으로부터 비롯되는 질문—에 구체적 대답을 내놓는 크로체의 내재적 정신은 사건의 행보를 해명할 입장이 못 된다. 연대순 시간의 이율배반성과 관련된 문제들을 크로체는 공략하기보다 회피한다. 두 가지 상반된 시간 개념을 연결하는 것은 가능한지, 가능하다면 어떻게 가능한지, 다시 말해 연대순 시간을 무로 축소하는 동시에 인정하는 것이 어떻게 가능한지 등을 질문하는 대신, 그는 두 가지 상반된 시간 개념을 그저 나란히 늘어놓는다. 그리고 헤겔주의자인 그가 헤겔 파괴자가 되고 싶어하는 그에게 이긴다.

한편 프루스트는 시간의 난제들을 자기만의 독특한 방식으로 공략한다. 이상스럽게도, 이 공략이 역사에 대해서 가지는 중요성은 아직 인식되지 않고 있다. 이 공략을 다루면서 나는 그의 소설에서 내가 지금 다루는 테마와 관련되는 특징들만 뽑아 논의해보겠다.[55]

프루스트는 시간순을 근본적으로 경시한다. 그가 볼 때, 역사는 모종의 과정이 아니라 만화경처럼 바뀌는 잡동사니—되는대로 모였다가 흩어졌다 하는 구름 같은 것—인 듯하다. 이런 플라톤적 관점에 따라, 그는 역사가가 되기를 거부하고 생성과 진화의 이념을 배척한다. 시간의 흐름은 존재하지 않는다. 존재하는 것은 세계들 내지 상황들의 불연속적·비인과적 연쇄인데, 프루스트의 경우 이 세계들 내지 상황들은 그의 자아들의 투영물 내지 상응물이라고 간주돼야 한다. 단, 그의 자아들이 그라는 존재의 일련의 변형물이라고 말해도 좋을지, 그의 자아들 이면에 그라는 존재가 있다고 보아도 좋을지, 그것은 확실하지 않다. 어쨌든 그가 볼 때 이런 여러 세계들 내지 상황들은 갖가지 모양의 시간들 속에서 피고 진다. 각각의 상황은 선행 상황에서 비롯될 수 없는 고유한 존재단위entity라는 점, 그리고 인접 세계들 사이의 간극을 메우자면 그야말로 비약이 필요하리라는 점을 프루스트는 대단한 솜씨로 증명해보인다. 그가 소설 내내 인접 세계들의 접합 순간들을 체계적으로 가리기 때문에 우리는 새로운 세계가 한창 무르익은 다음에야 겨우 그 세계에 대해 알게 된다. 또 그는 시간의 작용력에 대한 우리의 믿음을 철저히 없애기 위해서 인접 세계들의 연결고리 중 가장 튼튼하고 가장 가느다란 그것, 곧 희망을 제거한다. 소설의 주인공이자 프루스트의 과거 자아들을 상징하는 마르셀은 모든 상황에서 미래의 성취를 예견한다. 한데 그의 희망이 실현되자마자 희망의 마법은 사라지고 희망을 품었던 자아도 함께 사라진다. 그러면 다음번 자아가 다른 기대, 앞 자아에 비해 작아진 기대에 둘러싸인 길을 새로 시작한다. 간극은 메워질 수 없고, 시간은 만물의 아버지All-Father이기는커녕 아무의 아버지도 아니다.

그러면 시간을 무시해버리면 되지 않나? 프루스트가 바로 그렇게 한다. 그는 항상 시간 원자—일어난 일이나 주어진 인상의 기억 이미지, 너무 찰나적인 탓에 시간 속에 짜여들 시간이 없었던 기억

이미지—에 초점을 맞춘다. 우발적인 신체 감각에 의해 촉발되는 그의 무의지적 기억은 연대순 시간과는 전혀 무관하게 등장한다. 그런 기억들이 주로 불러내는 사건들은 일상적 존재의 사소해보이는 세부들과 매우 흡사하다. 톨스토이는 바로 그런 세부들이 역사책에서 크게 다루어지는 대형 승전들이나 영웅들보다 실재적이고 중요하다고 말한다. 프루스트는 이 미시 단위들을 엄청나게 확대함으로써 그것들에게 제자리를 찾아준다. 이 각각의 '클로즈업'은 성찰들·유비들·회상들로 짜여 있으며, 이런 성찰 등은 그(마르셀은 물론이고 프루스트까지)가 지나온 모든 세계들을 무차별적으로 참조하는 한편, 그 성찰의 시발점이자 수렴점인 바로 그 사건의 본질적인 의미들을 드러내보인다. 이 소설은 이런 클로즈업으로 가득하다. 한편으로 이런 클로즈업은 심층적 침투이고, 다른 한편으로 이런 클로즈업의 구성요소들—성찰들·유비들·회상들—은 과거라는 두루마리 전체로 펴져가는 불가해한 지그재그 경로를 따른다. 클로즈업이 만들어내는 패턴은 더이상 시간의 맥락에서 정의될 수 없다. 사실 클로즈업의 기능은 이런저런 한시적인 것things temporal을 영원에 가까운near-timeless 본질 영역으로 끌어올리는 것이다.

지금까지의 논의를 보면, 변증법에 무관심한 프루스트가 불연속적 세계들과 그 덩어리진 시간들을 옹호하는 데 그친 것 같다. 그러나 이것은 이야기의 전모가 아니다. 프루스트는 한편으로는 연대순을 흐리지만, 다른 한편으로는 연대순을 함부로 건드려 흩뜨리지 않으려고 고심한다. 클로즈업은 시간에 혼동을 가져오는 패턴으로 인해 사건의 흐름에 대한 우리의 인식을 방해하는 경향이 있지만, 그럼에도 클로즈업은 사건이 일어난 상황을 가리킬 수 있을 뿐 아니라, 마르셀의 일련의 자아가 연대순으로 나오는 내러티브 속에 짜여갈 수 있다. 이 소설은 전체적으로 엄격한 여정을 따른다. 야우스Jauss의 표현을 빌리면, 시대착오적 순간들의 모자이크 이면에 "불가역적 시간의 정확한 시계"가 감추어져 있다.[56]

프루스트는 시계를 설치하는 것으로도 모자라서 연대순 세계들—난데없이 생겨나는 자발적 세계들—을 시간의 흐름 속에 재장착하고자 한다. 그 이유는 시간의 흐름을 시간 덩어리들의 동등한 맞수로 만들고자 하기 때문이다. 이율배반의 두 항—두서없는 일련의 덩어리진 시간들과 연대순 시간의 균질적 흐름—을 실재적으로 대립시키고 변증법적으로 화해시키지 않고서는 이율배반을 해결할 수 없으니 말이다. 그의 해결에는 불가피한 우회로가 수반된다. 다시 말해 그가 수립하는 시간적 연속성은 사후적인 것이다. 소설의 끝에서 프루스트와 하나가 된 마르셀은 서로 연결되지 않는 앞의 자아들이 실은 자기가 부지불식간에 지나왔던 길의 단계들이었음을 알게 된다. 이제야 비로소, 사후적으로, 그는 시간을 지나는 이 길에 종착지가 있었다는 사실, 이 길의 유일한 목표는 그에게 예술가가 되는 준비를 시켜주는 것이었다는 사실을 깨닫는다. 그리고 이제야 비로소 예술가 프루스트는 자신의 과거 불연속적 세계들을 시간적 연속성 속에서 볼 수 있게 되었을 뿐 아니라, 자신의 과거 본질들을 예술작품 속에 체화함으로써 자신의 과거를 시간의 저주로부터 대속할 수 있게 되었다. 예술작품이 영원한 만큼 예술작품 속에 체화된 것들은 더욱 안전하다. 그는 자기가 쓴 소설을 쓰기 시작한다.

이 해결의 심오함 때문에 이 해결의 타당성 범위를 과대평가해서는 안 된다. 프루스트는 연대순 시간을 실체적 시간으로 회복시키지만, 그것은 사후적a posteriori 회복일 뿐이다. 프루스트(또는 마르셀)가 자신의 파편화된 삶의 이야기를 하나의 통일적 과정으로 볼 수 있으려면, 그 이야기는 이미 끝났어야 한다. 또 그가 이렇게 맞서는 두 명제—그는 시간의 흐름을 부정하기도 하고 시간의 흐름을 (뒤늦게) 지지하기도 한다—를 화해시킨 것, 곧 그의 승리는 그가 예술 차원으로 물러난 것, 곧 그의 후퇴에 의존하고 있다. 하지만 이것은 역사에는 적용될 수 없는 해결이다. 역사는 끝이 있는 것도 아니고 미학적 구원을 받아들일 수 있는 것도 아니다.

시간의 핵심에 존재하는 이율배반은 해결될 수 없는 이율배반이다. 이 이율배반은 '시간'의 끝에서 비로소 해결될 수 있다고 해야 할 것이다. 어떤 의미에서 프루스트의 개인적 해결은 이 상상 불가능한 끝—아하수에로가 처음으로 자신이 방랑한 온갖 시대들을 되돌아보고 흙으로 돌아갈 상상적 순간—을 예표한다.

7

통사와 미학적 접근

최근에 모리스 만델바움은 "다소 이상한 사실"에 주의를 환기시켰다. "통사적 논법을 역사학의 패러다임 유형으로 보는 사람들은 '개별 역사', 곧 철학사, 예술사, 과학기술사, 법제사 등등의 논법이 통사적 논법과 어떠한 관계가 있는지 거의 논의하지 않는다."[1] "패러다임 유형"이란 역사를 막연히 지식의 한 분야라고 생각할 때 가장 먼저 떠오르는 내러티브 유형, 이를테면 어느 한 민족의 역사나 어느 한 시대의 역사 같은 것들이다. 이런 식의 내러티브들이 모여 하나의 역사 종species을 이루는데, 만델바움은 이것을 '통사'라고 정의한 것이다.(원래 '통사'는 한때 가장 우선시되었던 역사인 정치사를 가리키는 말이었다.) 오늘날 통사가 얼마나 양산되느냐에 상관없이, 통사는 현대 역사학의 주요 장르이다.

통사의 가장 큰 특징 중 하나는 바로 통사적이라는 데 있다. 다시 말해 통사가 개별 역사들과 본질적으로 다른 이유는 다양한 영역을 아우르기 때문이다. 개별 역사 쪽의 역사가는 하나의 영역의 현상들—곧 비교적 균질적인 현상들—에 집중하는 반면, 통사 쪽의 역사가는 어느 한 시대나 어느 한 상황의 거의 모든 사건에 주목한다. 분명 이러한 차이에는 중요한 방법론적 함의가 있다.

일반론적 진술이 특수자의 모든 측면을 보여주는 일은 거의 없다. 그러니 특수자의 실제적 성좌를 살펴보는 것은 항상 유용하며, 때로 필요불가결할 수도 있다. 원칙적으로 통사가는 과거의 시공간 단위를 큰 단위냐 작은 단위냐에 상관없이 모두 검토하지만, 대개는 큰 단위를 선호한다. 그러니 통사는 거시적 차원에 속한다. 실질적으로 통사와 개별 역사는 경계가 모호하다. 거의 모든 분야사 연구는 자신의 범위를 넘어서고자 한다. 한 분야의 사건들을 그 분야 바깥의 활동들 및 변화들로부터 떼어놓는 것이 불가능한 만큼, 그와 같은 '일탈'은 더 필요하다. 스터브스의 『헌정사*Constitutional History*』와 메이틀랜드의 『영국법제사*History of English Law*』는 중세 영국사 가운데 최고의 (통)사라는 명성을 누리는데,[2] 내가 볼 때 예술사가 그와 같은 지위를 얻는다는 것은 있을 법하지 않은 일이다. 덧붙이자면, 분야사는 통사 내러티브와 대단히 흡사한 경우에도 분야사 특유의 속성을 간직하고 있다. 외양은 같지만 의도는 다르다. 분야사 쪽 역사가는 인접 영역들을 침략하려 하는 반면, 통사 쪽 역사가는 다양한 분야의 사실 더미들을 도열시키고자 한다. 전자가 자신의 개별 통찰들을 보완하고자 한다면, 후자는 애초부터 모든 것을 종합하고자 한다.

통사가 그리는 그림은 모종의 전체이다. 전체를 하나로 아우르는 틀이 존재하지 않는다면, 통사는 성립될 수 없다. 통사가 존재할 수 있느냐는 역사가가 사료들 속에서 공통분모를 찾아낼 수 있느냐에 달려 있다. 역사가는 그 통일성을 발견하는가 아니면 부과하는가? 물론 역사가는 그 통일성이 역사적 현실 자체에 내재해 있다고 생각할 것이다. 또 그 통일성이란 과연 무엇에 기반한 통일성인가? 이 두 질문 모두 분명한 해답은 없다. 만델바움에 따르면, 통사의 중심은 언제나 사회생활 전반이며, 따라서 "통사가의 관심사는 인간의 사유들 및 행동들이 사회구조적societal 맥락에서 어떠한 사회구조적 함의를 가지는가이다……."[3] 만델바움이 내놓은 답은 사회사에 대한 요즈음의 열광으로부터 영향받았다는 것이 너무나 분명한, 불완전하고 협소한 답이다. 통일성의 기반은 여러 시대에 걸쳐 있는 어느 한 민족의 정체성일 수도 있고, 어느 한 제국 같은 것일 수도 있고, 공기처럼 퍼져 있는 믿음들의 총체 같은 것일 수도 있다. 어느 것이라도 통일성의 기반일 수 있으며, 일단 통일성의 기반이 된 것은 통일성을 만들어내는 배치들과 해석들—이질적인 요소들로 이루어진 내러티브의 필수조건—을 내놓을 수 있다. 이질적인 요소들을 어떻게든 서로 연결함으로써 연속성과 일관성의 인상을 전하는 데 성공하지 못하는 통사가는 통사 쓰는 일을 그만두는 편이 낫다. 그런데 이것은 통사 쓰는 일 그 자체가 불안정한 기반 위에 있다는 말이나 마찬가지다. 통사가가 필요로 하는 통일성은—발견되는 것이든 부과되는 것이든—옳다는 보장이 없으며, 통사가의 손에 끌려나온 사실들은 결코 고분고분하지 않다. 그럼에도 통사는 존재하고 또 존속한다. 통사라는 이 수수께끼 같은 장르는 무슨 수로 가능한가?

통사가는 통사에 얼마나 엄청난 문제가 있는지 알 수도 있고 모를 수도 있다. 통사가가 대면해야 하는 엄청난 문제는 연대순 시간의 이율배반이다.* 한편으로, 시간의 흐름이 인간사 전체에 부분적으로 의미가 있는 것은 당연하다. 어떤 맥락 안에서는 시간과 함께 이루어지는 발전이니, 하나의 시대가 공유하는 특징이니 하는 말을 무리 없이 할 수 있다. 그런 의미에서 통사가의 일은 어느 정도까지 정당화되는 듯하다. 통사가는 일반적 흐름을 묘사하고 설명하니 비교적 순탄한 항해를 해나갈 수 있다. 그러나 다른 한편으로, 통사가의 항해에는 계속해서 방해물이 끼어든다. 통사가가 연관지으려고 하는 사건들은 서로 다른 영역들의 사건들이므로 통일성을 띠는 유의미한 시간 배열체로 결합시키기란 쉽지 않다. 통사가가 연관지으

*물론 통사가는 역사계의 비균질적 구조에서 비롯되는 어려움과도 씨름해야 한다.(5장을 볼 것) 그러나 여기서는 문제를 복잡하게 만들지 않기 위해 논하지 않고 넘어가겠다. 또한 이것은 모든 역사가에게 해당되는 문제이다.

려고 하는 사건들이 그러한 공동의 과업에 쉽게 참여하지 않는 것은 일차적으로는 각각의 사건이 서로 다른 영역에서 서로 다른 시간표를 따르는 서로 다른 배열체의 구성요소이기 때문이다. 연대순 시간은 유의미한 시간이기도 하지만 그에 못지않게 텅 빈 시간, 허깨비 단위들과 무의미한 해프닝 더미를 운반하는 흐름이기도 하다. 개별 역사 쪽의 역사가는, 이상적인 경우, 일련의 일관된 현상으로 이루어진 시간 곡선을 따르는 반면, 통사가는 온갖 시간에 붙잡혀 있으며, 따라서 통사가는 개별 역사 쪽의 역사가에 비해 불리하다.('시간'의 이율배반성은 대개 간과되어왔으므로, 통사의 종합적 접근과 개별 역사의 전문적 접근의 방법론적 차이가 지금껏 거의 주목받지 못했다는 것은 사실 당연한 일이다.)

다시 한번 질문하자. 통사는 무슨 수로 가능한가? 답은 아주 간단하다. 통사가는 자신의 기획을 망치는 장애물을 처리할 수 있어야 비로소 통사를 쓸 수 있다. 물론 역사가는 시간 배열체들 간의 간극을 없애기는 고사하고 메울 수도 없고, 많은 무작위적 사건 덩어리를 실재적인 유효 단위들로 바꿀 수도 없다. 역사가가 할 수 있는 것은 고작 이런 영속적인 장애물을 최대한 가볍게 넘겨버리는 것 정도다. 통사가가 자신의 목적을 이루기 위해서는 조작적 장치manipulative expedients and devices로 도피해야 한다. 이 방법은 내러티브를 진행시키는 통사가에게 몽유병자의 자신감을 느끼게 해준다. 또 이 방법은 우리로 하여금(그리고 통사가로 하여금) 연대순 시간이라는 탄탄대로가 실은 울퉁불퉁한 길이라는 것을 망각하게 한다.

두 가지 정황이 통사가의 일을 용이하게 한다. 첫째는 '원근의 법칙'의 효과가 통사가의 일을 용이하게 한다. 거시적 차원에서 움직이는 통사가는 가용 증거들을 판단할 수 있는 거리를 확보하고 있다. 통사가의 자리에 서 있으면, 디테일은 뒤로 물러나고 공기는 희박해진다. 그곳에서 통사가는 미시적 차원에 머물면서 수많은 사료에 에워싸인 역사가에 비해 혼자이다. 사료의 압박이 덜할수록,

통사가의 조형력formative power은 좀더 자유롭게(그리고 좀더 자신 있게) 발휘될 수 있다. 이런 정황에서 통사가는 아무 거리낌 없이 이런저런 조작적 장치에 의존할 수 있게 된다.*

둘째, 통사가가 들려주는 이야기는 비교적 일반적인 수위에서 펼쳐지니, 일반론이 원래 환경에서 다른 모든 환경으로 이식되기가 기만적으로 용이하다는 사실 또한 통사가의 일을 용이하게 한다. 일단 일반론이 성립되면 자립성을 주장하며 온갖 방식으로 이용될 수 있다. 일반론의 이런 외견상의 유연성은 통사가의 종합 작업에는 아주 좋은 선물이다. 통사가가 이것을 이용해 내러티브를 진행시키는 것은 너무나 당연한 일이다. 물론 통사가는 그런 과정에서 위험을 감수한다. 일반론은 조심해서 다뤄져야 하는 취급주의 물품이다. 일반론이 원래 토양에서 뽑혀나와 이질적 맥락에 삽입되면 일반론을 형성했던 의미들은 모두 사라지고 일반론 자체가 무의미해질 수 있다. 예컨대 『유럽사*History of Europe*』에서 피렌은 유스티니아누스 대제 치하의 사정을 다음과 같이 요약한다.

> 알다시피, 유스티니아누스 대제는 아테네 학당을 폐쇄했다. ……그러나 종교의 교리들과 신비들은 수세기에 걸쳐 헬레니즘적 사유를 특징지어왔던 변증에의 열정을 만족시키기에 충분했다. 기독교가 등장하자마자 동방은 이단들로 들끓었다. 큰 도시들에서는 전쟁이 터졌고, 공의회가 공의회를 공격했다…….[4]

변증에의 열정? 이단들로 들끓는다? 이 일반론 몽타주는 더없이 불분명하다. 우리가 일반론을 필요로 하는 것은 상황을 밝히기 위해서이지만, 일반론은 이야기의 연속성을 위해 상황을 오히려 모호하게 한다.

*5장 139~140쪽과 8장 221~224쪽 '일반자와 특수자'를 볼 것.

통사가가 자신의 내러티브에서 가장 큰 관심을 쏟는 곳은 그 매끄럽지 않은 내용이다. 그러한 내용을 매끄럽게 하는 장치들 중 가장 튀는 것은, 역사적 과정 전체를 포괄하고 설명할 수 있다고 주장하는 이런저런 거대한 철학적 이념을 역사적 매체에 맞도록 각색시키는 것이다.(철학적 이념과 역사적 이념이 별개라는 말을 되풀이할 필요가 있을까?)* 수많은 통사의 바탕이 되는 것은 진보의 이념이나 진화의 이념, 또는 이 두 가지 이념의 혼합이다. 이러한 이념은 내레이터가 사료에 부과해야 하는 어떤 것이라기보다 공기 중에 만연한 어떤 것이므로 내레이터에게 이러한 이념은 주어진 어떤 것, 자명한 어떤 것으로 보인다. 그가 이런 이념에 의지해 실질적인 통일성을 모색할 때, 사실 그는 이러한 이념이 추상적 사변이라는 사실을 인식하지 못할 수도 있다. 역사책의 전형적 언어가 이것을 확인시켜준다. 안목 있는 현대 역사가인 헥스터에 따르면, "~하는 경향이 있었다, ~이 원인이 되었다, 발전했다, 진화했다, 경향, 동향, 발전, 진화, 성장" 같은 단어들은 역사책에 항상 등장하는 어휘이다.[5](어느 한 민족의 역사를 다루는 역사가는 그 내러티브의 이념들에 홀려 있으므로, 때로 그 역사를 현재까지 곧장 이어지는 일련의 사건으로 그리기도 한다. 이렇게 그려진 역사는 목적론에 의존할 수밖에 없는 다소 폐쇄적인 성공담으로서, 사실을 왜곡시키는 사후적 시각을 퍼뜨릴 뿐 아니라, 내러티브의 구성요소들을 보다 긴밀하게 결합함으로써 원래 있던 모든 균열, 손실, 잘못된 시작, 모순을 제거한다.)

철학은 진보, 완성 가능성, 다윈주의 등을 옹호하는 유의 이념들을 제공하는 한편으로, 주기적 변화cyclical change라는 범례적 개념을 제공한다. 더구나 주기적 변화의 생물학적 버전—유기체의 성장과 쇠퇴의 반복과정의 이미지—은 역사가들에게 과거의 큼직한 토막을 앞뒤가 맞고 명료한 배열체로 다루게 해주는 편리한 수단을

*116~119쪽을 볼 것.

제공한다. 진보 개념이 내면화되어 있듯 이런 이미지도 내면화되어 있으므로, 생물학적 비유 등에 휘둘리지 않는 서술들도 이런 이미지를 참조하곤 한다. 닐손Nilsson에 따르면, "로마제국 초기에 세상은 지쳐 있었다."[6] 철학적 이념은 총체적 해석을 노리는 용맹한 시도로 출발해 마취제 내지 믿지 못할 이정표로 끝나곤 한다.

내가 지금 이런 이념 지향적 역사들을 언급하는 것은 이런 역사들을 초반에 제거하기 위해서이다. 단정적 사변을 경계하는 양심적인 역사가는 그런 이데올로기적 보조 장치들에 의지하지 않으려고 노력한다. 사실 통사 내러티브들 중에는 역사의 방향과 의미에 대한 선험적 가정을 멀리하는 것도 많다. 그런 내러티브들은 역사를 진보하는 움직임과 동일시하지도 역사의 순환을 전제하지도 않는다. 예컨대 피렌은 총체적인 철학적 관점을 지침(잘못된 지침)으로 삼겠다는 생각 같은 것은 꿈에도 없었을 것이다. 이제부터 다루어질 것은 철학적 이념에 오염되지 않은 바로 이런 내러티브이다. 이런 내러티브를 통해 우리는 내러티브 구축에 필요한 장치들 가운데 비교적 덜 튀는 장치들—들려주고 싶은 이야기가 있는 내레이터들이 불가불 이용해야 하는 장치들—에 대해 알 수 있다. 물론 양심적인 역사가는 이야기 내용을 조작하고 싶어하지 않겠지만, 역사가가 이야기를 적절하게 조정하지 않는다면 이야기 전체가 곧바로 붕괴할 것이다. 그러니 역사가에게 조정은 불가피하며, 그러한 조정은 역사가가 거의 원치 않더라도 행해지고 종종 역사가가 깨닫지 못하는 상태에서 행해진다. 통사가의 펜을 움직이는 것은 통사라는 장르이다. 이런 연유에서, 통사가가 불가불 행하는 조정들은 대개 가벼운 덧칠 내지 약한 압박—거의 눈에 띄지 않는 마법—이다.

하지만 어쨌든 조정은 행해진다. 그리고 당연히 그중 많은 조정은 시간적 연속성의 인상을 강화시켜준다. 연대순 시간을 아우르는 배열체는 언제든 흩어질 수 있는 다양한 가닥의 사건들로 이루어져 있으므로, 시간적 연속성의 인상을 유지하기란 대단히 어려운 일이다. 양심적인 역사가라고 해도 이와 같은 절박한 상황에서 벗어날 방법은 통일성을 띠는 배열체를 뒷받침해주는 무책임한 논거들을 제시하는 것뿐이다. 이것은 두 가지 임의의 사례를 통해서 증명될 수 있다.

> 첫번째 사례: 파울 벤틀란트Paul Wendland의 진정한 고전 『헬레니즘-로마 문화*Die hellenistisch-roemische Kultur*』에서는 로마제국 치하에서 미신이 발생한 것을 다음과 같이 설명한다. "로마제국 시대의 특징은 종교생활이 심화되면서 동방 종교들에 열광했다는 것이다. 이러한 변화를 조장한 외적 요인들이 있다." 벤틀란트는 외적 요인들을 요약한 후 이렇게 말한다. "문화의 쇠퇴와 과학의 몰락이 갖가지 미신을 불러온다."[7]

벤틀란트는 종방향적 영향을 강조하고 싶은 마음 탓에 완전한 가공의 생활경험—미신을 조장하는 요인은 주로 파이데이아paideia의 쇠퇴(베르너 예거의 말) 또는 과학의 몰락이다—을 끌어들인다. 정말일까? 도즈의 『그리스인과 비이성적인 것*The Greeks and the Irrational*』에서도 비슷한 주장이 나온다. 도즈의 주장에 따르면, 고대 후기의 "맥풀림failure of nerve" 현상(길버트 머리의 용어)은 점성술 수용의 원인이 되었다. 우리 현대인이 처해 있는 상황 역시 고대인과 마찬가지라고 할 수 있다. 좀더 정확하게 말하자면, 심리요법psychotherapy이 개입해 칼데아 점성술의 최신 버전으로부터 우리를 지켜주지 않는다면, 우리 현대인도 그러한 상황에 처할지 모른다.[8] 그렇지만 내가 볼 때, 벤틀란트의 주장과 상반된 해석에도 일리가 있다. 다시 말해 오늘날 흔하게 행해지는 심리요법은 헬레니즘 점성술에 대한 해독제라기보다 오히려 사이비 과학적 계산과 방침이 수반된 현대판 헬레니즘 점성술 그 자체라고 말할 수도 있다. 요컨대 벤틀란트의 주장에 대한 반론, 곧 과학적 진보가 미신의 증가를 낳는다는 반론도 가능하다.

> 두번째 사례: 마르크 블로크조차 직선적 발전을 부적절하게 강조할 때가 있다. 『봉건사회』에서 그는 아랍인, 헝가리인, 스칸디나비아인의 침략이 어떠한 재난을 초래했는지를 묘사하고 "사회가 끝없는 공포 상태에 빠져 있으면 탈이 없을 리가 없다"라고 단언한 후, 다음과 같은 이행적 문단을 삽입한다. "그렇지만 그 일대 혼란이 그저 파괴적이기만 했던 것은 아니다. 바로 그 혼란이 서양 문명의 편제에 일정한 변화를 초래했다. 그중에는 막대한 영향을 끼치는 변화도 있었다."[9]

이 문단 뒤에 오는 내용은 프랑스와 영국에서 최악의 상황이 지난 후에 어떤 일이 벌어졌는가에 대한 개괄이다. 긍정적인 면을 지닌 모든 변화는 침략의 직접적 결과였을까? 침략이 초래한 서양의 일대 혼란이 파괴적이기만 했던 것은 아니라는 블로크의 말은 이 질문에 대한 긍정의 대답을 암시한다. 그렇지만 이런 방식으로 그는 침략이 이후 사태의 원인이라는 과도한 해석을 끼워넣게 된다.

시간적 연속성은 유의미한 통일성과 밀접하게 관련되어 있다. 시간적 연속성을 지지하는 역사가가 자신이 다루는 시대를 통일된 단위로 그리고자 노력하게 되는 것은 그런 이유에서이다. 이렇듯 이야기 내용을 조정하는 통사가는 공존하는 사건들 사이의 불일치를 흐리면서 그러한 사건들 사이의 상호 연계성을 강조할 수 있다. 통사가가 편의를 위해서 명료한 영역 배열체들을 도외시하면서 자기가 고안한 상호 연계성을 강조하는 것은 거의 불가피한 일이다.

그와 같은 사례들은 랑케에서 현재에 이르기까지 높이 추앙받는 저서들에서도 종종 발견된다. 랑케는 정치사라는 창문을 통해 예술, 철학, 과학 등 인접 분야를 바라보는데, 그때마다 자기가 전면적으로 다루는 국민이나 민족이 바로 그 순간에 처해 있는 총체적 상황으로부터 각 분야의 일들을 설명해내고자 한다. 바꾸어 말하면, 그는 각 시대의 문화적 사건을 다룸에 있어서 그 사건이 일반적인 사정에 부합한다는 인상을 주는 임시변통적인 도식에 끼워맞추고자 한다. 그는 이런 사건을 연대순 시간의 흐름을 따르는 모종의 총체의 공통분모 속에 집어넣으려는 바로 그런 열의 탓에 사건의 본질, 사건의 현실적인 역사적 위치를 탐구하는 데 실패한다. 랑케는 역사가 "있었던 그대로"를 들려주어야 한다고 주장하지만, 랑케가 내놓는 역사는 왜곡된 그림이다. 랑케의 『종교개혁 시대의 독일사*Deutsche Geschichte im Zeitalter der Reformation*』에 나오는 에라스뮈스의 초상은 능란한 궁정화가가 그린 초상화가 그렇듯 실물과 닮았으되 생명력은 없다.[10] 랑케가 『로마 교황사*Die Geschichte der Paepste*』에서 귀도 레니Guido Reni와 팔레스트리나Palestrina 등 16세기 후반 이탈리아 문화의 대표주자들에 대해 논평한 것을 보면, 부적절한 것은 물론이고 오늘날이라면 대학생도 민망해할 현란하고 아마추어적인 표현들이 등장한다.[11] 그런데도 청년 부르크하르트는 이 유명한 저작을 군데군데 외우고 있었다.[12](그러나 우리들 중에서 마법적 광채에 끌리지 않을 사람은 아무도 없다. 그것이 아무리 헛된 것이라고 해도. 어렸을 때 나는 금발과 벽안의 행동가들을 향한 토마스 만Thomas Mann의 『토니오 크뢰거*Tonio Kröger*』의 터무니없기는 하지만 슬픈 노스탤지어에 반했었다. 사실 내 세대 전부가 반했었다.)

랑케의 패턴이 도처에서 답습되고 있다. 아주 동떨어진 요소들을 연관지으려고 하는 내레이터의 강박적 노력은 종종, 최대한 좋게 말해서 억지 진술로 귀결된다. 신기루 같은 통일성을 지탱할 수 있는 것은 허깨비 같은 증거뿐이다. 한스 리츠만Hans Lietzmann은 『초대교회사*History of the Early Church*』의 한 대목에서 고대 후반기 예술의 쇠퇴를 다루고 있는데, 리츠만은 그 당시 조각의 전통이 상실되었음을 언급한 후, "3세기 후반의 경제적 불황은 문학의 정신을 망쳤다"라는 문장으로 새 단락을 시작한다.[13] 통일성을 얻기 위해 경제적 조건과 예술적 표현을 연관짓는 이 진술은 아무 현실적 근거가 없는 미봉책에 불과하다. 1차대전 이후 독일에서는 심각한 경제적 불황의 시기였음에도 문학정신이 만개했었다.

다시 벤틀란트를 보자. 『헬레니즘-로마 문화』의 '개인주의' 섹션에서 그는 다양한 발전을 다음과 같은 표제로 뭉뚱그렸다.

> 이 개인주의적 경향은 과학에서는 전문 분야들의 세분화를 초래하고, 도처에서 노동 분업 및 영역 구분을 초래하며, 문학 창작에도 강력한 영향을 미친다.[14]

실체화된 일반론—'개인주의적 경향'—은 여기에서 여러 현상들의 중심 원인으로 격상된다. 허구가 실재를 낳는 형국이다. 하지만 과학의 세분화가 그 '원인'에 기인하는 결과였을 리가 없다는 사실을 우리는 현상들 자체를 일별해보기만 해도 알 수 있다. 벤틀란트는 수레를 짐말 앞에, 그것도 엉뚱한 짐말 앞에 세운다.(덧붙이자면, 『헬레니즘-로마 문화』에는 이러한 유형의 조정들이 무궁무진하다. 실언의 백미: "아우구스투스는 그 마성적인 힘으로 자신의 시대에 통일성을 각인했다."[15] 어느 한 시대의 통일성을 수립하는데 있어서 이보다 분명하기도 어려울 것이고 이보다 불분명하기도 어려울 것이다.)

그러나 이런 모든 조정은 조정되는 사료들의 속성으로 인해 원천적 한계를 가진다. 과거란 통사에 필요한 간소화 과정에 극구 저항하는 불가해한 변화들과 앞뒤가 안 맞는 사건 덩어리들로 이루어져 있다. 이야기 내용을 통사의 요구에 맞추고자 하는 역사가의 노력이 없다면, 통사는 성립될 수 없을지 모른다. 통사를 성립시키고자 하는 역사가는 구도를 만드는 형식적 조치를 동원해야 한다. 거의 모든 통사 내러티브가 이러한 조치에 의존한다. 내레이터는 내용 차원에서 성취하지 못한 것을 미학적 차원에서 성취하고자 한다.

이 대목에 오면 역사와 예술의 관계를 둘러싼 해묵은 논쟁이 눈에 들어온다. 이 문제에 대한 고대 수사가들 및 호고가好古家들의 대립하는 관점들은 여전히 범례적 의의를 갖고 있다. 로버트 그레이브스의 소설 『나는 황제 클라우디우스다*I, Claudius*』는 로마의 역사가들인 리비우스Livius와 폴리오—이 소설에서 "역사는 노인의 놀이"라는 명언을 남기는 인물—를 상충하는 두 학파의 대변자로 소개함으로써 그런 관점들을 깔끔하게 요약하고 있다. 리비우스가 폴리오를 지루하다고 비난하자, 폴리오는 시문학과 역사를 뒤섞으면 안 된다고 주장한다.

> 리비우스가 말했다. "뒤섞으면 안 된다고요? 뒤섞어도 됩니다. 서사시의 테마는 시문학의 특권이다, 그러니 역사를 쓸 때는 서사시의 테마를 사용하면 안 된다, 그런 말씀이신가요?"
>
> "바로 그런 말이라네. 역사란 무슨 일이 있었는지, 사람들은 어떻게 살고 죽었는지, 무슨 일을 하고 무슨 말을 했는지에 대한 진실한 기록이거든. 서사시의 테마는 기록을 왜곡할 뿐이지."[16]

이러한 논쟁은 현대 내내 이 대화의 골격을 유지하면서 이어져왔다.(대개 양가적 태도가 분석과 논증보다 우세했다.) 투키디데스에 대한 베리의 모순적 논평은 이러한 양가적 태도가 드러나는 좋은 예이다. 베리는 한편으로는 투키디데스가 헤로도토스Herodotos의 서사시 구도를 거부하고 "역사적 정확성을 문학적 예술성에 비해" 선호하는 점을 높이 평가하지만, 다른 한편으로는 투키티데스의 "연설들"이 "행위의 일시정지라는 예술적 목적"에 일조하는 점을 옹호한다.[17] 역사는 과학이기도 하고 예술이기도 하다는 널리 퍼진 견해에서도 이러한 양가적 태도의 우세함이 드러난다.[18] 오늘날 역사가들은 과학적 논법과 사회적 변화를 강조하지만, 그런 역사가들도 쟁점과 부딪히기보다 쟁점을 은폐하는 이런 양가적 도식에서 위안을 찾는다.[19]

쟁점과 부딪혀보기 위해서는 역사책 속에서 예술의 두 가지 기능을 분리해야 한다. 한 가지 기능은 본질적 기능이다. 마르크 블로크는 마이네케의 암시적 논의[20]를 구체화하면서, 예술의 본질적 역할에 대해서 정확하게 진술하고 있다.

> 그의 주장에 따르면, "인간의 행동은 본디 매우 미묘한 현상이므로, 수학적 측정을 통해서 포착되지 않는 면이 많다. 이것을 올바로 언어화하고 올바르게 통찰하기 위해서는…… 대단히 섬세한 언어적 표현과 대단히 정확한 어조의 결들이 필요하다." 그의 결론은 이렇다. "물리적 현실의 표현과 인간적 현실의 표현이 서로 다른 것은 선반공의 일과 류트 장인의 일이 서로 다른 것과 마찬가지다. 밀리미터 단위까지 고려하는 것은 둘 다 똑같지만, 선반공은 정밀공구들을 사용하는 반면, 류트 장인은 주로 자신의 청각과 촉각에 의존한다. ……손끝으로 느끼는 감각이 있듯 언어로 느끼는 감각이 있음을 부정할 사람은 없으리라."[21]

이렇듯 예술의 본질적 기능이 완수되는 때는, 예술이 역사가가 세운 목표일 때가 아니라 역사가가 이룬 결과일 때이다. 역사가가 어떤 사료를 다루느냐에 따라 미학적으로 훌륭한 언어가 요구되는 경우가 있을 수 있는데, 그런 경우에도 언어의 아름다움은 역사가의 이해의 깊이를 보여주는 데 그친다. 언어의 아름다움은 부산물이지 명시적 목표가 아니니 말이다. 역사가가 예술을 생산하는 때는 예술가일 때가 아니라 완벽한 역사가일 때이다. 네이미어가 위대한 역사가를 "위대한 예술가 또는 위대한 의사"에 비유할 때 그가 의미하는 것이 바로 이것이다.[22] 그가 특히 강조하는 쪽은 "위대한 의사"인데, 그가 역사가를 의사에 비유하는 근거는 의사와 역사가 둘 다 생활세계Lebenswelt에서 활동하면서 인간적 현실을 다룬다는 데 있다. 인간적 현실을 흡수하고 인간적 현실에 작용하기 위해서는 진단자의 미학적 감수성이 요구된다. 내가 볼 때, 부르크하르트는 이런 감수성을 의식하고 있다. 그가 1847년에 고트프리트 킨켈Gottfried Kinkel에게 보낸 편지에 따르면, "진짜 역사를 쓰기 위해서는 온갖 유의 기념비들로부터 흘러나오는, 엄밀한 의미의 역사가들로부터 흘러나올 뿐 아니라 예술과 시문학으로부터 흘러나오는 그 훌륭한 지성의 강물 속에서 살아가야 한다는 것을 이 사람들도 다른 몇몇 사람들도 이제 알지 못합니다……."[23]

역사에서 예술의 두번째 기능은 비본질적 기능이다. 예술이 첨가 내지 장식의 기능을 한다는 것이다. 이러한 기능의 목적은 문외한이 전문가의 글을 손쉽게 이해할 수 있게 만든다는 목적, 곧 적법하되 부차적인 목적이다. 역사는 학술적 의미뿐 아니라 공공적 의미도 있으며, 문체적 능란함이 학술적 정확성에 지장을 줄 필요는 없다. 미국역사가협회Society of American Historians는 "학술성과 문학성"[24]을 훌륭하게 결합하는 저서들에 상을 준다. 만약 "문학성"을 갖춘다는 것이 문장력에 신경쓰는 것을 뜻할 뿐이라면, 미국역사가협회의 정책에 반대하는 층은 문장력에 신경쓰지 않는 것이 박식함의 필요조건이라 믿는 전문가들뿐이리라.* 역사가의 미학

* 여기서 나는 직업으로서의 글쓰기를 말하는 것일 뿐, 훌륭한 역사가-진단가의 특권으로서의 글쓰기를 말하는 것은 아니다. 훌륭한 역사가-진단가의 경우, 문장의 예술은 해석의 예술에 전적으로 의존한다. 그가 자신의 통찰을 적절하게 전달하기 위해서는 "언어로 느낄" 수 있게 해야 하는 것은 사실이지만, 이것이 그가 반드시 능수능란한 작가여야 한다는 의미는 아니다.

적 노력이 어느 선을 넘어가면 역사가의 본질적 과업을 침해하게 된다.(고故 개럿 매팅리Garrett Mattingly가 들려주는 스페인 무적함대 Armada와 아라곤의 캐서린Catherine of Aragon에 대한 이야기는 그런 선에 아슬아슬하게 접근한다. 때로 선을 넘어가는 것 같기도 하다.) 역사가가 (역사가의 지위와 아울러) 예술가의 지위를 동경하는 순간—다시 말해 자기가 다루는 자료를 자기의 비전에 따라서 조형할 수 있는 예술가의 자유를 가지려고 하는 순간—엄밀한 의미의 역사적 연구의 의도하지 않은 아름다움이 의도적 노력의 아름다움으로 대체된다. 역사가가 예술가로 성공하면 역사 그 자체는 많은 경우 실패한다. 결론적으로 말해서, 역사가 과학인 동시에 예술이라는 말이 유의미할 때는 예술이 역사의 외적 요소가 아니라 역사의 내적 속성일 때, 예술이 일차적으로 드러나는 곳이 역사가의 자기삭제 및 자기확장 능력, 그리고 역사가의 진단과 탐구의 취지일 때, 다시 말해 예술이 익명성을 잃지 않았을 때로 한정된다.

자신의 이야기 형식에 특별한 관심을 기울이지 않는 통사가는 자신의 내러티브를 지탱할 수 없다. 물론 통사가가 반드시 '문학성'을 추구 내지 성취할 필요는 없다. 통사가의 글솜씨가 좋지 않을 수도 있으니 말이다. 통사가가 형식에 관심을 기울여야 한다는 말은 예술가가 자기의 재료에 형태를 부여하기 위해 예술적 장치들을 사용하듯 통사가도 문학적 장치들을 사용해야 한다는 뜻이다. 다시 말해 통사의 경우에 예술의 부차적 기능이 본질적 기능이 되면서, 미학적 구도는 외적 장식이 아닌 내적 요건이 된다. 이러한 미학적 구도는 한편으로는 이야기 내용을 압박하고, 다른 한편으로는 모종의 패턴, 연결되지 않은 것을 연결하고, 허황된 맥락을 세우며, 이로써 시간 배열체의 통일성을 강화하는 패턴을 만들어낸다. 그러니 통사의 인도를 순순하게 따라가는 독자들은 '시간' 속을 안전하게 여행할 수 있다. 그들의 입장은 유럽 도처에서 발견되는 휴가철 패키지 관광객의 입장—샛길에 들어설 수 없는, 여행사가 미리 정해놓은 노선에서 전혀 벗어날 수 없는 입장—과도 흡사하다. 통사 내러티브는 이런 식의 형식적 조정에 전적으로 의존하고 있으므로, 최고의 안목을 자랑하는 통사가라 해도 자기가 다루는 자료에 이러한 조정을 시행할 수밖에 없다. 베르너 케기Werner Kaegi에 따르면, 부르크하르트의 『이탈리아 르네상스의 문화』는 "소재에 대한 힘겨운 숙고에서 비롯된 것인지, 형식적 윤곽을 그려야 한다는 조형적 필요에서 비롯된 것인지 정확하게 알 수 없는" 형식적 조정들을 포함하고 있다.[25]

표면적 조치들 가운데 많이 사용되는 방법이 엉터리 이행이라는 방법이다. 이 방법은 허황된 흐름을 만들어내면서, "성취 불가능한 논리적 일관성을 미학적 일관성으로"(크로체의 표현)[26] 대체한다. 다음은 닐슨의 글이다.

> 아우구스투스 시대에는 예술이 고전주의로 회귀했고, 그 뒤를 이은 황제들의 시대에는 다양한 사조가 나타났던 반면에, 하드리아누스 황제 치하 2세기에 나타난 사조는 옛것을 찾는 낭만적 회귀(의고주의)였다…….[27]

이 문장에서 닐슨은 아무 쓸모 없는 정형화된 일반론을 늘어놓는 한편으로, 일련의 시대의 예술 운동들을 잇는 다리를 놓는다. 그러나 이것은 순전히 언어의 다리다. 이 다리를 놓는 것은 단 하나의 단어, 곧 "반면에"라는 그리 튼튼하지 않은 단어이다. 의심 없는 독자들은 자기가 건너는 다리가 튼튼한 줄 알겠지만 그것은 또 다른 문제이다.

피렌의 『유럽사』는 이런 유의 술수들로 가득하다. 그것은 아마도 이 책이 한꺼번에 다뤄져야 하는 각종 테마를 신속하게 검토하고 있기 때문일 것이다.

피렌은 이탈리아에서 르네상스를 낳은 발전들을 논의하면서, 우선 북이탈리아 부르주아 계급을 상술하며, 피렌체를 찬양하는 문단으로 끝맺는다. 그는 이어 교황령을 다루는데, 첫 문단은 다음과 같이 시작된다. "부의 면에서나 정치적·사회적·지적 활동의 면에서나 교황령은 롬바르디아나 토스카나에 필적할 수 없는 곳이었다. 교황령에 대해 말하자면……."[28]

이러한 이행을 지탱하는 것은 불필요한 비교 내지 대조이며, 이러한 이행이 증명하는 것은 문체 접착제를 향한 불굴의 집념이다.

다른 대목에서 피렌은 알폰소 5세의 통치, 그리고 스페인에서 아라곤이 갖는 의의를 다룬다. "스페인은 피레네 산맥으로 인해 유럽과 단절돼 있는데, 그런 스페인에게 유럽과 연결될 수 있는 유일한 통로인 지중해라는 고속도로를 열어준 것이 바로 아라곤이었다." 그런 다음 그는 우리의 관심을 카스티야 왕국으로 돌리고자 한다. 하지만 이렇게 화제가 바뀌면 우리가 너무 큰 충격을 받지는 않을까? 충격을 완화시키려는 것인지, 그는 다음과 같은 이행 문장을 끼워넣는다. "그러나 진짜 스페인은 아라곤이 아니라 카스티야였다. 카스티야에 대해 말하자면……."[29] 이후로는 카스티야 관련 정보들이 이어진다.

이 문장을 보니 생각나는 일화가 있다. 동물학 교수가 학생에게 코끼리에 대해 설명해보라고 한다. 배운 것은 파리에 대한 것밖에 없었던 학생은 대답한다. "코끼리는 파리에 비하면, 아주, 아주 큽니다. 파리에 대해서 말하자면……."

접착적 이행이라는 마무리 작업은 보다 실질적인 다른 조치들로 이어져야 하며, 접착적 이행 그 자체만으로는 거의 아무런 의미가 없다. 이와 같은 조치들 전체가 목표하는 것은 통사 내러티브를 튼튼하게 만드는 것이다. 이러한 조치가 취해진 통사 내러티브는 예술작품을 연상시키는 전체성의 느낌을 준다. 이데올로기적 지지대가 없다면, 이와 같은 형식적 조치는 그만큼 더 필요할 것이다. 미학적 차원의 접착제를 만들어내야 한다는 과제는 여러 가지 방식으로 해결될 수 있다. 첫째, 내레이터는 사건들과 상황들로 이루어진 일련의 파동을 서사시의 형식으로 구성할 수 있다. 둘째, 내레이터는 마치 극작가가 하듯 극적 서스펜스를 노릴 수도 있다. 셋째, 내레이터는 독특한 분위기를 자아내는 방식으로 이야기를 조형할 수 있다.(예를 들면, 하위징아의 『중세의 가을』)

이런 조치들은 영화에서도 사용될 수 있다. 영화 스토리가 영화적인 정도는 영화 스토리가 카메라-현실에 투명한 정도에 비례한다. 우발성과 미결성을 특징으로 하는 이 카메라-현실은—마치 질긴 사건들로 이루어진 역사계가 그렇듯—부분적으로만 구성적이므로, 여기서는 스토리나 스토리 파편을 쉽게 찾아낼 수 있다.(예를 들면, 플라어티Flaherty의 〈북극의 나누크*Nanook of the North*〉 등) 이런 영화들은 영화라는 매체에 충실하다. 에피소드 영화들도 마찬가지다. 스토리나 스토리 파편은 분명 카메라-현실에 적합하다. 에피소드 영화 역시 카메라-현실에 적합하다. 생활의 흐름 속에서 나왔다가 생활의 흐름 속으로 사라진다는 것이 바로 에피소드의 정의이다. 엄밀하게 말하자면 이런 영화들이 영화적이라는 느낌을 주는 것은 그만큼 투과성이 있기 때문이다. 다시 말해 영화가 영화적이라는 느낌을 주려면 생활의 갖가지 우발적 현상을 투과시킬 수 있어야 한다. 이런 의미에서 많은 상업영화는 영화라는 매체에 불충하다. 기성 예술들의 명성에 경의를 표하는 이런 영화들은 (성공한) 무대연극이나 소설을 각색한 이야기, 또는 그런 유의 작품들의 형식과 내용을 토대로 만들어진 이야기를 들려준다. 이런 영화들이 바로 “연극적 영화”, 곧 조밀성을 위해 투과성을 희생하는 영화, 카메라-현실의 차원에서 펼쳐지는 대신 카메라-현실의 차원을 넘어선 곳에서 펼쳐지는 영화이다. 연극 〈로미오와 줄리엣*Romeo and Juliet*〉에서 수도사가 줄리엣의 편지를 제때 전해주지 못한다는 것은 ‘운명’의 장난을 보여준다는 점에서 중요한 의미를 지닌다. 그러나 카스텔라니Castellani의 영화 〈로미오와 줄리엣〉에서는 동일한 사건이 이유 없는 외적 간섭, 아무 이유 없이 사건의 흐름을 바꾸는 스토리 전환으로 느껴진다. 영화는 질료 연속체를 지향하는 반면, 이런 상업영화들은 이데올로기적 연속체에 해당한다. 이데올로기적 연속체라는 이 엉터리 존재단위가 카메라-생활에 통합되기 위해서는 심리-물리적psychophysical 구성요소들로 부서져야 한다.[30]

통사 내러티브는 연극적 영화와 비슷하다. 둘 다 조형적 필요에 따라 그 음조가 정해진다. 심지어 로스톱체프의 로마 소사小史마저, 스파르타쿠스Spartacus의 반란을 그저 지엽적인 작은 사건으로 축소함으로써 의도치 않게 조형적 필요에 항복한다.[31] 물론 그가 무지해서 그런 것은 아니었다. 다만 그는 바야흐로 세워지려 하는 건물을 무너뜨릴 일은 피했던 것이다.

이런 모든 장치와 기법은 조화와 일치를 지향한다. 다시 말해 이런 장치들과 기법들에 깔려 있는 의도는 현대예술의 의도와는 상반된다. 현대소설의 선구자인 제임스 조이스James Joyce, 프루스트, 버지니아 울프Virginia Woolf는 기존 소설이 하듯 전기적 전개를 펼치거나 연대순 배열체를 그리기를 원하지 않는다. 오히려 그들은 시간에 따라서 펼쳐지는 (허구적) 연속성을 단호하게 해체한다. 프루스트의 작품 전체를 뒷받침해주는 확신은, 그 누구도 온전한 전체가 아니라는, 우리가 누군가를 보고 그에게서 받은 인상을 설명하는 사이 그라는 사람이 변하기 때문에 우리가 누군가에 대한 안다는 것은 아예 불가능하다는 확신이다.[32] 에리히 아우어바흐Erich Auerbach의 표현을 빌리면, 이런 현대 작가들은 "몇 시간 아니면 며칠 동안 일어나는 임의의 일상적 사건의 이용을 총체적인 외적 연속체의 완전한 연대순 재현보다 선호한다. ……그들이 지침으로 삼는 생각은 총체적인 외적 연속체를 완전하게 다루는 동시에 본질적인 것을 드러나게 하기란 불가능하다는 생각이다. 그들의 주제는 생활 그 자체이며, 그들은 생활에 들어 있지 않은 외부적 질서를 생활에 부과하기를 꺼려한다."[33] 바꾸어 말하면, 그들은 마치 원자 같은 지극히 소소한 사건들 속에서 현실을 찾는다. 그들이 볼 때는 이러한 사건들 각각이 엄청난 에너지의 중심이다. '생활의 질서'는 미리 주어져 있지 않으므로 존재한다거나 존재하지 않는다고 단정할 수 없다. 생활, 진짜 만져지는 생활이란 작은 무작위적 단위들 속에서 실현되는 것이라고 할 때, 그들은 그런 작은 단위들이 의미 있게 연결됨으로써 마지막에 가서 지평선에 모종의 전체의 희미한 윤곽이 그려지리라는 것을 좀처럼 믿으려고 하지 않는다.

현대예술은 통사가의 영감의 원천인 예술적 이상에 근본적으로 이의를 제기한다. 통사가가 통사를 구축하기 위해서는 예술적 이상을 영감의 원천으로 삼아야 한다. 이렇게 미학적 감수성이 변화하면서, 통사가의 미학적 일관성 추구는 그 매력을 상당 부분 잃어왔다. 또한 통사가가 성취할 수 있는 '문학성'은 지금 우리의 미 개념과는 어긋난다.[34] 매팅리의 멋진 역사들의 미는 낡은 데가 있다.

현대 작가들과 현대 예술가들의 파괴적 의도는 종합을 노리며 '외적인 총체적 연속체'를 강조하는 내러티브에 대한 역사가들과 사상가들의 점증하는 의혹과 비슷한 데가 있다. 이런 유사성들 사이에서 하나의 원인을 찾아보고 싶어지는 것도 사실이다. 하지만 시대정신Zeitgeist이란 신기루이다. 교차영향들을 상쇄하는 온갖 불일치가 존재하기 때문이다. 부르크하르트는 인간사의 불연속성을 느끼는 예리한 감각과 예술작품의 조화로운 전체성을 선호하는 솔직한 취향을 결합한 바 있다.

실제로 통사에 대해서 많은 의혹과 비판이 제기된다. 그런 비판들을 다루기에 앞서 내가 독자에게 경고하고 싶은 것은 통사가의 이야기가 현실에 충실한 이야기인가를 묻는 최근의 경향을 그런 비판들과 혼동하지 말라는 것이다. 처음부터 현대 역사학의 업은 마치 페넬로페처럼 종합의 옷감을 짰다 풀었다 하는 것이었다. 그러니 현실에 충실한 이야기인가는 요점을 벗어난 문제이다. 내가 다루고자 하는 것은 오히려 통사 그 자체에 대한 부정적 태도이다. 이러한 반론은 다양한 분야에서 직간접적으로 제기된다.

통사에 대한 발레리의 반론은 자연과학적 접근이 옳다는 불굴의 신념에서 비롯되었으며, 그것만 아니었다면 좀더 설득력이 있었을 것이다. 지성계의 장면을 명민하게 관찰할 줄 아는 발레리는 한편으로는 혼돈을 꿰뚫어보지 못하는 통사를 비난하지만, 다른 한편으로는 포시용-쿠블러 명제에 발맞추어 이른바 "명료한 연속성"—개별 역사 속에서 발견되는 연속성—에 관한 연구를 옹호한다. 발레리에 따르면, "나는 때로 전문분야—건축, 기하, 항해, 정치경제, 전술—의 역사를 읽으며 뭔가를 배운다. 이런 전문분야들에서는 각각의 사건이 또다른 사건의 자식"인 반면, "통사에서는 각각의 자식이 천 명의 아버지를 둔 것 같고, 각각의 아버지가 천 명의 자식을 둔 것 같다."[35]

발레리는 문제의 핵심, 곧 자기가 돌보는 모든 업둥이에게 아버지를 찾아주고 싶어하는 통사가의 치명적 성향을 지적한다. 통사가는 아버지를 찾는 일을 설명하는 일로 오해한다.[36] 오늘날 통사를 공격하는 비판들이 주로 겨냥하는 것이 바로 이런 강박적인 아버지 찾기recherche de la paternité, 곧 기원, 광범위한 전개, 종방향적 영향 등을 지나치게 중시하는 태도이다. 예를 들어 헥스터는 봉건시대 이후 토지 귀족이 지속적으로 몰락하고 부르주아 계급이 부상했다는 통념을 타파하고자 한다. 종합을 노리는 역사가들은 마르크스주의자든 아니든 이 통념을 매우 중시한다. 헥스터가 이 통념을 비판하는 근거는 이 통념이 암시하는 직선적 발전이 "상상적 구축", 생성의 사슬이라는 이미지를 불러일으키기 위해 만들어진 허구에 불과하다는 점이다. 헥스터가 볼 때, 이 통념은 그 변화에 대해 설명해주지도 않고, 그 변화의 필연성을 증명해주지도 않는다. 비판은 권고로 이어진다. 역사학을 개선하고자 한다면, "모든 역사가는 자신이 다루는 시공간을 재검토해야 할 것이고, 그 제한된 시공간 속에서 생긴 일을 들려주기 위해서는 지금 통용되는 낡아빠진 어휘 대신 그 시공간의 특징을 더 잘 끌어낼 수 있는 어휘를 고안해야 할 것이다."[37]

마찬가지로 피터 래슬럿Peter Laslett은 이른바 17세기 '과학혁명Scientific Revolution'을 사회경제적인 대규모 발전—예를 들면, 중간계급의 도래와 자본주의 경제의 도래—으로 설명하는 습관을 비판한다. 이러한 습관은 역사가들 사이에서 대단히 흔하다. 17세기 연구자인 래슬럿은 스튜어트 왕조 시대의 영국에는 지금 우리가 생각하는 중간계급은 존재하지 않았다는 주장을 펼치며, 합리적 과학의 관점이 성장한 과정을 경제적 합리화 과정에 결부시키려고 하는 교과서를 꾸짖는다. 이런 모든 비판을 요약하는 것은 통일성을 제공하는 상상적 관념을 부과하는 것과 그러한 관념을 해석의 지렛대로 사용하는 것에 대한 그의 반박이다.[38]

또 블루멘베르크는 진보의 이념이 종말론적 역사 해석의 세속화라는, 널리 인정되는 관점에 이의를 제기한다. 이 관점에 따르면, 무한한 세속적 진보를 향한 소망은 궁극적 구원을 향한 종교적 소망의 직계 후손이다. 초현실이 내면으로 옮겨진 것이다. 실제로 그런 계보란 없다. 블루멘베르크가 볼 때, 우리의 진보 개념은 신구논쟁에서 비롯되었으며,[39] 진보 개념이 종교에서 비롯되었다는 믿음은 순전한 착각이다. 이 착각이 사라지지 않는 이유는 진보라는 세속적 개념이 잉여의 기능을 떠맡게 된 데에 있다. 한때 메시아적 예언들이 충족시켜주던 유의 인간적 필요를 이제 이 진보 개념이 충족시켜주어야 하는 것이다. 『공산당 선언*Communist Manifesto*』이 불러일으키는 기대감이 메시아적 예언들이 불러일으키는 기대감과 같은 것이라고 하더라도, 『공산당 선언』의 실질적 내용이 그런 기대감에서 기인한다고 말할 수는 없다. 직선적 발전을 지지하는 전통적인 정신사Geistesgeschichte에 대한 블루멘베르크의 이러한 반론은 우리는 생각과 이념이 자생적이라고 말할 자격이 있다는 전제를 깔고 있다. 내가 볼 때 이것은 지극히 중요한 전제이다.[40]

이러한 전면 공격들이 존재하는 한편으로, 통사에 대한 수동적 저항도 존재한다. 네이미어가 일관성 있는 내러티브를 쓰지 않기 위해 줄곧 애썼다는 점은 많은 평자들이 지적했다.[41] 한편, 통사에 대한 부르크하르트의 뿌리 깊은 의혹이 드러나는 대목들은 바로 그가 이런저런 이유에서 연대순 배열체의 흐름을 따라가는 것이 적당하겠다고 판단하는 대목들이다. 그런 대목에서 그가 자주 사용하는 '지금nun'이라는 단어—영어로는 'now'—는 매우 흥미로운 데가 있다. 그가 그리스 폭군들의 시대에 어떤 사건들이 이어졌는가를 기술하는 대목을 보자. 많은 폭군들은 대중의 환심을 사기 위해 무거운 부채를 탕감해주고 귀족의 토지재산을 몰수했다. 그러나 그의 말대로라면 뇌물은 별다른 성공을 거두지 못한다. 변덕스러운 대중은 폭군에게 회유당해 폭군의 대의를 지지하게 되자마자 가장 높은 권력자가 아예 없는 것이 좀더 낫겠다고 생각하게 되기 때문이다. 그런데 이 지점에서 '지금'이 연대순 시간에 혼란을 일으킨다. "그리고 지금 그[폭군]는 권력 획득이 권력 유지에 비해 훨씬 쉬운 일이라는 것을 경험해야 한다."(강조는 내가 한 것)[42] 그의 이야기는 이런 '지금들'로 가득하다. 마치 이야기에 구멍이 뚫린 것 같다. 이 구멍을 통해 내레이터는 연대순의 독재를 벗어나 더 영원한 영역, 자유롭게 현상학적 묘사에 빠질 수도 있고 자신의 경험을 전할 수도 있고 인간의 본성에 대한 자신의 통찰을 쏟아놓을 수도 있는 영역으로 탈출한다. 내레이터가 들려주는 이야기가 뭔가 다른 것으로 바뀌는 것은 아니지만, 이야기의 '앞'과 '뒤'를 연결하는 영향관계들은 마치 근육이 풀리듯 느슨해진다. 부르크하르트는 영향관계에는 별로 관심이 없다. 그가 강조하는 것은 과거 사건들의 가능한 인과가 아니라 과거 사건들이 후대에 초래한 결과와 과거 사건들이 당대 사람들의 안녕에 미쳤던 영향이다. 예컨대 그는 그리스의 폴리스가 폴리스 구성원들의 행·불행에 어떠한 영향을 미쳤나를 질문한다.[43] 역사의 '행운'과 '불운'에 대한 그의 고찰들[44]은 관객 앞에 펼쳐지는 다채로운 장면에 대한 논평 형식으로 윤리적인 문제들을 제기한다. 그리고 이 윤리적인 문제들은 미학적인 문제들과 복잡하게 얽혀 있다. 그는 마치 예술 애호가가 미와 추를 가늠하듯 윤리적인 문제들을 가늠한다. 단, 통사가가 미학적 배치를 사용하는 것은 연대순적 연속성의 인상을 강화하기 위해서인 반면, 부르크하르트가 미학적 차원으로 도피하는 것은 역사란 우리가 헤쳐나가야 할 우발들로 가득 차 있음을 확실하게 일러주기 위해서이다.

그러나 이것이 통사의 전부는 아니다. 통사에 대한 반론이 타당한 것 같기는 하지만, 그러한 반론이 종합, 대규모 내레이션을 향한 노스탤지어를 억누르는 데 성공한 것은 아니니 말이다. 통사는 무너질 수밖에 없지만 동시에 난공불락이다. 통사는 개별 분야 전문가들의 광장공포증, 너무 넓은 테마와 너무 넓은 공간에 대한 그들의 두려움에 굴복해서 점점 없어지는 것 같기도 하지만, 여전히 우리의 마음을 사로잡고 있다. 현대 역사가인 벌린에 따르면, "가장 오랫동안 칭송받는 역사가가 어떤 역사가인가를 자문해본다면, 우리는…… 가장 오랫동안 칭송받은 역사가란…… (문학 작가처럼) 사람들·사회들·상황들을 보여주되 여러 차원에서 보여주고 서로 교차되는 여러 수위에서 동시에 보여주는 역사가라는 것을 알게 될 것이다……."[45]

모든 통사가를 괴롭히는 방법론적 혼란상을 십분 의식하는 역사가들도 벌린이 말하는 과거 대가들의 업적에 매료되기는 마찬가지다. 통사의 이론적 품위를 되찾아주려는 산발적 시도들이 나오기도 한다. 이런 시도들의 공통점은 장기적 전개를 수립하는 일과 그러한 장기적 전개를 부정하는 모든 사실과 정황을 인정하는 일을 화해시키고자 한다는 것이다. 통사를 명시적으로 반대하는 역사가인 헥스터도 그런 시도를 한다. 헥스터가 비중 없는 역사가로 보인다는 점이야말로 통사의 영원한 매력을 보여주는 최고의 증거이다. 한편으로 헥스터는 광범위한 통사 내러티브란 순전한 상상적 구축에 빠질 수밖에 없다고 비난하면서, 범위가 비교적 한정된 역사로 통사를 대체해야 한다고 주장한다. 그러나 다른 한편으로 헥스터는 통사를 살리는 데 유리한 타협안을 내놓는다. 헥스터가 볼 때, 내레이터가 통사의 최악의 결점을 줄이는 방법은 주요 변화상과 마주칠 때마다 이야기를 중단하고 그런 변화상을 현재의 조건에 연결시키는 것이다. 헥스터에 따르면, 내레이터가 장기적 영향관계에 관심을 갖는 것은 불가피하지만, 그러한 관심은 "시간 통로들"[46]을 따라 흘러가는 사건의 행렬을 이루는 (그러면서 사라지는) 이질적인 요소들의 상호작용을 탐구함으로써 제어될 수 있다. 이것이 실행 가능한 타협안인지는 아직 확실하지 않다.

포괄적 거시사의 공동편찬 역시 이러한 타협의 시도 중 하나라고 할 수 있다. 이러한 시도의 원형은 액턴 경Lord Acton의 『케임브리지 현대사*Cambridge Modern History*』이다. 이런 공동작업의 편집진은 개별 분야 전문가들의 학술논문을 연결하고 서로 조정함으로써 일석이조—총체적 연대순 배열체를 내놓는 동시에 그런 배열체를 다루는 내러티브에 나타나기 쉬운 왜곡이나 단축foreshortening 등을 피하는 것—를 노린다. 그들이 원하는 것은 일련의 미시사를 연결함으로써 거시사를 구축하는 것이다. 그러나 이것은 기계적 방편일 뿐이다. 역사의 수위가 다르면 역사를 다루는 방식도 달라야 하는데,

그런 학술논문 모음집이 통사의 본질인 전체성을 획득할 수 있을지는 극히 미심쩍다.*

이런 타협안(그외 많은 타협안이 추가될 수 있다)은 통사가의 문제들을 해결하겠다고 나서지 않는다. 해결책이 있는지도 알 수 없다. 유일하게 실질적인 해결책—일단 해결책이라고 치자—이 나온 것은 수세기 전 『트리스트럼 섄디』에서였다. 우리가 이 해결책을 소개할 수 있는 것은 진짜를 알아볼 줄 아는 로버트 머턴의 재발견 덕이다.[47] 역사라는 혼돈 속을 어떻게 파고들 것인가라는 질문에 트리스트럼은 통째로 옮기고 싶다는 유혹을 뿌리칠 수 없을 만큼 잊지 못할 답을 내놓는다.

> 역사가가 역사를 똑바로 몰아갈 수 있다면, 노새 몰이꾼이 노새를 몰고 가듯 몰아갈 수 있다면, 예를 들어 로마에서 로레토까지 고개 한 번 안 돌리고 몰아갈 수 있다면, 왼쪽으로도 안 돌리고 오른쪽으로 안 돌리고 몰아갈 수 있다면, 그런 역사가는 독자 여러분께 언제 목적지에 도착할지 시간까지 정확하게 말씀드려볼 수 있겠지만, 그것은 도의적으로 말씀드려서 불가능한 일입니다. 얼빠진 인간이 아닌 다음에야 이 사람, 저 사람 만나서 같이 가다보면 원래 가던 길에서 벗어나 옆길로 새야 할 결단코 피치 못할 일이 쉰 번쯤은 생길 테니 말입니다. 또한 얼빠진 인간이 아닌 다음에야 눈을 끄는 멋진 전망들을 계속 만날 테고, 그때마다 걸음을 멈추고 바라보지 않는다는 것은 날아가버리는 것 못지않게 불가능한 일이니까 말입니다. 그것뿐이 아닙니다. 얼마나 할 일이 많은지,

*이미 나온 1권으로 미루어보자면, 국제적 협력작업의 결과물로 근간에 발행된 유네스코UNESCO의 『인류사*History of Mankind*』는 다소 덜 기계적인 방식으로 조직되고 있다. 그러나 몇몇 항목이 논쟁의 소지가 있다는 점을 감안하더라고 전반적으로 타협의 성격을 띠고 있다.

경비를 맞추고
일화를 주워 모으고,
글을 해독하고,
이야기를 엮고,
껍데기 전통을 걸러내고,
저명인사들을 찾아뵙고,
이 문에는 송덕시를 붙이고,
저 문에는 풍자시를 붙여야 하는데, 이런 일은 노새 몰이꾼도 노새도 전혀 할 필요가 없는 일이지요. 간추려서 말씀드리자면, 모든 단계마다 문서보관소를 찾아가서 갖가지 명부와 기록과 증서와 끝없는 족보를 들추어야 하고, 공정을 기하기 위해서 몇 번이고 다시 찾아가서 들추어야 하니, 한마디로 말해, 끝이 안 납니다…….[48]

통사의 문제가 바로 이것이다. 트리스트럼의 내러티브가 어린 시절을 넘지 못하듯—그는 이야기할 것과 들추어볼 것이 너무 많다—트리스트럼의 뒤를 잇는 역사가가 로레토에 도달하기란 "도의적으로 말씀드려서" 불가능하다. 역사가는 노새 몰이꾼이 아니니까.[49]

이처럼 통사는 전설과 『플뢰츠 역사편람*Ploetz' Manual of Universal History*』—우리가 초등학생 때 전쟁들과 제왕들의 연월일을 암기하기 위해 사용했던 그 불멸의 연대기—의 사이 어딘가에 있는 잡종이다. 통사라는 이 불가능한 장르의 놀라운 수명을 어떻게 설명할 것인가? 우리가 '상상적 구축'이라고 여기는 것들, 곧 인류의 운명에 대한 종교적 예언들, 신학적 추론들, 형이상학적 이념들이 오랜 세월 동안 통사의 존재이유raison d'être였다. 역사의 행보에 대한 우리의 관심은 바로 그런 것들에 기초한다. 모든 기본적인 연구는 '위'로부터의 접근에서 시작되었으며, 그것은 제국들과 민족들의 운명에 대한 연구도 마찬가지였다. 이러한 접근이 '아래'로부터의 접근에 항복한 것은 현대에 이르러서였다. 그렇지만 완전한 항복은 아니었다. 오래된 질문들·목적들·신기루들이 그대로 머물러 있으면서 자기의 시대에 관여하는 역사가의 필요들 및 관심들과 함께 작용한다. 이런 것들 역시 역사가가 전체로서의 과거라는 시간 배열체를 설명해줄 것을 요청한다. 이처럼 현재적 관심과 전통적 관심 둘 다의 영향을 받는 역사가는 로레토까지 곧장 노새를 몰고가는 수밖에 없다. 통사가 대체로 비역사적 목적에 봉사하니 망정이지 그렇지 않다면 더욱 공격에 취약할 것이다.

8

대기실

역사적 현실과 사진적 현실은 일종의 대기실이라고 할 수 있다. 양쪽 현실 모두 정해진 탐구 방법이 없다. 양쪽 현실을 구성하는 재료는 체계적 사유로 정리되지도, 예술작품의 형태로 조형되지도 않는다. 역사적 현실을 탐구함으로써 얻어지는 통찰들과 카메라의 도움으로 물리적 현실을 탐구함으로써 얻어지는 통찰들은 단순한 여론에 비하면 상위에 있지만, 철학이나 예술이 도달하거나 지향하는 궁극적 진실에 비하면 하위에 있다. 역사적 현실의 재료와 물리적 현실의 재료가 본질적으로 잠정적이듯, 이러한 재료의 기록·탐구·통찰 역시 본질적으로 잠정적이다. 여론이 만들어지는 혼탁한 영역과 인간의 고귀한 소망의 산물이 거하는 높은 영역 사이에는 두 영역과 구별되는 또다른 지식의 영역이 있건만, 그러한 영역이 존재하지 않는다는 전통적 편견에 근거한 오해로 인해서 현대적 의미의 역사의 영역과 사진의 영역에는 지금껏 그림자가 드리워져왔다. 사진이 전통적 의미의 예술이라는 오해 또는 쓸모없는 인상들을 산출하는 기록 매체라는 오해에 시달려왔듯, 역사는 하찮은 여론이 펼쳐지는 분야라는 오해 또는 철학자나 예술가가 아니고는 제대로 감당할 수 없는 분야라는 오해에 시달려왔다. 내가 『영화 이론』[1]에서 사진을 위해서 행한 것을 이 논고에서는 역사를 위해서 행하고자 한다. 아직 완전하게 인정받거나 평가받지 못한 중간계 특유의 속성을 밝혀내는 것이 바로 그것이다.

역사의 고유한 맥락에서 역사와 만난다는 것은 철학이나 예술의 시각에서 보면 대기실에서 멈추는 것이나 마찬가지다. 그러나 대기실에서 멈추는 것이 대단한 의의가 있을까? 끝에서 두번째 세계에 머물며 시간을 허비하기보다 맨 끝 세계를 직접 공략하는 편이 낫지 않겠는가? 내 과제를 완수하기 위해서는 대기실 통찰의 의미에 대해서 고찰해야 할 듯하다. 내가『영화 이론』에서 지적한 것처럼, 우리는 사진을 통해서 처음으로 "지구라는 우리의 서식지"(가브리엘 마르셀Gabriel Marcel)에 익숙해지며, 이로써 일반론을 극복할 수 있게 된다.[2] 다시 말해 우리는 사진을 통해서 사물을 넘어서는 사유가 아닌 사물을 관통하는 사유를 할 수 있다. 달리 표현하면, 외부 세계의 찰나적 현상을 구체화시키는 일, 그리고 이로써 외부 세계의 찰나적 현상을 망각에서 구원하는 일이 사진 덕에 훨씬 수월해진다. 역사에 대해서도 이런 유의 이야기를 해야 할 것이다.

예비적 경계 설정

그렇지만 앞으로의 연구를 위해 일단 (잠정적이라고 해도) 역사학 영역을 구획해보겠다. 역사와 엄밀한 의미의 과학적 접근이 어떻게 다른가, 역사와 예술은 어떻게 다른가 등에 대해서는 이미 1장과 7장의 해당 맥락에서 다루었고, 역사적 지식이 단순한 의견과 어떻게 다른가에 대해서는 굳이 설명하지 않아도 될 것이다. 남은 문제는 역사와 철학이 어떻게 다른가 하는 문제이다.

그런데 철학 일반을 어떻게 정의할 것인가? 명확한 참조 틀 없이는 불가능하다. 철학적 사유의 특징을 찾아낼 수 있는 최선의 방법은 역사가가 무엇을 철학적 사유의 특징으로 보느냐를 확인하는 것이리라. 딜타이는 역사가 철학을 어떻게 보느냐를 다음과 같이 요약한다. "철학에서는 항상 보편성을 지향하는 경향, 인과를 지향하는 경향, 주어진 세계 전체를 지향하는 경향이 있었다. 또한 철학에서는 세계 전체의 핵심을 파고들고자 하는 형이상학적 충동과 지식의 보편타당성에의 실증주의적 요구가 투쟁하고 있다. 이 두 측면은 철학의 본질로서, 철학은 이런 측면들을 통해 철학과 대단히 밀접한 기타 문화 영역들과 구분된다. 철학은 과학과는 달리 세상과 생명 그 자체의 수수께끼를 해결하고자 하지만, 예술이나 종교와는 달리 보편타당한 형식의 해답을 제공하고자 한다."[3] 딜타이 등의 예에서 알 수 있듯,[4] 역사가는 철학의 특징으로 다음과 같은 것들을 드는 경향이 있다.

첫째, 철학이 밝히고자 하는 것은 인간이 궁극적으로 관심 갖는 것들의 진실—존재란 무엇인가, 앎이란 무엇인가, 선이란 무엇인가, 미란 무엇인가, 특히 역사란 무엇인가—이다. 철학은 맨 끝 세계를 다루면서 그 세계가 존재한다고 가정하기도 하고 그 세계가 존재하지 않는다고 의심하기도 한다. 철학이 가장 높은 곳에 있다고 주장할 수 있는 것은 부분적으로는 이런 이유에서이다.

둘째, 철학적 진술은 가장 보편적인 진술, 모든 특수자들이 자동적으로 포괄되리라고 전제하는 진술이다. 사실상 모든 역사철학이 역사 전체에 대한 명료한 그림을 지향한다. 철학이 가장 중요하다는 주장이 나오는 것도 세계에 대한 철학의 일반적 진술이 철학에 의해서 진술된 세계를 온전히 포괄한다는 확신 때문이다.

셋째, 철학적 진술이 지향하는 것은 객관적 타당성이다. 적어도 자신이 경험적 증거에 의존한다는 것을 인식하는 역사가는 그렇다고 생각한다. 거칠게 말하면 철학은, 절대자를 전제하는 철학이든 절대자를 부인하는 철학이든 상관없이, 절대적 권위를 가지는 진술—시공간의 조건에서 해방되고자 하는 진술—을 지향한다. 철학의 이러한 특징은 인간 이성의 본질이기도 하다. 아울러 현대철학이 역사주의historism의 함의에 주목하는 것은 이런 이유 때문이다.

넷째, 역사가는 철학적 진실이 매우 극단적이고 빳빳하다고 생각할 수 있다. 역사가가 볼 때 철학적 진실은 역사가의 관심사인 특수자들에게 들어맞지 않는 것 같기도 하고, 역사가가 중시하는 정도의 차이를 무시·호도·최소화하는 경향을 보이기도 한다. 『파이데이아*Paideia*』에서 예거는 "엄격한 철학사가들"을 비난한다. 예거에 따르면 그들은 "플라톤이 그리는 소크라테스의 모습"의 본질적 특징을 "그저 시문학적 장식"으로 일축한다. "마치 그러한 본질적 특징은 낮은 곳에 있고, 철학자들이 움직이고 존재해야 하는 곳은 높은 곳의 추상적 사유인 듯 말이다."[5]

역사학은 이 모든 면에서 철학과 다르다. 역사학은 역사의 의미에 대한 진술 또는 역사의 무의미에 대한 진술을 출발점 내지 종착점으로 삼는 학문이 아니라, 명백하게 경험적인 학문이다. 사진이 우리를 둘러싼 물리적 세계를 제시하고 간파하듯, 역사학은 주어진 역사적 현실을 탐구하고 해석한다. 철학에 비해서 역사는 실로 무한하고 우연하고 미결적인 생활세계—일상생활의 기본적 차원을 뜻하는 후설의 용어—와 훨씬 더 가깝다. 결과적으로 역사가는 결코 자기의 자료와 결론에 철학적 진술의 특징인 보편성과 타당성을 부여하지 않는다. 역사가는 일반론이나 절대적 진술 같은 것에는 관심이 없다. 최소한 일차적 관심의 대상은 아니다.

역사적 접근과 철학적 접근의 차이를 보여주는 예 가운데 하나가 이념사history of ideas이다. 이념사를 다루는 철학자는 이념 그 자체가 이념을 현실화시키는 추동력이라고 보면서 이념의 본질적 잠재력을 강조한다.(예컨대 요나스의 『그노시스*Gnosis*』) 반면, 이념사를 다루는 역사가는 (쿠블러의 경우처럼 행동과학과 공모하지 않는 정도까지) 이념이 어떻게 역사의 덤불을 헤치고 지상의 시간 속에 펼쳐지는가를 기록한다.(요나스도 이를 시도한다.) 이에 해당하는 것이 다니엘 알레비Daniel Halévy,[6] 그리고 베리의 『진보의 이념*The Idea of Progress*』이다.[7] 알다시피 많은 역사가는 철학적 접근을 미심쩍어하고 불신한다. 철학적 접근에 분개한다고까지 말할 수 있다. 역사가에게는 철학자의 영역에서 철학자와 대결할 수 있는 도구가 거의 없다보니 일종의 좌절을 느끼는 것이다. 반면에 철학이 위에서 내려다볼 때, 역사가는 끝에서 두번째 세계에 매진하며 일종의 대기실 영역에 정착한다.(그러나 우리가 숨쉬고 움직이고 살아가는 곳은 바로 이 '대기실'이다.)

역사학과 철학은 경계가 불분명하다. 예컨대 역사학에도 속하고 철학에도 속하는 개념들이 있다. 보편사 개념이나 진보 개념은 한편으로는 신학적 · 형이상학적 사변에서 비롯되지만, 다른 한편으로는 역사가에게도 중요하게 여겨진다. 앞으로의 논의에서 이런 개념들의 애매성을 다루겠다. 논의할 사안은 두 가지로, 철학과 역사가 극히 중시하는 사안이다. 하나는 역사성, 또 하나는 일반자과 특수자의 관계이다. 이러한 논의를 통해서 대기실이 어떤 곳인지가 밝히질 것이다.

역사성

문제. 인간의 역사성에 대한 의식, 곧 시간과 장소의 조형력에 대한 믿음을 확고하게 정립시킨 것은 주로 19세기 역사주의였다. 이러한 의식의 중대성을 처음으로 온전하게 인식한 인물은 아마 딜타이였을 것이다. 이러한 의식에 따르면, '영원한 진실'은 없으며, 우리가 생각하는 모든 것은 시간의 함수일 뿐이다. 인간이 역사적 존재라는 의식에는 인간의 지식이 상대적이라는 믿음이 수반될 수밖에 없다.(앞에서 언급한 바이체커의 주장에 따르면, 자연법칙이 변화의 영향을 전혀 받지 않는 것은 아니지만, 자연이 역사적 과정에 참여하는 속도는 매우 느리다.*)

역사성이 인간의 조건을 규정하는 주요 요소라는 것을 인정하

*1장 37쪽을 볼 것.

면, 지식의 상대성과 보편타당한 진실을 추구하는 이성의 노력을 어떻게 화해시킬 것이냐 하는 문제가 생긴다. 이것이 현대철학의 핵심적 문제이다. 철학이 이 문제를 해결하고자 한다는 것은 현대의 사유가 맞닥뜨린 딜레마—절대자를 추구하는 이성의 노력을 정당화시키고 나아가 절대자가 포착될 수 있음을 주장해야 하는 한편으로 역사성의 이념을 견지해야 한다는 딜레마—를 벗어날 방법을 찾고자 한다는 것이다. 이러한 노력은 두 가지 유형으로 구분된다.

두 가지 '해법'. 첫째, 수많은 '초월론적' 해법이 있다. 이러한 해법은 세속화된 신학적 개념과 전통적 형이상학의 여파 위에 진화의 이념이 덧붙여진 것에 불과한데, 어쨌든 그렇게 불린다. 이러한 해법은 출발할 때부터 영원한 진실의 가능성을 내세우고 절대적 가치나 규범 등을 내세운다. 랑케와 드로이젠이 그렇고, 어떤 의미에서 셸러Scheler,[8] 리케르트,[9] 트뢸치Troeltsch,[10] 마이네케[11]도 그렇다. 이런 모든 해법이 시도하는 것은 역사적 상대주의를 불가피하게 인정하는 동시에 역사적 상대주의에서 벗어나는 것, 이성의 요구를 거스르지 않는 동시에 잃어버린 낙원—노스탤지어에 젖어 그려보는, 시간의 바깥 어딘가—을 되찾는 것이다. 이러한 시도가 해법이 되는 일은 어떻게 가능한가? 간단하게 말하자면 이런저런 협잡으로 가능하다. 이러한 시도는 언제나 똑같은 공식을 따른다. 아직도 시간의 바다에서 헤엄치는 줄로 알았는데, 정신 차려보니 이미 육지에 도착해 영원을 마주보고 있더라는 이야기. 이 사상가들이 자기가 만든 공중누각으로 나아가는 것을 구경하는 일은 아주 재미있다. 그 길에서 한번, 그들은 예외 없이 그 유명한 인도 밧줄 묘기 같은 협잡을 자행하게 된다.

두번째 유형의 해법, 이른바 '내재론적immanentist' 해법은 반대 방향으로 진행된다. 이러한 해법은 영원의 개념을 거부하고 모든 존재론적 가정을 거부한다. 이런 해법들의 경우, 역사성은 근본적인 신조이다. 일단 역사성을 채택하면 영원한 진실에 의지할 수 없게 된다. 절대자를 구제할 수 있는 유일한 방법은 이 유형에 해당되는 철학자가 스스로 역사적 과정의 내재성 안으로 들어가는 방법, 이로써 역사성을 역사적 과정의 궁극적인 논리적 결론으로 삼는 방법이다. 비교적 최근의 이런 시도들은 딜타이의 노작들을 통해 그 형체를 갖추기 시작한다. 딜타이는 영원한 규범이나 목적이나 가치 같은 것이 자립적으로 존재하지 않는다고 보고,[12] "가치들과 규범들이 절대성을 자처한다 해도 역사적 의식은 그런 가치들과 규범들의 내재성을 온전하게 인식해야 한다"라고 주장한다.[13] 아울러 그는 보편타당한 진실이 역사 그 자체로부터 나올 수 있음을 보여주고자 한다.

> 딜타이가 볼 때, "이것은 일견 해결 불가능한 수수께끼처럼 보인다. 한편으로 보면, 부분들로부터 전체를 구축해야 하는데, 다른 한편으로 보면 전체가 있어야 비로소 의미를 부여할 수 있고 특정한 부분의 위치를 결정할 수 있다. 그러나 이 점이 역사 그 자체를 움직이는 힘이라는 것을 우리는 이미 살펴보았다. ……가치들을 창조하는 것은 역사 그 자체이며, 가치가 그 타당성을 갖는 것은 생활과 관련된 조건들을 해명함으로써이다. 예컨대 조약이 신성하다는 것이 그러하고, 각각의 인간의 존엄과 가치를 인식하는 것이 그러하다. 이런 진실들은 역사의 어디에 적용되더라도 규제력을 발휘하며, 그런 이유에서 보편타당하다."[14]

또다른 책에서 딜타이가 결론으로 삼는 주장에 따르면, "온갖 세계관을 거친 정신의 마지막 결론은, 모든 세계관이 상대적이라는 것이 아니라, 정신이 각각의 세계관에 대해 자주적이라는 것, 그리고 정신의 복수적 태도들 속에서 어떻게 우리에게 주어진 세계의 단 하나의 현실을 가질 수 있나를 실증적으로 알아야 한다는 것이다."[15] 딜타이의 입장에 대해서 논평하자면, 그는 자기가 싸우고 있는 바로 그 철학적 전통에 여전히 사로잡혀 있다. 그가 거대 도식들과 배치들에 집착하는 것에서도 이를 알 수 있다. 크로체와 콜링우드 역시 시간의 흐름으로부터 목표를 끌어내고자 하는 인물들이다. 『존재와 시간*Sein und Zeit*』의 하이데거는 이런 방향으로 가장 멀리 나아가는 인물이다. 그는 딜타이를 기반으로 삼아 딜타이를 부당하게 이용한다. 곧 그는 존재 그 자체의 역사성을 내세움으로써 주체-객체 관계를 뿌리째 뽑아버리고 아울러 실체와 본질 등 유서 깊은 개념들도 뿌리째 뽑아버린다.(그러나 급진주의radicalism가 반드시 미덕인 것은 아니다. 요나스가 말했듯 주체-객체 관계는 "오류가 아니라, 인간의 특권이자 책임이자 의무이다."[16]) 실존주의에 깔려 있는 내재론적 동향은 어느 정도 혼합주의적인 문헌을 낳았다. 카를 만하임Karl Mannheim의 1924년 논문 「역사주의Historismus」[17]가 그 한 예이다. 딜타이와 베버 등을 차용하면서 과도하게 정교한 분류법을 사용하는 논문이다. 만하임은 절대적 진실이 존재하지 않는다는 역사주의적 가정을 지지하면서, 정태적 절대자에 의지하는 것을 거부한다. 만하임에 따르면, 진실과 가치는 원근 속에서만 포착될 수 있다. 하지만 그렇다고 해서 절망할 필요는 없다. 우리로서는 각각의 '진실'이 그 나름의 구체적 상황하에서는 마지막 결론이라고 가정하는 것이 당연하고 서로 다른 원근들이 총체적인 역사적 과정 속에서 위계를 형성한다고 가정하는 것이 당연하기 때문이다. 그런데 이러한 유형의 모든 해법들은 역사에서 절대자를 복구하기 위해 역사를 '절대화'해야 한다. 이것이 바로 한스게오르크 가다머Hans-Georg Gadamer가 하이데거에게 영향을 받은 『진리와 방법*Wahrheit und Methode*』[18]에서 하는 일, 곧 내재론의 주요 모티프들의 부드러운 융합이다. 징후적으로, 가다머는 영향연관Wirkungszusammenhaenge과 영향사Wirkungsgeschichte를 강조한 딜타이의 전철을 밟는다.[19] 내재론의 비실존주의적 주류를 완성하는 것이 바로 가다머이다. 다시 말해 가다머는 진실의 척도를 바깥에서 찾는 대신 역사적 연속성과 현실적 전통을 신성화한다. 그렇지만 이런 방식으로 역사는 답답한 닫힌 체계가 된다. 이 체계는 "현실적인 것이 이성적"[20]이라는 헤겔의 명언에 부합하는 체계, 잃어버린 대의들과 실현되지 못한 가능성들을 차단하는 체계이다. 성공담으로서의 역사. 부르크하르트였다면 현대 해석학에 깔려 있는 가정들을 결코 수용하지 않았을 것이다.

역사적 상대성. 두 가지 유형 모두 틀린 해법이다. 이런 해법들이 역사주의의 함축적 의미를 제대로 다루지 못하는 이유는 지나치게 단순화된 역사적 상대성 개념에 의존하기 때문이다. 아류 초월론자들과 내재론자들은 양쪽 모두 역사가 균질적 시간 속에 펼쳐지는 연속성이라는 전제에서 출발한다. 이러한 전제가 옳다면 역사적 상대성은 불가피한 전제가 될 것이고, 그럼에도 불구하고 이성의 절대자 추구를 정당화하고자 한다면, 존재론적 절대자 추구이든 다른 유의 절대자 추구이든, 수상한 조작이 수반될 수밖에 없을 것이다.

그렇지만 내가 6장에서 말했듯, 역사적 시간에 대한 전통적 개념은 수정을 요한다. 시간의 핵심은 이율배반이다. 시간은 한편으로는 관습적인 흐름 이미지에 부응하지만 다른 한편으로는 그런 이미지에 부응하지 않는 면도 있다. 우리는 시간이라는 물줄기로 이루어진 폭포 속에 살고 있다. 그리고 이러한 시간 물줄기들 사이에는 왠지 간섭현상을 연상시키는 '구멍들'이 있다. 이렇게 보자면 이와 같은 구멍에서 솟아나는 어떤 이념들의 상대성은, 잠정적으로는 '제한적'이라고 할 수 있다. 그런 이유에서 역사적 상대성은 더 이상 당연한 사실이 아니라 알쏭달쏭한 수수께끼가 된다. 내가 4장에서 역사적 이념들(예컨대 마르크스와 부르크하르트의 역사적 이념들)에 대해 말한 것*은 분명 철학적 진실 일반에도 해당된다. 곧

*115~119쪽을 볼 것.

우리는 철학적 진실이 흐르는 시간의 안에도 있고 흐르는 시간의 밖에도 있다고 생각해야 한다. 철학적 진실이 시간의 바깥에 있다는 철학 고유의 주장은 옳은 주장일까? 아니면 철학적 진실의 특징 중 하나인 역사적 상대성이 그러한 주장을 무효화시킬 수 있을까?

명제. 내가 이런 질문들을 제기하면서 출발점으로 삼는 명제는 초월론적 해법과도 다르고 내재론적 해법과도 다르다. 초월론자들은 절대적 가치들과 규범들을 시간에 매인 것들로부터 구분하고 전자 쪽에 주목한다. 그러나 시간이 역설적이라는 것이 인식되는 순간, 이러한 구분은 의미를 잃는다.(더구나 이러한 구분은 시간에 매이지 않은 절대자가 시간에 매인 상대자에 비해 중요하다는 것을 암시한다.) 반면에 내재론자들이 볼 때, 시간에 매인 상대자는 절대자를 완전히 삼킨다. 시간에 매인 진실 그 자체에 영원성을 부여하는 것도 가능할 정도로 말이다. 그러나 시간이 지속적 흐름의 이미지에 더이상 부응하지 않는다면, 내재론적 해법 역시 성립될 수 없다.

나의 출발점이 되는 명제에 따르면, 철학적 진실은 이중적인 면이 있다. 영원성은 시간성의 흔적을 완전히 지울 수 없으며, 시간성은 영원성을 완전히 삼킬 수 없다. 우리는 진실의 두 측면이 병렬공존한다고 가정하지 않을 수 없다. 내가 볼 때 두 측면이 어떻게 관련되느냐를 이론적으로 규명하기는 불가능하다.* 양자물리학자들의 '상보성 원리complementarity principle'에서도 비슷한 뭔가가 발견될 수 있다. 마치 카프카가 도박이 필요불가결하다고 보듯, 나는 세계의 총체성에 대한 사변들이 필요불가결하다고 본다.[21] 세계의 총체성에 대한 사변들은 (불시에) 무대에 등장해 막중한 역할을 해낸다.

두 가지 측면이 공존한다는 것은 좀처럼 상상하기 어렵지만 엄연한 사실이며, 이 사실은 존재론 지향적인 초월론과 역사성의 총

* 여기서 수완tact의 범주가 들어온다. 이 장 뒤쪽의 소항목 가운데 '공존'과 '이름 없는 것들' 참조.

체적 수용과 실존주의와의 친밀함을 특징으로 하는 내재론 둘 중 하나를 선택하는 것이 진정한 선택이 아니라는 뜻을 함축하고 있다. 이 두 가지 접근은 서로 반대 방향을 가리키지만 함께 고려되어야 한다.('양자택일' 대신 '병렬공존')[22] 고대 우주론, 그리고 고대 우주론이 상징하는 모든 것에 동조함으로써 역사성의 결과들에서 벗어나고자 하는 뢰비트Löwith의 시도가 문제적인 것은 그런 이유에서이다. 이러한 시도는 현재의 지성적 상황에 대한 시의적절한 답변이라기보다는 빤한 존재론적 초월론으로의 도피이다.[23] 이와는 상반된 시도—존재론을 아예 제거하는 아도르노의 고삐 풀린 변증법[24]—도 비판의 여지가 있기는 마찬가지다. 아도르노가 온갖 구체적인 존재단위들로 파고드는 무한 변증법을 선호하며 모든 존재론적 규정을 거부하는 것은 이러한 일련의 물질적인 시도에서 드러나는 모종의 자의성, 곧 내용과 방향의 부재와 통하는 듯하다. 그러니 아도르노의 유토피아 개념은 순전히 형식적인 개념, 마치 데우스 엑스 마키나deus ex machina처럼 언제나 맨 마지막에 등장하는 경계선 개념일 수밖에 없다. 그러나 유토피아적 사유는 분명한 내용이 포함된 비전 내지 직관의 형식을 취하는 경우에 한해서 의미를 가진다. 그렇게 볼 때 변증법적 과정이 의의와 방향을 가지려면 급진적 내재성으로는 곤란하다. 모종의 존재론적 고정이 필요하다는 것이다.

그렇다면 일련의 일반적 진실을 서로 연결할 방법은 무엇일까? 균질적 흐름으로서의 시간이 강조되는 경우에는, 연대순 단계들 사이에 맥락을 세우는 진화와 진보 같은 이념들이 동력을 얻을 수밖에 없다. 예를 들어 딜타이는 역사적 과정이 진행됨에 따라 적절한 지식이 팽창·발전한다고 가정함으로써 '정신과학'의 객관성을 확인하고자 한다. 반대로, 연대순 시간이 텅 빈 그릇으로 간주되는 경우에는, 일련의 진실들 사이에 유의미한 관계를 수립하는 일이 다소 어려워진다. 딜타이는 진보의 개념을 채택하기도 하지만[25]

시간의 마법을 의심하자마자 진보의 이념을 내던지고 '세계관Weltanschauungen의 유형들'에 대한 사변으로 돌아서기도 한다.[26] 내가 볼 때 그의 이런 흔들림은 근본적인 흔들림이다. 그의 흔들림의 한쪽 극단은 헤겔의 '세계정신'이고 다른 쪽 극단은 하이데거의 '존재가능Seinkoennen'이다. 후자는 모든 객관성을 삼켜버리고 아울러 일련의 진실들 사이의 모든 관계를 삼켜버린다. 진보의 이념(배움의 과정과의 미심쩍은 유사성 덕분에 유지되는)은 역사 전체에 적용되었을 때라야 비로소 온전하게 적용되었다고 할 수 있다. 그런데 진보의 이념이 그렇게 전면적으로 적용되는 것이 과연 가능할까? 블루멘베르크에 따르면, 진보의 이념을 그런 방식으로 적용하는 것은 애초의 제한된 형식을 억지로 확대해 이질적인 신학적 종말론 개념에 봉사하게 만든 결과이다.(원래 진보의 이념은 이론과 미학에 한정된 개념이었다.) 블루멘베르크가 볼 때, 진보의 이념은 "애초의 제한된…… 범위를 과도하게 확장했다. ……그것은 신학이 남기고 간 질문, 신학의 독기를 품고 있는 질문, 홀로 우뚝 솟은 질문, 주인 없는 질문, 만족을 모르는 질문에 답변하기 위해서였다."[27] 진보의 개념은 서로 대립하는 두 측면을 갖고 있으므로(일반적 진실은 이중적인 면이 있다) 이 개념에 대한 모든 정의는 실패할 수밖에 없다. 여기서는 이 개념에 어울리는 다소 편파적인 정의를 내놓겠다. 곧 진보의 이념은 시대마다 다른 모습으로 나타나며, 그런 시대들의 연속은 진보일 수도 있고 아닐 수도 있다.

우리가 있는 곳과 우리가 '진실'이 존재할 것이라고 짐작하는 곳을 갈라놓는 장막에 구멍을 뚫는 일에 가장 근접하는 것이 이념들과 철학적 진실들이다. 반대의 일치coincidentia oppositorum—쿠자누스Cusanus는 『신의 시선*De visione Dei*』에서 이것을 "신이 거하는 낙원을 둘러싼 벽"[28]이라고 불렀다—는 장막의 차안此岸에서는 실현될 수 없다.

일반자와 특수자

지성계. 대기실이 어떤 곳인가와 관련된 두번째 중요한 사안은 인간의 궁극적 관심사에 대한 그 모든 철학적 진실이 극히 보편적이라는 데서 비롯된다. 우리는 철학적 진실(예를 들면, 칸트의 정언명령)이 당연히 모든 특수자에게 적용되리라고 생각한다. 과연 그럴까?* 앞서 나는 역사계가 비균질적이라는 논증을 폈는데,† 이 논증을 의미 있게 확장하면 지금의 사안과 확실하게 관련지을 수 있다. 사실 역사계는 지성계 일반의 경계 사례이다. 전자에 해당되는 것은 후자에도 해당된다는 것이다. 지성계도 역사계처럼 비균질적이며, 역사계 못지않게 교통이 어렵다. '위'에서 '아래'로 내려가기 위해서는—다시 말해 철학적 일반론에서 구체적 통찰로 내려가기 위해서는—수많은 새로운 정의를 도입해야 한다. 예를 들어 정언명령을 개별적 사례에 적용하기 위해서는 여러 가지 조정이 필요하다. 다른 예를 들면, 정형화된 민족 이미지는 현실 일반에는 부응하지만 구체적인 사례들로 내려가면 곧 불분명해진다. 이런 이상한 불분명함은 분석해볼 만한 주제일 수 있다. 아울러 내가 1장에서 분석했던 틸리의 방데 반란 연구‡에서 일반자와 특수자가 어떠한 관계에 있느냐도 지금의 사안과 관련해서 살펴볼 만하다.

요컨대 철학적 진실은 경험들과 사건들을 충분하게 아우를 수 없다. 철학적 진실을 경험적 관찰로부터 추출하는 것(그리고 철학적 진실을 간헐적으로 획득하는 것)은 가능하지만, 일반자와 특수자 사이에서 왕복하기 위해서는 수많은 추가적 가정이 필요하다. 일반자는 특수자를 온전하게 아우를 수 없다.(이 이론 전체를 보

*살아 있는 신이라는 신학적 개념은 극도의 추상화로서, 모든 개별 사례에서 충만한 구체화를 허용하는 유일한 경우이다.

† 5장, 139~143쪽을 볼 것.

‡ 45~46쪽을 볼 것.

려면 내 저서 『학문으로서의 사회학*Soziologie als Wissenschaft*』[29]과 딜타이[30] 참고)

보편사. 보편사 개념은 진보 개념과 마찬가지로 철학에도 속하고 역사에도 속한다. 이제부터 나는 이 경계선 개념의 내적 변증법을 설명해보고자 한다. 앵글로색슨의 경험주의와 실증주의는 '허깨비' 같은 일반 형이상학에 대한 반발이라는 점에서는 중요하다. 이런 학파들은 특수자와 손을 잡고 일반자에 맞서는데, 그 대가는 엄청나다! 이런 맥락에서 칸트는 의미심장하다. 「세계 시민적 관점에서 바라본 보편사의 이념」이라는 논문에서 칸트는 한편으로는 경험적 역사의 양산을 권하기도 하고, '경험적 역사에 정통'하는 것을 철학 정신의 필요조건으로 강조하기도 하지만, 다른 한편으로는 이러한 이념이 "분명 어느 정도 선험적"이라는 점을 분명하게 지적한다.[31] 칸트는 "후세 사람들은 그에 대한 기록조차 오래전에 사라졌을 옛날의 역사를 평가함에 있어 오로지 자기의 시대와 관련된 시각으로 평가할 것……"이라고 예측하면서, 그 이유를 "우리의 역사가 정황circumstantiality에 따라서 집필되고 있다"는 점(달리 표현하면 정신경제의 원칙을 따른다는 점, 곧 "그들은 자기에게 주어진 역사의 무게를 감당해야 하리라"*는 점)에서 찾는다.[32]

내가 볼 때 일반자와 특수자는 이율배반적이며, 보편사는 역사의 이러한 근본적 이율배반을 인식하지 못하면서 타당성을 잃어왔다. '위에서부터 아래로' 향하는 사유—보편사에 대한 모종의 철학적 구상에서 출발하는 사유—는 더이상 타당하지 않다. 그런 식으로 접근한다면 일반자에 대한 이념들에 홀리고 말 테니 말이다. 일반자에 대한 이념들을 무사히 연구하려면 '아래에서부터 위로' 향하는 사유가 필요하다. 그렇지만 세계사가 사료의 편찬과 통일을 통해서 '아래'에서부터 만들어질 수 있다는 생각은 착각일 뿐이다.

* 정신경제 원칙에 관해서는 특히 1장 38쪽과 5장 146쪽을 볼 것.

이러한 착각을 비판했던 것이 바로 5장에 인용된 레비스트로스와 발레리의 논평들이었다.* 『유네스코 세계사*Unesco World History*』는 이러한 비판이 적용되는 사례이다. 비트람Wittram의 올바른 비판에 따르면, 이 책은 "아주 광범위한 틀을 마련한다. 반면에 전체를 아우를 수 있는 구상은 찾아볼 수 없다. 어쨌든 썩 믿을 만한 구상은 찾아볼 수 없다."[33]

앞에서 언급한 것들 중 이 대목에서 한 가지 지적할 점†: 보편사의 이념은 역사에 대한 실존적 접근을 요청하는 경향이 있다는 것, 실존적 장르가 구현될 가망이 가장 높을 때는 역사 전체가 시야에 들어올 때라는 것……. 내러티브가 광범위해질수록 발견법적 가정들과 통일성을 제공하는 이념들이 절실해진다. 높은 곳에서는 현실은 물러나면서 인간만 남는다. ……아니면 높은 곳에서야 현실이 인간에게 대답해주려나?

공존. 일반자와 특수자의 관계에는 아주 흥미로운 데가 있다. 철학적 진실에 최상의 의의가 있다고 주장하면서 그러한 주장의 근거로 철학적 진실이 포괄적이라는 점, 철학적 진실은 특정 통찰들과 사실들을 논리적으로 포섭할 수 있으므로 특정 통찰들과 사실들에 적용될 수 있다는 점을 든다면 그러한 주장은 착각이다. 이것이 타당한 주장이 되려면 특수자가 일반자로부터 자동적으로 추론될 수 있어야 하는데, 그게 그렇지가 않기 때문이다. 예컨대 미에 대한 일반적 정의들 가운데 특정 예술작품의 특수한 미에 대한 적절한 정의로 통용될 수 있는 것은 없다. 전자는 후자에 비해서 범위 면에서는 넘치고 의미의 밀도 면에서는 모자라기 때문이다. 물론 철학적 진실은 나름의 의의가 있지만, 그것이 특수자의 의미를 결정하고 일소하는 규칙으로서의 의의는 아니다. 그러니 보편적 개념을 특정한

*153~154쪽을 볼 것.

†90쪽을 볼 것.

통찰의 기원으로 보고 전자를 후자의 '철학'으로 통용시키고자 하는 시도들은 쓸모없는 시도이다. 예컨대 역사가의 통찰들이 하나의 철학으로 수렴되지 않을 수도 있고, 하나의 철학으로 수렴된다 해도 그 철학이 역사가의 특정 통찰들의 원천이 아닐 수도 있다. 보편적 진실과 구체적 사유는 병렬공존할 수 있다. 일반자와 특수자의 관계를 구체적 사례들 속에서 규명하는 데는 '수완tact'이 요구된다.

사실 일반자를 정립하는 것과 특수자를 처리하는 것은 서로 다른 작용이다. 마퀀드Marquand의 소설 『귀환 불능 지점*Point of No Return*』[34]에서는 사회학자들이 일반자에 의한 특수자의 포섭을 당연시하는 것을 훌륭하게 풍자한다. 여기서 사회학자에게 해당되는 것은 철학자에게도 해당된다. 예를 들어, 이 소설에서 한 사회학 연구는 어느 마을 주민들을 상층 중 하층 중 중간층, 중간층 중 중간층 등으로 분류하는데, 그 마을 출신인 주인공은 그렇게 분류된 사람들과 자기가 어렸을 때 알던 사람들이 같은 사람들이라는 것을 알고 몹시 어리둥절해한다. 이러한 의아스러움은 그 사람들에 대한 논리적 분류의 상대적 부적절함을 부각시킨다. 그런데 예외란 규칙의 확증이라는 속담은 옳다. 예외라는 것을 규칙을 따르는 어떤 것이라고 이해한다면 말이다.

부르크하르트

이런 논의들이 철학과 역사의 관계에 어떠한 의미가 있는가를 좀 더 살피기에 앞서, 대기실 사유 내지 대기실 태도의 모범적 사례를 소개하고 싶다. 이런 논의들은 부르크하르트의 작품에 어떤 방식으로든 반영되어 있다. 부르크하르트는 자기가 펼치는 논의의 이론적 토대를 모르고 있거나 밝히기를 원치 않는 듯하지만, 그럼에도 시간 현상 또는 지성계의 불균질에 정확하게 감응하고 있다. 마치 지진계와 같은 그의 감수성은 어느 현대 역사가에게도 뒤지지 않는다.

부르크하르트의 견해들 중에는 비판을 요하는 것들도 있을지 모른다. 그는 대중운동과 대중혁명을 혐오하는 등 미래에 대해서 치우친 태도를 취하며, 이로 인해 진보의 이념을 반대하는 다소 편파적인, 전체 그림과는 맞지 않는 입장을 보인다.[35] 때로는 역사적 과정의 장엄함에 압도되는 모습을 보여주기도 한다. 그가 터무니없는 대규모 목적론적 사변들—역사가 불행과 고통을 보상해주는 경향이 있다는 주장도 포함된다—을 펼치는 것은 그 때문이다. 그의 저작에서 행복Glück과 불행Unglück은 앞에서 지적한 것처럼 윤리적 사안과 미학적 사안을 뒤섞는 용어이다. 또 그는 노골적인 반유대주의자로 보일 때도 있다.[36] 또 그는 전쟁을 찬양한다.[37] 그의 천재 숭배 역시 비판을 요한다. 그가 대중운동을 역사적 변화의 원천으로 보는 모든 역사를 혐오하는 것도 이런 천재 숭배와 관련되어 있다. 그렇지만 그의 이런 모든 견해들이 비판의 대상이 될 수 있음에도 불구하고, 그가 실무 역사가로서 대기실 사유의 조건인 이율배반들을 받아들인다는 점은 여전히 중요한 의의를 지닌다.

역사성 일반. 부르크하르트는 자신이 역사를 대할 때 아마추어적 태도를 가지고 대한다는 점을 시인한다. 부르크하르트는 사료에 접근할 때 격의 없이 접근한다. 그는 의도적으로 비체계적인 태도를 취하며, 외부로부터 부과된 구조라고 생각되는 것을 모두 거부한다. 어디선가 그는 관념들과 시대들은 유동성을 잃어서는 안 된다고 말한 적도 있다. 종종 그는 실현되지 않은 여러 가능성을 숙고하되 그중 어느 것이 최선이었으리라고 단언하지 않으면서 숙고한다. 그는 역사계를 두루 거닐면서 자기가 보기에 매력 있고 흥미로운 과거의 조각을 줍지만, 자기가 그것을 선택한 이유를 설명해주지는 않는다.

역사를 대할 때 부르크하르트는 전문가이면서도 아마추어—한갓 취향을 따르는 사람—처럼 행동한다. 하지만 그것은 역사란 과학이 아니라는 역사 전문가 부르크하르트의 깊은 확신 때문이다. 부르크하르트는 어느 편지에서 자기를 가리켜 최고의 호사가 archdilettante라고 했는데,[38] 호사가야말로 역사를 제대로 다룰 수 있는 유일한 유형인 듯하다. 아마추어에서 전문가가 되는 사람은 많다. 그런데 부르크하르트는 전문가이면서도 역사라는 특별한 대상을 위해서 아마추어로 남기를 고집한다.

또한 부르크하르트는 개인들과 사건들에 대해 가치판단을 내리는 데에 전혀 거리낌이 없다. 게다가 아마추어 역사가 부르크하르트는 역사 지향적일 뿐 아니라 매우 인본적이다. 다시 말해 그는 사건의 행보에 휘말린 개인의 고통을 잊는 법이 없다. 그가 독재 뒤에 따라오는 이득을 암시하는 경우, 그는 매번 독재자들이 권력을 장악하고 강화하기 위해 저질렀던 범죄들은 어떤 정황하에서도 정당화될 수 없음을 명시한다. 누가 봐도 알 수 있듯, 그의 인본성은 신학에 토대를 두고 있다. 그렇지만 그는 기독교인임에도 불구하고 그를 만든 것은 그가 물려받은 고전 유산이다. 그런 연유에서 그는 패자들에 대한 연민과 세계사적 실적에 대한 찬탄 사이에서 끊임없이 흔들린다.

시간. 부르크하르트가 연대기에 대해 어떻게 애매한 태도를 보이며 시대라는 단위를 어떻게 구상하는지에 대해서는 이미 논의했다. 그는 연대순 시간과 시간 덩어리들 간의 변증법에 민감하다는 것, 그가 다루고자 하는 것은 사건들의 연대기가 아니라 사건들의 유의미한 패턴이라는 것, 그는 모든 시대에 내재하는 모순을 감지하고 있다는 것 등이 그 맥락에서 지적되었다.* 이제 지적할 것은 그가 호고적 관심과 현재적 관심 사이에서 흔들린다는 점이다. 부르크하르

*6장 166~168쪽과 171쪽, 그리고 7장 203~204쪽을 볼 것.

크는 한편으로는 자기에게 '흥미' 있는 것만 다룬다고 말하지만, 다른 한편으로는 우리의 현재적 필요가 과거에 대한 우리의 상을 일방적으로 조건짓는다고 보지는 않는다. 부르크하르트가 역사가로서 성취한 업적이 잘 보여주듯, 누구나 세상을 자신의 현재의 조건으로부터 바라본다는 것이 사실이라고 해도, 그렇게 취해진 관점이 전적으로 현재의 상황에 의해서 결정된 것이라고 말할 수는 없다. 내가 과거에 대해 갖는 관심이 전적으로 내가 현재 예측하는 파국의 우려나 절망에서 비롯되는 것은 아니다. 내가 과거의 어떤 부분에 끌리는 이유는 현재의 내가 과거를 과거 그 자체로 포용하기 때문이기도 하다. 부르크하르트에 따르면, "어쨌든 우리는 잠시 철저하게 이해관계들을 뒤에 남겨두고 지식으로 돌아설 줄 알아야 한다. 그것이 지식이라는 이유만으로 말이다. 특히 그것이 역사적 지식이라면, 우리의 행·불행과 직접 관련 없는 지식이라 하더라도 그것을 성찰할 줄 알아야 하며, 우리의 행·불행과 직접 관련 있는 지식이라 하더라도 그것을 객관적으로 바라볼 줄 알아야 한다."[39] 그의 현재적 관심은 역사에서 잃어버린 대의들을 발견하겠다는 그의 공감적 충동과 어느 정도 일치한다. 그는 과거를 현재에 비추어 바라볼 뿐만 아니라 자기가 애초에 관심을 가졌던 과거를 뒤에 남겨두고 현재로 돌아선다.

일반자와 특수자. 부르크하르트는 분명 '절대자absolute'를 지지한다. 그가 보는 인간의 모습이 절대적이고, 인간이 불변의 존재라는 그의 믿음도 절대적이다. 그가 정상성을 숭배하는 데에서도 절대적 성향이 드러난다.(다소 속물적인 데가 있는 그의 정상성 숭배는, 예를 들어 라파엘로를 미켈란젤로의 초인적 장엄함보다도 선호하는 데서 드러난다.)[40] 마지막으로, 위에서도 언급했듯, 특히 그는 (문화적) 연속성 의식을 옹호하기 위해 특별한 노력을 기울인다. 하지만 그는 이렇듯 절대자를 지지하는 모티프를 계속 가져가는 한편으로, 구체적인 사건들과 인물들을 저마다 나름의 고유한 현상으로 규정한다. 그가 그리는 사건들과 인물들의 그림은 그의 일반적 관점을 예시하기도 하지만, 오히려 그의 일반적 관점과 어긋나는 경우도 많다. 케기에 따르면, 부르크하르트는 1848년에 바젤에서 '30년 전쟁' 시기를 다루는 강의 첫 시간에 이 시기 전체를 하나의 일반적 용어로 정리하는 것은 가능하지 않다고 말했다.(케기는 부르크하르트가 염두에 두었던 용어가 '반종교개혁Counter Reformation'이었으리라고 본다.) 부르크하르트에 따르면, "아주 정확하게 증명할 수 있기를 바라는 것은 잘못이다. 모든 것을 한 단어로 포괄할 수 있기를 바라는 것 역시 잘못일 것이다. ……유럽적 사고의 특징과 본질은 무수한 말단 부분에서 하나씩 하나씩 거론돼야 한다."[41] 여기서 일반자와 보편자는 자세한 분석을 요하는 방식으로 병렬공존하고 있다.

부르크하르트는 한편으로는 보편사를 명시적으로 거부하지만, 다른 한편으로는 보편사에 매력을 느낀다. 그는 "세계사적 원근world-historical perspective"[42]을 평가절하하고 "내레이션narration을 매뉴얼manual로 대체하고 내레이션에서 벗어나야 할"[43] 필요를 말한다. 그는 체계적 접근을 혐오하고 독특한 관찰이나 횡단 등을 선호하면서, 후자 쪽이 "반복되는 것, 항존하는 전형적인 것", 곧 "우리의 심금을 울리는, 우리가 이해할 수 있는 것"을 드러내준다고 보지만,[44] 현재와 특별한 관계 속에 있는 통사적 문화사에 대해서만큼은 보편사에 대한 자신의 판결을 적용시키지 않는 듯하다. 사실 그는 자기가 "문화의 움직임, 곧 여러 민족과 국민에 연결되어 나타나기도 하고 어느 한 민족이나 어느 한 국민 내부에서 나타나기도 하는 인간 구성체의 연속"을 지침으로 삼는다고 설명한다. 그러고는 나중에 생각난 듯 "사실상 우리는 우리 시대와 우리 시대의 인간성의 형식까지 가닥을 뻗을 수 있는 그런 사실들을 특히 강조해야 한다"[45]라고 덧붙인다.

부르크하르트가 철학과 신학을 대하는 태도는 바로 그런 애매성 또는 "고정된 것에 대한 두려움"을 증명한다.(그 점에서 부르크하르트는 에라스뮈스를 닮았다.) 부르크하르트에 따르면, 역사철학이란 "켄타우로스요, 모순어법이다. 역사는 병렬시키므로 철학이 아니고, 철학은 종속시키므로 역사가 아니기 때문이다."[46] 부르크하르트가 특히 경계하는 것은 헤겔이다. "세계의 계획에 대한 [헤겔의] 이러한 조급한 예단은 부정확한 전제에서 출발하며, 따라서 오류를 낳는다. 우리는 영원한 지혜의 목적을 전수받은 적도 없고 그에 대해 아는 바도 없으니 말이다."[47] 하지만 이러한 경계에도 불구하고, 부르크하르트는 때때로 헤겔식à la Hegel 사색을 피하지 못하며 헤겔과의 관계를 인정하기도 한다.[48] 예를 들면 에드거 윈드Edgar Wind가 지적한 다음과 같은 대목이 그렇다. "그럼에도 불구하고 우리는 역사철학이라는 켄타우로스에게 크게 신세지고 있다. 역사 연구라는 숲의 가장자리에서 이따금씩 그와 마주치는 것은 즐거운 일이다."[49]

부르크하르트는 역사철학에 대한 태도가 애매하듯, 신학에 대한 태도도 애매하다. 부르크하르트는 한편으로는 신학을 거부하지만, 다른 한편으로는 터무니없는 신학적 사변에 빠질 때가 있고 심할 경우 섭리를 들먹이기까지 한다.

대기실의 사유

목표. 나는 이제야 비로소 나의 최종 목표—역사가들의 특별한 사유양식들을 재정의하고 복권시키는 것—를 다룰 수 있게 되었다. 물론 이런 사유양식들이 역사가들의 전유물인 것은 아니다. 역사가들의 논증방식과 사유방식이 지배적인 역사의 영역은 한쪽으로는 일상의 세계—생활세계Lebenswelt—와 경계를 접하고 한쪽으로는는 엄밀한 의미의 철학과 경계를 접한다. 중간계의 모든 특징을 보여주는 이 영역에서 우리는 대체로 맨 끝의 세계가 아니라 끝에서 두번째 세계에 주목한다.

내가 이 맥락에서 복권을 말하는 이유는, 역사 영역에서 작동하는 핵심 범주들이 철학 전통 탓에 오래전부터 가려져왔기 때문이다. 내가 이 장 앞부분에서 밝히고자 한 것처럼, 철학자의 관점에서 볼 때 이 틈새 영역은 대기실이라고 할 수밖에 없다. 이곳에서 만들어진 역사적 진술은 철학적 진술에 내재하는 유의 진실값을 가지지 못한다. 역사적 진술은 철학적 진술에 비해서 포괄성 면에서도 떨어지고, 구속력과 효력 범위 면에서도 훨씬 떨어진다. 반면에, 대부분의 역사가는 철학이 우위에 있다는 주장에 불편을 느낀다. 역사가가 볼 때 철학자의 접근은 역사가의 일의 자율적 의미와 타당성에 그림자를 드리운다.

지성계가 비균질적이라는 내 논의는 역사성 개념에 대한 내 비판과 함께 대기실의 전형적인 사유양식들을 평가하는 데 유익하게 사용될 수 있다. 이 논의를 요약하면, 철학적 진실은 특수자를 논리적으로 포함하기는 하지만 전면적으로 포섭하지는 못한다. 철학적 진실은 대단히 일반적이지만, 철학적 진실이 적용되는 범위는 제한적이다. 그러니 철학적 진실 특유의 의의와 위엄은 그보다 덜한 수많은 견해나 판단이 취하는 의의와 위엄에 영향을 미치지 않는다.

정도의 문제. 시간의 두 측면이 공존하듯이 일반자와 특수자는 공존하므로(공존의 방식이 어떠한가는 설명하기가 어렵다), 정도 차의 중요성을 부각시키는 것이 가능해진다. 3장에서 내가 참여의 정도를 '실존적' 역사가와 진짜 역사가를 구별하는 결정적 요인으로 부각시켰던 것처럼 말이다.* 철학자가 간과하기 쉬운 정도 차는 일반 원칙들에 포섭되는 현상들의 정도 차라기보다는 일반적 원칙들에

*89~90쪽을 볼 것.

수반되는 정도 차인 듯하다. 크로체와 콜링우드는 사료조사에는 해석이 수반되므로 역사가는 사실 그 자체에 도달할 수 없다고 말한 다음(물론 부인할 수 없는 진실이다), 말해야 할 것을 모두 말했다고 생각한다.* 그러니 그들에게 있어 사실성the factual은 증발해버린다. 그러나 그들은 원칙상 옳은 것뿐이다. 여기서 정작 중요한 것은 역사가가 주어진 데이터와 접촉하면서 자신의 자아를 어느 정도 지울 수 있느냐 하는 것이다. 하위징아는 독일 역사학의 시간관에 맞서 네덜란드 역사학을 옹호하면서, 독일 역사가는 네덜란드 역사가가 한 가지 문제를 논리적으로 밀어붙이는 일이 없다고 비난하는 경우가 많다고 말한다. 특히 "독일 역사가는 도식화하기에 유리한 명쾌한 결론이 없는 것에 예민하게 반응한다." 하위징아는 당연히 네덜란드적 느슨함 편을 들면서, 단점으로 보이는 이 느슨함이 "사태를 이해함에 있어 체계적인 추상적 개념으로 이해하기보다 사태의 그림을 그려봄으로써 이해하려 하는" 충동에서 비롯된다고 설명한다.[50] 또 하위징아는 미슐레Michelet의 "역사란 부활"이라는 명언과 텐의 "역사란 대개 옛날 사람들을 구경하는 것"이라는 말에 대해 논하면서, 중요한 것은 "대개à peu près"라고 말한다. 하위징아에 따르면, 역사란 "부활이되 꿈에서의 부활이고, 보는 것이되 안 보이는 모습을 보는 것이고, 듣는 것이되 제대로 이해하지 못한 말을 듣는 것이다."[51] 이 대목, 그리고 하위징아가 같은 맥락에서 호고적 관심을 복권시키는 이 대목[52]은 이념 영역으로 침투하는 역사가에 대한, 내가 여태까지 만난 최고의 정의 중 하나이다. 이 정의는 하위징아가 자기의 이념이 주관성에서 비롯되지만 주관성을 초월한다는 것을 깨닫고 있음을 보여줌으로써 주관성이 역사가의 지식에서 어떤 몫을 차지하는가에 대한 논쟁을 일거에 불식시킨다. 중도에서 중단하는 것이야말로 대기실의 궁극적 지혜인지도 모른다. 내가 이 책 내내 미묘함과 어림셈에 주목하는 것은 그런 이유에서이

*3장 78~79쪽을 볼 것.

다. 내가 「질적 내용 분석의 도전The Challenge of Qualitative Content Analysis」[53]이라는 논문에서 주장한 것처럼, 현대 사회과학자들의 특수한 제재를 다룸에 있어서, 그들이 즐겨 사용하는 사이비 과학의 방법론적 엄밀함은 그들이 헐뜯는 '인상주의적' 접근보다 덜 적절한 경우가 많다. 정확한 어림셈이 정확한 통계보다 한 수 위일 때가 많다.

이름 없는 것들. 철학적 진실은 극단에 빠지는 경향이 있는데, 그것은 보편성 때문이고 보편성에 수반되는 추상성 때문이다. 철학적 진실은 양자택일적이고, 배타적이며, 도그마적이다. 마치 공동의 이념이 와해되고 그 이념하에 결집되어 있던 서로 다른 측면들이 전면화되면서 그 이념을 내세우던 한 정당이 둘 이상의 집단으로 분열되어 서로 대립하듯, 서로 다른 철학적 학설을 매개시키기는 쉽지 않다.[54] 철학적 진실들 사이의 틈새에 뭔가 의미 있는 것이 남아 있을 것 같지는 않다. 좀더 정확하게 말하자면, 추상론의 포괄성에 대한 전통적 믿음을 가지고 있을 때, 철학적 진실들 사이의 틈새에 남아 있는 모든 것은 처음부터 절충적 싱크리티즘, 그저 그런 타협으로 폄하된다.(에라스뮈스는 교회 도그마와 종교개혁 사이에서 흔들렸다는 이유에서 타협자로 불리지 않았던가?) 이런 사정으로 인해 잠재적 진실은 근거 없는 폄하나 의심에 시달릴 수 있다. 잠재적 진실과 나쁜 타협 간의 유일한 공통점은 서로 대립하는 명제들 사이, 예를 들면, 마르크스와 초기 사회주의자들 사이의 빈틈, 또는 계획경제와 '보이지 않는 손'의 경제 사이의 빈틈에 위치해 있다는 것뿐이다. 잠재적 진실에 대한 성급한 폄하의 원인은 일반자의 포괄성에 대한 뿌리 깊은 신뢰이다. 그러나 이러한 신뢰는 정당한 신뢰가 아니다. 이런 신뢰에서 벗어나기 위해서는 지성계가 비균질적이라는 것을 통찰해야 한다. 이러한 통찰을 수용함으로써, 극히 보편적인 기존 독트린들 간의 틈새에서 인식되기만을 기다리고 있으리라 생각되는 이름 없는 가능성들을 이론적으로 인정할 토대가 마련된다.

이 숨겨진 가능성들을 어떻게 알아볼 수 있을까? 이 독트린들로부터 연역해내려고 해서는 안 된다. 그러한 연역의 시도는 타협으로 귀결될 수 있으니 말이다. 틈새의 진실을 손에 넣는 방법은, 기성의 개념이나 기성의 원칙으로부터 연역하는 것이 아니라면, 특수자들의 성좌로 끌려들어가는 것이리라. 블루멘베르크의 논문 「코페르니쿠스에 대한 멜란히톤의 반론Melanchthons Einspruch gegen Kopernikus」에 따르면, "그렇지만 어느 시점에서 자족성을 얻은…… 이 의식이 자기회의에 빠지는 순간, 패자들이 묻혀 있는 역사의 어둠으로부터 반발하는 존재들이 나타난다. 목성의 위성을 보는 것이 금지되어 있던 시절, 그 속 좁고 고집 센 인물은 갈릴레오의 망원경을 들여다보기를 원치 않았지만, 이후에 저명한 학자가 나타나 이성적 존재가 그를 칭송하는 것도 전혀 불가능한 일이 아니라는 말로 그를 옹호하는 것도 가능하다."[55] 앞에서 여러 번 지적한 것처럼, 미시적 차원의 역사 연구에서 출현하는 일반적 관점이 그에 상응하는 대규모 역사에 깔려 있는 일반적 관점과 꼭 일치해야 하는 것은 아니다.* 바꾸어 말하면, A가 '위'에서 '아래'로 움직이고 B가 반대로 움직인다고 해도, A와 B가 중간에서 꼭 만나는 것도 아니고 반대편의 출발점에 꼭 도착하는 것도 아니다. 마르크스의 『파리 코뮌 *Pariser Commune*』에서 그 예를 찾을 수 있다. 여기서 마르크스는 프티부르주아의 보편적·이론적 정의에 갇혀 있는 대신, 그 시대의 프티부르주아—보편적·이론적 개념과 별개인 개념, 보편적·이론적 개념을 능가하는 개념—를 설명해보고자 한다. 이런 유의 논의는 마르크스의 글들, 특히 이런 유의 논의가 등장할 가능성이 희박한 글들에서 종종 발견된다.[56] 카프카도 마찬가지다. 카프카의 경우, "절망과 조형의지는 서로 상쇄되어 없어지는 대신 서로 투쟁함으로써 무한히 복잡한 표현을 찾는다."(브로트Brod)[57] 틈새의 진실을 포괄하는 보편적인 진술들·원칙들·독트린들로부터 틈새의 진실을 연

*5장 143쪽을 볼 것.

역하는 것이 어렵다고 해도, 틈새의 진실이 그저 신기루였던 것은 아니다. 클로즈업 여백에 적혀 있는 그것은 고압적인 양자택일하에서는 묻혀 있다 해도 가벼운 일람하에서는 환히 드러날 수 있다.

산초 판사Sancho Panza. 내가 제안한 '병렬공존side-by-side'의 원칙은 일반자와 특수자의 관계에 적용되는 동시에 영원과 시간의 관계에도 적용된다. 역사가를 비롯한 대기실 거주민들에게 이 원칙은 무엇을 뜻할까? 이 원칙은 한편으로는 철학적 진실이 객관적 타당성을 지닐 가능성을 인정할 것을 요구하는 동시에(이로써 하이데거와 아류 실존주의자들은 배제된다), 철학적 진실이 절대성과 지배력 면에서 한계가 있음을 인식할 것을 요구한다.(이로써 명확한 존재론적 입장들은 모두 배제된다.) 애매함은 이 중간계의 본질이다. 중간계의 거주민은 모퉁이를 돌 때마다 마주치는 상충하는 필요들을 충족시키고자 지속적 노력을 경주해야 한다. 심지어 그들은 절대자들, 즉 보편적 진실에 대한 온갖 돈키호테적 이념들과 도박을 해야 할 정도로 불안정한 상황에 놓여 있다. 이런 특별한 요구들은 특별한 태도들을 필요로 하는데, 그중에는 진정한 대기실 정신을 풍기는 태도, 따라서 대기실에 특별히 어울리는 태도가 있다. 이 태도는 부르크하르트가 니체에게 보낸 한 편지에서 구체화된다. 니체의 『혼합된 의견들과 잠언들*Vermischte Meinungen und Sprüche*』을 거론하는 편지였다. 뢰비트에 따르면, 그 편지에는 이런 대목이 있다. "부르크하르트는 '게으른 순례자'였다. 알다시피 그는 사유의 신전을 밟고 들어가는 대신 평생 동안 신전 주변부Peribolos에 머물면서 이미지로 사유하는 데에 만족했다. 그는 니체를 따라가지는 않았지만 니체가 '아찔하게 높은 절벽'에서 자신만만하게 거니는 모습을 '두려움과 즐거움이 섞인' 마음으로 바라보았다. 니체가 멀리서 내려다보았을 그곳을 그는 상상 속에 그려보려고 애썼다."[58] 한편, 부르크하르트는 역사철학을 '일종의 소일거리'라고 부른다.[59] 단순한 인간인 우리는 두고두고 곱씹을 수밖에 없는 괴상하고 입증 불가능한 사변들이 존재하지 않는다면 지루함과 따분함 속에서 길을 잃고 말 것이다. 부르크하르트에게는 쾌락주의자Epicurean의 면이 있다. 카프카는 산초 판사라는 잊지 못할 소박한 인물을 쾌락주의자로 그리는데, 부르크하르트는 바로 그 산초 판사를 연상시킨다. "산초 판사는 여러 해에 걸쳐 아무도 모르게 밤늦게까지 수많은 기사담과 모험담을 탐독했고, 이로써 자신의 마성魔性을 벗어던지는 데 성공했다. 산초 판사는 후일 이 마성을 돈키호테라고 명명했고, 돈키호테는 더없이 정신 나간 모험들을 마음껏 즐겼지만, 원래의 주인인 산초 판사에서 벗어나 있었던 덕분에 아무도 해치지 않았다. 자유인 산초 판사가 달관의 자세로 돈키호테의 모험을 따라다닌 것은 아마도 책임감 때문이었을 테지만, 어쨌든 산초 판사는 마지막 순간까지 돈키호테의 모험으로부터 엄청나고 교훈적인 재미를 얻었다……."[60] 카프카는 산초 판사를 자유인이라고 정의하는데, 이 정의에는 유토피아적인 데가 있다. 이 정의는 틈새의 유토피아—우리가 알고 있는 영역들 사이에 존재하는 미지의 땅—를 가리킨다.

에필로그를 대신하여
(저자의 메모에서)

이 세상의 도그마들 사이에 숨어 있는 '진짜the genuine'에 주목함으로써 잃어버린 대의들의 전통을 수립하기. 이제껏 이름이 없었던 것들에게 이름을 붙여주기.

> ……그러나 독창적 인간이 나타난다. 우리는 이 세상을 있는 그대로 받아들여야 한다, 라고 하지 않고, 그 세상이 뭐가 됐든 나는 순수함을 지킬 테다, 이 세상을 위해 나의 순수함을 바꾸지는 않을 테다, 라고 한다. 그의 말이 들린 순간, 전 존재에 변화가 생긴다. 마치 동화에서 마법에 걸렸던 성문이 백 년 만에 열리고 만물이 소생하듯, 전 존재가 눈을 뜬다. 한편으로, 천사들이 바삐 움직이며 바야흐로 무슨 일이 벌어질지 호기심을 안고 둘러본다. 다른 한편으로, 오랫동안 빈둥빈둥 손가락을 물어뜯던 검은 악령들이 벌떡 일어나서 기지개를 켜며 "이건 우리 거야"라고 한다…….[61]

(관련어: 진짜)

카프카가 인용한 키르케고르의 말

(Brod, *Franz Kafka*, 1963, 180쪽 이하)

주

1 자연

1 예를 들면 Droysen, *Historik*, München, 1960, 17~18쪽 참조.

2 Dilthey, *Gesammelte Schriften*, Stuttgart-Göttingen, 1957~1962 (vol. VII), 70, 79, 82~83, 85, 90, 118, 131쪽 등을 볼 것.

3 Rickert, *Die Probleme der Geschichtsphilosophie*, Heidelberg, 1924, 74쪽.

4 예를 들면 학술지 *History and Theory* (The Hague); Gardiner, ed., *Theories of History*, Glencoe, Ill., 1959; Gottschalk, ed., *Generalization in the Writing of History*, Chicago, 1963, Hook, ed., *Philosophy and History*, New York, 1963 참조.

5 Valéry, *History and Politics*, New York, 1962(vol. 10), 11, 122쪽.

6 Mommsen, "Historische Methode," in Besson, ed., *Geschichte* (Fischer Bücherei), Frankfurt a.M., 1961, 79~80쪽.

7 Bloch, *Apologie pour l'histoire ou métier d'historien*, Paris, 1964, xiv쪽.

8 Bagsy, *Culture and History*, Berkeley and Los Angeles, 1959, 48~50쪽을 볼 것. 또한 Bock, *The Acceptance of Histories: Towards a Perspective For Social Science*, Berkeley and Los Angeles, 1956 참조. 이 논거의 상세한 설명은 Mink, "The Anatomy of Historical Understanding," *History and Theory* (Middletown, Conn., 1966) vol. V, no. 1, 28~44쪽을 볼 것.

9 이러한 문헌의 초기 예는 Kant, *Idee zu einer allgemeinen Geschichte in weltbürgerlicher Absicht*를 볼 것. 영역본은 Gardiner (ed.), *Theories of History, Glencoe*, Ill., 1959, 21~34쪽에 실림.

10 Murray, *Five Stages of Greek Religion* (Anchor Book), New York, xi, xii쪽.

11 Brooke, "Namier and Namierism," *History and Theory* (The Hague, 1964), Vol. III, no. 3: 338~339쪽을 볼 것.

12 Dodds, *The Greeks and the Irrational*, Boston, 1959, 252쪽.

13 Schmitt, *Der Begriff der Natur in der Lehre von Marx*, Frankfurt a.M., 1962, 39, 48, 50쪽을 볼 것.

14 v. Weizsaecker, *Geschichte der Natur*, Göttingen, 1958, 37~43쪽.
15 Schmitt, 같은 책, 48쪽 참조.
16 v. Weizsaecker, 같은 책, 69쪽.
17 Kracauer, "Die Gruppe als Ideentraeger," in *Das Ornament der Masse*, Frankfurt a.M., 1963, 141쪽을 볼 것.
18 이 문단은 Kracauer, 같은 글, 여러 곳을 볼 것.
19 Dodds, 같은 책, 243쪽은 종교 예식들이 오래 살아남는 예를 들며, "사물들의 극단적 느림"이라는 매튜 아놀드Matthew Arnold의 적절한 표현을 인용한다.
20 Plato, *Republic*, 496 d.(Murray, 같은 책, 79~80쪽 인용)
21 Tocqueville, *Souvenirs de Alexis de Tocqueville*, Paris, 1893, 36쪽.
22 Klapper, *The Effects of Mass Communication*, Glencoe, Ill., 1960. 클래퍼Klapper는 여기서 여론 형성과 전파의 규칙적 패턴에 관한 오늘날의 사회과학 연구 결과들을 개괄한다.
23 McPhee, *Formal Theories of Mass Behavior*, Glencoe, Ill., 1963을 볼 것.
24 Butterfield, *Man on His Past*, Boston, 1960, 138~139쪽에 언급.
25 Burckhardt, "Weltgeschichtliche Betrachtungen," in *Jacob Burckhardt Gesamtausgabe*, Stuttgart, Berlin & Leipzig, vol. VII, 1929, 73쪽에서는 권력은 악이고 권력을 휘두르는 자들은 문화에는 거의 관심이 없다면서 "그러나 권력을 원하고 문화를 원하는 자에게 권력과 문화는 아마도 아직 알려지지 않은 제3의 목적에 이용되는 맹목적 도구인 듯하다"라고 했다. 한편, Butterfield, *Christianity and History* (Scribner's paperback), New York, 109쪽에서는 아직 알려지지 않은 이 "지성"을 "전체적인 계획 없이 그때그때 음악을 작곡하는…… 작곡가……"에 비유한다.
26 Ranke, *Weltgeschichte*, IX, xiii쪽 이하. Gadamer, *Wahrheit und Methode*, Tübingen, 1960, 192쪽에서 재인용. Butterfield, *Man on His Past*, Boston, 1960, 106쪽 역시 랑케의 말을 참조한다.
27 v. Weizsaecker, 같은 책, 115~116쪽.
28 Kracauer, *Theory of Film*, New York, 1960, 66~67쪽을 볼 것.
29 같은 맥락에서 Jonas, *Gnosis und spaetaniker Geist*, vol. I, Göttingen, 1964, 58~64쪽은 역사적 현상들 중에는 심리학과 사회학을 통해 설명되지 않는 것이 있다고 주장하면서 고대 후기에 출현한 그노시스주의적 '존재방식Seinshaltung'을 거론한다. "경험적 요인들에서 끌어낼 수 있는 '동기'가 아무리 개연적이라고 해도, 경험적 요인들의 계산에 넣어지지 않는 선험적인 '나머지'가 있게 마련이다. 그노시스주의적 '존재방식'이란 바로 이런 '나머지'에 해당하는 원칙이다. 이 원칙은 의미가 내장된 원칙, 곧 조건에 의해서 규정되는 원칙인 동시에 조건을 규정하는 원칙이며, 경험적 요인들이 새로운 영적 맥락에서 어떠한 위치를 차지하느냐는 이 원칙에 의해 이미 결정되어 있다. 간단히 말해서 이 원칙은 '설명'하는 것이 불가능한 원칙이자 '이해'하는 것만 가능한 원칙, 역사 속의 그 순간에 총체적으로 현현되는 인간 그 자체이다."(같은 책, 62쪽. 요나스의 영어번역)

30 Tilly, "The Analysis of a Counter-Revolution," *History and Theory* (The Hague, 1963), vol. III, no. 1: 30~58쪽을 볼 것.(그동안 틸리의 연구는 한 권의 저서로 확장되었다. *The Vandée*, Cambridge, Mass., 1964)

31 Burckhardt, 같은 책, 26쪽. 그리고 Croce, *History: Its Theory and Practice*, New York, 1960, I, 102쪽; II, 291쪽 참조.

32 Hexter, *Reappraisals in History*, Evanston, Ill., 1961, 21쪽. Gallie, "The Historical Understanding," *History and Theory* (The Hague, 1963), vol. III, no. 2: 169쪽. 헥스터는 또 "역사는 장르 스토리genre story의 한 종류이거나 특수한 적용"이라고 주장했다. 그러나 딜타이와 다르지 않게—정확히 말하면 칸트주의자로서의 딜타이와 다르지 않게—그는 역사와 학문 간의 차이를 주로 접근 양식 간의 차이로 여기는 듯하다.

33 Hexter, 같은 책, 39쪽.

34 Bloomsberg, "'Saekularization', Kritik einer Kategorie historischer Illegitimtaet," in Kuhn and Wiedmann, eds., *Die Philosophie und die Frage nach dem Fortschritt*, München, 1964, 204~265쪽 등 참조. 또한 Jauss, "Ursprung und Bedeutung der Fortschrttsidee in der 'Querelle des Anciens et des Modernes,'" 같은 책, 51~72쪽 등을 볼 것.

35 Schmidt, 같은 책, 39쪽 참조.

36 예를 들면 Hexter, 같은 책, 15~16쪽 참조. 콩트에 대한 비슷한 비판은 Bury, *The Idea of Progress*, New York, 1955, 302~303쪽을 볼 것.

37 Dilthey, *Gesammelte Schriften*, vol. I, 107쪽.

38 Lowe, *On Economic Knowledge*, New York, 1965, 192~193쪽. Carr, *What Is History?*, New York, 1962, 90쪽 참조.

39 마르크스에 대한 이 발언의 단서에 대해서는 Schmidt, "Zum Verhaeltnis von Geschichte und Natur im dialecktischen Materialismus," in *Existentialismus und Marximus*, Frankfurt a.M., 1965, 123쪽을 볼 것.

40 Spengler, "The World-as-History," in Gardiner, ed., Theories of History, 같은 책, 194쪽 인용.

41 Frankfort, "The Dying God," *Journal of the Warburg and Courtauld Institutes* (London, 1958), vol. XXI, nos. 3~4: 151.

42 이 논점은 Frankfort, *The Birth of Civilization in the Near East* (Anchor Book), New York, 17~18쪽을 볼 것.

43 예를 들면 Toynbee, *Reconsiderations*, London, 1961, 238쪽을 볼 것.

44 Jonas, 같은 책, 73~74쪽. 요나스는 슈펭글러가 '아랍' 문화를 발견하고 '가정假晶 pseudo-morphosis' 개념을 도입함으로써 그리스 문화가 지배하는 세계에서 아랍 문화가 처했던 운명을 설명하려 했다는 점에서 그를 높이 평가했다.

45 Mink, "The Autonomy of Historical Understanding," *History and Theory*

(Middletown, Conn., 1966), vol. V, no. 1: 35. 밍크Mink는 "자연과학의 역사에는 잘못된 이론이 행운의 발견으로 이어진 사례가 많다"라고 지적했다.

46 예를 들면 Dilthey, *Gesammelte Schriften*, vol. VII, 70~71쪽 참조. 여기서는 '정신과학'을 다음과 같이 정의한다. "모든 정신과학은 경험, 경험의 표현, 그리고 그러한 표현의 이해에 근거한다." 또한 같은 책, 131쪽: "경험과 이해에서 우리 앞에 나타나는 것의 총체는 인류라는 종을 아우르는 연결체로서의 생명이다."

47 Huizinga, "The Task of Cultural History," in *Men and Ideas: Essays by Johan Huizinga*, New York, 1959, 54쪽의 한 훌륭한 대목에 따르면, 역사가가 과거와 접촉하는 것은 "모종의 대기로 진입하는 것, ……인간에게 주어진 스스로를 뛰어넘는 여러 형식 중 하나이자 진리를 경험하는 여러 형식 중 하나이다." Berlin, "History and Theory: The Concept of Scientific History," *History and Theory* (The Hague, 1960), vol. I, no. 1: 23의 주장에 따르면, 역사가가 우리에게 내놓아야 하는 것은 "공적 생활에 대한 우리의 구상을 만족시킬 만큼 충만하고 구체적인 것…… 가능한 한 여러 시각에서, 가능한 한 여러 차원에서 고려된 것, 가장 넓고 가장 깊은 지식, 최상의 분석력, 통찰력, 상상력이 내놓을 수 있는 최다의 성분, 요소, 측면을 포함하는 것"이다.

48 Reinhold Niebuhr, "The Diversity and Unity of History," in Meyerhoff, ed., *The Philosophy of History in Our Time*, Garden City, N. Y., 1959, 315쪽에서 인용.

49 주 47에 인용된 벌린의 글을 볼 것.

2 역사적 접근

1 Kristeller, "Some Problems of Historical Knowledge," *The Journal of Philosophy* (New York, Feb. 16, 1961), vol. LVIII, no. 4: 87.

2 Husserl, *Die Krisis der europaeischen Wissenschaften*, Den Haag, 1962, 448쪽. Blumenberg, "Das Fernrohr und die Ohnmacht der Wahrheit," 45쪽에서 재인용. 원문: "……die Wissenschaft schwebt so wie in einem leeren Raum über der Lebenswelt."

3 Löwith, *Jacob Burckhardt*, Luzern, 1936, 274쪽을 볼 것.

4 Alfred Schmidt, *Der Begriff der Natur in der Lehre von Marx*, Frankfurt a.M., 1962, 27쪽 참조.

5 Mandelbaum, *The Problem of Historical Knowledge*, New York, 1936 참조. 저자의 가정에 따르면, "현실세계에서 일어나는 사건들"—역사적 현실을 뜻한다—은 "저마다 고유한 결정론적 구조를 가지고 있으며, 사고는 이것을 파악할 수 있되 변혁할 수 없다."(239쪽) 이 발언에 깔려 있는 가차 없는 리얼리즘은 만델바움이 역사적 상대주의에 반대하는 주요 논거 가운데 하나이다.

6 C. J. Hempel, "Explanation in Science and in History," see William Dray, ed., *Philosophical Analysis and History*, New York, London, 1966, 95~126쪽 등; Ernest Nigel, "Determinism in History," 같은 책, 347~382쪽 등 참조.

7 Butterfield, *Man and His Past*, Boston, 1960, 60쪽 인용.

8 Vossler, "Rankes historisches Problem," in Vossler, *Geist und Geschichte*, München, 1964, 189~190쪽. 나의 번역.

9 Butterfield, 같은 책, 104쪽.

10 Stern, ed., *The Varieties of History*, New York, 1956, 57쪽에서 인용. 편집자의 번역.

11 Gooch, *History and Historians in the Nineteenth Century*, Boston, 1959, 74쪽. Gooch, 같은 책, 74~75쪽에 따르면, 랑케의 이 저서는 "주요 외적 사실들의 편리한 요약"이며 해석은 거의 이루어지지 않는다. "그[랑케]는 반세기 후에야 이 저서를 자신의 선집에 넣는 것에 겨우 동의했다." Vossler, 같은 책, 특히 190~191쪽에 따르면, 랑케가 "있었던 그대로"를 보여주고 싶어했던 것은 사실들의 "사진적" 기록에 그치는 "순수한" 역사에 찬성하는 것도 아니었고 "내재적" 역사철학—주어진 데이터에 부과되는 역사철학이 아니라 주어진 데이터에 대한 정통함에서 비롯되는 역사철학—을 거부하는 것도 아니었다.

12 Heine, *Lutezia, Sämliche Werke*, vol. 9, Leipzig, 1910, 9쪽.

13 이어지는 페이지에서 사진매체와 관련된 내용은 주로 나의 책 *Theory of Film*, New York, 1960의 1장과 2장의 자료를 바탕으로 한다.

14 1839년 7월 30일 게이뤼삭이 프랑스 귀족원에서 한 연설. Eder, *History of Photography*, New York, 1945, 242쪽에서 재인용.

15 Eder, 같은 책, 341쪽에서 재인용.

16 Sadoul, *L'Invention de cinéma*, 1832~1897, Paris, 1946, 246쪽에서 재인용.

17 1839년 7월 30일에 게이뤼삭이 한 연설을 Eder, 같은 책, 242쪽에서 재인용.

18 Freund, *La Photographie en France au dix-neuvième siècle*, Paris, 1936, 117~119쪽을 볼 것.

19 프루스트가 사진을 다루었던 방식에 대한 분석은 Kracauer, *Theory of Film*, New York, 1960, 14~15쪽을 볼 것.

20 Droysen, *Historik*, München, 1960, 285쪽에 따르면, "……내러티브가 제공하고자 하는 것은 과거에 있었던 것에 대한 그림이나 사진이 아니라…… 그 관점이나 그 시점에서 얻어지는 유의미한 사건들의 통각apperception이다."

21 Namier, *Avenues of History*, London, 1952, 8쪽.

22 Bloch, *Apologie pour l'histoire*, Paris, 1964, 72쪽.

23 Freund, 같은 책, 103쪽 인용.

24 Marrou, *De la connaissance historique*, Paris, 1962, 53쪽을 볼 것.

25 Newhall, *The History of Photography*, New York, 1949, 71쪽을 볼 것.

26 같은 책, 75~76쪽; Freund, 같은 책, 113쪽.

27 Andreas Feininger, "Photographic Control Processes," *The Complete Photographer* (New York, 1942), vol. 8, issue 43: 2802. 실험사진가 파이닝거의 직설적 발언에 따르면, 사진의 목표는 "피사체의 가능한 한 가장 '닮은꼴'을 얻어내는 것이 아니라 기록 대신 구성을 부각시키는 추상적 예술작품을 창조하는 것"이다.

28 1920년대와 1930년대 초반의 프랑스 아방가르드에 대한 분석에 관해서는 Kracauer, 같은 책, 177~192쪽을 볼 것.

29 Geyl, "Huizinga as Accuser of His Age," *History and Theory* (The Hague, 1963), vol. II, no. 3: 231~262 등등; 특히 241~245, 251쪽 참조.

30 같은 글, 262쪽.

31 Kracauer, 같은 책, 12~13쪽.

32 뉴욕에서 열린 스티글리츠Stieglitz 전시회에 대한 존 테넌트John A. Tennant의 1921년 리뷰를 인용. Newhall, 같은 책, 144쪽에서 재인용.

33 *Seven Arts*, 1917, vol. 2, 524~525쪽에 실린 사진가 폴 스트랜드Paul Strand의 글. 같은 책, 150쪽에서 재인용.

34 Stern, ed., *The Varieties of History*, New York, 1956, 57쪽에서 인용.

35 Panofsky, *Renaissance and Renascences in Western Art*, Stockholm, 1960, 84, 87쪽 이하 참조.

36 Caillois, "Le Cinéma, le meutre et la tragédie," *Revue internationale de filmologie*, vol. II, no. 5 (Paris, n.d.), 87쪽 인용.

37 *Conversations-Lexikon der Gegenwart*, Brockhaus, Leipzig, 1840, Bd. 4. Article: "Raumer, Friedrich von". (저자 미상) 내가 역사학과 사진의 관계를 거론하는 이 초기 문헌에 관심을 가지게 된 것은 상당 부분 라인하르트 코젤렉Reinhart Koselleck 교수 덕분이다.

38 Séve, "Cinéma et méthode," *Revue internationale de filmologie* (Paris, July-Aug. 1947), vol. I, no. 1: 45를 볼 것. 그리고 30~31쪽을 볼 것.

3 현재적 관심

1 Burckhardt, *Die Kultur der Renaissance in Italian*, Wien (Phaidon Verlag), 1쪽.

2 Berlin, "History and Theory," *History and Theory* (The Hague, 1960), vol. I, no. 1: 27 참조.

3 Croce, *History: Its Theory and Practice*, New York, 1960, 19쪽을 볼 것.

4 같은 책, 12쪽.

5 Collingwood, *The Idea of History*, New York, 1956. (A Galaxy Book) 예컨대 305쪽을 볼 것.

6 같은 책, 282쪽 이하.

7 같은 책, 328~334쪽 참조.

8 Croce, 같은 책, 25쪽.

9 예컨대 Marrou, "Comment comprendre le métier d'historien," in Samaran, ed., *L'Histoire et ses méthodes*, Paris, 1961, 1505쪽; Carl L. Becker, "What Are Historical Facts?" in Meyerhoff, ed., *The Philosophy of History in Our Time*, Garden City, N.Y., 1959, 133쪽; 기타 등등 참조.

10 Carr, *What is History?*, New York, 1962, 54쪽. 말이 나온 김에 말하자면, 카는 자신의 조언을 따르는 일에서 한계까지 나아가거나 한계를 넘는다. 그는 1907년의 마이네케의 견해가 1920년대와 1930년대에 일부 변화를 겪었던 이유를 당시 그가 처해 있던 정치적 환경의 단기적 변화로부터 끌어내는 것이 적절하다고 보았다. (같은 책, 48~49쪽) 카가 보기에 역사가는 자신의 시대의 아들일 뿐 아니라, 자신의 시대의 이런저런 분파의 카멜레온 같은 자손이다.

11 Butterfield, *Man on His Past*, Boston, 1960, 25쪽.

12 Collingwood, 같은 책, 229쪽.

13 Gooch, *History and Historians in the Nineteenth Century*, Boston, 1959, 21쪽.

14 Marrou, 같은 글, 1056쪽.

15 Carr, 같은 책, 44쪽 그리고 Gooch, 같은 책, 461쪽 참조.

16 Gooch, 같은 책, 461쪽 인용.

17 Marc Bloch, *Feudal Society*, Chicago, 1964, vol. 2, 307쪽.

18 Finley, *Thucydides*, University of Michigan Press, 1963, 74쪽.

19 Hexter, *Reappraisals in History*, Evanston, Ill., 1961, 2쪽을 인용. 메이틀랜드와 스터브스를 언급하는 문헌은 시그먼드 다이아몬드Sigmund Diamond 교수를 통해 알았다.

20 Hexter, *Reappraisals in History*에 덧붙인 래슬릿Laslett 교수(케임브리지 트리니티 대학)의 '서문Foreword'은 이런 방향에서 질문을 던진다. 그는 "영국 17세기 중반의 극적 사건들을 설명하고자 하는 작업 전체가 어느 정도 오류일지도 모른다. 장기적이고 전반적 설명이 반드시 필요하리라는 가정이 언제나 있는 것 같은데, 그것이 옳은 가정일까?"라고 말했다. 아울러 "거대한 사건에 거대한 원인이 있다고 가정하는 것이…… 타당하지 않을 수도 있다"라고 덧붙였다. (xiii쪽)

21 프랜스 숄스France V. Scholes 교수에게서 개인적으로 얻은 정보. 이용 허락 받음.

22 Collingwood, 같은 책, 260~270쪽. Blumenberg, "Das Fernrohr und die Ohnmacht der Wahrheit," 21쪽은 갈릴레오의 과학자로서의 호전성을 강조한다. 블루멘베르크Blumenberg에 따르면, 그는 "자연과학의 창시자"(73쪽)로서, "사물들을 그저 바라보며, 눈앞의 대상에 느긋하게 빠져드는 사람이 아니다. 그가 지각하는 것은, 항상 어떤 이론 맥락들의 전조로서, 이론을 이루는 테제 복합체에 관여한다."(나의 번역)

23 Collingwood, 같은 책, 243, 266~268쪽.

24 같은 책, 281쪽.

25 MacDonald, *Murder Gone Mad*, New York, 1965, 39쪽. (An Avon Book)

26 Collingwood, 같은 책, 304~305쪽.

27 이 주제에 관한 액턴 경Lord Acton의 언급은 Butterfield, *Man on His Past*, Boston, 1960, 220쪽 인용 참조. 또한 Marrou, "Comment comprendre le métier d'historien," in Samaran, ed., *L'Histoire et ses méthodes*, Paris, 1961, 1521쪽.

28 Ratner, "History as Inquiry," in Hook, ed., *Philosophy and History*, New York, 1963, 329쪽.

29 Valéry, *History and Politics*, New York, 1962, 8쪽.(그리고 Valéry, *Oeuvres*, II, Pléiade, 1960, 917쪽: "L'histoire alimente l'histoire" 참조)

30 Nietzsche, Friedrich, "Vom Nutzen und Nachteil der Historie für das Leben," *Unzeitgemaesse Betrachtungen, Zweites Stuech*, Leipzig, 1930, 137쪽.

31 같은 글, 156쪽.

32 같은 글, 177쪽.

33 Aron, *Dimensions de la conscience historique*, Paris, 1961, 13쪽 참조.

34 Burckhardt, "Historische Fragmente aus dem Nachlass," in *Jacob Burckhardt Gesamtausgabe*, Bd. VII, Stuttgart, Berlin und Leipzig, 1929, 225쪽.

35 예를 들어 Droysen, *Historik*, München, 1960, 306쪽은 "지침적 제시didactic presentation"를 역사 내러티브의 올바른 형식이라고 여긴다. 그가 말하는 역사 내러티브의 목적은 "지금 여기서 도달한 견지에서 과거의 본질 및 총합을 이해하는 것, 그리고…… 과거의 생성을 통해 현재에 존재하게 된 것과 현재에서 획득된 것을 설명하고 심화하는 것"이다.

36 Meinecke, "Historicism and Its Problems," in Stern, ed., *The Varieties of History*, New York, 1956 (A Meridian Book), 267~288쪽. 인용문은 같은 책, 411쪽, 주 14를 볼 것.

37 Marc Bloch, *The Historian's Craft*, New York, 1959, 65~66쪽. 원문: "Naturellement il le faut, ce choix raisonné des questions, extrêmement souple…… L'itinéraire que l'explorateur établit, au départ, il sait bien d'avance qu'il ne le suivra pas de point en point." Bloch, *Apologie pour l'histoire ou métier d'historien*, 5th ed., Paris, 1964, 26쪽.

38 막스 베버의 '이념형'은 완전히 똑같은 의심을 불러일으킨다.

39 크로체-콜링우드 학파의 추종자들에게 반대하는 Hexter, 같은 책, 8쪽은 이 차이점을 최고로 분명하게 정의한다. "요즈음의 딜레마가 역사적 조사의 문제를 암시하지 않는다는 의미는 절대로 아니다. 그와 같은 딜레마가 수많은 역사 연구의 전적으로 옳은 출발점 중 하나임은 분명하다. 그러나 현 사안은 역사 연구의 출발점이 아닌 역사적 문제의 해결 양식과 상관이 있다."

40 Burckhardt, "Weltgeschichtliche Betrachtungen," in *Jacob Burckhardt Gesamtausgabe*, Band VII, Stuttgart, Berlin und Leipzig, 1929, 13쪽.

41 예를 들면 다음을 참조할 것. Geyl, *Debates with Historians*, New York, 1958 (A Meridian paperback), 196, 221쪽; Bury, *The Ancient Greek Historians*, New York, 1958 (A Dover paperback), 246~247쪽; Marrou, "Comment comprendre le métier d'historien," in Samaran, ed., *L'Histoire et ses méthodes*, Paris, 1961, 1505~1506쪽; Raymond Aron, *Dimensions de la conscience historique*, Paris, 1961, 24쪽 그리고 11, 13, 172쪽.

42 Burckhardt, 같은 글, 206쪽은 "unsere unerfuellte Sehnsucht nach dem Untergegangenen"을 매우 높이 평가한다.

43 Huizinga, *Im Baum der Geschichte*, Basel, 1943, 92쪽.

44 Mehta, "The Flight of Crook-Taloned Birds," *The New Yorker*, Dec. 15, 1962, 93쪽에 인용된, 네이미어에 대한 존 브룩John Brooke의 글을 보라.

45 Harnack, *History of Dogma*, New York, 1961 (Dover books), vol. I, 39쪽.

46 Lovejoy, "Present Standpoints and Past History," in Meyerhoff, ed., *The Philosophy of History in Our Time*, Garden City, N.Y., 1959, 174쪽.

47 같은 글, 180쪽. Geyl, 같은 책, 196쪽에서는 이와 비슷한 방식으로 자기를 표현한다.

48 영화 영역에서 이 현상과 비슷한 것은 Kracauer, *Theory of Film*, New York, 1960, 151~152쪽을 볼 것.(제목: '음악을 되찾다')

49 Rostovtzeff, *The Social and Economic History of the Roman Empire*, Oxford, 1926, 541쪽.

50 Proust, *Remembrance of Things Past*, New York, 1932 and 1934, vol. I, 543~545쪽.

51 Graves, *The Greek Myths*, Baltimore, Maryland, 1955, vol. I, 112쪽.

4 역사가의 여행

1 Stern, "Introduction," in Stern, ed., *The Varieties of History* (a Meridian Book), New York, 1956, 31쪽.

2 Geyl, *Debates With Historians* (a Meridian Book), New York, 1958, 39~40쪽. 예상할 수 있는 일이지만, 매콜리에 대한 평가는 양분되어 있다. 예를 들어 Hale, "Introduction" in Hale, ed., *The Evolution of British Historiography* (a Meridian Book), Cleveland and New York, 1964, 45쪽에서는 여행자의 호기심을 가졌다는 이유에서 그를 높이 평가한다.

3 Gadamer, *Wahrheit und Methode*, Tübingen, 1960, 198쪽 참조.

4 Vossler, "Rankes historisches Problem," in Vossler, *Geist und Geschicht*, München, 1964, 194~195쪽은 랑케의 접근방식의 종교적 토대를 크게 강조한다.

5 Dilthey, *Gesammelte Schriften*, Stuttgart-Göttingen, vol. V, 1957 & 1961, 281쪽, 281~282쪽 주를 볼 것. 랑케의 이 진술에 대한 최근의 논평을 보자면, Gerhard Ritter, "Scentific History," *History and Theory* (The Hague, 1961), vol. I, no. 3: 265는 이 진술에 열렬한 찬사를 보낸다. 동시대의 몇몇 역사가가 보여주는 구축에의 탐닉과 지나친 공격성을 폄하하기 위해서인 것으로 보인다.

6 Proust, *Remembrance of Things Past*, New York, 1932 그리고 1934, vol. I, 814~815쪽. (번역: C. K. Scott Moncrieff) 또한 Kracauer, *Theory of Film*, New York, 1960, 14~15쪽 참조.

7 Schuetz, "The Stranger," *The American Journal of Sociology* (May 1944), vol. XLIX, no. 6: 499~507 참조.

8 인용하는 곳은 Toynbee, ed. and transl., *Greek Historical Thought* (a Mentor Book), New York, 1952, 43쪽. 폴리비우스도 좋은 예가 된다는 것은 말할 필요도 없다. 예컨대 Bury, *The Ancient Greek Historians* (a Dover Book), New York, 1958, 191~219쪽을 볼 것.

9 메타Mehta와의 인터뷰에서 존 브룩과 토인비가 말하는 내용이 이런 의미다. Mehta, "The Flight of Crook-Taloned Birds," *The New Yorker*, Dec. 15, 1962, 74, 82쪽을 볼 것. 이 맥락에서 부르크하르트가 르네상스 시대 이탈리아에서 이민자 빈도가 높았음을 언급하는 것과 이민자들의 훌륭한 업적을 강조하는 것은 나에게 특별한 흥미를 지닌다. Burckhardt, *Die Kultur der Renaissance in Italien*, Phaidon Verlag, Wien, 78쪽, 그리고 Kaegi, *Jacob Burckhardt: Eine Biographie*, vol. III, Basel, 1956, 715쪽을 볼 것.

10 Schopenhauer, *Saemtliche Werke*, Wiesbaden, 1949, vol. 2 ("Die Welt als Wille und Vorstellung," drittes Buch, Kap. 34), 464~465쪽에 따르면, "Vor ein Bild hat jeder sichc hinzustellen wie vor einen Fürsten, abwartend, ob und was es zu inm sprechen werde; und, wie jeden auch diese nicht selbst anzureden: denn da wurerde er nur sichc selber vernehmen."

11 Bailyn, "The Problems of the Working Historian: A Comment," in Hook, ed., *Philosophy and History*, New York, 1963, 98쪽 참조.

12 Marc Bloch, *The Historian's Craft*, New York, 1959, 65~66쪽.

13 Mills, *The Sociological Imagination*, New York, 1959, 196쪽.

14 Willey, *The Seventeenth Century Background* (a Doubleday Anchor Book), Garden City, New York, 1953, 43쪽 인용.

15 Burckhardt, *Griechische Kuturgeschichte* (Kroeners Taschenausgabe, Baende 58, 59, 60), Leipzig, Band 58, 7~8쪽. 이 구절의 원문은 다음과 같다. "……gerade mit heftiger Anstrengung ist hier das Resultat am wenigsten zu erzwingen: ein leises Aufhorchen bei gleichmaessigem Fleiss führt weiter." 또한 Löwith, *Jacob Burckhardt*, Luzern, 1936, 186~187쪽을 볼 것.

16 Harnack, *History of Dogma* (Dover Books), New York, 1961, Book I, vol. 1, 37~38쪽의 현명한 발언에 따르면, "역사가는 입증 가능한 것the demonstrable의 이면에서 하나의 시대를 움직이는 개념들과 목적들을 찾으려고 시도하거나 찾았다고 주장하는 순간 모호함에 빠진다. 그 시대는 당연히 그것들에 대해 아는 바가 없다."(닐 뷰캐넌Neil Buchanan이 독어본 제3판에서 영역)

17 Droysen, *Historik*, München, 1960, 245쪽.

18 1870년 3월 30일 편지에서 부르크하르트는 베른하르트 쿠글러Bernhard Kugler에게 이렇게 말한다. "Ich rathe ferner zum einfachen Weglassen des blossen Tatsachenschuttes—nicht aus dem Studium, wohl aber aus der Darstellung." Max Burckhardt, sel. and ed., *Jacob Burckhardt: Briefe*, Bremen, 1965, 275쪽에서 인용.

19 Butterfield, "Moral Judgements in History," in Meyerhoff, ed., *The Philosophy of History in Our Time* (a Doubleday Anchor Book), Garden City, New York, 1959, 229쪽.—Butterfield, *History and Human Relations*, London, 1931.

20 Butterfield, *Man On His Past* (a Beacon Book), Boston, 1960, 139쪽.

21 같은 책, 139쪽.

22 Kracauer, *Theory of Film*, New York, 1960, 202쪽, Ivens, "Borinage—A Documentary Experience," *Film Culture* (New York, 1956), vol. II, no. 1: 9 인용.

23 Butterfield, "Moral Judgements"(주 19를 볼 것), 244쪽에는 이 가능성이 암시되어 있다. 그에 따르면, 전문 역사가는 대학살, 종교적 박해의 결과, 집단수용소의 실태 등을 구체적인 디테일과 객관적인 방식으로 묘사함으로써 도덕성의 대의명분에 일조할 수 있다. 덧붙이자면 버터필드의 전문 역사 개념 그 자체가 신학적 착상과 과학적 착상의 복잡한 혼합에서 비롯된다.

24 Strauss, "On Collingwood's Philosophy of History," *The Review of Metaphysics* (Montreal, June 1952), vol. V, no. 4: 583.

25 Hale, "Introduction"(주 2를 볼 것), 42쪽 인용. 여기서 그는 칼라일Carlyle이 존 스튜어트 밀John Stuart Mill에게 보낸 편지를 인용한다. 칼라일은 "역사는 우리 내면의 전인에게 보내지는 전언입니다.(그야말로 천국의 전언입니다. 모든 것이 신의 명 아니겠습니까?) 머리로도 가슴으로도 보내자는 전언, 가장 깊은 곳에서 가장 얕은 곳까지 보내지는 전언입니다……"라고 말했다.

26 Dilthey, *Gesammelte Schriften*, Stuttgart-Göttingen, vol. VII, 1958 & 1961, 164쪽에 따르면, "서사예술의 향유와 면밀한 설명, 체계적 지식의 적용, 특수한 인과관계의 분석, 전개의 원칙 등의 요소들은 결합을 통해 서로를 강화시킨다"라고 한다. 또 Berlin, "History and Theory," *History and Theory* (The Hague, 1960), vol. I, no. 1: 24 참조. 여기서 그는 자신의 생각을 비슷한 식으로 표현했다.

27 예를 들면 Kolko, "Max Weber on America: Theory and Evidence," *History and Theory* (The Hague, 1961), vol. I, no. 3: 243~260 등, 특히 259~260쪽.

28 예를 들면 Blumenberg, *Die Kopernikanische Wende*, Frankfurt a.M., 1965 및 *Paradigmen zu einer Metaphorologie*, Bonn, 1960 참조. 또한 Jonas, *Gnosis und spaetantiker Geist*, vols. I, II, Göttingen, 1964 and 1954가 역사적이고 형태학적인 분석의 탁월한 사례를 제공한다는 점도 언급해야겠다.

29 Graves, *I, Claudius* (a Vintage Book), New York, 1961, 116쪽.

30 Berlin, "History and Theory"(주 26 참조), 24쪽. 이와 비슷하게 폭넓은 인간적 경험의 중요성을 언급하는 글로는, Marrou, *De la connaissance historique*, Paris, 1962, 79~80쪽.("역사는 노인의 놀이"라는 말은 그레이브스의 "재치 있는 표현"인데, 이 글에서는 클라우디우스 황제의 말로 잘못 설명되어 있다.) Hexter, *Reappraisals in History*, Northwestern University Press, 1961, 43, 199쪽을 볼 것.

31 Löwith, *Jacob Burckhardt*, Luzern, 1936, 188쪽에서 인용한 대목을 볼 것. "이 세상의

그 어떤 참고문헌의 인용문이라고 해도 우리가 스스로 찾아낸 명제가 우리의 예지력, 주의력과 함께 구성하는 화합물을 대신할 수 없다. 진짜 지성적인 것은 그로부터 형성된다." *Gesamthausgabe*, Basel, 1929~1933, vol. 8, 8쪽에서 재인용.

32 Berlin, 같은 책, 24쪽.

33 Huizinga, "The Task of Cultural History," in Huizinga, *Men and Ideas* (a Meridian Book), New York, 1959, 53~54쪽.

34 Aydelotte, "Notes on the Problem of Historical Generalization," in Gottschalk, ed., *Generalization in the Writing of History*, Chicago, 1963, 167쪽.

35 Festugière, *La Révélation d'Hermès Trismégiste*. Vol. I: *L'Astrologie et les sciences occultes*, Paris, 1944, 7쪽, 356쪽을 볼 것.

36 역사적 일반론이 얼마나 타당한가에 관한 논평 중에 예컨대 '정신과학'에서의 개념화 과정을 다루는 Dilthey, *Gesammelte Schriften*, vol. VII (주 26 참조), 188쪽을 볼 것. 딜타이가 볼 때, "정신과학에서 개념화 과정은…… 일련의 특수한 사례들 사이에서 공통점을 끌어내는 단순한 일반화 과정이 아니다. 개념은 전형type을 표현한다." 또한 Benjamin, "Ursprung des deutschen Trauerspiels," in Benjamin, *Schriften*, Frankfurt a.M., 1955, vol. I, 141~365쪽 참조. 이 논문의 머리말에 해당하는 "Erkenntniskritische Vorrede" (141~174쪽)에서 벤야민이 강조하는 것은 '일반론'과 '이념'의 차이점이다. 특히 155~164쪽을 볼 것.

37 Hexter, *Reappraisals in History* (주 30), 202쪽, 204쪽을 볼 것.

38 Huizinga, "Renaissance and Realism," in Huizinga, *Men and Ideas* (a Meridian Book), New York, 1959, 288쪽.

39 Huizinga, "The Problem of the Renaissance," in Huizinga, 같은 책, 287쪽.

40 폴 오스카 크리스텔러에게서 개인적으로 얻은 정보.

41 Huizinga, "Renaissance and Realism" (주 37을 볼 것), 288~289쪽. 하위징아는 부르크하르트가 거장의 반열에 올랐다고 말하면서 "그런 거장들에 대해 우리는 그들의 견해가 무엇이었는가를 묻는 대신 그들의 정신이 어떠했는가를 묻게 된다"라고 했다.

42 Berlin, *Karl Marx: His Life and Environment* (a Galaxy Book), New York, 1959, 43~44쪽.

43 Berlin, "History and Theory" (각주 26을 볼 것), 24쪽.

44 Bultmann, *History and Eschatology* (a Harper Torchbook), New York, 1962, 122쪽.

5 역사계의 구조

1 Aron, *Demensions de la conscience historique*, Paris, 1961, 19쪽.

2 토인비는 미시사의 필요성을 인정한다. 이에 대해서는 '분량의 문제'를 다룬 부록 125~128쪽을 볼 것. 그럼에도 불구하고 그는 미시사에 대한 강한 적대감을 드러냈다. Mehta, "The Flight of Crook-Taloned Birds," *The New Yorker*, Dec. 8,

1962, 92쪽에 따르면, 이 기사 필자와의 대화에서 토인비는 "현미경적 역사가들의 전성기가 얼마 남지 않은 것 같다는 생각으로 위안을 삼았다."

3 Jedin, *Bischöfliches Konzil oder Kirchenparlament?*, Basel, 1963.

4 Hexter, "The Education of the Aristocracy in the Renaissance," in Hexter, *Reappraisals in History*, Evanston, Ill., 1961, 45~70쪽.

5 Tolstoy, *War and Peace*, Baltimore, 1951, vol. II, 1400~1401쪽.

6 같은 책, 1425쪽. Berlin, *The Hedgehog and the Fox*, New York, 1953, 19, 26, 29쪽 참조.

7 Tolstoy, 같은 책, 1425쪽.

8 Kracauer, *Theory of Film*, New York, 1960, 63~64쪽. 인용문은 Léger, "A propos du cinéma," in L'Herbier, ed., *Intelligence du cinématographe*, Paris, 1946, 340쪽을 볼 것.

9 Tolstoy, 같은 책, 977쪽.

10 Berlin, 같은 책, 31쪽.

11 Tolstoy, 같은 책, 1440쪽.

12 Berlin, 같은 책, 68~72쪽 참조.

13 Tolstoi, 같은 책, 886쪽.

14 Mehta, "The Flight of Crook-Taloned Birds," *The New Yorker*, Dec. 15, 1962, 82~83쪽.

15 존 브룩은 마르크스가 네이미어에게 영향을 끼쳤음을 지적한다. Mehta, 같은 책, 74, 87쪽 인용.

16 Talmon, "The Ordeal of Sir Lewis Namier," *Commentary* (New York, March 1962), vol. 33, no. 3, 242, 243쪽.

17 Mehta, 같은 글, 93쪽.

18 같은 글, 78쪽.

19 Namier, "Human Nature in Politics," in Stern, ed., *The Varieties of History*, New York, 1956 (A Meridian Book), 382쪽.

20 같은 글, 382, 384쪽.

21 같은 글, 384쪽.

22 같은 글, 386쪽.

23 Talmon, 같은 글, 242쪽.

24 Mehta, 같은 글, 106쪽.

25 Butterfield, *George III and the Historians*, New York, 1959, 210쪽.

26 같은 책, 213쪽.

27 같은 책, 213쪽.

28 Mehta, 같은 글, 119쪽. Butterfield, *Christianity and History*, New York, 1949, 여러 곳.

29 이 사안에 관한 논의에 대해서는 Max Brodbeck, "Methodological Individualisms:

Definition and Reduction" 그리고 Maurice Mandelbaum, "Societal Laws," in Dray, ed., *Philosophical Analysis and History*, New York, 1966을 볼 것.

30 Marrou, "Comment comprendre le métier d'historien," in Samaran, ed., *L'Histoire et ses méthodes*, Paris, 1961, 1499쪽.

31 Proust, *Contre Sainte-Beuve*, Paris, 1954, 176~177쪽.

32 Butterfield, *Man on His Past*, Boston, 1960 (A Beacon Paperback), 44쪽.

33 Bacon, *Advancement of Learning*에 나오는 표현을 Hale, "Introduction," in Hale, ed., *The Evolution of British Historiography from Bacon to Namier*, Cleveland and New York, 1964 (A Meridian Book), 17쪽에서 재인용.

34 Gooch, *History and Historians in the Nineteenth Century*, Boston, 1959 (a Boston Paperback), 182쪽.

35 Sainte-Beuve, *Causeries*, vol. I. Gooch, 같은 책에서 재인용.

36 Hale, 같은 책, 17쪽.

37 Marrou, 같은 글, 1532쪽.

38 Butterfield, *George III and Historians*, 205쪽.

39 Freund, *La Photographie en France au dix-neuvième siècle*, Paris, 1936, 92쪽. Kracauer, *Theory of Film*, 51쪽에서 재인용.

40 같은 곳.

41 Marrous, 같은 글, 1529쪽.

42 Bark, *Origins of the Medieval World*, Garden City, N.Y., 1960 (a Doubleday Anchor Book), 여러 곳; 특히 '중세의 기원 문제The Problem of Medieval Beginnings' 장에서 피렌 테제 비판 참조.

43 파노프스키는 2장 57쪽 및 주 35; 예딘은 *Bischöfliches Konzil oder Kirchenparlament?*, 특히 '헥 상타Haec Sancta' 교령에 대한 분석, 10~13쪽 참조.

44 Proust, *Remembrance of Things Past*, New York, 1934, vol. I, 138~139쪽.

45 다이아몬드 교수에게서 얻은 사례.

46 Ferguson, "Introduction," in Alfred von Martin, *Sociology of the Renaissance*, New York and Evanston, 1963 (a Harper Torchbook), p. xiii.

47 Aron, 같은 책, 14쪽.

48 Kracauer, 같은 책, 47~48쪽 참조.

49 Toynbee, *Reconsiderations*, New York, 1964; 특히 124, 134~135쪽 참조.

50 Kracauer, 같은 책, 231쪽.

51 Lévi-Strauss, *La Pensée sauvage*, Paris, 1962, 346쪽.

52 같은 책, 347쪽.

53 앞서 말한 것은 Blumenberg, "Lebenswelt und Technisierung unter Aspekten der Phänomenolgie," *Sguardi su la filosofia contemporanea*, vol. LI (1963), 특히 20쪽 이하; 그리고 Blumenberg, "Das Fernrohr und die Ohnmacht der Wahrheit," in Galilei, *Sidereus Nuncius*, Frankfurt am Main, 1965, 특히 44~45, 72~73쪽을 볼 것.

54 Jonas, *Gnosis und spaetantiker Geist*, Part II, 1, Göttingen, 1954, 189쪽.

55 Novikoff, "The Concept of Integrative Levels and Biology" in *Science*, vol. 101 (1945), 209~215쪽을 볼 것.

56 Harnack, *History of Dogma*, New York, 1961 (a Dover Book), vol. I, 132쪽.

57 Hexter, 같은 책, 210쪽.

58 Toynbee, 같은 책, "The Problem of Quantity in the Study of Human Affairs," 여러 곳 참조.

59 같은 책, 134쪽.

60 이 책 3장 92~93쪽을 볼 것.

61 예컨대 Bullock, "The Historian's Purpose: History and Metahistory," in Meyerhoff, ed., *The Philosophy of History in Our Time*, Garden City, N.Y., 1959 (a Doubleday Anchor Book), 293쪽 참조: "삭막한 역사적 학식의 적막한 황무지."

62 Bloch, *The Historian's Craft*, New York, 1959, 86쪽.

63 Huizinga, *Im Bann der Geschichte*, Basel, 1943, 12쪽.

64 Meinecke, "Historicism and Its Problems," in Stern, ed., *The Varieties of History*, New York, 1956 (a Meridian Book), 275쪽.

65 같은 글, 275쪽 그리고 273쪽. 마이네케의 입장은 전문 역사를 해석적 역사에 종속시키는 입장으로서, 거스리Guthrie의 입장에 상응한다. 동일한 주제에 대한 거스리의 진술: "자연학자들 중에는 한 저자나 한 날짜의 텍스트를 일련의 화분처럼 늘어놓는 학자들도 있고, 그와 같은 과학적 작업의 결과를 보다 넓은 배경 속에 넣는 일, 그런 결과들이 고전 전통에서 어떠한 위치에 있으며 현재에 얼마나 적절한지 가늠하는 일에 보다 관심을 가지는 학자들도 있다. 나는 우리에게 바로 지금 특히 필요한 것이 해석적 유형이라고 말하고 싶다." Guthrie, "People and Tradition," in Guthrie & Van Groningen, *Tradition and Personal Achievement in Classical Antiquity*, London, 1960, 9~10쪽.

66 Bloch, 같은 책, 86쪽.

67 Bury, "History as a Science," in Stern, ed., 같은 책, 219쪽.

68 Bury, *The Ancient Greek Historian*, New York, 1958 (a Dover Book), 246쪽.

69 Marrou, *De la connaissance historique*, 4th ed., Paris 1962, 235쪽: "……연속적 발전에 대해 알고 있는 모든 학문 분야와 마찬가지로, 역사 연구도 시간과 함께 진보하는 것이 옳았는데……." Pirenne, "What Are Historians Trying to Do?" in Meyerhoff, ed., *The Philosophy of History in our Time*, Garden City, N.Y., 1959 (a Doubleday Anchor Book), 98쪽: "이러한 서술이 늘어날수록 무한한 현실은 더욱 베일을 벗게 될 것이다." Kristeller, "Some Problems of Historical Knowledge," *The Journal of Philosophy*, vol. LVIII, no. 4 (February 16, 1961), 97쪽: "역사 연구의 지속적 과제는 기성 지식의 영역을 늘리고, 입증되지 않은 견해의 영역을 줄이는 것이다." Hexter, 같은 책, 190쪽: "……보다 선명하게 시간에 구속된 개념의 경우

해체의 과정이 발생한다. 그런 개념들은 걸러져나간다. 그러나 그런 개념들에 오염되지 않은 상당량의 잔여물이 남게 된다."

70 Pirenne, 같은 글, 99쪽 참조: "비교논법을 통해 역사는 정확한 원근관계로 나타날 수 있다." 블로크의 관점은 주 71을 볼 것.

71 블로크는 비교역사에는 팀워크가 필요하다고 생각한다. 그는 유럽을 제외한 사회들의 역사에서 봉건 단계의 발생을 결정하면서 *Feudal Society*, Chicago, 1964, vol. II, 446쪽에서 이렇게 말한다. "우리 사회와 다른 사회가 내가 방금 정의했던 단계와 대단히 비슷한 단계를 거쳤으리라는 예측이 아주 불가능하지는 않다. 만약 그렇다면 그 단계의 그 사회를 봉건적이라고 하는 것은 타당하다. 그러나 여기에 관여하는 비교 작업은 분명 한 사람의 능력을 벗어난다." Marrou, "Comment comprendre le métier d'historien," in Samaran, *L'Histoire et ses méthodes*, Paris, 1961, 1515~1516쪽: "단일 연구자의 사료를 기반으로 구상되고 진행되는 매우 개인적인 특징을 보이는 역사 저작이라 해도 방대한 집단적 노력의 정점이다. ……우리가 보기에 역사가는 서로 분리된 일련의 직업들 전체를 불러들이는 듯하다." Kristeller, 같은 글, 88쪽에서 강조된 측면: "다양한 과학이 그렇듯 다양한 역사학과는 특수한 사회적·역사적·지적 환경으로부터 발전하고, 개인과 민족, 종교, 제도, 전공의 관심사에 의해 유지된다. 그것들 중 일부는 겹쳐지는 반면, 어느 것도 차지할 수 없는 무인지대가 존재한다. 오직 지식을 점차 확장하고 학과 간의 공조를 강화함으로써 통합된 역사적 지식에 접근할 수 있다."

72 Pirenne, 같은 글, 99쪽.

73 Lévi-Strauss, 같은 책, 340쪽.

74 Carr, *What is History?*, New York, 1962, 165쪽.

75 Valéry, "Historical Fact," in *History and Politics: Collected Works*, vol. X, New York, 1962, 121쪽.

6 아하수에로 또는 시간의 수수께끼

1 예를 들면 Kristeller, "The Moral Thought of Renaissance Humanism," in *Chapters in Western Civilization*, vol. I, 3rd ed., New York, 1961, 290쪽 참조. 여기서 그가 가장 중시하는 전제 중 하나는 우리가 "연속성을 역사에서 기본이 되는 것으로 인정"해야 한다는 점이다. 반면에 크리스텔러가 지닌 관점의 또다른 측면과 관련해 이 장의 주 21과 비교할 것.

2 특히 Vidal-Naquet, "Temps des dieux et temps des hommes. Essai sur quelques aspects de l'expérience temporelle chez les Grecs," in *Revue de l'Histoire des Religions*, vol. CLVII, no. 1, (Jan.-March 1960), 55~80쪽 등 참조.

3 Blumenberg, "'Säkularisation.' Kritik einer Kategorie historischer Illegitimität," in Kuhn and Wiedmann, eds., *Die Philosophie und die Frage nach dem Fortschritt*, München, 1964, 243쪽에서 진보의 이념과 종말론의 차이가 지적되는 점을 볼 것.

4 Marrou, "Das Janusantlitz der Historischen Zeit bei Augustin," in Andresen, ed., *Zum Augustin-Gespräch der Gegenwart*, Darmstadt. 1962, 특히 376~377쪽을 볼 것.

5 Bloch, *Feudal Society*, Chicago, 1964, vol. I, 91쪽.

6 Malinowski, *Magic, Science and Religion*, Garden City, N.Y., 1954 (A Doubleday Anchor Book), 특히 26, 28~30, 33~35쪽.

7 Marrou, "Comment comprendre le métier d'historien," in Samaran, ed., *L'Histoire et ses méthodes*, Paris, 1961, 1476쪽.

8 Ranke, *Universal History: The Oldest Historical Group of Nations and the Greeks*, London, 1884, pp. xi~xiv and 2, quoted by Butterfly, *Man and His Past*, 1960 (a Beacon paperback), 124쪽.

9 Henri Pirenne, "What Are Historians Trying to Do?" in Meyerhoff, ed., *The Philosophy of History in Our Time*, Garden City, N.Y., 1959 (a Doubleday Anchor Book), 87~99쪽을 볼 것.

10 Marc Bloch, *The Historian's Craft*, New York, 1959, 47쪽. [프랑스어 제목: *Apologie pour l'histoire ou métier d'historien*, Paris, 1949~1950]

11 Focillon, *The Life of Forms in Art*, New York, 1948, 10쪽.

12 같은 책, 10쪽.

13 같은 책, 55쪽.

14 같은 책, 60쪽.

15 같은 책, 63쪽.

16 Kubler, *The Shape of Time*, New Haven and London, 1962 참조.

17 Kubler, 같은 책, 12쪽.

18 Lévi-Strauss, *La Pensée sauvage*, Paris, 1962, 345쪽.

19 같은 책, 344쪽.

20 근·현대사의 규모와 선사의 규모를 비교하는 같은 책, 343쪽과 특별히 344~345쪽의 사례들 참조. "선사 체계로 표기해보면, 근·현대사에서 가장 유명한 에피소드조차 의미가 없어진다. 아마도 예외가 있다면 ……전 지구적 규모에서 본 인구 변화 등 거대한 측면, 증기기관의 발명, 전기와 핵 에너지의 발견 정도일 것이다."

Marc Bloch, 같은 책, 183~184쪽 역시 각각의 영역에 독자적인 배열체 모양을 독자적으로 정립하는 것을 논의하는 맥락에서 서로 다른 크기의 역사들을 구상할 필요에 대해서 거론한다. 그는 다음과 같이 재치 있게 표현한다. "필립 아우구스투스 치하의 종교사? 루이 15세 치하의 경제사? 안 될 것도 없지. 루이 파스퇴르의 '그레비 대통령 재임 기간 동안 나의 실험실에서 생긴 일의 기록'? 아니면 거꾸로, '뉴턴에서 아인슈타인까지 유럽의 외교사.'"

21 Kristeller, 같은 글, 291쪽.

22 다이아몬드 교수에게서 개인적으로 들은 내용.

23 W. von Leyden, "History and the Concept of Relative Time," *History and Theory* (The Hague, 1963), vol. II, no. 3, 279~280쪽; Herder, *Metakritik* (1799), Pt. I, sec. 2, 84, in *Sämmtliche Werke*, Pt. 16 (Cotta, 1830)을 인용.

24 Valéry, *History and Politics, Collected Works*, vol. X, New York, 1962, 93쪽.

25 Lichtenberg, *Aphorismen, Briefe, Schriften*, Stuttgart, 1953, 21쪽.

26 Bloch, 같은 책, 151쪽.

27 Curtius, *European Literature and the Latin Middle Ages*, New York, 1953, 14쪽.

28 Meyer Schapiro, "Style," in Kröber, ed., *Anthropology Today*, Chicago, 1953, 295쪽.

29 Aron, *Dimensions de la conscience historique*, Paris, 1961, 115~116쪽 그리고 270쪽.

30 Mandelbaum, "The History of Ideas, Intellectual History, and the History of Philosophy," *History and Theory*, Beiheft 5 (The Hague, 1965), 50~52쪽.

31 Dilthey, *Der Aufbau der geschichtlichen Welt in den Geisteswissenschaften, in Gesammelte Schriften*, vol. VII, Stuttgart and Göttingen, 1961, 178쪽 그리고 183쪽.

32 Benjamin, *Geschichtsphilosophische Thesen, in Schriften*, Frankfurt am Main, 1955, vol. I, 502쪽.

33 Laslett, "Commentary," in Crombie, ed., *Scientific Changes (Symposium on History of Science, University of Oxford 9-15 July 1961)*, London, 1963, 863쪽.

34 같은 곳.

35 Kaegi, *Jacob Burckhardt*, vol. II, Basel, 1950, 185쪽 참조.

36 Kaegi, 같은 책, vol. III, Basel, 1956, 95쪽을 인용.

37 예컨대 Kristeller, "Changing Views of the Intellectual History of the Renaissance since Jacob Burckhardt," in Helton, ed., *The Renaissance: A Reconsideration of the Theories and Intepretations of the Age*, Madison, 1961, 29~30쪽.

38 Kubler, 같은 책, 28쪽.

39 같은 책, 122쪽.

40 Bloch, 같은 책, 152쪽.

41 Dilthey, 같은 책, 185쪽.

42 Bloch, *Feudal Society*, vol. II, 306~307쪽.

43 Lovejoy, *Essays in the History of Ideas*, New York, 1960 (a Capricorn Book), 320쪽 참조.

44 Rand, *Founders of the Middle Ages*, New York, 1957 (a Dover Book), 17쪽을 볼 것.

45 Edelstein, "The Greco-Roman Concept of Scientific Progress," *Ithaca*, 26 VIII-2 IX, 1962, Paris, 57쪽.

46 Dilthey, *Einleitung in die Geisteswissenschaften, Gesammelte Schriften*, vol. I, Stuttgart and Göttingen, 1959, 1962, 256쪽.

47 Schmidt, *Der Begriff der Natur in der Lehre von Marx*, Frankfurt am Main, 1962, 27쪽.

48 Jonas, *Gnosis und spätantiker Geist*, Part I, Göttingen, 1964, 24~25쪽.

49 같은 책, 37쪽.

50 Blumenberg, "Epochenschwelle und Rezeption," *Philosophische Rundschau*, vol. VI, no. 1/2 (1958), 94쪽.

51 Kracauer, *Theory of Film: The Redemption of Physical Reality*, New York, 1960, 200~201쪽.

52 Ranke, *Weltgeschichte*, IX, xiii쪽 이하. Gadamer, *Wahrheit und Methode*, 192쪽에서 재인용.

53 Croce, *History: Its Theory and Practice*, New York, 1960, 여러 곳을 볼 것.

54 같은 책, Part II, 165~314쪽.

55 Jauss, *Zeit und Erinnerung in Marcel Proust's "A la recherche dut temps perdu,"* Heidelberg, 1955, 여러 곳. 이 훌륭한 학술논문은 간결하고 종합적인 분석의 모범 사례로서 나에게 매우 유익했다. 또한 Poulet, "Proust," in *Studies in Human Time*, New York, 1959 (a Harper Torchbook), 291~322쪽 참조.

56 Jauss, 같은 책, 87쪽.

7 통사와 예술적 접근법

1 Mandelbaum, "The History of Ideas, Intellectual History, and the History of Philosophy," *History and Theory*, Beiheft 5 (The Hague, 1965), 42쪽.

2 Hale, "Introduction," in Hale, ed., *The Evolution of British Historiography from Bacon to Namier* (a Meridian Book), Cleveland and New York, 1964, 59쪽; 그리고 Hexter, *Reappraisals in History*, Evanston, Ill., 1961, 195쪽을 볼 것.

3 Mandelbaum, 같은 글, 44쪽.

4 Pirenne, *A History of Europe*, New York, 1955, 40쪽.

5 Hexter, 같은 책, 213쪽.

6 Nilsson, *Geschichte der griechischen Religion*, vol. II, München, 1961, 324쪽. 이 대목을 Marrou, *Comment comprendre le metier d'historian*, in Samaran, ed., *L'Histoire et set methode*, 1530~1531쪽의 일반론과 비교할 것. "수많은 문명이론가가 유기체 도식을 당연한 것으로 받아들여 대단히 복잡한 역사적 현상을 탄생·성장·쇠퇴·소멸하는 생명체에 비유했다. ……어느 한 문명을 하나의 개념으로 축소하는 것에 대해 말하자면, 우리가 듣기에 철학자는 이것을 꿈꾸지만, 역사가는 이것을 위험이 가득한 신기루일 뿐이라고 간주해야 한다."

7 Wendland, *Die hellenistisch-römische Kultur* (Handbuch zum Neuen Testament, 1, Bd.; 2 und 3. Teil), Tübingen, 1912, 152쪽.

8 Dodds, *The Greeks and the Irrational* (a Beacon paperbook), Boston, 1957, 252~255쪽.

9 Marc Bloch, *Feudal Society* (a Phoenix Book), vol. I, Chicago, 1964, 41~42쪽.

10 Ranke, *Deutsche Geschichte im Zeitalter der Reformation*, Köln, Phaidon-Verlag, n.d., 128~130쪽.

11 Ranke, *Die römischen Paepste in den letzten vier Jahrhunderten*, Agrippina-Verlag, Köln, n.d., 193~204쪽 등을 볼 것. 팔레스트리나의 음악에 대해서 랑케는 이렇게 표현한다. "자연에게 조성과 성聲이 주어진 듯하고, 만물의 원소가 말을 하며 만물의 생명의 소리가 자유로운 화음으로 경배하는 듯 때로 바다처럼 솟구치고 때로 환희와 기쁨에 하늘로 솟아오른다."(203쪽)

12 Kaegi, *Jacob Burckhardt: Eine Biographie*, Bd. II, Basel, 1950, 71쪽 참조.

13 Lietzmann, *A History of the Early Church* (a Meridian Book), Book II, Cleveland, Ohio, 1961, 32쪽.

14 Wendland, 같은 책, 49쪽.

15 같은 책, 62쪽.

16 Graves, *I, Claudius* (a Vintage Book), New York, 1934/1961, 108~109쪽.

17 Bury, *The Ancient Greek Historians* (a Dover paperback), New York, 1958, 81, 91, 106, 112, 118~119쪽 참조.

18 예컨대 Gooch, *History and Historians in the Nineteenth Century* (a Beacon paperback), Boston, 1959, 175쪽 등 참조. 구치는 학술적 의도와 예술적 의도의 융합을 그 나름의 고답적인 방식으로 지지하는 것처럼 보인다. 그리하여 그는 미슐레Michelet의 프랑스 대혁명사에서 보이는 "예술적·역사적 통일"을 찬양한다.

19 Gershoy, "Some Problems of a Working Historian," in Hook, ed., *Philosophy and History*, New York, 1963, 75쪽 참조. 여기서 그가 말하는 역사의 '이중성'은 "예술인 동시에 과학, 개인적 관여인 동시에 객관적 탐구……."

20 Meinecke, "Historicism and Its Problems," in Stern, ed., *The Varieties of History* (a Meridian Book), New York, 1956, 270, 272, 283쪽을 볼 것.

21 Marc Bloch, *The Historian's Craft*, New York, 1959, 26~27쪽.

22 Namier, "History," in Namier, *Avenues of History*, London, 1952, 8쪽.

23 Max Burckhardt, sel. & ed., *Jacob Burckhardt: Briefe*, Bremen, 1965, 165쪽.

24 Taubmann, "History as Literature," *New York Times*, March 30, 1966.

25 Kaegi, *Jacob Burckhardt: Eine Biographie*, Bd. III, Basel, 1956, 691쪽.

26 Croce, *History: Its Theory and Practice*, New York, 1960, 35쪽.

27 Nilsson, 같은 책, vol. II, 324~325쪽.

28 Pirenne, 같은 책, 310~311쪽.

29 같은 책, 489쪽.

30 Kracauer, *Theory of Film*, New York, 1960, 220쪽 참조.

31 Rostovtzeff, *Rome* (a Galaxy Book), New York, 1960, 120쪽.

32 Proust, *Remembrance of Things Past*, 2 vols., New York, 1932 and 1934, 여러 곳; 예컨대 vol. I, 15, 656쪽을 볼 것.

33 Auerbach, *Mimesis*, Princeton, 548쪽.

34 White, "The Burden of History," *History and Theory* (Middletown, Conn., 1966), vol. V, no. 2는 이러한 시각을 입증하면서 한편으로 현대의 미학적 구상과 다른 한편으로 대다수의 역사가가 시대에 뒤처진 양식을 선호하는 것 사이에 모순이 있음을 역설하는 데까지 나아간다. 화이트에 따르면(126쪽), 역사가 "예술"이라고 말하는 많은 역사가들은 "예술을 구상할 때 고작 19세기 소설이라는 패러다임을 염두에 두고 있는 것 같다." 덧붙이자면 그의 접근법은 나와는 상당히 다르다.

35 Valéry, *History and Politics*, New York, 1962, 515~516쪽. 발레리가 1903년 9월에 앙드레 르베André Lebey에게 보낸 편지의 한 대목. 원문은 Valéry, *Oeuvres II* (Pléiade), Paris, 1960, 1543쪽을 볼 것: "……j'ai tiré du fruit de la lecture, çà et là, d'histoires particulières de l'architecture, de la géométrie, de la navigation, de l'économie politique, de la tactique. Dans chacun de ces domaines, les choses sont filles visibles les unes des autres…… l'histoire générale chaque enfant semble avoir mille pères et réciproquement."

36 Bloch, *The Historian's Craft* (주 21을 볼 것), 32쪽 참조: "어느 한 인간의 활동에 관한 기원을 찾으려고 하는 모든 연구에는…… 계보와 설명을 혼동할 위험성이 도사리고 있다."

37 Hexter, 같은 책, 39, 202, 213쪽을 볼 것.

38 Laslett, "Commentary," in Crombie, ed., *Scientific Change*, London, 1963을 다시 볼 것. 특히 864쪽을 볼 것. 또한 Lastlett, "Foreward," in Hexter, 같은 책, xi~xiv쪽, 특히 xiii쪽 참조.

39 Jauss, "Ursprung und Bedeutung der Fortschrittsidee in der 'Querelle des Anciens et des Modernes'," in Kuhn & Wiedmann, ed., *Die Philosophie und die Frage nach dem Fortschritt*, München, 1964, 51~72쪽 등 참조.

40 Blumenberg, "'Saekularisation', Kritik einer Katagorie historischer Illegitimitaet," in Kuhn & Wiedmann, ed., 같은 책, 240~265쪽 등을 볼 것. 또한 이 책의 6장 155쪽 그리고 주 50을 볼 것.

41 Mehta, "The Flight of Crook-Taloned Birds," *The New Yorker*, Dec. 15, 1962는 네이미어의 이러한 특성을 논하는 테일러A. J. P. Taylor(70쪽)와 허버트 버터필드 Herbert Butterfield(111쪽)를 인용한다.

42 Burckhardt, *Griechische Kulturgeschichte* (Kroeners Taschenausgabe, Baende 58, 59, 60), Leipzig, vol. I, 175쪽[1929]

43 같은 책, 271~272쪽.

44 Burckhardt, *Weltgeschichtliche Betrachtungen* (Gesamtausgabe, Bd. VII), Stuttgart, Berlin und Leipzig, 1929, 192~208쪽 참조.

45 Berlin, "History and Theory," *History and Theory* (The Hague, 1960), vol. I, no. 1: 31.

46 Hexter, 같은 책, 22~23쪽.

47 Merton, *On the Shoulders of Giants*, New York, 1965, 163~164쪽.

48 Sterne, *The Life and Opinions of Tristram Shandy* (an Odyssee paperbook), New York, 1940, 36~37쪽.

49 트리스트럼 식으로 작업하는 역사가와 내가 다른 데서 말한 영화 예술가 사이에는 놀라운 가족 유사성이 존재한다. 나의 글을 인용해보면, "진짜 영화 예술가란 이야기를 들려주기 위해 나섰지만 촬영하는 과정에서 물리적 현실을 전부 다 포섭하겠다는 내적 욕망에 사로잡힌 나머지, 그리고 자신이 하려는 어떤 이야기든 영화적으로 들려주려면 물리적 현실을 전부 다 포섭해야 하리라는 느낌에 사로잡힌 나머지, 큰길로 되돌아오지 못한다면 영원히 길을 잃고 헤맬 것을 알면서도 엄청난 노력을 동원해 현상의 밀림 속으로 점점 깊이 들어가는 그런 사람이 아닐까."(Kracauer, 같은 책, 255쪽을 볼 것)

8 대기실

1 Kracauer, 같은 책, New York, 1960, 여러 곳.

2 Marcel, "Possibilités et limites de l'art cinématographique," in *Revue internationale de filmologie*, vol. V, nos. 18~19 (July-December 1954), 164쪽.

3 Dilthey, *Abhandlungen zur Grundlegung der Geisteswissenschaften* (*Die geistige Welt. Einleitung in die Philosophie des Lebens*, Part I), in *Gesammelte Schriften*, vol. V, Stuttgart and Göttingen, 1957, 365쪽.

4 그보다 최근의 논의는 "The Autonomy of Historical Understanding," *History and Theory*, vol. V, no. 1 (1966), 특히 24~27쪽을 볼 것.

5 Jaeger, *Paideia: The Ideals of Greek Culture*, vol. II, New York, 1944, 36쪽.

Marrou, *De la connaissance historique*, 4th ed., Paris, 1962는 사변적 역사철학자들을 전문 역사가들("historiens de métier")과 대조했다. 마루에 따르면, 전자는 "정신에 아첨하고 정신의 은밀한 바람을 충족시켜주는 총체적이고 통일된 설명"을 내놓는다. 다시 말해 전자는 "진정한 역사를 아무 타당성도 없는 도식으로 대체한다." 이어서 마루는 이렇게 말했다. "철학이 우리에게 미리 역사의 내용이 본질에서 어떠해야 하는지를 가르쳐준다면 사실 역사가 무슨 소용이 있겠는가!"(같은 책, 198~199쪽) Hale, ed., *The Evolution of British Historiography* (Cleveland and New York, 1963 (a Meridian Book)), 52쪽에서 인용한 프루드 Froude의 견해도 비슷하다. 어느 강의에서 그는 이렇게 말했다. "나는 모든 역사이론에 반대한다. 모든 역사이론은 사실의 관찰을 저해하게 되어 있다."

6 예컨대 *La Jeunesse de Proudhon*, Paris, 1913; 그리고 *Charles Péguy et les Cahiers de la Quinzaine*, Paris, 1918; *Vie de Frédéric Nietzsche*, Paris, 1909와 *Nietzsche*, Paris, 1944; 그리고 *Le Mariage de Proudhon*, Paris, 1955.

7 Bury, *The Idea of Progress*, New York, 1955 (a Dover Book).

8 Kracauer, "Katholizismus und Relativismus," *Frankfurter Zeitung*, Nov. 19, 1921

참조; Kracauer, *Das Ornament der Masse*, Frankfurt am Main, 1963, 187~196쪽에 재수록.

9 Rickert, *Der Historismus und seine Probleme*, Heidelberg, 1924 참조. 리케르트가 볼 때 역사주의는 허무주의와 철저한 상대주의로 귀결된다. "역사주의는 무원칙을 원칙으로 삼는 세계관이며, 따라서 역사철학과 철학은 역사주의와 결연히 투쟁해야 한다."(같은 책, 130쪽) 리케르트는 관념론적 철학자로서 객관적 역사철학과 보편사의 필요성을 강조한다. 그가 볼 때 보편사의 근거는 "문화심리학이다……. 문화심리학은 보편적인 문화 가치들을 전체적으로 연구하고 체계적으로 설명하며, 이로써 역사적 사건을 지배하는 원칙의 체계를 제공하게 될 것이다."(같은 책, 116쪽)

10 *Der Historismus und seine Probleme*, Aalen, 1961 174쪽에서 트뢸치가 주장한 내용을 만델바움은 이렇게 인용한다.(*The Problem of Historical Knowledge*, New York, 1938, 160~161쪽): "경험적 역사가의 과제는…… 개별 사건들을 인식하고 제시하는 것이다. ……그렇지만 경험적 역사가라 해도 자기의 현재와 미래를 연관짓고 이면과 저변의 심층적 운동을 인식하는 일을 피할 수는 없다. ……경험적 역사가는 경험적으로 주어진 사건들 사이에 존재하는 빈약한 연속성 속에서 보편적 개념을 끌어내고 이것을 자신의 상황에 결부시키고자 한다. ……그러나 경험적인 것 속에서 보편적 개념을 끌어내기 위해서는 경험적인 것을 넘어서게 해줄 형이상학적 믿음이 필요하다."

11 마이네케의 '세계 역사' 구상은 그가 독일 관념론에 크게 빚진 바를 드러낸다. 세계 역사라는 이 관념론적 구상은 세속적 진보의 개념을 가져오는 신학적 구상과 뒤섞인다. 예를 들면 "Historicism and Its Problems," (in Stern, ed., *The Varieties of History*, New York, 1956 (a Meridian Book)) 참조: "문화와 자연은 신과 자연이라고 말할 수도 있는데, 양자는 분명 하나이되 본질상 둘로 나뉜 하나이다. 신은 자연에서 떨어져나오기 위해 고군분투하며, 죄로 둘러싸여 있고, 그로 인해 언제라도 도로 자연 속에 함몰될 수 있다. 무자비하고 정직한 관찰자에게 이것은 최종 결론이지만, 최종 결론으로 받아들여질 수 없다. 내용에서 점점 보편적이 되는 신앙, 의심과 끝없이 투쟁하는 신앙만이 우리로서는 해결할 수 없는 삶과 문화라는 문제에 초월적 해법의 위안을 내놓을 수 있다."(같은 책, 282쪽)

12 이를테면 *Einleitung in die Geisteswissenschaften*, *Gesammelte Schriften*, vol. I, Stuttgart and Göttingen, 1959, 403쪽, 그리고 *Der Aufbau der geschichtlichen Welt in den Geisteswissenschaften*, *Gesammelte Schriften*, vol. VII, Stuttgart and Göttingen, 1958, 105, 116, 262쪽 참조.

13 *Der Aufbau der geschichtlichen Welt in den Geisteswissenschaften*, 290쪽. 또한 Gerhard Bauer, *Geschichtlichleit*, Berlin, 1963, 39~72쪽, 특히 70~71쪽, 그리고 Gadamer, *Wahrheit und Methode*, Tübingen, 1960, 250쪽 이하 참조.

14 *Der Aufbau der geschichtlichen Welt in den Geisteswissenschaften*, 262쪽.

15 *Die geistige Welt*, Part I, 406쪽.

16 Jonas, *The Phenomenon of Life*, New York, 1966, 258쪽.

17 Mannheim, "Historismus," *Archiv für Sozialwissenschaft und Sozialpolitik*, vol. 52, no. 1 (1924), 특히 12, 13, 25쪽 이하, 40~41, 43~44, 46~47, 54~60쪽을 볼 것.

18 주 13 참조.

19 이런 관념에 대한 해설은 특히 *Der Aufbau der geschichtlichen Welt*, 137~138쪽 참조. 또한 같은 책, 165쪽을 볼 것. 여기서 딜타이는 영향연관이 "역사상 최대의 사건들, 곧 기독교, 종교개혁, 프랑스혁명, 민족해방전쟁 등에서 나타나면서…… 모종의 총체적 힘, 통일된 방향을 가질 때 모든 저항을 무너뜨리는 힘으로서 드러난다"라고 했다.

20 Hegel, *Saemtliche Werke* (*Vorrede zur Rechtsphilosophie*), Stuttgart, 1955.

21 카프카에 관해서는 233쪽과 비교할 것.

22 한편 요나스의 '하이데거와 신학Heidegger and Theology' 종결부를 보면, 하이데거적 신학자들에게 객관적 상징을 완전히 없애지는 말라고 권고한다. "내재론immanentism이 되는 것을 무릅쓰고…… 신에 대한 이해는 인간의 자기이해로 환원될 수 없다"라는 이유에서이다. Jonas, 같은 책, 261쪽을 볼 것.

23 Löwith, *Gesammelte Abhandlungen*, Stuttgart, 1960. 177쪽 참조. 여기서 뢰비트는 이렇게 주장한다. "세계는 인간과 인간의 역사에 맞도록 만들어진 것이 아니다. 세계는 우리 없이 존재할 수 있지만 인간은 세계 없이 존재할 수 없다."

24 여기서 논의된 변증법 개념은 특히 Adorno, *Negative Dialektik*, Frankfurt am Main, 1966 곳곳에서 개진되었다.

25 진보를 긍정하는 대목의 예가 *Der Aufbau der geschichtlichen Welt*, 272쪽이다. "역사의식으로 진입하기 위해 오랫동안 기다렸던 개념, 곧 모든 분야를 포괄하는 총체적 발전의 개념을 가로막아왔던 장벽을 제거한 두 가지 사건이 있으니, 하나는 미국독립전쟁이고 또 하나는 그로부터 20년 후의 프랑스대혁명이다. 과거에 있었던 모든 진보를 넘어서는 최상의 진보가 발생했던 곳은 정신이라는 새롭고 중요한 영역이었다. 경제·법률·국가 영역에서 이념들이 현실화되었고, 인류는 자신의 내적 역량을 깨닫게 되었다."

26 예를 들어 *Die geistige Welt*, Part I, 404쪽을 보면, 딜타이는 '세계관'의 두 가지 기본적 유형을 유물론·자연주의·실증주의 쪽과 객관적 관념론 및 "자유의 관념론" 쪽으로 구분하면서, "양쪽의 유형이 저마다 매력과 잠재적 일관성을 지니는 이유는 생활의 다양한 측면을 사유 속에 아우름에 있어 우리의 전형적 태도 중 하나를 취하기 때문이고 그 태도에 상응하는 법칙을 따르기 때문이다"라고 설명한다.

27 Blumenberg, "'Säkularisation.' Kritik einer Katergorie historischer Illegitimität," in Kuhn and Wiedmann, eds., *Die Philosophie und die Frage nach dem Fortschritt*, München, 1964, 249쪽.

28 Erich Meuthen, "Nikolaus von Kues und die Einheit," *Neue Zürcher Zeitung*, Aug. 9, 1964.

29 Kracauer, *Soziologie als Wissenschaft. Eine erkenntnistheoretische Untersuchung*, Dresden, 1922. 특히 '사회학의 문제Problematik der Soziologie' 장을 보면, '형식' 사회학이나 '순수' 사회학을 벗어나 '질료 사회학'으로 돌아가는 것의 어려움을 논하는데, 후자는 "무매개적으로 경험되는 삶의 현실을 지식으로 통어하고자 애쓴다."(133쪽)

30 예컨대 *Einleitung in die Geisteswissenschaften*, 96쪽: "역사철학의 이러한 주제넘은 보편개념들은 스피노자Spinoza의 '보편 통념notiones universales'에 해당한다. 스피노자는 이러한 개념이 어떠한 자연적 기원을 갖는지와 과학적 사유에 어떠한 영향을 미치는지에 대해 그야말로 대가답게 설명한 바 있다. 스피노자에 따르면, 이런 일반론이 의도하는 것은 역사의 행보를 표현하는 것이지만…… 실제로는 역사의 행보의 한 측면을 분리시키는 데 그친다. 이런저런 철학이란 역사라는 장대한 현실에서 이런저런 일반론을 잘라내는 것이다."

31 Gardiner, ed., *Theories of History*, Glencoe, Ill., 1959, 33쪽에서 재인용.

32 같은 곳.

33 Wittram, *Das Interesse an der Geschichte*, Göttingen, 1963, 128쪽.

34 J. P. Marquand, *Point of No Return*, Boston, 1949.

35 Heimpel, *Zwei Historiker*, Göttingen, 1962, 37~39쪽 참조.

36 예를 들어 부르크하르트는 『역사의 파편들*Historische Fragmente*』에서 아리우스주의의 패배가 야기한 사회적 효과를 논증하면서 이렇게 말했다. "모든 정통적 중세는 유대인들을 천시하고 주기적으로 박해했다. 바꾸어 말해 유대인들을 없애버리려고 했다. 서양적 아리우스주의가 승리했더라면, 유대인들은 1~2세기 안에 모든 재산의 주인이 되었을 것이고, 그때 이미 독일 민족과 로마 민족으로 하여금 자신의 민족을 위해 일하게 만들었을 것이다."(Burckhardt, *Gesamtausgabe*, vol, 7, Stuttgart, Berlin, Leipzig, 1929, 264쪽을 번역)

37 *Weltgeschichtliche Betrachtungen*, 같은 책, 125쪽에서 부르크하르트는 '좋은' 전쟁을 옹호하면서 이렇게 말한다. "전쟁은…… 개인의 짐승 같은 이기주의에 비하면 대단히 도덕적이다. 전쟁을 통해서 계발되는 인간의 용기와 능력은 모종의 보편, 사실상 지고의 보편에 봉사하는 동시에 지고의 영웅적 미덕을 끌어내는 규율에 복종한다. 인간이 모종의 보편에 보편적으로 복종하는 장대한 장면을 보여주는 것은 전쟁밖에 없다. 또한 지속적 평화와 안전을 보장해주고 진정한 권력의 토대가 되어주는 것은 전쟁밖에 없으므로, 이런 유의 전쟁은 그 자체로 미래의 평화를 전한다. 다만 가능한 한 정의롭고 명예로운 전쟁, 예컨대 방어 전쟁 같은 것이어야 한다……."

38 Burckhardt, *Briefe*, Bremen, 1965, 237쪽.

39 Burckhardt, *Weltgeschichtliche Betrachtungen*, 13쪽.

40 최고의 존재가 큰 악을 행할 수 있으며 범용한 존재는 큰 선도 큰 악도 행하지 못한다는 플라톤의 말에 대해 윈드Wind는 "야코프 부르크하르트가 범용함을

이 세상의 사악한 세력 중 하나로 꼽을 수 있었던 것은 특정한 종류의 경험을 했기 때문이다. 플라톤은 그런 유의 경험을 해본 적이 없는 것이 분명하다"라고 논평한다. 어느 정도 타당성 있는 논평이다. *Art and Anarchy*, London, 1963, 5쪽.

41 Kaegi, *Jacob Burckhardt*, vol. III, Basel, 1956, 290쪽 참조.

42 Burckhardt, *Weltgeschichtliche Betrachtungen*, 192쪽.

43 Burckhardt, *Historische Fragmente*, 251쪽.

44 Burckhardt, *Weltgeschichtliche Betrachtungen*, 3쪽.

45 Burckhardt, *Historische Fragmente*, 225쪽.

46 Burckhardt, *Weltgeschichtliche Betrachtungen*, 1쪽.

47 같은 책, 2쪽.

48 대표적인 대목은 *Weltgeschichtliche Betrachtungen*, 67쪽에 나온다. "여기서 중요한 것은 제국이 바람직한 제도냐가 아니라 로마제국이 자신의 목적을 성취했느냐이다." 로마제국의 목적은 "대립하는 고대 문화들의 광범위한 동질화" 그리고 "튜튼족이 고대 문화의 주요 요소를 파괴하는 것을 막아낼 수 있는 유일한 제도, 곧 기독교를 전파하는 것"이라고 한다. (Burckhardt, *Force and Freedom*, Boston, 1964, 175쪽에서 인용)

49 Wind, 같은 책, 109쪽 인용.

50 Kaegi, *Historische Meditationen*, Zürich, n.d., 28쪽 인용.

51 Huizinga, "The Task of Cultural History," in *Men and Ideas*, New York, 1959 (a Meridian Book), 54~55쪽.

52 같은 책, 55쪽.

53 Kracauer, "The Challenge of Qualitative Content Analysis," in *The Public Opinion Quarterly*, vol. 16, no, 4 (Winter 1952~1953), 631~642쪽.

54 나의 논문 "Die Gruppe als Ideenträger," *Archiv für Sozialwissenschaft und Sozialpolitik*, vol. 49, no. 3 (1922), 594~622쪽 참고. *Das Ornament der Masse*, 123~156쪽에 재수록.

55 Blumenberg, "Melanchthons Einspruch gegen Kopernikus," *Studium Generale*, vol. 13, no. 3 (1960), 174쪽. 블루멘베르크의 글에 들어 있는 이 대목은 Basil Willey, *The Seventeenth-Century Background*, London, 1953, 22쪽에서 재인용.

56 알프레트 슈미트Alfred Schmidt의 사적 발언.

57 Brod, *Franz Kafka*, Frankfurt am Main and Hamburg, 1963 (Fischer-Bücherei), 54쪽.

58 Löwith, *Jacob Burckhardt*, Luzern, 1936, 20쪽을 볼 것.

59 같은 책, 78쪽.

60 Kafka, *Beim Bau der chinesischen Mauer*, Berlin, 1931, 38쪽. Kafka, *Parables and Paradoxes*, New York (a Schocken-Paperback), 1966, 179쪽에서 재인용.

61 키르케고르Kierkegaard 글의 영역본 출처는 *The Journals of Kierkegaard*, ed. by

Alexander Dru, New York, 1959 (A Harper Torchbook), 247쪽이다. 브로트가 카프카의 일기에서 이 구절을 재인용할 때 독일인들에게 뜻이 통하도록 두 군데를 약간 수정했다. 키르케고르 저작 가운데 어느 부분을 인용한 것인지 알려준 이는 헤르만 슈베펜하우저Hermann Schweppenhaeuser 교수이다.

참고문헌

Acton, Lord John Emerich, *Cambridge Modern History*, Cambridge, 1934.

Adorno, Theodor W., *Negative Dialektik*, Frankfurt a.M., 1966.

Aron, Raymond, *Dimensions de la conscience historique*, Paris, 1961 (Recherches en Science humaines, 16).

Auerbach, Erich, *Mimesis: The Representation of Reality in Western Literature*, Princeton, 1953.

Aydelotte, William O., "Notes on the problem of historical generalization," in Gottschalk, Louis, ed., *Generalization in the Writing of History*, Chicago, 1963, 145~177쪽.

Bacon, Sir Francis, "Advancement of learning," 인용하는 곳은 "Introduction" by J. R. Hale in Hale, J. R., ed., *The Evolution of British Historiography from Bacon to Namier*, Cleveland and New York, 1964, 17쪽(A Meridian Book).

Bagby, Philip, *Culture and History: Prolegomena to the Comparative Study of Civilizations*, Berkeley and Los angeles, 1959.

Bailyn, Bernard, "The problem of the working historian: a comment," in Hook, Sidney, ed., *Philosophy and History*, New York, 1963, 92~101쪽.

Bark, William Carroll, *Origins of the Medieval World*, Garden City, New York, 1960 (A Doubleday Anchor Book).

Bauer, Gerhard, *Geschichtlichkeit*, Berlin, 1963.

Becker, Carl L., "What are historical facts?," in Meyerhoff, ed., *The Philosophy of History in Our Time*, 121~137쪽[집필은 1926년]. Garden City, New York, 1959 (A Doubleday Anchor Book).

Benjamin, Walter, "Geschichtsphilosophische Thesen," in Benjamin, Walter, *Schriften*, vol.I, 494~506쪽. Frankfurt a.M., 1955.
—, *Schriften*, 2 vols, Frankfurt a. M., 1955.
—, "Ursprung des deutschen Trauerspiels," in Benjamin, Walter, *Schriften*, vol.I, 141~365쪽, Frankfurt a.M., 1955.
Berlin, Isaiah, *The Hedgehog and the Fox: An Essay on Tolstoy's View of History*, New York, 1953.
—, "History and Theory: The Concept of Scientific History," in *History and Theory* (The Hague, 1960), vol.I, no.1, 1~31쪽.
—, *Karl Marx: His Life and Environment*, New York, 1959 (A Galaxy Book). [초판은 1939년]
Besson, Waldemar, ed., *Geschichte*, Frankfurt a.M., 1961 (Das Fischer Lexikon).
Bloch, Marc, *The Historian's Craft*, New York, 1959. 원제: *Apologie pour l'histoire ou métier d'historien*, Paris, 1950, 1964 (Cahiers des Annales, 3).
—, *Feudal Society*, vol.I, II, Chicago, 1964 (A Phoenix Book). 원제: *La Société féodale*, Paris, 1949.
Blumenberg, Hans, "Epochenschewelle und Rezeption," in *Philosophische Rundschau* (Tübingen, 1958), 6. Jahrg., Heft 1~2: 94~120.
—, "Das Fernrohr und die Ohnmacht der Wahrheit," in Galileo Galilei, *Sidereus Nuncius*, Frankfurt a.M., 1965.
—, *Lebenwelt und Technisierung unter Aspekten der Phaenomenologie, In Sguardi su la Filosofia Contemporanea*, vol.LI, Torino, 1963.
—, "Melanchtons Einspruch gegen Kopernikus," in *Studium Generale* (Berlin, Göttingen, Heidelberg, 1960), 13.Jahrg., Heft 3: 174~182.
—, *Paradigmen zu einer Metaphorologie*, Bonn, 1960.
—, "Saekularisation, Kritik einer Kategorie historischer Illegitimitaet," in Helmut Kuhn und Franz Wiedmann, eds., *Die Philosophie und die Frage nach dem Fortschritt*, München, 1964, 240~265쪽.
—, *Die Kopernikanische Wende*, Frankfurt, a.M., 1965.
Bock, Kenneth E., *The Acceptance of Histories: Toward a Perspective for Social Science*, Berkeley and Los Angeles, 1956.
Brod, Marx, *Franz Kafka: Eine Biographie*, Frankfurt, a.M., 1963 (Fischer Buecherei).
Brodbeck, May, "Methodological individualism: definition and

reduction," in Dray William H., ed., *Philosophical Analysis and History*, New York, 1966, 297~329쪽.
Brooke, John, "Namier and Namierism," in *History and Theory* (The Hague, 1964), vol.III, no.3: 331~347.
Buckle, Henry Thomas, *History of Civilization in England*, London, 1901.
Bullock, Alann, "The historian's purpose: history and metahistory," in Meyerhoff, Hans, ed., *The Philosophy of History in Our Time*, 292~299쪽. Garden City, N.Y., 1959 (A Doubleday Anchor Book). [*History Today* (Feb. 1951), vol.7, 5~11쪽에 실림]
Bultmann, Rudolf, *History and Eschatology: The Presence of Eternity*, New York, 1962 (A Harper Torchbook). [초판은 New York, 1957]
Burckhardt, Jacob, *Briefe*, select., ed., by Burckhardt, Max, Bremen, 1965.
—, *Griechische Kulturgeschichte*, Leipzig (Vorwort 1929) Kroeners Taschenausgabe, Baende 58, 59, 60.
—, "Historische Fragmente aus dem Nachlass," in *Jabcob Burckhardt-Gesamtausgabe*, Bd.VII, Stuttgart, Berlin, Leipzig, 1929, 225~466쪽. [영역본: *On History and Historians*, New York, 1965. A Harper Torchbook]
—, *Die Kultur der Renaissance in Italien*, Phaidon Verlag, Wien, 연도 미상.
—, "Weltgeschichtliche Betrachtungen," in *Jabcob Burckhardt-Gesamtausgabe*, Bd.VII, Stuttgart, Berlin, Leipzig, 1929, 1~208쪽. [영역본: *Force and Freedom: Reflections on History*, Boston, 1964. A Beacon Paperback]
—, "Die Zeit Constantins des Grossen," in *Jabcob Burckhardt-Gesamtausgabe*, Bd.II, Stuttgart, Berlin, Leipzig, 1929.
Burckhardt, Max, sel. & ed., *Jacob Burckhardt: Briefe*, Bremen, 1965.
Bury, John Bagnell, *The Ancient Greek Historians*, New York, 1958 (A Dover Paperback).
—, *The Idea of Progress: An Inquiry into Its Origin and Growth*, New York, 1955 (A Dover Paperback).
—, "The science of history," in Stern, Fritz, ed., *The Varieties of History, From Voltaire to the Present*, New York, 1956, 210~223쪽(A Meridian Book). [Temperley, ed., *Selected Essays of J. B. Bury*, Cambridge, 1930, 3~22쪽에 실림]
Butterfield, Herbert, *Christianity and History*, New York, 1949, 1950.
—, *George III and the Historians*, Yew York, 1959.

—, *Man on His Past: The Study of the History of Historical Scholarship*, Boston, 1960 (A Beacon Paperback).[초판은 1955년]

—, "Moral Judgments in History," in Meyerhoff, Hans., ed., *The Philosophy of History in Our Time*, Garden City, N.Y. 1959, 228~249쪽.[*History and Human Relations*, London, 1931, 101~130쪽에 실림]

Caillois, Roland, "Le Cinéma, le meurtre et la tragédie," in *Revue internationale de filmologie* (Paris, n.d.), vol.II, no.5, 87~91쪽.

Carlyle, Thomas, 존 스튜어트 밀에게 보낸 편지, 인용하는 곳은 "Introduction," in Hale, J. R. ed., *The Evolution of British Historiography from Bacon to Namier*, Cleveland and New York, 1964, 42쪽(A Meridian Book).

Carr, Edward Hallett, *What is History?* New York, 1962.

Collingwood, R. G., *The Idea of History*, New York, 1956 (A Galaxy Book).[초판은 1946년]

Comte, Auguste, "The three stages of human progress," in *The Positive Philosophy of Auguste Comte*, transl. H. Martineau, London, 1896.[*Cours de philosophie positive*, Paris, 1877]

Conversations-Lexikon der Gegenwart, Brocklaus, Leipzig, 1840, Bd.4. 항목: "Raumer, Friedrich von."(필자 미상)

Croce, Benedetto, *History: Its Theory and Practice*, New York, 1960. Transl. by Douglas Ainslie.[원제: *Teoria e storia della storiografia*, Bari, 1917]

Curtius, Ernst Robert, *European Literature and the Latin Middle Ages*, New York, 1953. Transl. by Willard R. Trask.[원제: *Europaeische Literatur und Lateinisches Mittelalter*, Bern, 1948]

Dilthey, Wilhelm, *Gesammelte Schriften*, Stuttgart, Göttingen.

—, *Einleitung in die Geisteswissenschaften, Gesammelte Schriften*, vol.I, 1959, 1962.

—, *Die geistige Welt, Gesammelte Schriften*, vol.V, 1957, 1961; vol.VI, 1958, 1962.

—, *Der Aufbau der geschichtlichen Welt in den Geisteswissenschaften, Gesammelte Schriften*, vol.VII, 1958, 1961.

Dodds, E. R. *The Greeks and the Irrational*, Boston, 1957 (A Beacon Paperback).[초판은 1951년]

Dray, William H., ed., *Philosophical Analysis and History*, New York, 1966.

Droysen, Johann Gustav, *Historik: Vorlesungen ueber Enzyklopaedie und Methodologie der Geschichte*, München, 1960.

Edelstein, Ludwig, "The Greco-Roman concept of scientific progress," *Ithaca*, 26 VIII-2 IX, 1962, Paris, 47~61쪽.

Eder, Josef Maria, *History of Photography*, New York, 1945.

Feininger, Andreas, "Photographic control processes," in *The Complete Photographer* (New York, 1942), vol.8, issue 43, 2795~2804쪽.

Ferguson, Wallace K., in his Introduction to the Torchbook Edition of Alfred von Martin, *Sociology of the Renaissance*, New York, 1963, v~xiii쪽(A Harper Torchbook).

Festugière A.-J., *La Révélation d'Hermès Trismégiste*, vol.I; *L'Astrologie et les sciences occultes*, Paris, 1944.

Finley, John H. Jr., *Thucydides*, University of Michigan Press, 1963 (An Ann Arbor Paperback).

Focillon, Henri, *The Life of Forms in Art*, New York, 1963. [원제는 *Vie des formes*. 찰스 호건Charles Hogan과 조지 쿠블러George Kubler가 영역]

Frankfort, Henri, "The Dying God"[논문 "Three Lectures by Henry Frankfort, 1897–1954"의 일부], *Journal of the Warburg and Courtauld Institutes* (London, 1958), vol.XXI, nos.3~4, 141~151쪽.

—, *The Birth of Civilization in the Near East*, Garden City, N.Y., 1950 (A Doubleday Anchor Book).

Freund, Gisèle, *La Photographie en France au dix-neuvième siècle*, Paris, 1936, 92쪽. 인용하는 곳은 Kracauer, Siegfried, *Theory of Film*, New York, 1960.

Froude, James Anthony, 인용하는 곳은 "Introduction" in Hale, J. R. ed., *The Evolution of British Historiography from Bacon to Namier*, Cleveland and New York, 1964, 52쪽(A meridian Book).

—, "The science of history, scientific method as applied to history, lecturers," in *Short Studies on Great Subjects*, vol.1:2, London, 1898.

Gadamer, Hans-Georg, *Wahrheit und Methode*, Tübingen, 1960.

Gallie, W.B., "The historical understanding," in *History and Theory* (The Hague, 1964), vol.III, no.2, 149~202쪽.

Gardiner, Patrick, ed., *Theories of History*, Glencoe, Ill., 1959.

Gershoy, Leo, "Some problems of a working historian," in Hook, Sidney, ed., *Philosophy and History*, New York, 1963, 59~75쪽.

Geyl, Pieter, *Debates with Historians*, New York, 1958 (A Meridian Paperback).
—, "Huizinga as Accuser of His Age," in *History and Theory* (The Hague, 1963), vol.II. no.3, 231~262쪽.
Gooch, George Peabody, *History and Historians in the Nineteenth Century*, Boston, 1959 (A Beacon Paperbook). [초판은 1913년]
Gottschalk, Louis, ed., *Generalization in the Writing of History*, Chicago, 1963 (A Report of the Committee on Historical Analysis of the Social Science Research Council).
Graves, Robert, *I, Claudius*, New York, 1934 and 1961 (A Vintage Book).
—, *The Greek Myths*, Baltimore, Maryland, 1955, 2 vols (Penguin Books).
Guizot, François, *L'Histoire de la révolution d'Angleterre*, Bruxelles, 1850.
—, *L'Histoire de la civilization en Europe et en France*, Paris, 1882.
Guthrie, W. K. C., "People and traditions," in Guthrie, W. K. C., and B. A. Van Groningen, *Tradition and Personal Achievement in Classical Antiquity*, London, 1960, 7~22쪽.
Hale, J. R., ed., *The Evolution of British Historiography from Bacon to Namier*, Cleveland and New York, 1964 (A Meridian Book).
Halévy, Daniel, *La Jeunesse de Proudhon*, Paris, 1913.
—, *Charles Péguy et les cahiers de la quinzaine*, Paris, 1918.
—, *La Vie de Frédéric Nietzsche*, Paris, 1909.
—, *Nietzsche*, Paris, 1944.
—, *Le Mariage de Proudhon*, Paris, 1955.
Harnack, Adolph, *History of Dogma*, New York, 1961, vols.1~7, 네 권으로 묶임. [독어본 제3판을 닐 뷰캐넌이 영역]
Hegel, Georg Wilhelm Friedrich, *Saemtliche Werke* (Vorrede zur Rechtsphilosophie), Stuttgart, 1955.
—, *The Philosophy of History*, New York, 1956 (A Dover Paperback).
Heimpel, Hermann, *Zwei Historiker*, Göttingen, 1962.
Heine, Heinrich, "Lutezia," in *Saemtliche Werke*, Bd. 9, Leipzig, 1910.
Hempel, Carl G., "Explanation in science and in history," in Dray, William H., ed., *Philosophical Analysis and History*, New York and London, 1966, 95~126쪽.
Herder, Johann Gottfried, "Metakritik," in *Saemmtliche Werke*, Stuttgart, Tübingen, 1830.

Hexter, J. H., "The education of the aristocracy in the Renaissance," in Hexter, J. H., *Reappraisals in History*, Evanston, Ill., 1961, 45~70쪽.

—, *Reappraisals in History*, Evanston, Il., 1961.

History and Theory. Studies in the Philosophy of History (Middletown, Conn., and The Hague), vol.1, no.1, 1960 ff.

Hook, Sidney, ed., *Philosophy and History: A Symposium*, New York, 1963.

Huizinga, Johan, *Im Bann der Geschichte: Betrachtungen und Gestaltungen*, Basel, 1943.

—, "The Problem of the Renaissance," in Huizinga, Johan, *Men and Ideas*, New York, 1959, 243~287쪽(A Meridian Book). [초판은 *De Gids*, LXXXIV, 1920, part 4, 107~133쪽, 231~255쪽]

—, "The Task of Cultural History," in Huizinga, *Men and Ideas*, New York, 1959, 17~76쪽(A Meridian Book). [초판은 Huizinga, J., *Cultuurhistorische verkenningen*, Haarlem, 1929]

—, "Renaissance and realism," in *Men and Ideas*, New York, 1959, 288~309쪽(A Meridian Book). [초판은 Huizinga, J., *Cultuurhistorische verkenningen*, Haarlem, 1929]

—, *The Waning of the Middle Ages*, Garden City, N.Y., 1954 (A Doubleday Anchor Book).

Husserl, Edmund, *Die Krisis der europaeischen Wissenschaften und die transzendentale Phaenomenolgie*. Husserliana, Bd.VI, Den Haag, 1962.

Ivens, Joris, "Borinage—A documentary experience," *Film Culture* (New York, 1956), vol.II, no.1, 6~9쪽.

Jauss, Hans Robert, "Ursprung und Bedeutung der Fortschrittsidee in der 'Querelle des Anciens et des Modernes'," in Kuhn, Helmut, and Wiedmann, Franz, eds., *Die Philosophie und die Frage nach dem Fortschritt*, München, 1964, 51~72쪽.

—, *Zeit und Erinnerung in Marcel Proust's "A la recherche du temps perdu"* [*Heidelberger Forschungen*, vol.3], Heidelberg, 1955.

Jaeger, Werner, *Paideia: The Ideals of Greek Culture*, vols. I, II, III, New York, 1939~1945. [영역은 길버트 하이이트Gilbert Highet]

Jedin, Hubert, *Bischoefliches Konzil oder Kirchenparlament?: Ein Beitrag zur Ekklesiologie der Konzilien von Konstanz und Basel* [Vortraege der Aeneas Silvius Stiftung an der Universitaet Basel, II], Basel and Stuttgart, 1963.

Jonas, Hans, *Gnosis und spaetantiker Geist*, vol, I (3. verbesserte und vermehrte Auflage), Göttingen, 1964, vol.II, Teil 1, Göttingen, 1954.

—, *The Phenomenon of Life*, New York, 1966.

Kaegi, Werner, *Jacob Burckhardt: Eine Biographie*, 3 vols., Basel, 1947, 1950, 1956.

—, *Historische Meditationen*, Zürich, 연도 미상.

Kafka, Franz, "Die Wahrheit ueber Sancho Pansa," in *Beim Bau der chinesischen Mauer*, Berlin, 1931, 38쪽.

Kant, Immanuel, "Idea of a Universal History from a Cosmopolitan Point of View," in Gardiner, Patrick, ed., *Theories of History*, Glencoe, Ill., 1959. 22~34쪽.[원제: "Idee zu einer allgemeinen Geschichte in weltbuergerlicher Absicht"]

Kierkegaard, Søren, *The Journals of Kierkegaard*, select, transl., ed., by Alexander Dru, New York, 1959 (A Harper Torchbook).[독어본: *Søren Kierkegaard: Tagebuecher. Eine Auswahl*, Wiesbaden (1947)]

Klapper, Joseph T., *The Effects of Mass Communication*, Glencoe, Ill., 1960.

Kolko, Gabriel, "Max Weber on America: Theory and Evidence," in *History and Theory* (The Hague, 1961), vol.I, no.3, 243~260쪽.

Kracauer, Siegfried, "The Challenge of Qualitative Content Analysis," in *The Public Opinion Quarterly* (Princeton, N.J.), vol.16, no.4, Winter 1952~1953.

—, "Die Gruppe als Ideentraeger," in *Das Ornament der Masse*, Frankfurt, a.M., 1963, 123~156쪽. 처음 실린 곳은 *Archiv fuer Sozialwissenschaft und Sozialpolitik* (Tübingen, August 1922), vol.49, no.3, 593~622쪽.

—, "Katolizismus und Relativismus," *Frankfurter Zeitung*, Nov. 19, 1921.[Kracauer, Siegfried, *Das Ornament der Masse*, Frankfurt a.M., 1963, 187~196쪽에 재수록]

—, *Das Ornament der Masse*, Frankfurt a.M., 1963.

—, *Soziologie als Wissenschaft. Eine erkenntnistheoretische Untersuchung*, Dresden, 1922.

—, *Theory of Film: The Redemption of Physical Reality*, New York, 1960.

Kristeller, Paul Oskar, "Some problems of historical knowledge," in *The Journal of Philosophy* (February 16, 1961, New York), vol. LVIII, no.4, 85~110쪽.

—, "The moral thought of Renaissance humanism," in *Chapters in Western Civilization*, 3rd edition, New York, 1961, vol.1, 289~335쪽. [Kristeller, Paul Oskar, *Renaissance Thought II*, New York, Evanston and London, 1965, 20~68쪽에 재수록]

—, "Changing views of the intellectual history of the Renaissance since Jacob Burckhardt," in Helton, Tinsley, ed., *The Renaissance* (Madison, Wis.), 1961, 27~52쪽.

Kubler, George, *The Shape of Time: Remarks on the History of Things*, New Haven and London, 1962.

Laslett, Peter, "Commentary (on part nine: 'Problems in the Historiography of Science')," in Crombie, A. C., ed., *Sceintific Changes*, London, 1963, 861~865쪽.

—, "Forward," in Hexer, J. H., *Reappraisals in History*, Evanston, Ill., 1961, xi~xix쪽.

Léger, Fernand, "A propos du cinéma," in L'Herbier, Marcel, ed., *Intelligence du cinématographe*, Paris, 1949, 337~340쪽. [초판은 1931년]

Lévi-Strauss, Claude, *La Pensée sauvage*, Paris, 1962.

Leyden W. von, "History and the concept of relative time," in *History and Theory* (The Hague, 1963), vol.II, no.3, 279~280쪽. [Herder, *Metakritik*을 인용]

Lichtenberg, Georg Christoph, *Aphorismen, Briefe, Schriften*, Stuttgart, 1953. [*Kroeners Taschenausgabe*, Bd.154]

Lietzmann, Hans, *A History of the Early Church*, Cleveland, Ohio, 1961 (A Meridian Book). [Book I: vols. 1 & 2, Book2: vols. 3 & 4. 번역은 버트럼 리 울프Bertram Lee Woolf]

Löwith, Karl, *Gesammelte Abhandlungen: Zur Kritik der geschichtlichen Existenz*, Stuttgart, 1960.

—, *Jacob Burckhardt: Der Mensch inmitten der Geschichte*, Luzern, 1936.

—, "Mensch und Geschichte," in *Gesammelte Abhandlungen: Zur Kritik der geschichtlichen Existenz*, Stuttgart, 1960, 152~178쪽.

Lovejoy, Arthur O., *Essays in the History of Ideas*, New York, 1960 (A Capricorn Book). [초판은 1946년]

—, "Present Standpoints and Past History," in Meyerhoff, Hans, ed., *The Philosophy of History in Our Time*, Garden City, N.Y., 1959. [The Journal of Philosophy (Aug.31, 1939), vol.XXXVI, no.18, 477~489쪽에 수록]

Lowe, Adolph, *On Economic Knowledge*, New York, 1965.

McPhee, William N., *Formal Theories of Mass Behavior*, Glencoe, Ill., 1936.

Macaulay, Thomas Babington, *History of England from the Accession of James II* (1849~1861년에 5권으로 출판). Chapter 3, in Hale, J. R., ed., *The Evolution of British Historiography from Bacon to Namier*, Cleveland and New York, 1964, 222~240쪽(A Meridian Book)의 한 대목.

MacDonald, Philip, *Murder Gone Mad*, New York, 1965 (An Avon Book).

Maitland, Frederic William, *History of England Law Before the Time of Edward I* (1896). Hexter, J. H., *Reappraisals in History*, Evanston, Illinois, 1961, 195쪽에서 인용.

Malinowski, Bronislaw, *Magic, Science and Religion*, Garden City, N.Y., 1954 (A Doubleday Anchor Book).

Mandelbaum, Maurice, "The History of Ideas, Intellectual History, and the History of Philosophy," in *History and Theory*, Beiheft 5: *The Historiography of the History of Philosophy* (The Hague, 1965), 33~66쪽.

—, *The Problem of Historical Knowledge: An Answer to Relativism*, New York, 1938. [New York, Evanston, London, 1967 (A Harper Book)]

—, "Societal Laws," in Dray, William H., ed., *Philosophical Analysis and History*, New York, 1966, 330~346쪽.

Manheim, Karl, "Historismus," in *Archiv fuer Sozialwissenschaft und Sozialpolitik*, vol.52, no.1, 1924, 1~60쪽.

Marcel, Gabriel, "Possibilités et limites de l'art cinématographique," in *Revue internationale de filmologie* (Paris, July-Dec. 1954), vol.V, nos.18~19, 163~176쪽.

Marquand, John P., *Point of No Return*, Boston, 1949.

Marrou, Henri Irénée, "Comment comprendre le métier d'historien," in Samaran, Charles, ed., *L'Histoire et ses méthodes*, Paris, 1961, 1467~1540쪽.

—, "Das Janusantlitz der Historischen Zeit bei Augustin," in Andresen, Carl ed., *Zum Augustin-Gespraech der Gegenwart*, Darmstadt, 1962, 349~380쪽.

—, *De la connaissance historique*, Paris, 1962. [제4판 개정판]

Mehta, Ved, "The flight of crook-taloned birds," *The New Yorker*, part 1, Dec. 8, 1962, 59~147쪽; part II, Dec. 15, 1962, 47~129쪽.

Meinecke, Friedrich, "Historicism and its problems," in Stern, Fritz, ed., *The Varieties of History*, New York, 1956, 267~288쪽 (A Meridian Book). [번역은 줄리언 프랭클린Julian H. Franklin. 초판의 제목은 *Kausalitaeten und Werte in der Geschichte*. 실린 곳은 *Staat und Persoenlichkeit*, Berlin, 1933, 29~53쪽]

Merton, Robert K., *On the Shoulders of Giants: A Shandean Postscript*, New York, 1963.

Meuthen, Erich, "Nikolaus von Kues und die Einheit," in *Neue Zuercher Zeitung*, August 9, 1965.

Meyerhoff, Hans, ed., *The Philosophy of History in Our Time*, Garden City, N.Y., 1959 (A Doubleday Anchor Book).

Mills, Wright C., *The Sociological Imagination*, New York, 1959.

Mink, Louis O, "The Autonomy of Historical Understanding," in *History and Theory* (Middletown, Conn., 1966), vol.V, no.1, 24~47쪽.

Mommsen, Hans, "Historische Methode," in Besson, Waldermar, ed., *Geschichte*, Frankfurt a.M., 1961, 78~91쪽.

Murray, Gilbert, Five *Stages of Greek Religion*, Garden City, N.Y., 연도 미상 (A Doubleday Anchor Book). [제3판은 1951년, 초판은 1912년]

Nagel, Ernest, "Determinism in History," in Dray, William H., ed., *Philosophical Analysis and History*, New York, 1966, 347~382쪽.

Namier, Sir Lewis B., "History" in Namier, *Avenues of History*, London, 1952, 1~10쪽.

—, *Avenues of History*, London, 1952.

—, "Human nature in politics," in Stern, Fritz, ed., *The Varieties of History*, New York, 1956, 381~386쪽. [처음 실린 곳은 Namier, Sir Lewis B., *Personalities and Powers*, 1955]

Newhall, Beaumont, *The History of Photography from 1893 to the Present Day*, New York, 1949.

Niebuhr, Reinhold, "The Diversity and Unity of History," in Meryerhoff, Hans, ed., *The Philosophy of History in Our Time*, Garden City, N.Y., 1959, 313~331쪽. [Niebuhr, Reinhold, ed., *The Nature and Destiny of Man*, 301~321쪽에 실림]

Nietzsche, Friedrich, "Vom Nutzen und Nachteil der Historie für das Leben" [Unzeitgemaesse Betrachtungen, Zweites Stueck], in Friedrich Nietzsche, *Werke*, erster Band, Leipzig, 1930, 95~195쪽.

Nilsson, Martin P., *Geschichte der griechischen Religion*, vol.I, 1955; vol.II, 1961.[제2판 개정증보판]

Novikoff, Alex B., "The concept of integrative levels and biology," in *Science* (Lancaster, Pa.,) March 2, 1945, vol.101, no.2618, 209~215쪽.

Panofky, Erwin, *Renaissance and Renascences in Western Art*, Stockholm, 1960.

Plato, *Republic*, Oxford, 1894; Cambridge, 1966.

Pirenne, Henri, *A History of Europe: From the Invasions to the XVI Century*, New York, 1955.[초판은 1938년]

—, "What are historians trying to do?," in Meyerhoff, Hans, ed., *The Philosophy of History in Our Time*, Garden City, N.Y., 1959, 87~99쪽.[Stuart A. Rice, ed., *Methods in Social Science*, Chicago, 1931, 435~445쪽에 수록]

Poulet, Georges, "Proust," in Poulet, George, *Studies in Human Time*, New York, 1959, 291~322쪽.[A Harper Torchbook]

Proust, Marcel, *Contre Sainte-Beuve*, Paris, 1954.

—, *Remembrances of Things Past*, New York, 1932 and 1934, 2 vols., 번역은 스코트 몬크리프C. K. Scott Moncrieff, 인용문 출처는 프레더릭 블로섬Frederick A. Blossom이 번역한 마지막 부분 "The Past Recaptured."[원제: *A la recherche du temps perdu*, Paris, 1954, vol.1~3. Bibliothéque de la Pléiade]

Rand, Edward Kennard, *Founders of the Middle Ages*, New York, 1957 (A Dover Book).[초판은 1928년]

Ranke, Leopold von, *Deutsche Geschichte im Zeitalter der Reformation*, Köln, 연도 미상.

—, *Die roemischen Paepste in den letzten vier Jahrhunderten*, Köln, 연도 미상.

—, "The Ideal of Universal History," in Stern, Fritz, ed., *The Varieties of History*, New York, 1956, 57쪽.[A Meridian Book]

—, "Universal history: the oldest historical group of nations and the Greeks," London, 1884, xi~xiv쪽, 2쪽. 인용하는 곳은 Butterfly, Herbert, *Man and Hist Past*, 1960, 124쪽.

—, *Weltgeschichte*, Leipzig, 1883~1888.

Ratner, Sidney, "History as Inquiry," in Hook, Sidney, ed., *Philosophy and History*, New York, 1963, 325~338쪽.

"Raumer, Friedrich von"(에 관한 항목, 필자미상), in *Conversations-Lexikon der Gegenwart*, Brockhaus Leipzig, 1840, Bd.4.

Rickert, Heinrich, *Die Probleme der Geschichtsphilosophie: Eine Einfuehrung*, Heidelberg, 1924 (제3판 수정판).

Ritter, Gerhard, "Scientific history, contemporary history and political history," in *History and Theory* (Middletown, Conn, and The Hague, 1961), vol.I, no.3, 261~279쪽.

Rostovtzeff, Michael Ivanovich, *Greece*, New York, 1963 (A Galaxy Book).

—, *The Social and Economic History of the Roman Empire*, 2 vols., Oxford, 1926.

—, *Rome*, New York, 1960. 번역은 더프J. D. Duff (A Galaxy Book). [초판은 1927년]

Sadoul, Georges, *L'Invention du cinéma 1832–1897*, Paris, 1946 (Historie générale du cinéma, I).

Sainte-Beuve, Charles-Augustin, *Causeries du lundi*, Paris, 1881.

Samaran, Charles, ed., *L'Histoire et se méthodes*, Paris, 1961. Encyclopédie de la Pléiade.

Schapiro, Meyer, "Style," in Kroeber, ed., *Anthropology Today*, Chicago, 1953, 283~312쪽.

Schlesinger, Arthur Meier Jr., *The Age of Jackson*, Boston, 1945.

Schmidt, Alfred, *Der Begriff der Natur in der Lehre von Marx*, Frankfurt a.M., 1962 (Frankfurter Beitraege zur Soziologie, Bd. 11).

—, "Zum Verhaeltnis von Geschichte und Natur im dialektischen Materialismus," in *Exstentialismus und Marxismus: Eine Kontroverse zwischen Sartre, Garaudy, Hyppolite, Vigier und Orcel*, Frankfurt a.M., 1965, 103~155쪽(edition Suhrkamp, 116).

Schopenhauer, Arthur, "Die Welt als Wille und Vorstellung," in *Sämtliche Werke*, Wiesbaden, 1949, vol.2.

Schuetz, Alfred, "The Stranger," in *The American Journal of Sociology*, May 1944, vol.XLIX, no.6, 499~507쪽.

Sève, Lucien, "Cinéma et méthode," in *Revue internationale de filmologie* (Paris, July-Aug. 1947), vol.I, no.1, 45쪽; 또한 30~31쪽을 볼 것.

Snow, Charles Percy, *The Two Cultures and a Second Look: An Expanded*

Version of the Two Cultures and the Scientific Revolution, Cambridge, Eng., 1964.

Spengler, Oswald, "The world-as-history,' in Gardiner, Patrick, ed., *The Theories of History*, Glencoe, Ill., 1959, 188~200쪽.[처음 실린 곳은 *The Delcline of the West*, 1926 vol.I, Ch.1&3, 원제는 *Der Untergang des Abendlandes*]

Stern, Fritz, "Introduction," in Stern, F., ed., *The Varieties of History*..., 11~32쪽. New York, 1956 (A Meridian Book).

—, ed., *The Varieties of History from Voltaire to the Present*, New York, 1956 (A Meridian Book).

Sterne, Laurence, *The Life and Opinions of Tristram Shandy, Gentleman*, ed. James Aiken Work, New York, 1940 (An Odyssey Paperback).

Strand, Paul, "The Photographer's Problem..." in *Seven Arts*, 1917, vol.2, 524~525쪽. 인용하는 곳은 Newhall, Beaumont, in *The History of Photography from 1839 to the Present Day*, New York, 1949, 150쪽.

Strauss, Leo, "On Collingwood's philosophy of history," in *The Review of Metaphysics* (Montreal, June 1952), vol.V, no.4, 559~586쪽.

Stubbs, William. *The Constitutional History of England*, Oxford, 1929. [초판은 1874~1878년] 인용하는 곳은 "Introduction" in Hale, J. R., *The Evolution of British Historiography from Bacon to Namier*, Cleveland and New York, 1964, 59쪽(A Meridian Book).

Talmon, J. L., "The ordeal of Sir Lewis Namier: the man, the historian, the Jew," in *Commentary* (New York, March, 1962), vol.33, no.3: 237~246.

Taubmann, Howard, "History as Literature," *New York Times*, March 30, 1966.

Tennant, John A., "Review of a New York Stieglitz exhibition," in *Photo-Miniature*, no.183, 1921, 138~139쪽. 인용하는 곳은 Newhall, Beaumont, in *The History of Photography*..., New York, 1949, 144쪽.

Tilly, Charles, "The Analysis of a counter-revolution," in *History and Theory* (The Hague, 1963), vol.III, no.1, 30~58쪽.[이 연구를 확장시킨 저서는 *The Vendée*, Cambridge, Mass., 1964]

Toqueville, Alexis de, *Souvenirs de Alexis de Toqueville*, Paris, 1893, 1944. [영역본은 *The Recollections of Alexis de Toqueville*, New York, 1959. A Meridian Book]

Tolstoi, Leo Nikolaevich, *Anna Karenina*, München, 연도 미상.

—, *War and Peace*, Baltimore, 1957, 2 vols., 번역은 로즈메리 에드먼즈 Rosemary Edmonds (Penguin Books). [독역본: *Krieg und Frieden*, 2 vols., Bern, 1942]

Toynbee, Arnold J., ed. and transl., *Greek Historical Thought*, New York, 1952 (A Mentor Book).

—, *Reconsiderations: A Study of History*, vol.XII. London, New York, Toronto, 1961 (A Galaxy Book, 1964).

Troeltsch, Ernst, *Der Historismus und seine Probleme*, Aalen, 1961, 인용하는 곳은 Mandelbaum, Maurice, *The Problem of Historical Knowledge: An Answer to Relativism*, New York, Evanston, London 1967, 155~165쪽(A Harper Torchbook).

Valéry, Paul, *History and Politics*, New York, 1962, *Collected Works*, vol.10 (Bollingen Series, XLV). [원제: Valéry, Paul, *Oeuvres*, vol., 1, 2. Paris 1956, 1960. Bibliothéque de la Pléide]

Vico, Giambattista, *Scienza Nuova*, 초판 1725년. 영어판은 *New Science*. 출처는 제3판, 1744, Ithaca, 1948.

Vidal-Naquet, Pierre, "Temps des dieux et temps des hommes. Essai sur quelques aspects de l'expérience temporelle chez les Grecs," in *Revue de l'histoire des religions*, vol.CLVII, no.1 (Jan.-March 1960), 55~80쪽.

Vossler, Otto, *Geist und Geschichte: Von der Reformation bis zur Gegenwart*, Gesammelte Aufsaetze, München, 1964.

—, "Rankes historisches Problem," in Vossler, Otto, *Geist und Geschichte*…, München, 1964, 184~214쪽.

Weizsaecker, Carl Friedrich von, *Die Geschichte der Natur*, Göttingen, 1958. [Kleine Vandenboeck-Reihe, 1]

Wendland, Paul, *Die hellenistisch-romische Kutur in ihren Beziehungen zu Judentum und Christentum* [Handbuch zum Neuen Testament, Bd.1, Teil 2&3], Tübingen, 1912.

White, Hayden V., "The Burden of History," in *History and Theory* (Middletown, Conn., 1966), vol.V, no.2, 111~134쪽.

Willy, Basil, *The Seventeenth Century Background*, Garden City, N.Y., 1953. (A Doubleday Anchor Book.) [초판은 London, 1934]

Wind, Edgar, *Art and Anarchy*, London, 1963.

Wittram, Reinhard, *Das Interesse an der Geschichte*, Göttingen, 1963.

지그프리트 크라카우어 연보

1889 2월 8일. 독일 프랑크푸르트 유대인 집안의 외아들로 태어난다.

1898 자선재단에서 운영하는 김나지움에 입학한다.

1904 클링거 실업고등학교로 전학한다.

1907 고등학교를 졸업한다. 8월에 『프랑크푸르터 차이퉁』 문예란에 글이 처음으로 실린다. 같은 해, 다름슈타트 공과대학에서 건축학을 공부한다.

1908~9 베를린 공과대학에서 건축 공부를 계속하고, 뮌헨 공과대학에서 학위를 받는다.

1911 건축사무소에서 일하면서 여행과 글쓰기를 한다. 박사학위 논문 「17세기에서 19세기 초까지 베를린, 포츠담 그리고 몇몇 도시에서의 연철 기술의 발전」을 준비한다.

1914 베를린 공과대학에서 박사학위를 받는다. 제1차 세계대전이 발발하자 프랑크푸르트로 돌아와 건축 사무소에서 근무한다.

1916 참전용사 기념묘지 건축설계 공모에 당선된다. 철학자 막스 셸러를 처음 만난다.

*이 연보는 게르트루트 코흐Gertrud Koch, 『크라카우어*Kracauer*』(Junius Verlag, 1996)에 실린 크라카우어 연보를 기초로 했다.

1917 마인츠의 포병대에 징집된다.

1918 오스나브뤼크에서 건축가로 일하다 아버지가 죽자 프랑크푸르트로 돌아온다. 건축 일로 돈을 버는 동안 철학 논문들을 집필한다. 집안의 권유로 당시 십대이던 테오도어 아도르노와 교유한다.

1919 베를린에서 스승인 게오르크 짐멜에 대한 연구서 (『게오르크 짐멜—자기 시대의 지적 삶에 대한 해석에의 기여』)를 완성한다.

1920 건축 일은 가끔씩만 하게 된다. 레오 뢰벤탈과 알게 된다. 이 무렵 랍비 노벨, 철학자 프란츠 로젠츠바이크와 만난다.

1921 『프랑크푸르터 차이퉁』에서 프리랜서로 일을 시작한다. 크라카우어의 중요한 글 상당수는 이곳에서 쓴 것이다.

1922 『학문으로서의 사회학*Soziologie Als Wissenschaft*』을 발표한다. 『탐정소설*Detektiv-Roman*』을 집필하기 시작한다. 친구 아도르노, 레오 뢰벤탈과 함께 여행한다. 에른스트 블로흐와 교유. 그러나 몇 년 뒤 신학자 토마스 뮌처에 대한 블로흐의 책을 비판하는 서평을 쓰면서 관계가 틀어진다.

1924 『프랑크푸르터 차이퉁』의 정식 기자가 된다.

1925 소설 『긴스터*Ginster*』를 쓰기 시작한다.

1926 프랑크푸르트 사회연구소의 사서로 있던 평생의 반려자 안나 엘리자베트 (릴리) 에렌라이히Anna Elisabeth (Lili) Ehrenreich를 만난다. 에른스트 블로흐와 화해. 에렌라이히는 스트라스부르의 가톨릭 집안 출신이며, 음악과 예술사를 공부했다. 마르틴 부버와 프란츠 로젠츠바이크의 구약성서 번역에 대한 비판을 계기로 예전의 교우관계가 변화한다. 즉 블로흐와는 화해하고, 부버와 로젠츠바이크와는 사이가 나빠진다. 마르가레테 주스만과의 관계는 그전에 이미 어긋났다. 그해 발터 벤야민과의 우정도 시작된다.

1927 『대중의 장식*Ornament der Masse*』과 사진과 대한 논문을 출판한다. 프랑스로 여행을 떠난다.

1928 『긴스터』 출간. 이 작품은 『프랑크푸르터 차이퉁』에 일부를 발표했다가 나중에 피셔 출판사에서 책으로 펴냈다. 익명으로 발표한 이 소설은 토마스 만, 헤르만 헤세 등의 호평을 받는다.

1929 새 소설 『게오르크*Georg*』를 쓰기 시작한다. 이 작품은 나중에 망명지에서 완성한다.

1930 『사무직 노동자*Die Angestellten*』 출간. 1929년부터 『프랑크푸르터 차이퉁』에 열두 번에 걸쳐 연재했던 것으로, 사무직 노동자 계급의 생활양식과 문화를 비판적으로 바라본 사회학 연구서이다. 엘리자베트 에렌라이히와 결혼하고 베를린으로 이사해 『프랑크푸르터 차이퉁』 지부에서 일한다.

1931~32 베를린 지부의 내부 갈등이 첨예해진다. 반유대주의 감정이 고조되는 분위기에서 재정 상황도 악화된다. 크라카우어는 히틀러의 선전도구 구실을 하던 Ufa(독일 최대 영화사)의 국가주의적 영화 제작을 비판한다.

1933 독일제국의사당 방화사건 다음날인 1933년 2월 28일, 크라카우어 부부는 『프랑크푸르터 차이퉁』으로부터 외국특파원으로 일하게 해주겠다는 약속을 받고 파리로 떠난다. 그러나 신문사는 재빨리 관계를 끊는다. 망명지에서 언론 분야의 일자리를 구하며 어려운 시절을 보낸다. 벤야민을 만난다.

1934 소설 『게오르크』 완성. 파리로 망명한 독일 출신 유대인 작곡가 자크 오펜바흐에 관한 연구서를 쓰기 시작한다.

1935 『자크 오펜바흐와 그의 시대*Jacques Offenbach und das Paris seiner Zeit*』 완성. 아도르노는 이 책에 대해 신랄하게 비판한다. 『게오르크』 출판이 연기된다.

1936 미국으로 이전한 프랑크푸르트학파 사회연구소와 뉴욕 뉴스쿨에 보잘것없는 일자리가 마련된다. 미국 망명을 준비한다.

1938 필요한 증빙서류가 도착한다. 뉴욕현대미술관 MoMA으로부터 연구서 집필을 의뢰받는다. 이것이 나중에 출간되는 『칼리가리에서 히틀러까지—독일 영화의 심리사 *From Caligari to Hitler: A Psychological History of the German Film*』이다.

1939 제2차 세계대전이 발발하면서 다른 독일 이민자들과 함께 파리 인근 수용소에 억류되었다가, 두 달 뒤 주변 사람들의 도움으로 풀려난다. 예상대로 미국 이민은 어려운 것으로 드러난다.

1940 다시 억류되었다가 풀려난다. 위험을 무릅쓰고 마르세유로 도피한다. 그곳에서 벤야민을 다시 만난다. 프랑스와 스페인의 국경지대에서 이동이 매우 어려워진다. 이곳에서 발터 벤야민은 9월에 자살한다.

1941 가까스로 스페인을 거쳐 포르투갈 리스본으로 간다. 4월 말, 마침내 미국으로 망명한다.

1941~45 뉴욕현대미술관 도서관에서 영화 담당 부서 책임자 아이리스 배리의 일을 도우며 『칼리가리에서 히틀러까지』를 집필한다. 이 시기에 나온 연구물이 「프로파간다와 나치의 전쟁영화」, 「스크린에 나타난 유럽의 정복—1939년에서 1940년까지의 나치 뉴스영화」 등이다. 그의 연구 영역은 점차 경험적인 분야, 특히 영화 소재 분석으로 이동한다.

1946 미국 시민권을 획득한다.

1947 『칼리가리에서 히틀러까지』 출간. 파노프스키의 도움으로 프린스턴대학출판부에서 펴냈다. 이 책은 독일 대중의 심리가 바이마르 시대에서 히틀러 시대로 넘어가면서

어떻게 조금씩 타락하는지를 흥행영화들을 통해 분석하는 영화비평서 겸 대중문화사이다.

1949 『영화 이론—물리적 현실의 구원*Theory of Film: The Redemption of Physical Reality*』을 집필하기 시작한다. 마르세유에서 작성한 노트가 이 책의 기반이 된다. 심리학에 관심을 갖기 시작한다.

1950 '미국의 소리' 방송을 위해 일한다. 영화 미학에 관한 책을 쓰는 사이, 점차 경험적 사회연구의 권위자로 명성을 얻는다.

1951 컬럼비아 대학의 경험적 사회연구 분과 책임자가 된다. 사회학자 폴 라자스펠드와 함께 일한다.

1952 『질적 내용분석*Qualitativen Inhaltsanalyse*』을 출간한다. 1955년까지 경험적 연구에 힘쓴다.

1956~59 『영화 이론』 집필을 다시 시작해 1959년에 마친다. 그사이 전쟁 후 처음으로 유럽 여행을 다녀오고 연구를 계속한다.

1960 『영화 이론』이 출간된다. 역사에 관한 책을 기획한다. 이듬해 유럽 여행을 떠난다.

1966 생애 마지막 해 여름을 유럽에서 보낸다. 뉴욕에 돌아와 폐렴을 앓다가 11월 26일에 세상을 떠난다.

1969 사후에 『역사—끝에서 두번째 세계*History: the Last Things Before the Last*』가 출간된다. 만년에 심혈을 기울이다 미완으로 남기고 간 유고遺稿를 폴 오스카 크리스텔러가 편집하여 책으로 펴냈다.

해설

크라카우어와 『역사』

김정아

오늘날의 집단지성 위키피디아WikiPedia는 크라카우어에 대해 이렇게 정의하고 있다. "지그프리트 크라카우어(1889~1966)는 독일 태생의 작가이자 언론인, 사회학자, 문화비평가, 영화이론가였다. 그는 때로 비판이론의 프랑크푸르트학파와 교류했다." 이 설명만 놓고 보면 크라카우어의 유작遺作인 『역사』는 대단히 예외적인 책이라 할 수 있다. 저자는 독일 태생인데 책은 미국에서 영어로 쓰였고, 저자는 작가이자 언론인이자 사회학자이자 문화비평가이자 영화이론가인데 책은 역사방법론에 가까우며, 저자는 프랑크푸르트학파와 교류가 있었다는데, 책은 그렇지 않으니 말이다.

그럼에도 『역사』는 크라카우어의 마지막 책이자, 생전에 크라카우어가 자신의 주저로 여긴 책이었다. 끝을 거부하고 '끝에서 두 번째 세계'에 머물고자 했던 크라카우어였지만, 어쨌든 『역사』는 크라카우어의 '끝'이었다. 저명한 학술사 연구자 마틴 제이Martin Jay도 말했듯, 『역사』는 크라카우어가 그전까지 다루었던 많은 주제들을 한데 연결하고 있다. "『역사』가 표명한 관점을 이해하지 못한다면 크라카우어의 다양한 관심사들과 상충하는 접근방식들부터 일관된 의미를 찾아낼 수 없을 것이다. 그 관점을 이해한다면 모든 것이 연결되기 시작한다." 물론 『역사』라는 책은 하나의 주제를 논증하는 저서라기보다 일련의 성찰을 모아놓은 논문집에 가깝지만, 그럼에도 "이전 저서들의 주요 관심사를 모두 되살리고 그것들에 새로운 통찰을 부여하는 저서이다."[1]

국외자 크라카우어

고향의 국외자

『역사』가 크라카우어의 예외적인 작업이라고는 했지만, 사실 크라카우어의 작업 중 무엇이 상례적이냐고 묻는다면 대답하기 곤란하다. 건축학 박사였지만, 이는 이후의 이력에 거의 도움이 되지 않았다. 사회학과 철학 분야에서 여러 의미 있는 학술논문을 발표했지만, 학계에 자리잡을 가망은 없었다. 소설을 써서 호평을 받았지만, 익명으로 출판할 수밖에 없었다. 『프랑크푸르터 차이퉁』 기자로서 상당한 업적을 쌓았지만, 기자라고 불리기를 매우 싫어했다. 아도르노를 비롯한 프랑크푸르트학파 친구들과 오랜 세월 교류했지만, 프랑크푸르트학파와 엮여 정리되는 것도 매우 싫어했다.

누군가를 설명하는 정보 중에 가장 기본적인 것이 나이일 텐데, 크라카우어가 오랫동안 나이 밝히기를 꺼렸다는 사실부터가 매우 상징적이다. "젊어 보이거나 나이가 덜 들어 보이기를 바라서가 아니다. 그저 연월일을 고정함으로써 연대상의 익명성을 잃게 되는 것이 두렵다"라고 70대의 크라카우어는 말했다.

어찌 보면 크라카우어의 모든 작업이 예외적이었고, 크라카우어라는 인물은 어디에도 정주하지 않았다는 의미에서 국외자였다. 크라카우어는 생김새부터가 그야말로 국외자였다. 아도르노는 그가 극동 출신처럼 생겼다고 생각했고, 벤야민의 애인이자 소비에트 마르크스주의자였던 아샤 라치스Asja Lacis는 그가 아프리카 사람처럼 생겼다고 생각했다. 또한 그의 생김새에 대해 문학비평가 한

1. Martin Jay, *Permanent Exiles*, Columbia University Press, 1985, 182쪽.

스 마이어Hans Mayer는 "표현주의 회화에 등장하는 일본인 같았다"라고 했고, 미학이론가 루돌프 아른하임Rudolf Arnheim은 "거의 그로테스크했지만 어딘가 아름다웠다"라고 했다. 생김새와 함께 국외자 의식을 키웠으리라고 짐작되는 그의 타고난 특징은 언어장애였다. 『라데츠키 행진곡*Radetzky March*』으로 유명한 소설가 요제프 로트Joseph Roth는 "그의 더듬거림으로부터 지혜의 말이 나오기까지 반 시간은 기다려야 했다"라고 말하기도 했다. 크라카우어가 평생 가르칠 자리를 얻지 못한 이유 중 하나도 이 언어장애였다.

유대인이라는 태생도 그의 국외자 의식에서 빼놓을 수 없는 요인이었다. 특히 그가 어린 시절부터 자주 왕래했던 이시도어 삼촌은 유대인 커뮤니티의 유명 역사학자로서 그의 정체성 형성에 적잖은 영향을 미쳤다. 사업가였던 아버지 아돌프는 동생 이시도어를 공부시키기 위해 사업가가 되었다고 말하기도 했다. 그렇지만 크라카우어가 유대인 정체성을 받아들인 것은 아니었다. 삼촌을 포함한 유대인 학술 커뮤니티는 그의 지속적인 참조점이되 비판적인 참조점이었다. 요컨대 크라카우어는 독일 사회에서 국외자적 존재였던 유대인 커뮤니티에서 국외자적 존재였다.

그는 아카데미에서도 국외자였다. 그는 고등학교를 졸업하던 1907년에 이미 『프랑크푸르터 차이퉁』에 글을 실으면서 필력을 자랑했지만, 그가 선택한 전공은 건축학이었다. 하지만 학교를 졸업하고 1911년부터 시작한 건축 일은 그리 흥미진진하지는 않았고, 그는 건축 일과 함께 철학과 사회학 공부를 계속해나갔다. 1914년에는 건축학으로 박사논문을 쓰기도 했고 1916년에는 독일군 기념묘지 한 곳의 설계를 맡기도 했지만, 1차대전 이후에는 건축 일을 구하기도 어려웠다. 그의 관심사는 점점 건축을 떠나 철학과 사회학으로 향했고, 게오르크 짐멜Georg Simmel과 막스 셸러Max Scheler 등 저명한 학자들로부터 인정받으면서 『학문으로서의 사회학』 등을 발표했다.

아도르노가 그린 크라카우어의 초상에서 가장 유명한 한 대목을 보면 크라카우어가 얼마나 진실한 학자였는지도 짐작해볼 수 있다. "그와는 어렸을 때부터 친구였다. 그를 처음 만난 것은 내가 김나지움 학생일 때였다. 1차대전이 끝나갈 무렵이었다. ……크라카우어는 몇 년간 토요일 오후에 정기적으로 나를 데리고 『순수이성비판』을 읽었다. 전혀 과장하지 않고 말하건대, 나는 이 시간에 대학 선생들에게 배운 것보다 더 많은 것을 배웠다. 그의 인도에 따라, 처음부터 나는 이 저서를 단순한 인식론으로 경험한 것이 아니라, 학문적으로 타당한 판단의 조건을 분석한 책으로 경험한 것이 아니라, 정신의 역사적 상태를 해독할 수 있는 일종의 암호로 경험했다. 정신의 역사적 상태를 해독해낸다면 진리 그 자체라고 할 수 있을 무언가를 얻을 수 있다는 막연한 기대와 함께였다. 정확하게 설명할 수는 없지만, 나는 크라카우어를 통해 처음으로 철학의 인상적 순간을 감지했다. 머릿속에 떠오르는 생각이 말로 표현되는 그런."[2] 학자라고 불리기에 부족하지 않은 크라카우어였지만, 학위의 문제를 포함해 여러 국외자적 특성들로 인해 학계에 자리를 얻지는 못했다.

크라카우어가 택한 생업은 아카데미가 아니라 저널리즘이었다. 1920년대 초에 그는 독일의 유력 신문 중 하나였던 『프랑크푸르터 차이퉁』에서 일을 하기 시작했다. 당시 이 신문은 부르주아 자유주의 민주좌파를 대변하면서 교양 있는 중간층에 상당한 정치적·문화적 영향력을 행사하고 있었고, 이후 크라카우어가 이끈 '문예면 feuilleton'은 독일어권에서 가장 획기적이고 가장 비판적이며 가장 읽을 만한 문예면으로 자리잡았다. 물론 크라카우어가 『프랑크푸르터 차이퉁』의 이념에 전적으로 동조했던 것은 아니지만, 바이마르 공화국 내 극좌세력들의 실질적인 성과에도 그는 매우 회의적이었다.

2. Theodor W. Adorno, "The Curious Realist: Siegfried Kracauer," *New German Critique*, 54 (Fall 1991), 159~160쪽.

부르주아 사회를 혐오하면서도 소비에트에 대한 유토피아적 희망을 걸 수는 없었다. 급진좌파들은 그가 부르주아 신문에 글을 쓴다고 비난했지만, 그는 비마르크스주의 신문에 글을 씀으로써 더 많은 독자를 확보할 수 있다는 말로 스스로를 변호했다. 요컨대 크라카우어는 바이마르 공화국의 좌파 지식인들 사이에서도 국외자였다. 크라카우어의 자기변호를 기회주의자의 변명으로 오해하기는 불가능했다. 크라카우어가 이 시기에 만난 친구 중 하나였던 레오 뢰벤탈은 크라카우어가 대단한 학자인 동시에 '가시' 같은 비판론자였다고 회고했다. "비판론자로서 그는 항상 극단적 헌신의 태도를 견지하는 동시에 어떤 절대자에게도 굴복하지 않는 유보적 태도를 견지했다. 그는 항상 의심했고, 항상 이 비판적 태도를 놓지 않았다."[3]

크라카우어는 『긴스터*Ginster*』와 『게오르크*Georg*』라는 훌륭한 소설을 썼지만, 문학계에서도 국외자적 존재였다.[4] 그것은 그가 소설적 업적에 못지않은 비평적·학문적 업적을 남겨서이기도 하겠지만, 두 편의 소설 출판을 둘러싼 불운한 정황 탓이기도 했다. 『긴스터』는 1928년에 익명으로 출판되었고, 『게오르크』는 1973년 크라카우어 전집에 실리기 전까지 출판되지도 못했다. 두 편의 소설 모두 지식인 주인공이 등장하고 크라카우어 자신의 에피소드와 사유 방식이 적잖이 포함돼 있다는 면에서 자전적 소설이라 할 수 있다. 『긴스터』의 주인공은 건축을 전공했고 "나는 다른 사람들이 나하고 얼마나 다른지 종종 생각한다" 같은 국외자적 사유를 곧잘 내비친다. 이 소설에 대해 마틴 제이가 정리한 내용을 살펴보면, 주인공 긴스터는 전쟁이 터지기 전까지 무사안일하게 살다 전쟁 발발 후

3. Leo Löwenthal, "As I Remember Friedel," *New German Critique*, 54 (Fall 1991), 10쪽.

4. 게르트루트 코흐의 찬사를 빌리면, 『긴스터』의 주인공은 "로베르트 무질의 '특성 없는 남자'의 카프카스러운 남동생"이고, 『게오르크』는 "'국외성'을 육체적 경험에 정박시킨" 작품이다. Gertrud Koch, *Siegfried Kracauer: An Introduction*, trans. Jeremy Gaines (Princeton University Press, 2000), 48~74쪽.

징집을 피해 도망치다가 결국은 강제로 징집당한다. 하지만 몇 주 만에 단식으로 기절한 후 군대에서 풀려나고, 사회로 복귀한 후에는 다시 무사안일하게 산다. 『게오르크』의 시간적 배경은 『긴스터』가 끝나는 시점 직후이다. 주인공은 신문사 편집장이고, 크라카우어 자신의 신문사 경험이 많이 담겨 있다. 특히 신문사의 사내 권력 투쟁과 기회주의적 행태들을 묘사한 부분은 크라카우어가 파리 망명 당시 『프랑크푸르터 차이퉁』 동료들에게 얼마나 배신감과 실망감을 느꼈을지 짐작케 해준다. 크라카우어가 『게오르크』를 완성한 것은 파리 망명중이던 1934년이었고, 당시 그는 파리 문학계에서는 『긴스터』로 어느 정도 명성을 얻은 상태였다. 『게오르크』의 미출간 원고는 토마스 만 등의 찬사를 받았고 근간 홍보까지 이루어졌지만, 결국 프랑스어판은 물론 독일어판도 나오지 못했다. 어쨌든 크라카우어의 소설에 쏟아진 많은 찬사 중에 그를 가장 기쁘게 한 것은 작곡가 알반 베르크Alban Berg의 편지였다. "문학적 걸작일 뿐 아니라 그야말로 인간적 기록입니다. ……내가 항상 예술작품의 이상적 조건이라고 생각하는 것이 이 작품에 들어 있습니다. 내가 그 조건을 발견하는 일은 아주 드문 경우뿐이었습니다." 크라카우어는 이 편지를 평생 간직했다.

피터 게이Peter Gay의 1968년 저서 『바이마르 문화*Weimar Culture*』의 부제는 '내부자로서의 국외자The Outsider as Insider'이다. 크라카우어가 살았던 시대를 개괄하는 이 책에 크라카우어는 한 번도 나오지 않지만, '내부자로서의 국외자'라는 표현은 그 누구보다도 당시의 크라카우어에게 잘 들어맞는다. 크라카우어는 한편으로는 당시 독일 사회에서 국외자의 태도를 견지했지만, 다른 한편으로는 바이마르 공화국의 유력한 평자로 이력이 쌓이고 있었다. 그의 이력이 가장 빛났던 때는 1930년 전후였다. 그가 『프랑크푸르터 차이퉁』 베를린 지사 문화부 편집장이 된 것도, 그의 획기적인 사회학 연구서 『사무직 노동자*Die Angestellten: Aus dem neuesten Deutschland*』가 출판된 것도 1930년이었다. 그가 일생일대의 선택을 한 것도 1930년이었다. 그해, 마흔한 살의 크라카우어는 서른일곱 살의 안나 엘리자베트(릴리) 에렌라이히와 결혼했다. 예술사와 문헌학을 전공한 후 음악을 시작했던 릴리는 전후 인플레이션 시기에 학업을 접고 '프랑크푸르트 사회연구소' 사서로 일하고 있었다. 크라카우어 부부는 학문적 관심사를 공유했고, 프랑스 망명중에 크라카우어가 프랑스 집단수용소에 억류되었을 때를 제외하고는 평생 함께했다. 크라카우어에게 아내는 "내 생애 최고의 행복"이었다. 크라카우어도 아내에게만은 국외자가 아니었다.

타향의 국외자

나치가 집권한 1933년, 유대인 크라카우어는 파리로 탈출했다. 『프랑크푸르터 차이퉁』 편집진은 그가 망명 신문 『다스 노이에 타게부흐*Das Neue Tage-Buch*』에 글을 실었다는 석연치 않은 구실을 들어 그와의 관계를 완전히 끊었다. 그때부터 크라카우어는 스위스와 프랑스의 신문들에 영화비평과 서평을 쓰는 무명 프리랜서 작가로 근근이 생계를 이어갔다. 파리에서 살아남기 위해 크라카우어는 책을 쓰는 일에 전력을 쏟았다. 파리로 망명한 독일 출신 유대인 작곡가 자크 오펜바흐에 관한 책이었다.

1937년, 『자크 오펜바흐와 그의 시대*Jacques Offenbach und das Paris seiner Zeit*』가 출간되었다. 하지만 크라카우어가 파리에 자리잡기에는 역부족이었다. 생활고와 임박한 전쟁은 크라카우어를 점점 더 압박해왔다. 1938년부터 크라카우어는 미국행을 결심했다. 벤야민 등은 파리에 남아 있었지만, 아도르노 등은 이미 미국에 건너갔거나 곧 건너갈 예정이었다.

그때부터 3년간은 이민서류를 얻기 위한 힘겨운 투쟁의 시간이었다. 그가 미국으로 이주하는 데는 미국의 문화계 인사들을 비롯해서 많은 친구들의 힘이 필요했다. 1942년, 미국에 도착한 크라카우어는 아도르노에게 이런 편지를 보냈다. "파리에서 보낸 8년간은 삶이라고 말할 수도 없네. 늙었어. 마음까지도. 이제 마지막 처소, 마지막 기회네. 이 기회를 잘못 다루었다가는 끝장이지." 그가 파리에서 살아남기 위해, 그리고 파리를 벗어나기 위해 얼마나 힘겨운 시간을 보냈는지 짐작할 수 있는 대목이다. 미국 이주 초에 크라카우어는 '사회연구소'로부터 연구비를 받지 못하는 등 좌절과 불안의 시기를 보내기도 했다. 하지만 어쨌든 그는 미국에서 새 삶을 시작할 수 있었고, 그런 의미에서 그의 친구 벤야민을 비롯한 수많은 독일계 유대인들에 비하면 덜 비극적이었다. 그의 나이 52세였고, 세 권의 주저를 아직 쓰기 전이었다.

크라카우어의 미국 생활은 파리 때에 비해 윤택했다. 몇몇 미국 재단들로부터 연구비 지원도 받을 수 있었고, 릴리도 직장을 구했다. 크라카우어는 생계를 위해서 『네이션*The Nation*』, 『하퍼스 매거진*Harper's Magazine*』, 『뉴 리퍼블릭*The New Republic*』 등에 글을 기고하는 한편으로, 자신의 첫 주저 집필에 매진했다. 그것이 바로 1947년에 출판된 『칼리가리에서 히틀러까지—독일 영화의 심리사*From Caligari to Hitler. A Psychological History of the German Film*』였다. 벤야민이 예언했던 '정치의 미학화' 현상이 현실이 된 시대에 바로 그 현상을 다룬 저서였다. 출판 당시에는 적지 않은 비판도 쏟아졌다. 미국 반공 진영에서는 이 책을 좌파적이라고 비난했고 독일 학계에서는 이 책을 "난민의 복수"로 규탄했다. 내용을 둘러싼 비판과 논쟁도 있었다. 하지만 어쨌든 이 책은 한순간에 크라카우어를 미국 영화계의 유명 인사로 만들어주었고, 지금까지도 영화에 대한 최고의 책 중 하나로 꼽힌다.

크라카우어는 다음번 주저를 구상하는 한편으로 문화 관련 재단들의 자문위원을 맡기도 했다. 또한 『위성 멘털리티*Satellite Mentality*』라는 사회학 저서를 공저하기도 했다. 나중에 크라카우어는 이 책을 난처한 과거로 여겼다. 종종 냉전 시대식 수사도 등장하는 다소 범용한 연구서였고, 그로서는 주로 경제적 이유에서 관여한 작업이었다. 그럼에도 크라카우어가 독일로 돌아가지 않은 것은 그의 선택이었다. 아도르노 등은 이미 돌아가 있었고, 많은 망명 독일인이 돌아갈 계획을 세우고 있었다. 크라카우어 부부도 유럽을 방문해 그리워하던 친구들을 만났다. 크라카우어가 미국에 머물기로 한 것은 노년에 또다시 새로운 환경에 적응하는 것에 대한 부담 탓이었을 수도 있고, 미국의 공기가 숨쉬기 좋아서였을 수도 있지만(그는 "유럽인들은 새로운 것을 받아들이는 능력을 잃었다. 유럽에서는 질식할 것 같다"라고 말하기도 했다), 어쨌든 크라카우어의 미국 내 입지는 수준 높은 유럽 학문을 천박한 미국 학계에 전수해주는 고압적인 유럽 출신 학자들과는 사뭇 달랐다. 요컨대 크라카우어는 미국 내 유럽 학자로서 당연히 국외자였지만, 미국으로 망명했었거나 망명중이었던 유럽 학자들 사이에서도 그에 못지않은 국외자였다.

크라카우어의 기념비적 저서 『영화 이론—물리적 현실의 구원*Theory of Film. The Redemption of Physical Reality*』(1960)이 출판된 것은 『칼리가리에서 히틀러까지』가 나오고 13년 뒤였다. 그때까지 뉴욕현대미술관은 또다시 필름아카이브와 영사실을 내주었고, 파리의 시네마테크 프랑세즈와 런던의 영국영화연구소에서도 지원이 있었다. 크라카우어가 『영화 이론』 서문에서 밝혔듯이, 이 책의 테마는 영화는 물리적 현실을 기록하고 드러내보이는 매체라는 것이었다. 이 저서는 출간 당시 수많은 논란을 불러일으켰을 뿐 아니라 강력한 반론도 많았다.(영어표현이 어색하다는 비판도 있었다.) 마틴 제이의 표현을 빌리면, 그럼에도 이 책이 기념비적 저서인 이유는 영화의 본질을 해명했기 때문이라기보다 영화 이론의 지평을 바꾸어놓는 데 성공했기 때문이다. "이 두 책[『칼리가리에서 히틀러까지』와 『영화 이론』]은 오늘날까지도 영화연구 커리큘럼의 시금석이 되고 있다."[5]

5. Siegfried Kracauer, *Siegfried Kracauer's American Writings*, University of California Press, 2012, 2쪽.

마지막이면서 마지막이 아닌 『역사』

크라카우어는 『영화 이론』을 통해 비로소 학계에서 중요한 학자로 인정받기 시작했다. 미국에서 새 생활을 시작한 지 거의 20년 만의 일이었다. 여러 학회에서 참석 요청이 줄을 이었고, 독일어로 썼던 예전 글들이 발굴되었으며, 아도르노와 벤야민, 블로흐 등 주요 학자들과의 관계가 재조명되었다. 또 익명으로 출판했던 『긴스터』가 대호평 속에 실명으로 다시 나왔고, 영어로 쓴 책들은 독일어로 번역되었다. 크라카우어를 주제로 박사학위 논문을 준비하는 학생도 나왔다.

크라카우어는 1966년에 세상을 떠났다. 그가 노년을 바친 분야는 '역사'였고, 그가 유고로 남긴 것은 바로 이 책 『역사—끝에서 두번째 세계*History: the Last Things Before the Last*』(1969)였다. 철학을 최종적 의미의 영역으로 보고 역사라는 '끝에서 두번째 세계the last things before the last'를 철학이라는 '맨 끝의 세계the last'와 대비시키는 저서였다. 이 유고는 상당 부분 완성돼 있었고, 크라카우어는 이 저서가 앞서 영화에 관한 두 저서에 못지않게 중요한 성과로 인정받으리라 믿으면서 세상을 떠났다.

『역사』의 출간을 둘러싼 정황은 다소 불운했다. 우여곡절 끝에 원고를 가져간 옥스퍼드 대학 출판부는 미망인 릴리 크라카우어에게 유고의 편집을 맡겼지만 그녀는 자신 없어 하며 거절했고, 결국 편집 일은 라인하르트 쾨네Reinhard Köhne라는 크라카우어의 지인에게 돌아갔다. 하지만 쾨네와 크라카우어 부인은 서로 불신했고, 쾨네가 손을 떼는 것으로 일단락되었다. 곧 소송사건이 이어졌고, 쾨네의 이름은 책에서 빠졌다.

출판 당시의 반응도 시원찮았다. 서평에는 긍정적인 것도 있고 부정적인 것도 있었지만 별다른 논의를 불러일으키지 못했다. 헥스터J. H. Hexter나 베르너 케기Werner Kaegi 등 저명한 역사가들이 사석에서 열광을 표하기도 했지만, 전반적으로는 무관심한 분위기였다. 이렇게 『역사』 초판은 1970년대 초에 염가로 방출된 뒤 절판되었다.

물론 이것이 『역사』의 마지막 운명은 아니었다. 학계에서 크라카우어에 대한 관심이 지속적으로 높아지면서 크라카우어의 마지막 저서인 『역사』도 끊임없이 재조명되었다. 1995년에 『역사』 보급판이 나온 것도 그런 맥락에서였다.

크라카우어의 「서론」

『역사』의 가장 좋은 소개 글은 크라카우어 자신의 「서론」일 것이다. 이미 최고의 학문적 명성을 얻은 노학자가 왜 굳이 '미지의 땅'에서 낯선 정전들을 읽어나갔는지 궁금해할 독자에게 크라카우어는 자신이 만년에 역사에 빠지게 된 이유를 설명해준다. 하지만 그 설명은 그저 연구분야를 바꾼 학자의 변명이라기보다는 역사라는 연구분야 그 자체의 의의에 대한 망망하면서도 견고한 성찰이다. 모두가 편히 받아들일 수 있는 성찰은 아닐지 모른다. 역사학, 나아가 역사 그 자체의 의의를 도마에 올리고 언제라도 심연 속에 빠뜨리려 하는 크라카우어의 거침없는 성찰들이 서늘하고 때로 섬뜩하게 느껴지는 독자도 없지 않을 것이다.

크라카우어가 「서론」에서 털어놓는 역사 취향 역시 역사학의 세부 전공들로 범주화될 수 없을 뿐 아니라 그런 세부 전공들에 정면으로 배치된다. 그가 특히 관심을 가지는 시대는 시대로 구분될 수 없는 시대, 시대가 되기 전의 시대이다. 예를 들면, 그는 "기독교가 그리스-로마 세계에 최종 정착하기 직전의 시대, 종교개혁 직전의 시대, 공산주의 운동 직전의 시대"(23쪽)에 매력을 느낀다. 그가 그런 시대에 관심을 가지는 이유는 그 시대의 메시지가 "상충하는 대의들 가운데 어느 것도 최종적 쟁점의 최종적 결론이 아닐 가능성, 우리로 하여금 대의 없이 사유하고 생활할 수 있게 해줄 사유방식 및 생활방식이 있을 가능성"(24쪽)을 시사하기 때문이다. 요컨대 그가 역사에 빠진 이유는 역사가 대의니, 이념이니, 이데올로기니 하는 안개를 뚫고 생활 그 자체, 인본 그 자체와 만나게 해주는 영역이기 때문이다.

크라카우어가 「서론」에서 이상적 인물로 드높이는 에라스뮈스는 여러모로 크라카우어 자신, 혹은 크라카우어가 원하는 자신을 연상시킨다. 모든 고정적인 것에 대한 두려움, "진실이 교리가 됨으로써 진실의 표식인 애매성을 잃어버리는 바로 그 순간, 진실은 더 이상 진실이 아니라는 확신"(26쪽), 상충하는 대의 사이에서 오로지 자신의 판단에 의지함으로써 모두에게 비판받을 것을 감수하는 용기, 그리고 그 용기의 은밀한 원천인 섬뜩한 비관, 이 모든 것이 바로 크라카우어가 가는 길이었다.

크리스텔러의 「서문」

크리스텔러가 쓴 두 편의 「서문」은 독자에게 다소 혼란을 주는 면이 있다. 「1994년판 서문」은 『역사』에 대한 소개라기보다 크리스텔러 자신에 대한 소개에 가깝다. 크리스텔러를 알고 싶은 독자라면 크라카우어가 신문사를 나와 학술논문을 쓰기 시작했다거나 호르크하이머와 친했다거나 사회연구소의 전임연구원이었다는, 사실과는 다소 다른 설명들이 큰 문제가 되지 않을 수도 있다. 그렇지만 역사가로서의 편견 탓에 『역사』를 잘못 소개하는 것은 아무래도 문제가 아닐 수 없다. 특히 "크라카우어가 이 저서의 미주와 참고문헌에서…… 자신의 이전 글들을 전혀 언급하지 않으며, 자신의 이전 글들에서 중요하게 등장하는 사회학자들을 거의 참조하지 않는다"(9쪽)라는 대목은 크리스텔러의 기억력에 대한 심각한 의심을 불러일으킨다.

『치즈와 구더기*Il Formaggio e l Vermi*』로 유명한 미시사 연구자 카를로 긴즈부르그Carlo Ginzburg는 『실과 흔적*Il filo e le tracce*』에서 바로 이 오류를 지적하면서 크리스텔러가 그러한 오류를 저지른 이유까지 분석하고 있다.

지그프리트 크라카우어의 『역사—끝에서 두번째 세계』의 페이퍼백 보급판이 처음 나온 것은 1995년이었다. 1969년 초판 서문을 쓴 폴 오스카 크리스텔러가 그때 새로 서문을 썼다. 크리스텔러의 두 서문 사이의 26년은 새 판본들과 번역들과 여러 언어권의 각종 논문이 쏟아져나오는 크라카우어 르네상스였다. 하지만 1995년에 크리스텔러가 보았을 때, 크라카우어 연구자들은 프랑크푸르트학파에서 그 기원을 찾을 수 없는 모든 것을 크라카우어의 작업에서 제거하고자 함으로써 이 뒤늦은 재인식을 모독했다. ……크리스텔러에 따르면 "이 글들은 이 저서를 개괄하지도 않고, 이 저서의 내용이 크라카우어의 이전 작업들과 근본적으로 다르다는 점을 지적하지도 않는다. 이 글들의 각주에는 크라카우어가 몰랐던 저서들과 논문들만 인용되어 있다. 또 이 글들은 크라카우어가 이 저서의 미주와 참고문헌에서 대부분 역사적·문헌학적·철학적 자료를 인용하고, 자신의 이전 글들을 전혀 언급하지 않으며, 자신의 이전 글들에서 중요하게 등장하는 사회학자들을 거의 참조하지 않는다는 것을 전혀 지적하지 않는다. 무엇보다도 이 글들은 역사가 그의 주된 관심사가 아니라는 뜻을 비치거나 심지어 대놓고 그렇게 말한다. 크라카우어의 마지막 저서에 대한 올바른 학술적 해석은 아직 없다."

이 신랄한 비판은 『이탈리아 여행*Iter Italicum*』이라는 정확성과 학적 성실성의 기념비를 남긴 훌륭한 학자의 말임에도 불구하고 몇 가지 사실 관련 실수들을 포함하고 있다. ……크리스텔러는 자기답지 않게 왜 이런 실수를 했을까? 아마 화가 나서 그랬을 것이다. 뮐더바흐는 크라카우어가 이 역사 연구서를 쓸 때 "극심한 문화적·학문적 고립" 속에 있었다고 말했는데, 이는 두 친구가 여러 해에 걸쳐 치

열한 토론을 한 덕에 이 책이 나왔다는 크리스텔러의 말을 사실상 무시하는 것이었다.[6]

긴즈부르그의 비판이 크리스텔러의 글에 대한 독자의 의구심을 해소시켜주는 것은 사실이지만, 크리스텔러가 『역사』의 중요한 미덕을 포착하고 있는 것 또한 사실이다. 우선 크리스텔러는 국외자라는 크라카우어의 정체성을 그 누구보다 긍정적으로 해석해냈다. "그는 경직된 체계들과 논법들을 의심 내지 혐오했고, 유행이나 타협과는 놀라울 정도로 거리가 멀었다. 그는 인간적 현실의 여러 면을 구성하는 진실한 경험이 배어 있는 사람이었기에, 통찰의 풍요로움으로 감동을 주었을 뿐 아니라 언어표현의 확고함과 명료함으로도 감동을 주었다. 그의 문체의 힘은 그의 사유의 힘을 반영한다. 그가 자신의 어휘를 자신의 시대의 유행에 끼워맞추기를 원치 않은 만큼, 그가 미래의 독자들에게 해줄 말은 더 많을 것이다."(11쪽) 아울러 이 책이 "역사철학이나 역사방법론에 대한 체계적 해설"이 아니라 "역사의 서술과 이해에 따르는 몇 가지 기본적인 문제들에 대한 일련의 성찰"(12쪽)이라는 크리스텔러의 정리에 우리는 충분히 수긍이 된다.

『역사』의 개요

『역사』의 각 장은 비교적 자립적이므로 굳이 순서를 지켜 읽을 필요는 없다. 하지만 모든 장이 서로 긴밀하게 연결되어 있기에, 어느 한 장의 의미가 나머지 다른 장들의 토대 위에서 점점 풍요로워지

6. 영문판 *Threads and Traces*, University of California Press, 2012, 180~181쪽. 한국어판 『실과 흔적』(김정하 옮김, 천지인, 2011)을 참조해 번역했다.

는 것도 사실이다. 독자의 이해를 돕고자 각 장의 논의를 간략히 정리해보고자 한다.

1장. 자유 VS 필연

역사는 과학일까? 많은 현대 역사가들은 그렇다고 대답하며 역사를 과학으로 격상시키려고 노력한다. 하지만 크라카우어가 볼 때 그러한 노력은 역사를 한갓 질료적 사태로 강등시키는 것이나 다름없다. 무언가를 과학적으로 연구한다는 것은 그것의 법칙을 밝히는 일인데, 법칙을 따르는 존재는 인과의 사슬에 매인 존재, 곧 부자유한 존재이니 말이다.

그렇다면 크라카우어는 역사란 자유로운 정신의 일이며, 따라서 과학일 수 없다고 주장하려는 것일까? 그렇게 단정할 수는 없다. 일단 크라카우어는 역사 안에 필연의 영역이 있음을 적극 인정한다. "내면생활은 비판이 무비판적 수용에 굴복하고 맹렬한 모색이 나태한 방임에 굴복하는 '비활성 구역'을 포함하고 있다. 이 구역에서 우리는 관습과 편견에 항복하고, 습관의 동물이 되고, 예측 가능한 방식으로 행동한다. 이 구역은 어느 모로 보나 자연현상의 차원이다. 정신은 이 구역에 빠져들 수밖에 없다."(38쪽)

하지만 크라카우어가 강조하는 것은 물론 필연의 영역이 전부가 아니라는 사실이다. 인간사 안에는 법칙만으로는 설명될 수 없는 자유의 영역 내지 우발의 영역이 존재한다. 크라카우어가 랑케, 폰 바이체커, 예이젠시테인 등을 거론하며 논증해내고자 하는 것이 바로 그 자유이다. 인간과 사회에 대한 냉소를 계몽의 이름으로 들이대는 현대 유사 과학들에 역겨움을 느끼는 독자라면 이 대목에서 카타르시스를 느낄 수도 있으리라. 크라카우어가 찰스 틸리의 사회과학적 역사 연구를 악의적이라고 느껴질 정도로 가혹하게 비판하는 것도 이런 맥락에서 이해할 수 있다.

요컨대 역사가 과학인가라는 질문에 크라카우어는, 역사가 과학이라면 특이한 과학이며, 역사는 과학이기도 하지만 이야기이기도 하다고 대답한다. 그리고 다시 질문한다. 역사라는 이야기에서 법칙을 찾는 것은 타당할까? 과학에서 진화라는 종방향적 법칙을 찾았듯, 많은 논자들이 역사에서 종방향적 법칙을 찾았다. 예컨대 비코는 '이상을 향한 항구적 발전의 역사'를 말했고, 마르크스는 '역사적 유물론'을 말했으며, 콩트는 '3단계 법칙'을 말했고, 슈펭글러와 토인비는 '문화와 문명의 개별적 주기'를 말했다.

일단 크라카우어는 그들의 법칙이 어떤 의미에서 타당하지 않은지를 지적한다. 비코와 마르크스와 콩트가 말하는 진보가 자유와 우발의 영역을 무시하고 직선적 시간을 절대시한다는 점에서 오류라면, 슈펭글러와 토인비가 말하는 문화 내지 문명은 자유의 영역을 무시한다는 점과 엄밀한 논증의 결과가 아니라 한갓 인위적 구축물이라는 점에서 더욱 오류이다.

하지만 크라카우어가 강조하는 것은 그들의 법칙이 오류라는 사실이 아니라 그런 오류에도 불구하고 그들의 법칙에 중요한 가치가 있다는 사실이다. 우선 법칙 그 자체는 사변적이라고 해도, 법칙을 구성하는 구체적 내용은 '진실'일 수 있다. 하지만 법칙은 법칙이라는 점 그 자체로도 가치를 지닌다. 거시적 시각은 마치 항공사진처럼 '평상시에는 보이지 않는 패턴과 배치'를 보여줄 수 있기 때문이다. 크라카우어는 법칙의 가치를 강조하기 위해 잘못된 개념이 '진실'을 발견하는 일도 있다는 말까지 덧붙인다.(마르크스에 대한 논의에서는 법칙이 실리적 효과를 낳는 측면까지 지적한다.)

요컨대 크라카우어가 거부하는 것은 법칙 그 자체가 아니라 자유의 영역을 인정하지 않는 법칙이다. 크라카우어가 볼 때, 자유를 인정하지 않는 법칙도 물론 위험하지만, 법칙의 매개 없이 역사를 '이해'하고자 하는 것도 위험한 일이다.

역사적 현실은 "인류의 과거에 있었던 특수한 사건들·전개들·상황들의 덩어리"이다. 다시 말해 역사적 현실의 재료는 일상의 재료와 똑같다. 역사적 현실에 맞닥뜨린 역사가의 일은 사료수집과 사료해석으로 양분될 수 있겠는데, 크라카우어는 양자를 추동하는 힘을 각각 '리얼리즘 성향'과 '조형 성향'으로 지칭한다.

이렇듯 크라카우어가 역사가의 두 가지 과제를 구분함으로써 강조하는 것은 어느 한쪽의 우위가 아니라 두 가지 과제가 상보적이라는 사실이다. 크라카우어가 역사와 영화를 비교하는 것도 바로 이 점을 예시하기 위해서이다.

물론 크라카우어가 볼 때 영화는 리얼리즘 충동에 친연적인 매체이다. "어떠한 매체가 모종의 고유의 특징들을 지닌다면, 그 매체의 산물은 그런 특징들을 기반으로 할 때 더욱 만족스러우리라고 생각된다. 바꾸어 말해서 어떠한 작품이 자기가 속해 있는 매체의 속성을 조금이라도 거부한다면, 그 작품은 우리 감수성을 거스르기 쉽다."(69~70쪽) 따라서 크라카우어가 볼 때 랑케의 리얼리즘 역사학('역사철학'이라는 조형 성향이 '있었던 그대로'의 역사적 현실을 침해하지 않는 역사학)이 다게르의 은판사진(다게레오타이프)과 거의 동시대에 나왔다는 것은 매우 의미심장하다.

이렇게 보자면 크라카우어가 리얼리즘 충동과 조형 충동의 상보성을 강조한다 해도, 그의 궁극적인 강조점은 리얼리즘 충동 쪽에 있다. "사진가의 조형 충동이 사진가의 리얼리즘 충동을 배반하기보다 지지할 때 이것을 '사진적' 접근이라고 할 수 있다."(70쪽) 마찬가지로, "'역사적 접근'이란…… 역사가의 자발적 직관이 증거에 대한 그의 충실성을 방해하는 것이 아니라 오히려 증거에 대한 그의 감정이입적 몰두를 장려하는 접근이다."(71쪽)

크라카우어가 영화와 역사 사이의 유비관계를 살피는 장면은 이 장을 포함해 여러 군데이다. 크라카우어가 그때마다 이러한 유비의 의의를 밝히려 애쓰는 것을 보면 이러한 작업에 다소 부담감을 느끼는 것 같다. 맹목적인 비교연구들에 대한 크라카우어의 비판은 그래서 더 신랄하게 느껴진다. "유비관계를 찾아낸다고 무슨 소용이 있는가? 어느 한 주제를 맹목적으로 연구하고 그러다가 그 주제를 팽개치고 또다른 비슷한 주제를 연구하는 짓을 왜 하는가? 원숭이들이 이 가지에서 저 가지로, 이 나무에서 저 나무로 옮겨다니는 것과 다를 바가 없다. 더구나 이런 비교들은 지적 게으름의 소산인 경우가 너무 많다. 이런 유의 비교의 용도는 낯선 화제를 익숙해보이는 화제로 대체하는 것이며, 이런 유의 비교의 의도는 많은 경우 피상적인 유사성에 기대 자기가 출발한 항구로 가능한 한 빨리 되돌아가는 것이다."(75쪽)

3장. 호고적 관심 VS 현재적 관심

크라카우어가 2장에서 역사적 현실 쪽을 강조했다면, 3장에서는 역사적 현실을 어떻게든 조형해야 하는 역사가 쪽을 강조한다. 동일한 사료가 역사가에 따라 다르게 다루어진다는 사실만 봐도, 역사가의 '자아'가 역사를 서술하는 데 얼마나 결정적인가를 알 수 있다. 그러니 역사가의 궁극적 동력을 현재에 대한 관심에서 찾는 이른바 '현재적 관심' 이론은 일견 설득력이 있다. 이 이론을 신봉하는 역사가는 현재를 역사적 관심의 동인이자 역사적 과정의 목표이자 역사적 작업의 지침으로 본다. "모든 역사는 현대사"라는 말을 남긴 크로체와 "역사가는 현재의 아들"이라는 명언을 남긴 콜링우드는 이 이론의 대표자들이다.

3장에서 크라카우어는 바로 이 이론을 반박한다. 크라카우어가 볼 때 이 이론은 두 가지 전제에 의존하고 있다. 하나는 역사가가 살아가는 현재가 역사가의 사유에 부지불식간에 영향을 준다는 전제이고, 또 하나는 역사가는 자기가 살아가는 현실에 의식적으로 관심을 가져야 한다는 전제이다.

우선 크라카우어는 첫번째 전제를 반박하면서, 우리가 이 전제를 "즉각 그럴듯하다고 느끼는" 이유는 "환경의 영향 등이 사고를 지배할 수 있다고 여기는 데 익숙해져 있기 때문"이라고 말한다. 크라카우어에 따르면, 환경이 사고를 지배할 수 있다는 "이 당연해보이는 가정"은 "잘못된 추리의 결과"일지도 모른다.(81쪽) 여기서 크라카우어는 블로흐, 핀리, 메이틀랜드 등 실무 역사가들의 작업을 근거로(그리고 우리의 경험을 근거로) 현재라는 덩어리를 단일한 시대로 규정하는 것의 독단성을 증명하는 한편으로, "위대한 예술가들이나 사상가들과 마찬가지로, 위대한 역사가들은 생물학적 괴물이다. 그들은 자기를 낳은 아버지인 현재를 낳은 아버지니까 말이다. 대중운동들도, 혁명들도 마찬가지"(84쪽)라는 등의 밀도 높은 반박 명제들을 제시한다.

크라카우어가 두번째 전제를 반박하는 근거는 현재적 관심의 이론이 조형 충동을 지나치게 강조함으로써 리얼리즘 경향을 저해할 위험이 있다는 것이다. "연구자가 공격성을 드러내면 과거는 과거로 도망치게 되고, 연구자는 죽은 존재들과 대화하기보다 거의 혼잣말을 하게 된다."(84~85쪽) 특히 크라카우어는 현재적 관심의 이론을 비판하는 역사가(버터필드)나 현재적 관심의 이론에 배치되는 추리를 펼치는 탐정(필립 맥도널드의 추리소설 주인공 아널드 파이크) 등을 논하면서, 현재적 관심 이론이 과거의 낯선 토막들을 망각할 수밖에 없는 이론이고 "과거를 과거 그 자체로서 사랑하는 것"이 불가능한 이론임을 폭로한다.

크라카우어에 따르면, 조형 경향이 리얼리즘 경향을 압도하는 역사는 진짜 역사가 아닌 사이비 역사, 곧 '실존적' 역사이다. "대의에 대한 열정이 거리두기 능력을 초과하는 순간, 역사가는 연구의 한 분야로서의 과거와 훈계하고 독려하고 비판하는 수단으로서의 과거를 구분하는 문지방을 넘게 된다."(89쪽)

4장. 현재 A→과거→현재 B

3장에서는 역사가가 현재에서 벗어날 수 있어야 한다는 점을 강조했다면, 4장에서는 역사가가 현재에서 출발해서 현재로 돌아온다는 점이 아울러 강조된다. 역사가의 여행지는 과거이지만 역사가의 집은 현재이니 말이다. 단, 역사가가 떠났던 현재와 역사가가 돌아온 현재는 더이상 같은 곳이 아니다. 다시 말해 과거로 떠났던 역사가와 현재로 돌아온 역사가는 사뭇 다른 사람이다.

크라카우어에 따르면, 역사가의 사고과정은 크게 사료 단계와 해석 단계로 구분된다. 첫번째 사료 단계는 과거로 찾아가 사료를 수집하는 단계와 현재로 돌아와 사료를 정리하는 단계로 다시 구분된다.

일단 역사가는 자아를 지우고 과거의 사료를 수집해야 한다. 이 주장은 극히 당연하게 들리기도 한다. 하지만 크라카우어가 이 단계를 설명하기 위해 내놓는 사례(객관과 신비를 혼합하는 랑케, 양피지를 떠올리게 하는 프루스트, 망명 역사가 투키디데스, 불필요해보이지만 꼭 그렇지만은 않은 드로이젠의 사후적 사변 등등)와 개인적 경험(국외자로서의 생활경험, 자기가 살았던 바이마르 시대를 연구하는 역사가와 대화했던 경험 등등)은 이러한 당연한 명제를 견고하고 깊이 있게 만든다.

사료를 수집한 역사가는 수집된 자료를 정리해야 한다. 이 단계는 본격적 연구의 예비단계에 머물 수도 있고 독자적 연구가 될 수도 있는데, '전문 역사' 또는 학술논문 등도 이 단계에 해당한다. 이런 유의 역사가 가치중립적이고 무미건조해지는 것은 불가피한 현상으로, 크라카우어는 이 대목에서 다큐멘터리 영화와의 유사성을 끌어들임으로써 이런 유의 역사를 옹호하는 한편으로 이런 유의 역사에 필요한 윤리적 태도를 암시하고 있다. "'우리[다큐멘터리 영화 〈보리나주〉의 두 감독]는 그들의 고통을 모든 관객에게 직접 정직하게 전달하는 것을 방해할 수 있는 촬영 스타일을 사용하는 것이 그처럼 극한 고통 속에 있는 그들에게 모욕이 되리라고 느꼈다.' ……역사는 인간의 고통으로 가득하니, 이런 태도들과 고려들은 많은 사실 지향적 역사서술들의 토대로도 기능할 수 있으며 이로써 그런 역사서술들의 무미건조한 객관성은 보다 유의미해질 수 있다."(106쪽)

이제 역사가는 해석의 단계에 돌입한다. 역사 해석에는 과학적 해석도 있을 수 있고, 형태소를 찾아내는 해석도 있을 수 있지만, 크라카우어가 해석 단계에서 특히 강조하는 것은 이런 해석들을 아우르는 해석인 이른바 '진실한 이해'라는 해석, 그리고 "역사가의 여행의 종착지"인 "역사적 이념"이라는 해석이다.(113쪽) 얼핏 그저 막연하고 수사적인 표현으로 보이지만, 크라카우어 논의의 백미 중 하나가 바로 이 마지막 두 단계를 더없이 소박하면서도 명쾌하게 설명하는 부분이다.

5장. 거시사 VS 미시사

역사가 아비 바르부르크는 신은 디테일에 거한다고 했다. 현대 역사학의 미시사 편향 분위기에 매우 어울리는 명언이다. 크라카우어가 두 명의 미시사가 톨스토이와 네이미어에 대한 반박으로 이야기를 시작하는 것은 바로 그런 분위기에 대한 거부라고 말할 수도 있다. 하지만 크라카우어가 결국 주장하는 것은 미시사보다는 차라리 거시사가 중요하다느니 하는 편들기 따위가 아니라, 거시사와 미시사는 서로 다른 차원의 역사라는 것, 따라서 역사가는 두 차원을 자유롭게 오갈 수 있어야 한다는 것이다.

물론 역사가가 이렇듯 역사의 비균질적인 두 차원을 자유롭게 오가기는 쉽지 않다. 미시 차원의 사료는 거시 차원으로 옮겨지기 전에 누락되기 쉽고('원근의 법칙'), 설사 옮겨진다 해도 손상된 상태로 옮겨지기 쉽기 때문이다.('수위의 법칙') 그러니 역사가로서는 미시적 차원과 거시적 차원이 불가피한 함수관계라는 것을 인정하면서 거시적 차원을 우선시하는 것도 가능하다. 거시 차원이 미시 차원의 섬세함과 조밀함을 결여하고 있다 해도 어쨌든 거시 차원은 미시 차원보다 높은 차원, 더 중요한 차원일 테니까 말이다. 그런데 크라카우어는 바로 이런 생각 또한 반박한다. 크라카우어에 따르면, 역사가가 미시 차원에서 점점 높이 올라가다보면, 어느 시점에서 "그의 통찰의 의의는 계속 늘어나는 것이 아니라 오히려 줄어든다. ……아주 높은 추상화는 증거와의 연관성을 잃게 되며, 없었던 이념을 끼워넣게 된다."(147쪽)

이렇듯 크라카우어가 미시사와 거시사의 관계를 길게 성찰할 수밖에 없었던 이유는, 아마도 오늘날의 역사에서 미시사 연구는 맹목적일 만큼 방대하고 거시사는 엉뚱하리만큼 일반적이라는 사정 때문일 것이다. 크라카우어가 제안하는 다음과 같은 역사가의 태도는 바로 그런 맥락에서 이해해야 할 것이다. "내가 볼 때 이러한 방대한 지식을 가지고 우리가 해야 하는 일은 부적절한 종합에 빠지는 것이 아니라, 클로즈업에 집중하면서 전체를 가볍게 아우르는 것, 전체를 일람의 형태로 파악하는 것이다. 전체의 항복을 받아내는 데는 이와 같은 가벼운 접전이 무거운 전면공격보다 유리할 수 있다."(150~151쪽)

아울러 크라카우어가 부록처럼 덧붙이는 두 가지 문제—사료수집 그 자체가 가치 있는가라는 문제와 역사학은 진보하는가라는 문제—와 그에 대한 크라카우어의 잠정적 대답—사료수집 그 자체가 가치 있다면 그것은 우리가 아무것도 잃어버려서는 안 되기 때문이며, 역사학이 진보하리라는 믿음은 대개 착각이라는 대답—도 같은 맥락에서 이해할 수 있다.

6장. 연대순 시간 VS 덩어리진 시간

오늘날 우리는 역사가 일직선으로 흐른다는 가정을 자명한 것으로 받아들이는 경향이 있다. 그런데 크라카우어는 이 시간관에 대한 반박으로 6장을 시작한다. 역사를 이루는 사건들은 서로 다른 영역에 속하며, 저마다의 영역에서 덩어리진 시간 속에 의미를 갖는다. "역사를 이루는 사건들의 연대기는 그 사건들의 관계와 의미에 대해 거의 알려주는 것이 없다. ……균질적 흐름이라는 이미지는 역사적 사건이 펼쳐지는 실질적인 배열체의 시간들을 은폐할 뿐이다."(165쪽)

그렇지만 크라카우어가 연대순 시간의 의의를 아예 부정하는 것은 아니다. 연대순 시간이 유일하고 절대적인 시간이라는 관점은 과학의 편견이지만, 연대순 시간을 무시하고 덩어리진 시간만을 옹호하는 것은 또다른 극단적 관점일 뿐이다.

크라카우어가 이 딜레마를 이론적으로 해결한다고 말할 수는 없다. 그렇지만 그가 이 딜레마를 사유하기 위한 의미심장한 시사점을 제공하는 것은 분명하다. "확실하게 말하기가 대단히 어려운 이러한 문제들에 대해 말해주는 유일하게 믿을 만한 제보자는 '방랑하는 유대인' 아하수에로이다. 그는 발전들과 이행들을 직접 체험함으로써 알고 있다. ……그는 여러 개의 얼굴을 가졌고, 각각의 얼굴은 그가 거친 시대들을 반영하며, 그의 모든 얼굴은 때마다 새로운 패턴으로 결합된다."(173쪽)

크라카우어의 마지막 결론은 "시간의 핵심에 존재하는 이율배반은 해결될 수 없는 이율배반"(180쪽)이라는 것이다. 그렇다면 크라카우어는 어째서 이 답도 없는 문제에 이토록 열심히 매달린 것일까. 질문을 바꾸면, 헤르더를 포함해서 많은 시간론자들이 펼쳐놓는 이 장황한 사변에 크라카우어는 어떻게 그토록 짙은 파토스를 스며들게 할 수 있는 것일까.

답은 아마도 아하수에로에게 있을지 모른다. 국외자요 망명자인 크라카우어는 시대의 단절을 경험할 수밖에 없지 않았을까. "생성과 부패의 과정 그 자체", 곧 '역사 그 자체'를 "원치 않게" 경험하지 않았을까.(173쪽) '문지방 시간'을 살지 않았을까. 그의 머릿속은 서로 다른 역사들이 이중인화된 양피지가 아니었을까. 그의 얼굴은 서로 다른 시간들이 반영되어 있는 아하수에로의 얼굴들이 아니었을까. 그의 삶은 "끝내 구현해야 할 하나의 시간을 재구축"하기 위한 "헛된 방랑"이 아니었을까.(174쪽) 요컨대 크라카우어에게 시간의 이율배반은 자기 삶 그 자체의 이율배반이 아니었을까.

7장. 통사는 조작적이다 VS 통사는 건재하다

통사는 연대순 시간을 따를 수밖에 없다. 다시 말해 "역사가는 시간 배열체들 간의 간극을 없애기는 고사하고 메울 수도 없고, 많은 무작위적 사건 덩어리를 실재적인 유효 단위들로 바꿀 수도 없다."(184쪽) 그러니 "통사가가 필요로 하는 통일성은 옳다는 보장이 없으며, 통사가의 손에 끌려나온 사실들은 결코 고분고분하지 않다." 그렇다면 통사란 불가능한 것이 아닐까? 그런데도 통사가 존속하는 것은 어찌된 일일까? 통사는 대체 무슨 수로 가능한 것일까? 크라카우어는 "조작적 장치로 도피"(184쪽)함으로써 가능하다고 대답한다.

일단 크라카우어는 조작적 장치를 두 가지로 구분함으로써 이에 대한 일괄적 반론을 차단한다. 크라카우어가 볼 때, 통사가가 의존하는 장치에는 지나치게 부적절한 것이 있고 통사의 붕괴를 막기 위해 불가피한 것이 있다. 전자가 "역사적 과정 전체를 포괄하고 설명할 수 있다고 주장하는 이런저런 거대한 철학적 이념", 곧 "이데올로기적 보조 장치"인 반면에(186~187쪽), 후자는 사료들 사이의 시간적 연속성이나 사료들을 아우르는 통일성을 부과하는 관행이다.

크라카우어에 따르면, 후자는 '미학적 장치'다. 통사는 "내용 차원에서 성취하지 못한 것을 미학적 차원에서 성취"(192쪽)하려 한다는 것이다. 단, 여기서 '미학적'이라는 말은 단서를 요한다. 통사는 미학적 의도를 가질 수도 있고 그저 온전한 역사가 되고자 하는 과정에서 미학적 효과를 낼 수도 있는데, 통사에서 허용되는 미학성은 두번째 경우로 한정된다.

크라카우어는 통사의 조작적 장치를 옹호하면서도, 통사에 대한 반론을 설득력 있게 소개하기도 한다. 통사는 역사적 현실에 허구적 인과를 부과하는 경향이 있으며, 우리가 역사적 통찰이라고 여기는 많은 전제들이 실은 그런 허구적 인과에 불과하다. 봉건시대 이후 토지 귀족이 지속적으로 몰락하고 부르주아 계급이 부상했다는 통념, 17세기 과학혁명을 중간계급의 등장이나 자본주의 경제의 도래와 결부시키는 습관, 진보 이념이란 종말론적 역사 해석의 세속화라는 관점 등도 그런 허구적 인과에 해당된다. 물론 크라카우어가 7장에서 강조하는 것은 통사가 문제적이라는 자명한 사실이 아니라, 그럼에도 사라지지 않는 통사의 매력과 그 매력의 정체이다.

8장. 산초 판사 VS 돈키호테

『역사』는 미완성 유고이다. 그러나 그 사실을 거의 의식하기 어려울 만큼 『역사』의 구성은 탄탄하다. 특히 일련의 소주제들을 다루는 8장은 논의의 대략적 골격을 밝히는 데 그치면서 이 저서가 미완성 유고라는 점을 기억하게 해주지만, 여기서도 크라카우어가 말하고자 하는 바는 매우 명료한 형태로 정리되어 있다. 크라카우어의 글이 빈약한 시놉시스를 요설로 감추는 한갓 문예적인 글과 얼마나 거리가 먼가를 다시 한번 확인하게 된다.

크라카우어는 역사라는 미결의 영역을 '대기실'로 명명한다. 그 미결성에 대한 부정적 평가에 맞서서, "아직 완전하게 인정받거나 평가받지 못한 중간계 특유의 속성"을 설명하는 것이 바로 8장의 과제이다.(209쪽)

예비적 경계 설정

역사는 무엇보다도 철학과 구분되는데, 그것은 "역사가는 결코 자기의 자료와 결론에 철학적 진술의 특징인 보편성과 타당성을 부여하지 않는다"는 점 때문이다.(212쪽)

역사성

그럼에도 역사와 철학이 모두 중시하는 사안이 있는데, 그중 하나가 '역사성'이다. 문제: 역사성을 지키면서 보편성에 도달할 수 있을까. 두 가지 해법: 초월론적 해법과 내재론적 해법이 있는데, 둘 다 틀린 해법이다. 역사적 상대성: 역사성을 올바로 사유하려면 연대순 시간을 자명한 것으로 간주하는 시간관을 벗어나야 한다. 명제: 시간의 두 측면은 '나란히' 병렬공존한다.

일반자와 특수자

역사와 철학이 모두 중시하는 또하나의 사안은 일반자와 특수자의 관계이다. 지성계: 지성계는 서로 불균질한 차원들로 이루어져 있으므로, 일반자의 차원은 특수자의 차원을 온전하게 아우를 수 없다. 보편사: 보편사는 모종의 일반적 구상에서 출발하는 경우와 한갓 사료의 집적에서 출발하는 경우 모두 실패할 수밖에 없다. 공존: "일반자를 정립하는 것과 특수자를 처리하는 것은 서로 다른 작용"이다. "보편적 진실과 구체적 사유는 병렬공존"한다.(224쪽)

부르크하르트

부르크하르트의 역사는 대기실 사유의 모범적 사례이다. 역사성 일반: 부르크하르트는 역사에 대해서 아마추어이고, 바로 그런 이유에서 전문가이며, 아울러 근본적으로 인본적이다. 시간: 부르크하르트는 호고적 관심과 현재적 관심 사이에서 흔들린다. 일반자와 특수자: 부르크하르트는 보편사를 거부하면서도 보편사에 매력을 느낀다.

대기실의 사유

목표: "역사가들의 특별한 사유양식들을 재정의하고 복권시키는 것."(229쪽) 역사의 영역, 곧 '마지막에서 두번째 세계'야말로 삶의 영역, 인본의 영역이다. 정도의 문제: 역사의 영역이 획일적 규정을 거부한다는 것은 판단이 불가능하다는 의미가 아니라 오히려 더없이 섬세한 판단이 요구된다는 의미다. '정도 차', '어림셈', '수완' 같은 용어들은 바로 그 섬세한 판단의 기준을 가리킨다. 이름 없는 것들: 획일적 규정을 삼가는 섬세한 판단을 통해 비로소 우리는 경직된 도그마 사이의 틈새를 발견할 수 있다. 산초 판사: 철학자 니체가 돈키호테라면, 역사가 부르크하르트는 산초 판사다. 돈키호테와 산초 판사의 관계는 주인과 하인의 관계가 아니라 마성과 마성을 벗어던진 자유인의 관계이다.

에필로그

크라카우어가 『역사』에서 가장 많이 인용한 텍스트는 프루스트의 『잃어버린 시간을 찾아서』이다. 크라카우어가 생각하는 역사가의 전범 부르크하르크에 가장 어울리는 글은 카프카의 「산초 판사에 대한 진실」이다. 크라카우어가 맞닥뜨린 역사라는 딜레마에 유일한 해결책을 제시하는 역사가는 스턴의 주인공 트리스트럼이다.

여기서 생각나는 사람이 있다. 『잃어버린 시간을 찾아서』의 독일어판 번역자. 카프카의 「산초 판사에 대한 진실」에 주목하는 문학비평가. 로렌스 스턴을 불멸의 작가로 칭송한 문학애호가. 발터 벤야민이다.

크라카우어가 친구 벤야민과 마지막으로 만난 것은 1940년 마르세유에서였다. 크라카우어는 릴리와 함께 미국으로 탈출하는 데 성공했지만, 그후 스페인으로 떠났던 벤야민은 스페인 국경을 넘지 못하고 결국 스스로 목숨을 끊었다. 하지만 그것이 두 친구의 마지막 대화는 아니었다. 죽음도 두 친구의 대화를 막을 수는 없었으니까 말이다. 그로부터 15년 후, 크라카우어는 벤야민의 '역사철학테제' 7번 옆에 크게 '아니오'라고 썼다.

이 '아니오'를 가지고 『역사』의 여러 가지 의의 중 한 가지를 밝혀볼 수 있다. 일단 크라카우어가 '아니오'라고 했던 벤야민의 글은 다음과 같다.

> 퓌스텔 드 쿨랑주에 따르면, 역사가로서 어느 한 시대를 다시 살아보고 싶다면 그후의 역사에 대해서 아는 것을 모두 지워버리는 것이 좋다. 역사유물론이 무너뜨린 것이 바로 이런 유의 방식이다. 이런 유의 감정이입을 일으키는 것은 마음의 나태, 곧 진정한 역사적 이미지가 번득이는 짧은 순간 그것을 붙잡지 못하고 단념하는 아세디아acedia이다. 중세 신학자들은 이 아세디아를 슬픔을 낳는 병으로 보았다. 그것에 대해서 너무나 잘 알고 있었던 플로베르는 "얼마나 슬퍼해야 카르타고를 되살릴 수 있는지 짐작할 수 있는 사람은 거의 없으리라"라고 썼다. 이런 역사주의의 신봉자들이 실제로 누구에게 감정이입하는지를 질문해본다면, 이러한 슬픔의 정체가 좀더 분명해진다. 대답은, '승리자에게 감정이입한다'일 수밖에 없다.(「역사철학테제」 제7번)

벤야민은 역사에 슬픔을 느끼는 것을 반동적이라고 보았다. 역사유물론자라면 슬퍼하는 대신 떨쳐 일어나서 결을 거슬러야 했다. 죽음을 불사하고라도. 크라카우어가 필연과 함께 자유를, 현재적 관심과 함께 호고적 관심을, 시대와 시간의 해결 불가능한 딜레마를, 대의들 사이의 빈틈을 그토록 열심히 옹호했던 것은, 어쩌면 벤야민의 이 테제에 대답하기 위해서였는지도 모르겠다. 그러다가 대답하는 일에 지칠 때면 죽은 친구를 추억하면서, 역사는 노인의 놀이라느니, 복잡한 성찰이 없다면 권태를 견딜 수 없을 거라느니 하는 상념으로 살아남은 자의 슬픔을 자조했는지도 모르겠다.

크라카우어는 키르케고르가 상상한 천사와 악마의 싸움을 메모해놓았고, 이 메모가 이 책의 에필로그로 선택되었다. 크라카우어가 좀더 오래 살아 이 책을 탈고했더라면, 자기가 일찍이 키르케고르와 벤야민을 비교했던 일을 떠올렸으리라. "벤야민의 관심사는 천국과 지옥 사이에서 벌어지는 일들, 등 뒤에서 벌어지는 일들, 때로 꿈으로 비집고 나오는 일들일 것이다. 키르케고르가 스스로를 기독교의 스파이로 묘사했던 것과 같은 의미에서 벤야민은 스파이를 자처해도 좋으리라."[7]

7. Siegfried Kracauer, *The Mass Ornament: Weimer Essays*, tran. Thomas Y. Levin (Harvard University Press, 1995), 262쪽.

옮긴이의 말

미시사가 카를로 긴즈부르그는 크라카우어의 『역사』가 오늘날까지도 미시사에 대한 최고의 서론이라고 치켜세웠지만, 자기는 이 책을 "안타깝게도 너무 뒤늦게" 읽은 탓에 이 책으로부터 아무런 영향도 받지 못했다고 했다. 그렇지만 내게 크라카우어의 『역사』는 결코 너무 늦은 책은 아니었다. 어쨌든 내가 『역사』를 읽은 이유는 미시사 입문을 위해서는 아니었다.

독자가 한 권의 책에서 얻는 것은 저마다 다를 것이다. 내가 독자로서 『역사』에서 무엇을 얻었는지 말하려고 하니, 다른 독자에게 나의 말이 객쩍게 들리지 않을까 걱정스럽기도 하다. 하지만 '옮긴이의 말'이라는 빈자리가 생겼다는 것을 핑계 삼아, 『역사』가 나에게 어떤 의미였는지를 늘어놓아볼까 한다.

내가 크라카우어를 열심히 읽은 것은 박사논문을 쓰던 2000년대 초중반이었다. 하지만 『역사』는 비교적 관심 밖이었다. 그때 내게 크라카우어는 자본주의 사회에서 대중문화가 가지는 긍정적 의의를 밝히는 에세이스트이자 영화매체의 위상을 드높인 영화이론가였다. 그때 내가 믿고 싶었던 논제는 영화라는 대중문화 매체가 이른바 고급문화에는 없는 고유한 의의를 지닌다는 것이었다. 그랬으니 "각각의 매체는 저마다 서로 다른 속성이 있어서, 어떤 종류의 의미전달은 장려하고 어떤 종류의 의미전달은 방해한다"라는 크라카우어의 명제를 진리의 말씀인 듯 받아 안았고, "문학, 연극, 음악 등은 고급예술을 자처하면서, 실제로는 우리 시대의 절박한 필요를 회피하는 시대착오적 형식을 되풀이하고 있다. 이러한 사실은 문학, 연극, 음악의 산물이 예술적 독창성을 상실했다는 사실을 통해 간접적으로 확증된다" 같은 크라카우어의 성상파괴적인 발언들을 거듭 인용하면서 통쾌해했다.

하지만 시간이 흐르고 내가 논문에서 했던 주장들도 점점 희미해져갔다. 내가 저질렀던 비약과 억측을 비판하는 반론들이 떠오르는 일도 없지 않았지만, 전면적 반박이 생산적 사유를 끌어낼 것 같지 않다는 구실을 대면서 그냥 사라지게 내버려두었다. 내가 진리인 듯 인용했던 프랑크푸르트학파의 뉘앙스가 언제부터인지 불편하게 느껴지는 정황도 있었다.

그렇지만 내 머릿속 프랑크푸르트학파 독서 목록에서 발터 벤야민과 함께 크라카우어의 『역사』는 좀처럼 후광이 사라지지 않는 책이었다. 어쩌면 그것은 내가 『역사』를 한번도 제대로 읽은 적이 없어서였는지도 모르겠다. 어쨌든 크라카우어의 『역사』를 번역하기 시작하자마자 느낀 것이 바로 내가 이 책을 한번도 제대로 읽은 적이 없었다는 것이었다.

만약 내가 논문을 쓰면서 『역사』에 주목했더라면 내가 애써 세우는 논거가 내 어떤 모순적 사유의 징후였는지를 깨달을 수 있었을 것이다. 크라카우어를 비롯한 프랑크푸르트학파의 절망과 고립의 뉘앙스가 내게 왜 그 어떤 문학옹호론보다도 포근한 위로가 되어주었는지. 그들의 문학논쟁이나 문화논쟁이 어떤 의미에서 역사의 대리전이었는지. 비교문학에 기여할 논문을 쓴다고 하면서 나는 실은 취향의 전쟁을 통해서 혁명에 기여한다고 자처할 수 있었던 그들의 특권을 동경했을 뿐은 아니었는지. 하지만 크라카우어의 『역사』가 그의 모든 과거의 얼굴이 징후처럼 달라붙어 있는 '아하수에로'라는 것을 그때 나는 깨닫지 못했다.

그렇다면 나에게도 『역사』는 너무 늦은 책이었는지도 모르겠다. 너무 늦어서야 그 진가를 알아본 책. 부디 이 책을 읽는 분들에게는 이 책이 너무 늦은 책이 아니기를.

김정아

찾아보기

역사—끝에서 두번째 세계

초판 1쇄 ¦ 2012년 12월 10일
초판 3쇄 ¦ 2022년 5월 25일

지은이 ¦ 지그프리트 크라카우어
옮긴이 ¦ 김정아

기획 ¦ 고원효
책임편집 ¦ 김영옥
편집 ¦ 송지선 허정은 고원효
디자인 ¦ 슬기와 민
저작권 ¦ 박지영 형소진 이영은 김하림
마케팅 ¦ 정민호 이숙재 박치우 한민아 김혜연 박지영 안남영 김수현 정경주
브랜딩 ¦ 함유지 함근아 김희숙 정승민
제작 ¦ 강신은 김동욱 임현식
제작처 ¦ 영신사(인쇄) 경일제책(제본)

펴낸곳 ¦ (주)문학동네
펴낸이 ¦ 김소영
출판등록 ¦ 1993년 10월 22일 제2003-000045호
주소 ¦ 10881 경기도 파주시 회동길 210
전자우편 ¦ editor@munhak.com
대표전화 ¦ 031-955-8888
팩스 ¦ 031-955-8855
문의전화 ¦ 031-955-3578(마케팅) | 031-955-1905(편집)
문학동네 카페 ¦ http://cafe.naver.com/mhdn
문학동네트위터 ¦ @munhakdongne
북클럽문학동네 ¦ http://bookclubmunhak.com

ISBN 978-89-546-1981-3 93100

잘못된 책은 구입하신 서점에서 교환해드립니다.
기타 교환 문의 ¦ 031) 955-2661, 3580

www.munhak.com

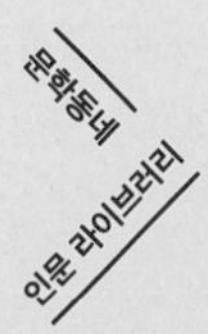

세상은 언제나 인문의 시대였다.
삶이 고된 시대에 인문 정신이 수면 위로 떠올랐을 뿐.
'문학동네 인문 라이브러리'는 인문 정신이 켜켜이 쌓인 사유의 서고書庫다.
오늘의 삶과 어제의 사유를 잇는 상상의 고리이자
동시대를 이끄는 지성의 집합소다.
살아 움직이는 유기체적 지식을 지향하고, 앎과 실천이 일치하는
건강한 지성 윤리를 추구한다.

1¦ **증여의 수수께끼** | 모리스 고들리에 ¦ 지음 | 오창현 ¦ 옮김
2¦ **진리와 방법 1** | 한스게오르크 가다머 ¦ 지음 | 이길우 외 ¦ 옮김
3¦ **진리와 방법 2** | 한스게오르크 가다머 ¦ 지음 | 임홍배 ¦ 옮김
4¦ **역사—끝에서 두번째 세계** | 지그프리트 크라카우어 ¦ 지음 | 김정아 ¦ 옮김
5¦ **죽어가는 자의 고독** | 노르베르트 엘리아스 ¦ 지음 | 김수정 ¦ 옮김
6¦ **루됭의 마귀들림** | 미셸 드 세르토 ¦ 지음 | 이충민 ¦ 옮김
7¦ **저자로서의 인류학자** | 클리퍼드 기어츠 ¦ 지음 | 김병화 ¦ 옮김
8¦ **검은 피부, 하얀 가면** | 프란츠 파농 ¦ 지음 | 노서경 ¦ 옮김
9¦ **전사자 숭배—국가라는 종교의 희생제물** | 조지 L. 모스 ¦ 지음 | 오윤성 ¦ 옮김
10¦ **어리석음** | 아비탈 로넬 ¦ 지음 | 강우성 ¦ 옮김
11¦ **기록시스템 1800·1900** | 프리드리히 키틀러 ¦ 지음 | 윤원화 ¦ 옮김
12¦ **비판철학의 비판** | 리쩌허우 ¦ 지음 | 피경훈 ¦ 옮김
13¦ **부족의 시대** | 미셸 마페졸리 ¦ 지음 | 박정호·신지은 ¦ 옮김
14¦ **인간성 수업** | 마사 C. 누스바움 ¦ 지음 | 정영목 ¦ 옮김
15¦ **자유의 발명 1700~1789 / 1789 이성의 상징** | 장 스타로뱅스키 ¦ 지음 | 이충훈 ¦ 옮김
16¦ **그래프, 지도, 나무—문학사를 위한 추상적 모델** | 프랑코 모레티 ¦ 지음 | 이재연 ¦ 옮김
17¦ **햄릿이냐 헤쿠바냐** | 카를 슈미트 ¦ 지음 | 김민혜 ¦ 옮김
18¦ **뮤즈, 글쓰기를 배우다** | 에릭 A. 해블록 ¦ 지음 | 권루시안 ¦ 옮김
19¦ **기나긴 혁명** | 레이먼드 윌리엄스 ¦ 지음 | 성은애 ¦ 옮김
20¦ **죽음과 오른손** | 로베르 에르츠 ¦ 지음 | 박정호 ¦ 옮김
21¦ **근대의 관찰들** | 니클라스 루만 ¦ 지음 | 김건우 ¦ 옮김
22¦ **상상계의 인류학적 구조들** | 질베르 뒤랑 ¦ 지음 | 진형준 ¦ 옮김